国家社科基金项目（15BGL139）和湖北省社科基金项目（2018123）资助

技术创新背景下城市化进程的资源环境效应实证研究

郝汉舟◎著

科学技术文献出版社
SCIENTIFIC AND TECHNICAL DOCUMENTATION PRESS

·北京·

图书在版编目（CIP）数据

技术创新背景下城市化进程的资源环境效应实证研究 / 郝汉舟著. —北京：科学技术文献出版社，2018.12（2019.8重印）

ISBN 978-7-5189-5005-8

Ⅰ.①技… Ⅱ.①郝… Ⅲ.①城市化—关系—环境资源—研究 Ⅳ.①F299.21 ②X21

中国版本图书馆CIP数据核字（2018）第274973号

技术创新背景下城市化进程的资源环境效应实证研究

策划编辑：周国臻　　责任编辑：李　晴　　责任校对：文　浩　　责任出版：张志平

出 版 者	科学技术文献出版社
地　　　址	北京市复兴路15号　邮编 100038
编 务 部	（010）58882938，58882087（传真）
发 行 部	（010）58882868，58882870（传真）
邮 购 部	（010）58882873
官 方 网 址	www.stdp.com.cn
发 行 者	科学技术文献出版社发行　全国各地新华书店经销
印 刷 者	北京虎彩文化传播有限公司
版　　　次	2018年12月第1版　2019年8月第2次印刷
开　　　本	787×1092　1/16
字　　　数	391千
印　　　张	16.75　彩插2面
书　　　号	ISBN 978-7-5189-5005-8
定　　　价	68.00元

版权所有　违法必究

购买本社图书，凡字迹不清、缺页、倒页、脱页者，本社发行部负责调换

前 言

诺贝尔经济学奖获得者、世界银行前副行长斯蒂格利茨（J. E. Stiglitzl）曾说，中国的城市化与美国的高科技发展将是影响 21 世纪人类社会发展进程的两件大事。快速城市化的资源环境效应亦是国际地圈生物圈计划（International Geosphere-Biosphere Programme，IGBP）、人与生物圈计划（Man and Biosphere Programme，MAB）、国际全球环境变化人文因素计划(International Human Dimensions Programme on Global Environmental Change, IHDP)重点关注的科学问题，特别是城市化与全球环境变化（Urbanization and Global Environmental Change，UGEC），是 IHDP 的核心研究内容之一。

"从前，在美国中部有一个城镇……春天，繁花像白色的云朵点缀在绿色的原野上；秋天，透过松林的屏风，橡树、枫树和白桦闪射出火焰般的彩色光辉，狐狸在小山上叫着，小鹿静悄悄地穿过了笼罩着秋天晨雾的原野"，在蕾切尔·卡逊（Rachel Carson）的 *Silent Spring* 中，从前的城市是如此美好。在埃比尼泽·霍华德（Ebenezer Howard）的 *Garden Cities of Tomorrow* 中，作者引用罗斯金（John Ruskin）的话："让坚固、美观、构成组团的房屋与溪流、城墙保持良好的比例关系……美丽的花园和果园环绕城墙，从城内任何地点出发，步行几分钟都能享受到清新的空气、如茵的绿草和一望无际的原野。"城市之美让人向往。

党的十八大以来，在总结我国城市化进程中的得失经验基础上，党中央出台了一系列有关城市化的政策及指导意见。"十三五"规划中明确提出，坚持以人的城镇化为核心、以城市群为主体形态、以城市综合承载能力为支撑、以体制机制创新为保障，加快新型城镇化步伐，提高社会主义新农村建设水平，努力缩小城乡发展差距，推进城乡发展一体化。党的十八大报告中提出：坚持走中国特色新型工业化、信息化、城镇化、农业现代化道路，推动信息化和工业化深度融合、工业化和城镇化良性互动、城镇化和农业现代化相互协调，促进工业化、信息化、城镇化、农业现代化同步发展。党的十九大报告中提出："以城市群为主体构建大中小城市和小城镇协调发展的城镇格局"和"加快农业转移人口市民化"，其中，乡村振兴战略和区域协调发展战略都将城市化作为工作要求之一。

城市既是人类生产力发展的产物，也是人类文明"物化"的结晶。城市作为社会经济活动的中心、作为经济的发动机，可以预料，在相当长的时间内，城市依然是促进后发国家经济社会发展的孵化器、城市化是国家实现现代化的必由之路和动力引擎。在我国处于增长速度换挡期、结构调整阵痛期和前期刺激政策消化期这三期叠加的新常态下，城市化对我国发展而言，是实现现代化的必由之路；是扩大内需、激发发展新动能、结构转换升级的重要抓手；是有效解决三农（农业、农村、农民）问题的重要途径；是解决区域协调发展、社会公平正义的必然要求。

但要看到，一方面，我国的城市化水平依然不高。从世界其他国家的城市化水平来看，据世界银行数据库（World Bank Open Data），截至2016年2月17日的数据显示：1960年，中国、欧盟国家、高收入国家（High Income）、低收入国家（Low Income）、全世界的城市化率（城镇人口占总人口比例）分别为16.2%、61.2%、62.7%、11.5%、33.5%。而该数据到2014年为：54.4%、74.5%、80.7%、29.8%、53.4%。从该数据可以看出，我国的城市化率在2014年仅略高于世界城市化率的平均值，与欧盟国家、高收入国家的城市化率平均值差距较大；与2014年的日本（93.0%）、英国（82.3%）、美国（81.4%）、法国（79.3%）、德国（75.1%）差距明显。此外，与其他新兴市场国家相比，我国的城市化率也偏低。人均收入与我国相当的马来西亚、菲律宾等周边国家，城市化率也在60%以上。

从《国家新型城镇化发展规划（2014—2020年）》的城镇化发展目标来看，到2020年我国常住人口城镇化率要达到60%左右，户籍人口城镇化率要达到45%左右，户籍人口城镇化率与常住人口城镇化率差距缩小2个百分点左右，努力实现1亿人左右农业转移人口和其他常住人口在城镇落户。据《中华人民共和国2017年国民经济和社会发展统计公报》显示：2017年年末，我国常住人口城镇化率为58.52%，户籍人口城镇化率为42.35%，对比上述规划，我国城市化无论从质和量的角度都存在不小的差距。

另外，我国城市化进程中出现了诸多弊端。西方发达国家在不同阶段出现的生态与环境问题，在我国短期内高强度集中爆发。西方的以工业化为基础的城市化模式，是在资源环境压力相对较小、殖民扩张下的资源掠夺、财富重新分配下的非正义性城市化。而今天的世界早已不是100多年前的世界，中国很难模仿重复西方走过的建立在工业化基础上的城市化模式。而且外部环境有了新的特点：全球经济再平衡和产业格局再调整；先进生产力下的强大物质生产能力与有限市场空间；发达国家对能源资源消费居高不下；新兴市场国家对能源资源需求迅速膨胀；资源环境对经济社会发展的约束进一步加强；全球对碳排放提出了日趋严格的管控要求。

传统高投入、高消耗、高排放的工业化城市化发展模式难以为继。虽然工业化拉动城市发展成为世界城市化进程的一般模式。但是工业城市化的弊端也逐渐显露，工业化所带来的城市环境污染、土地资源水资源短缺、生态破坏等引发了公众和学者强烈关注。中国的城市化到底是塑造像埃比尼泽·霍华德的（Ebenezer Howard）"明日的田园城市"、打造通往文明发展之路的天梯，还是开启的潘多拉的盒子：带来污染的环境、脆弱的生态、枯竭的资源的城市真的是污染的天堂抑或是污染的避难所（Pollution Haven）吗？由此，形成了本书切入的第一个视界，也是本研究目标之一。

科技进步，创新驱动发展从来没有像今天这样，在我国处在如此重要的战略高度。党的十八大提出实施创新驱动发展战略，强调科技创新是提高社会生产力和综合国力的战略支撑，必须摆在国家发展全局的核心位置。习近平同志从新的发展阶段和新的历史发展方位出发，立足全局、面向全球，科学地做出了"创新是引领发展的第一动力。抓创新就是抓发展，谋创新就是谋未来。适应和引领我国经济发展新常态，关键是要依靠科技创新转换发展动力"的论断。习近平同志在中国科学院第十九次院士大会、中国工程院第十四次院士大会上对科技创新有颇多论述，"科学技术从来没有像今天这样深刻影响着国家前途命运，从来没有像今天这样深刻影响着人民生活福祉""中国要强盛、要复兴，就一定要大力发展科学技术，努力成为世界主要科学中心和创新高地"。

需要注意的是，科技创新从来都是一把双刃剑，科学技术有时破坏了人与自然的关系。科技的异化和科技的负面效应早已引起了学者的关注。恩格斯在《自然辩证法》中指出："我们不要过分陶醉于我们对自然界的胜利。对于每一次这样的胜利，自然界都报复了我们。每一次胜利，在第一步都确实取得了我们预期的结果，但是在第二步和第三步都有了完全不同的、出乎意料的影响，常常把第一个结果又取消了。"

技术创新的初期可能依靠消耗资源提高生产率，从而表现为"生产型技术创新"。分析技术创新的演变，从技术创新的生产函数内生化，到关注末端治理的绿色技术、到低碳技术的逐步演进。追求利润最大化的企业技术创新不一定就是社会的最优，而且新技术引入的初始阶段环境问题引起的负外部性往往没有暴露。因此，技术创新不一定自动导致环境的改善，经济发展的阶段性、环境规制、产业结构等因素影响技术创新对环境污染的作用。

将研究视角关注于城市中的科技创新，有其必然的逻辑。首先，城市本身就是科技创新的温床和天然实验室。城市的集聚效应，外在表现出人力资源迁移集聚及经济活动和各种要素不断向城市集中，这其中就包含各种创新要素向城市的集聚。新型城镇化，不仅是人的城镇化，也是各种创新资源在地理上向城市的空间集聚化。其次，技术创新是城市化的内生动力。从城市化的历史和逻辑来看，城市化的本质之一是技术创新。区域的技术创新的层次性和不平衡性，也推动着城市化的层次性，导致城市化的层次性推进。从美国的硅谷、日本的筑波科学城、瑞典的基斯塔科技园……正如所谓"城市，让生活更美好"，而科技创新让城市生活更加便捷舒适、让城市更有活力和现代化。

基于上述论述，本研究的第二个切入点是：不同产业的技术创新及关键领域（如交通、信息、能源、环保等）的技术创新对资源环境的约束突破有何差别？技术创新与城市化的互动关系及其对资源环境约束的制动效应的传导机制是怎样？

本书通过解构技术创新—城市化—环境污染的关联机制，在探讨三者之间相互关系的基础上，用系统性的一般方法建立了理论模型进行实证分析。本书的内容包括以下几点。

①综合梳理技术创新—城市化—环境污染的理论与模型，归纳总结目前已有的模型，明确三者之间的作用机制。

②从系统动力学及联立方程的角度，建立技术创新—城市化—环境污染这种双向互馈关系，并基于格兰杰计量分析，明确三者之间的因果关系，在此基础上通过联立方程、VAR 模型建立三者之间的互馈关系模型，并进行实证分析。

③从内生城市化理论出发，基于 Romer 假设，采用 C-D 生产函数的扩展形式进行内生城

市化的理论实证分析，讨论不同要素对城市化作用的弹性系数。

④在上述基础上分析技术创新在突破城市化进程中资源环境约束的作用机制，提出在技术创新视角下健康城市化的对策建议。

本书是国家社科基金项目"技术创新背景下城市化进程的资源环境效应实证研究"的研究成果。承担项目的 3 年中，不敢懈怠，颇似"两句三年得，一吟双泪流"的情形，但是凡是过往，皆为序章；而那过去的，都会成为亲切的回忆。在科学研究的路上，我们都是永远的行者。

由于该课题涉及多个学科，加之研究者能力水平所限，对诸多科学问题尚需深入研究，请各位读者体谅并给予批评指正。

目 录

第一篇 绪 论

第一章 绪 论 ... 3
- 1.1 研究背景及研究意义 ... 4
- 1.2 研究目标及主要研究内容 ... 7
- 1.3 研究思路及研究方法 ... 10
- 1.4 基本观点及创新之处 ... 11
- 参考文献 ... 12

第二篇 技术创新—城市化—环境污染理论解构

第二章 城市化——历史的逻辑 ... 15
- 2.1 城市化的概念 ... 15
- 2.2 城市化的动力及其机制 ... 21
- 2.3 新型城镇化 ... 27
- 2.4 城市化的测度 ... 29
- 2.5 本章小结 ... 34
- 参考文献 ... 35

第三章 技术创新——进步的火种 ... 39
- 3.1 技术创新概念的内涵 ... 39
- 3.2 技术创新的意义 ... 43
- 3.3 创新型国家及科技创新评价 ... 43
- 3.4 我国科技创新的成就和不足 ... 47
- 3.5 技术创新的负外部性 ... 50
- 3.6 本章小结 ... 51
- 参考文献 ... 52

第四章 城市化与资源环境——约束和支撑 ... 54

4.1 城市化进程中的资源环境效应 ... 54
4.2 资源环境对城市化的约束机制 ... 68
4.3 城市化与资源环境之间的模型 ... 74
4.4 不足及未来展望 ... 77
参考文献 ... 77

第五章 技术创新与城市化——反馈和加强 ... 82

5.1 城市化促进科技创新 ... 82
5.2 科技创新促进城市化发展 ... 87
5.3 城市化与科技创新的关联性数学模型 ... 90
5.4 研究展望 ... 93
参考文献 ... 94

第六章 技术创新与环境污染——双刃剑的辩思 ... 97

6.1 技术创新与环境污染关系 ... 97
6.2 技术创新异质性与环境污染 ... 101
6.3 技术创新与环境污染的作用机制 ... 109
6.4 颠覆性技术与环境污染 ... 113
6.5 技术锁定与资源环境 ... 113
6.6 技术创新与环境污染之间的模型 ... 114
6.7 研究展望 ... 115
参考文献 ... 116

第七章 文献分析及述评 ... 119

7.1 现有研究的特点及其成果 ... 119
7.2 现有研究的不足及其缺陷 ... 121

第三篇 技术创新—城市化—环境污染实证分析

第八章 城市化过程中资源环境压力测度与分析 ... 125

8.1 城市化过程中资源环境压力测度研究综述 ... 125
8.2 城市化过程中资源环境压力测度与分析 ... 126
8.3 本章小结 ... 135
参考文献 ... 136

第九章 产业结构与环境污染关系计量分析 ... 139

9.1　产业结构与环境污染关联文献分析 139
　　9.2　湖北省产业结构与环境污染关系计量分析 143
　　9.3　本章小结 150
　　参考文献 151

第十章　湖北省绿色发展指数空间格局及诊断分析 154
　　10.1　绿色发展和绿色城镇化 154
　　10.2　绿色发展指数空间格局及诊断分析 156
　　10.3　本章小结 165
　　参考文献 166

第十一章　省际绿色发展指数空间计量分析 168
　　11.1　绿色发展评价指标体系综述 168
　　11.2　中国省际绿色发展指数空间计量分析 172
　　11.3　结论与建议 180
　　参考文献 181

第十二章　城市化进程中技术创新对环境污染的影响研究——基于动态联立方程模型 183
　　12.1　一般系统理论、协调度理论模型 183
　　12.2　技术创新—城市化—环境污染系统——基于动态联立方程模型实证研究 188
　　12.3　本章小结 195
　　参考文献 196

第十三章　技术创新—城市化—环境污染系统动态仿真 199
　　13.1　系统动力学思想 199
　　13.2　系统动力学在技术创新—城市化—环境污染仿真进展 201
　　13.3　湖北省技术创新—城市化—环境污染模拟仿真 204
　　13.4　本章小结 216
　　参考文献 217

第十四章　技术创新的传导机制及内生城镇化理论实证分析——以湖北省为例 219
　　14.1　理论回顾 219
　　14.2　技术创新与城镇化、产业结构之间的关系 225
　　14.3　技术创新与城镇化、产业结构的 VAR 分析 230
　　14.4　内生城镇化理论实证 237
　　14.5　结论与政策建议 240
　　参考文献 242

第四篇 结论、对策及展望

第十五章 主要结论、对策及展望 ································ 247
  15.1 主要结论 ··· 248
  15.2 主要对策 ··· 250
  15.3 研究展望 ··· 253
  参考文献 ··· 257

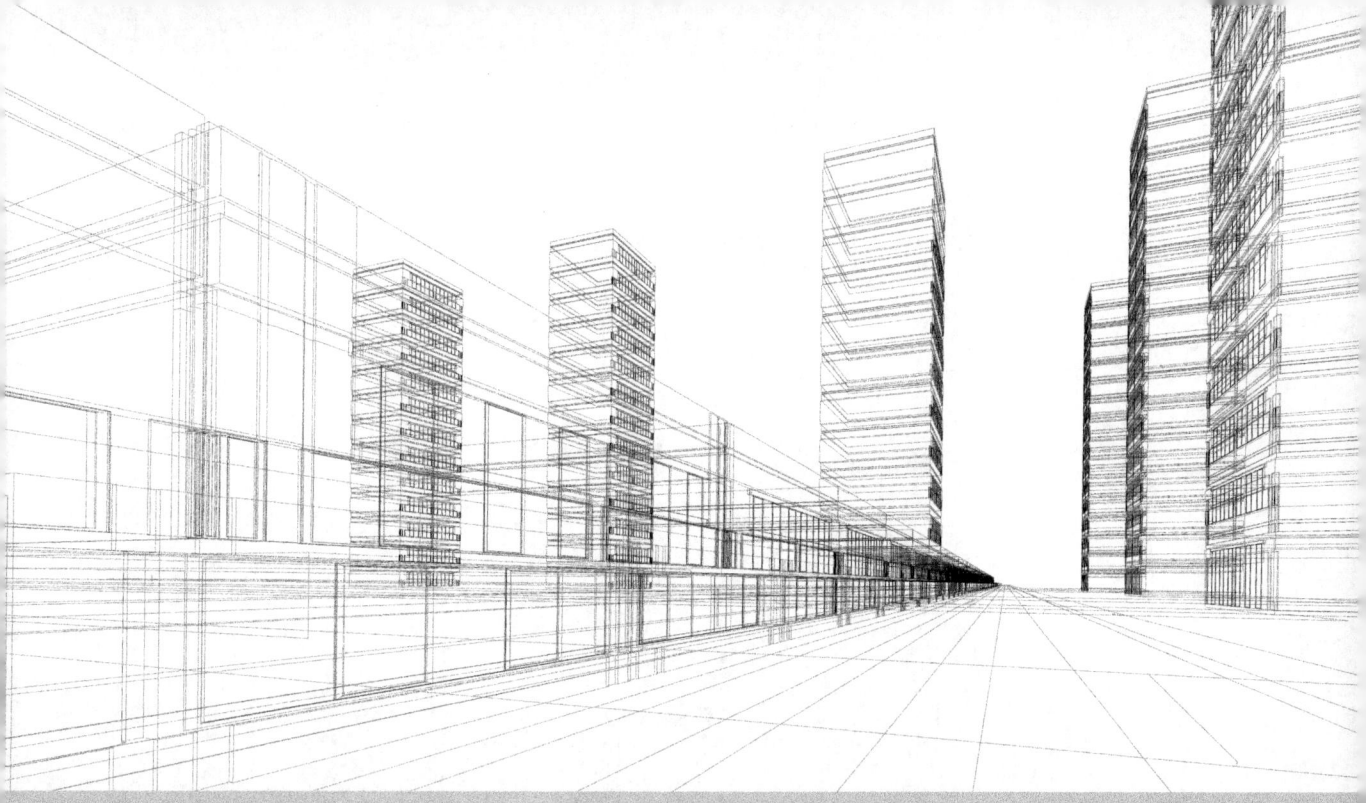

第一篇

绪 论

第一章

绪 论

城市是生产力发展、人类文明进步到一定阶段的产物。作为四大文明古国之一,我国有着悠久的城市发展历史,早在约5500年前就出现了城市[1]。《说文解字》云:"市,买卖所之也。"又云:"城,以盛民也,从土从成。"即容纳百姓的建筑群。《世本·作篇》记载,颛顼时"祝融作市"。颜师古注曰:"古未有市,若朝聚井汲,便将货物于井边货卖,曰市井。"无论城市起源的因城而市的防御说、因市而城的集市说、宗教中心说,还是地利说,城市本质上反映了其"聚"的本质特点:生产结构、就业结构、消费模式、居住方式的改变。

2014年7月,联合国经济和生活事务部(Department of Economic and Social Affairs United Nations, UN DESA)发布的《2014全球城市化发展报告》(*World Urbanization Prospects the 2014 Revision*)显示[2],全球越来越多的人口生活在城市,1950年全世界城市居民仅占29.6%,到2014年已经达到53.6%,预计到2050年有66.4%的世界人口居住在城市。城市化,无论对于世界还是中国来说,在目前阶段都是不可阻挡的趋势。

但要看到,尽管快速的城市化进程已成为20世纪以来人类社会发展的显著特征,我国用30多年时间实现了西方国家200年左右的城市化和工业化的数量扩张。中国用巨大的创造力呈现给世界一个又一个现代文明的象征,打造出一个又一个"第二自然格局"(Second Nature of Geography)物化的杰作。然而,城市作为一个典型的自然—人文—社会—经济相互耦合的复杂综合体,呈现出经济高速发展、人类活动高度集中、LUCC(Land Use and Land Cover Change,土地利用/土地覆盖变化)剧烈变化、人地矛盾最为突出的特点。西方发达国家在不同阶段出现的生态与环境问题,在我国短期内高强度集中爆发。城市,到底是通往文明发展之路的天梯,或者是埃比尼泽·霍华德的(Ebenezer Howard)"明日的田园城市",还是开启的潘多拉盒子:带来污染的环境、脆弱的生态、枯竭的资源——城市真的是污染的天堂吗?城市之问,需要科研工作者科学作答。

技术创新在现阶段给人类的生活方式、生产方式、思维方式带来了深刻的变革。技术创新,特别是颠覆性技术(Disruptive Technology)日益成为国家实力再平衡,新兴国家竞争体出现的重要力量。以习近平同志为首的党中央,在审视国内外技术发展规律和总结国家兴衰演替规律的基础上,基于对世界发展态势和历史发展脉络的深刻把握,将技术创新摆在国家发展全局的核心位置，站在历史的高度做出了"创新成为引领发展的第一动力"的科学论断。

1.1 研究背景及研究意义

1.1.1 研究背景

我国城市化已经出现了若干弊端，表现在城市化滞后于工业化的非匹配、城市化偏重城市发展的数量和规模而表现出粗放式生产的非集约。西方学者建立的单因素社会剩余产品城市化理论（Social Surplus Product）以及第三世界国家的依附型城市化理论（Dependent Urbanization）不能很好解释中国城市化的演进路线[3]。

科技创新驱动城市化、多途径城市化成为城市化理论的学术热点。一般认为技术创新与经济增长、政府政策影响、产业结构转换 3 种基本动力，属于城市化动力的核心表现[4]。在城市化带来全面的资源环境压力背景下，技术创新、城市化、资源环境三者之间有怎样的关系？是国内外学者要面对和解决的问题。

诺贝尔经济学奖获得者、世界银行前副行长斯蒂格利茨（J. E. Stiglitz）曾说，中国的城市化与美国的高科技发展将是影响 21 世纪人类社会发展进程的两件大事。应该看到，目前发达国家的城市化率普遍较高，城市依然是人口、财富及文明的集中地[5]。据世界银行数据库（World Bank Open Data）[6]截至 2016 年 2 月 17 日的数据显示：1960 年，中国、欧盟国家、高收入国家（High Income）、低收入国家（Low Income）、全世界的城市化率（城镇人口占总人口比例）分别为 16.2%、61.2%、62.7%、11.5%、33.5%。而该数据到 2014 年为：54.4%、74.5%、80.7%、29.8%、53.4%。从该数据可以看出，我国的城市化率在 2014 年仅略高于世界城市化率的平均值，与欧盟国家、高收入国家的城市化率平均值差距较大；与 2014 年的日本（93.0%）、英国（82.3%）、美国（81.4%）、法国（79.3%）、德国（75.1%）差距明显。此外，与其他新兴市场国家相比，我国的城市化率也偏低。人均收入与我国相当的马来西亚、菲律宾等周边国家，城市化率也都在 60%以上。

城市既是人类生产力发展的产物，也是人类文明"物化"的结晶。城市作为社会经济活动的中心，城市化作为经济的发动机，可以预料在相当长的时间内，城市依然是促进后发国家经济社会发展的孵化器、城市化是国家实现现代化的必由之路和动力引擎。

审视国内外城市发展的历史脉络，可以看出发达国家与地区的城市联盟参与国际竞争的格局已经呈现。聚物质财富与科技文明于一体的现代化城市，是发达国家国力的充分展示，也是城市化发展到高级阶段的一般现象与普遍规律。

党的十八大将城镇化与工业化、信息化和农业现代化一起，作为实现全面建成小康社会的载体；将城镇化作为经济结构调整、发展方式转变的主要抓手。党的十九大指出过去 5 年我国城镇化率年均提高 1.2 个百分点，8000 多万农村人口成为城镇居民。我国"十三五"规划中用专门一篇的内容讲到新型城镇化，着眼点在人的城镇化为核心、强调必须以城市综合承载力为支撑、缩小城乡差别实现城乡一体化。《国家新型城镇化发展规划（2014—2020 年）》指出城镇化发展目标为：常住人口城镇化率达到 60%左右，户籍人口城镇化率达到 45%左右，户籍人口城镇化率与常住人口城镇化率差距缩小 2 个百分点左右，努力实现 1 亿左右农业转移人口和其他常住人口在城镇落户[7]。

总之，城镇化对我国发展而言，是实现现代化的必由之路；是扩大内需、激发发展新动能、结构转换升级的重要抓手；是有效解决三农（农业、农村、农民）问题的重要途径；是解决区域协调发展、社会公平正义的必然要求。

但是我们需要看到，我国的城市化面临诸多外部挑战和内部矛盾。

①传统高投入、高消耗、高排放的工业化城镇化发展模式难以为继。虽然工业化拉动城市发展成为世界城市化进程的一般模式。但是工业城市化的弊端也逐渐显露，工业化所带来的城市环境污染、土地资源水资源短缺、生态破坏等引发了公众和学者强烈关注。罗马俱乐部(Club of Rome)在 1972 年发表的《增长的极限》（*Limits to Growth*）认为，人类最基本的生活条件是粮食和淡水，所以地球承载多少人口是由上述两个因素决定的。但是快速城市化，消耗了大量的耕地和水资源[8]。西方以工业化为基础的城市化模式，是在资源环境压力相对较小、殖民扩张下的资源掠夺、财富重新分配下的非正义性城市化。今天的世界不是 100 多年前的世界，中国很难模仿重复西方走过的工业化基础上的城市化。而且，外部环境有了新的特点：全球经济再平衡和产业格局再调整；先进生产力下的强大物质生产能力与有限市场空间；发达国家对能源资源消费居高不下，新兴市场国家对能源资源需求迅速膨胀；资源环境对经济社会发展的约束进一步加大。

②2015 年 4 月，经济合作与发展组织（OECD）发布了《中国城市政策评述 2015》（*OECD Urban Policy Reviews: China 2015*）的报告。其中提到[9]：

China needs a new model of urbanization to match the shift to a new model of growth. For decades, both urbanization and growth have been based on robust export demand, cheap labor, cheap land and artificially low pricing of environmental externalities. None of these can support growth or urban development in the future.

综合 OECD 的研究报告，有以下若干点需引起注意：a. 快速城市化。在过去的 35 年里，中国城市人口增加了 4 倍。在未来 35 年里，还有 2.4 亿人口进入城市，从而使中国的城市化率达到 75%。b. 快速城市化带来了一系列环境问题，其中比较突出的是空气污染，据估计，由于大气颗粒物的排放，每年有 35 万人过早死亡。c. 城市化质量与经济增长之间在一定城市化率之后，联系度下降。OECD 认为在中国城市化率 50%以后，城市化对经济的促进作用，取决于城市化的质量。

③WHO 预测，到 2030 年，全世界将近 2/3 的人口将生活在城市，由此将带来空气污染、交通拥挤、城市热岛效应、气候变化等一系列问题，这些问题将在发展中国家将更加突出[10]。中国的城市化是建立在高消耗、高污染、高排放的基础上的。2017 年 6 月发布的《BP 世界能源统计年鉴 2017》数据显示[11]，中国能源消费量占全球消费总量的 23%、煤炭消费量占全球消费量的 50.6%（以百万吨油当量计）。在全球能源供应日趋趋紧、能源资源竞争日趋激烈、碳排放管控国际国内呼声日趋高涨的形势下，中国将走一条什么样的城市化道路？

基于此形成了本研究的第一个研究背景。

背景Ⅰ：零发展导致绝对的贫困，也是最大的污染。从历史逻辑和现实困境视角出发——当城市化导致诸多资源环境问题时，当审视城市化本身的动力之源时，我们把目光投向科技创新，希望从中找到答案：在当下的中国，科技创新与城市化存在怎样的互馈关系？科技创新是否能够突破城市化中资源环境的约束或者制动？

马克思主义科技创新思想认为科技创新动力来源于人类生产实践和生产需要。"计算尼罗河水涨落期的需要，产生了埃及的天文学"[12]。"和其他一切开销一样，数学是从人的需要中产生的；是从丈量土地和测量容器、从计算时间和制造器皿产生的"[13]。马克思主义认为科技创新推动经济变革、生产关系变革具有重大意义。

以习近平同志为核心的党中央，在新的发展阶段和新的历史发展方位，立足全局、面向全球，科学地做出了"实施创新驱动发展战略"。应该说，创新驱动事关国家民族命运、事关两个一百年奋斗目标、事关中华民族复兴的伟大中国梦。

科技创新从来都是一把双刃剑，科学技术有时破坏了人与自然的关系。科技的异化和科技的负面效应早已引起了学者的关注。恩格斯在《自然辩证法》中指出："我们不要过分陶醉于我们对自然界的胜利。对于每一次这样的胜利，自然界都报复了我们。每一次胜利，在第一步都确实取得了我们预期的结果，但是在第二步和第三步都有了完全不同的、出乎意料的影响，常常把第一个结果又取消了。"[13]

技术创新的初期可能依靠消耗资源提高生产率，从而表现为"生产型技术创新"。分析技术创新的演变，从技术创新的生产函数内生化，到关注末端治理的绿色技术，再到低碳技术的逐步演进。追求利润最大化的企业技术创新不一定就是社会的最优，而且新技术引入的初始阶段环境问题引起的负外部性往往没有暴露。因此，技术创新不一定自动导致环境的改善；经济发展的阶段性、环境规制、产业结构等因素影响技术创新对环境污染的作用表现。

由此，形成了本研究的第二个研究背景。

背景Ⅱ：归纳引申健康城市化路径时，常见有"绿色技术"（Green Technologies）、"清洁技术"（Cleaner Technologies）、"肮脏技术"（Dirty Technologies）等表述[14]，其各自范畴及效应怎样？不同产业的技术创新及关键领域（如交通、信息、能源、环保等）的技术创新对资源环境的约束突破有何差别？这些均是制定健康城市化路径需要考虑的问题。

1.1.2 研究意义

城市化是人类发展的客观趋势，是国家现代化的必由之路和外在表现。传统的单纯依靠要素投入、自然资源消耗、追求数量扩展、低效益发展为特征的工业化基础上的城市化弊端已经显现。在深刻认识城市化的内在规律，认识城市化与技术创新、城市化与环境污染、技术创新与环境污染双向互馈关系基础上，将科技创新纳入城市化的驱动力；科技创新作为城市化进程中突破资源环境制约和制动，有着重要的理论意义和实践意义。开展本研究具有下列理论意义。

①丰富了具有中国特色的城市化理论。本研究明确城市化与创新要素集聚的因果关系，城市化与科技创新的双向互动关系，形成科技创新驱动城市化的理论框架及分析模型。技术创新与城市化之间是否存在因果关系？如果存在，其传导机制是怎样的？从城市化驱动力来看，未来将从要素驱动、投资驱动转向创新驱动。技术创新能否缓解城市化的资源环境约束？如果可以，其路径如何？从内生城市化理论，运用向量自回归（VAR）、GIS、SD 等方法，分析技术创新、城市化、资源环境互动方式及作用机制，在健康城市化基础上，延伸出绿色城市化概念，对丰富城市化理论具有一定意义。

②在解构城市化与科技创新理论关系的基础上,分析城市集聚创新资源,促进技术创新外在表现,阐明其机制并实证分析,将丰富技术创新理论,特别是对创新地理学将进行有益探索。

③技术创新—城市化—资源环境成为复杂的非线性系统。长此以来学者多以当单方程建模的方法分析系统中两者之间的关系。本研究明确该系统中在这种双向互馈关系的基础上,采用动态联立方程(Dynamic Simultaneous Equations)及系统动力学(System Dynamics,SD)方法进行研究。本研究解构了三者之间的理论机制并在此基础上进行建模实证,丰富了对社会复杂系统的分析方法。

开展本研究具有下列实践意义。

①环境效益:本研究的目标之一是探讨资源快速消耗、环境污染、生态破坏的制动机制。因此,这体现了环境效益。

②社会效益:城市作为社会—经济—环境系统,创新驱动城市化体现了以人为本的包容性发展。

③经济效益:从要素驱动、投资驱动转向创新驱动,体现了内涵增长。因此,研究基于资源环境保障的城市化路径,形成创新驱动的城市化对策与建议,具有极大的实践指导价值。

1.2 研究目标及主要研究内容

1.2.1 研究目标

通过解构技术创新—城市化—环境污染的关联机制,在理论探讨三者之间的相互关系的基础上,用系统性的一般方法建立理论模型进行实证分析。上述的研究背景亦即本研究的目标,具体来讲包括以下方面。

①综合梳理技术创新—城市化—环境污染的理论与模型,归纳总结目前已有的模型,明确三者之间的作用机制。

②从系统动力学及联立方程的角度,建立技术创新—城市化—环境污染这种双向互馈关系,并基于格兰杰因果检验,明确三者之间的因果关系,在此基础上通过联立方程、VAR模型建立三者之间的互馈关系模型,并进行实证分析。

③从内生城市化理论出发,基于Romer假设,采用C-D生产函数的扩展形式进行内生城市化的理论实证分析,讨论不同要素对城市化作用的弹性系数。

④在上述基础上分析技术创新在突破城市化进程中资源环境约束的作用机制,提出在技术创新视角下健康城市化的对策建议。

1.2.2 研究内容与框架

在本研究中定义技术创新为产品和工艺的创新,不包含非技术性技术创新(如制度创新)。本研究以湖北省及武汉市为案例区,以技术创新对城市化进程中资源环境的约束突破作为研究对象。

本书共包括四篇15章。四篇分别是绪论（含1章），技术创新—城市化—环境污染理论解构（含6章），技术创新—城市化—环境污染实证分析（含7章），结论对策及展望（含1章）。其具体章节主要内容如下。

第一章是绪论。首先介绍了本研究的研究背景及研究意义、研究目标及主要研究内容；接下来介绍了本研究的研究思路和研究方法；最后介绍了本研究基本观点、研究特色和主要创新点。

第二章是城市化——历史的逻辑。首先辨析了城市化的概念及其动力机制。分析了城市化与城镇化的区别与联系。指出选择符合中国实际情况的多途径驱动城市化是对城市化动力的新认识。对新型城镇化的概念及其与传统城镇化的区别进行了阐述。介绍了国内外对城市化及新型城镇化的测度方法及其主要的指标体系。

第三章是技术创新——进步的火种。首先介绍了国外和国内技术创新的概念，在我国实施创新驱动战略的意义。接着介绍了创新性国家及科技创新评价、我国科技创新的成就和不足。最后分析了技术创新负外部性及技术创新异化，指出减弱或者消除技术创新的负外部性，首先要做的工作是做好技术创新的全面评估。

第四章是城市化与资源环境——约束和支撑。本章首先分析了在我国快速城市化进程中存在的资源环境保障问题和各种资源环境剥夺问题，介绍了目前主要的分析城市化与资源环境关系的分析框架。从正外部性、物理环境效应/污染效应、生物效应、资源消耗效应4个方面分析了资源化对城市化的约束机制，并总结了目前常用的城市化与资源环境之间的方程模型。

第五章是技术创新与城市化——反馈和加强。本章分析了城市化促进科技创新，介绍了城市化促进技术创新的证据及机制。指出城市促进创新要素集聚、城市的分工效应促进了科技创新、城市使科技创新生态系统相对优化进而促进技术创新是城市化促进科技创新的三大机制。在科技创新促进城市化发展方面，分析了科技创新与城市化的历史与逻辑，科技创新促使产业转型升级，科技创新改变人口的空间分布与生活方式，提升城市竞争力、推动城市化进程，科技创新与城市管理和城市转型等方面的机制作用。最后对城市化与科技创新的关联性数学模型进行了总结。

第六章是技术创新与环境污染——双刃剑的辩思。本章首先从技术的正外部性、负外部性、基于人文视界分析了技术与环境污染的关系。重点分析了绿色技术概念内涵、技术评估及技术绿色度评估的概念及主要方法。分析了技术创新与环境污染之间的作用机制，介绍了颠覆性技术与环境污染、技术锁定与资源环境之间的关系。最后总结了技术创新与环境污染之间的数学模型。

第七章是文献分析及述评，对前面5章文献综述进行了分析及述评，指出目前研究的特点及其主要成果，并对现有研究的缺陷及其不足也进行了分析。

第八章是城市化过程中资源环境压力测度与分析。本章以湖北省武汉市为研究对象，在构建城市化与资源环境综合评价指标体系基础上，采用突变级数获得武汉市城市化综合指数，通过熵权法获得武汉市资源环境指数，并在环境承载量的概念上，计算武汉市城市化过程中的资源环境压力指数。通过灰色关联度模型和基于系统理论的动态耦合模型分析城市化和资源环境压力指数间的关系。

第九章是产业结构与环境污染关系计量分析。一般认为不同的产业对城市化过程中产生的环境污染程度不同。从城市化的历程来看，伴随城市化的产业结构，是从污染排放少的农业经济转向污染强度大的工业经济，最后转向污染排放较少的第三产业。因此，本章实证分析湖北省产业结构与环境污染之间的计量关系。本章在 SPSS 软件支持下，对 6 种环境污染指标进行因子分析，在计量软件 EViews 支持下，对综合污染因子和产业结构进行 VAR 模型分析。

第十章是湖北省绿色发展指数空间格局及诊断分析。本章首先分析了绿色发展的概念，梳理了绿色发展思想的起源与发展历程。本章运用层次分析法，从生态城市建设、产业结构、循环经济、科技创新 4 个一级指标对湖北省绿色发展水平状况进行评价，并在 Arcgis 软件支持下进行探索性空间数据分析（Exploratory Spatial Data Analysis，ESDA），采用障碍度模型（Obstacle Degree Model，ODM）进行绿色发展指数诊断分析。

第十一章是省际绿色发展指数空间计量分析。本章内容是第十章的深化。本章在考虑省际绿色发展指数空间效应的基层上，鉴于绿色发展与城市化、产业结构、科技创新水平、环保投资强度有紧密的联系，运用新古典经济增长模型，引入环保投资强度、产业结构、科技创新水平和城市化率等解释变量，分析解释变量的溢出效应（Spillover Effect）和虹吸效应（Siphon Effect），从而为区域绿色发展提供理论及实践指导。

第十二章是城市化进程中技术创新对环境污染的影响研究——基于动态联立方程模型。本章在分析一般系统理论、协同理论、协调度理论在资源环境领域的应用的基础上，克服单一方程不能反映复杂系统中双向反馈的关系，并且可能存在一个方程的解释变量是另一个方程的被解释变量的实际情况，采用动态联立方程来反映技术创新—城市化—资源环境之间的复杂关系。在 Griliches-Jaffe 知识生产函数的基础上，结合城市化—专利产出的 VAR 模型，构建技术创新产出方程；借鉴相关的城市化动力机制研究成果，假定科技创新、经济规模和产业结构及固定资产投资是城市化的驱动变量，构建了城市化的驱动方程。在此基础上进行联立方程的情景模拟。

第十三章是技术创新—城市化—环境污染系统动态仿真。城市化—环境污染系统，是由经济系统、社会系统、资源环境系统组成的复杂社会系统。本章在分析系统动力学在复杂社会系统应用的基层上，运用系统动力学软件 Vensim DSS 的支持下，构建了人口子模块和经济子模块的动力学模型，模型中包括科技投入强度、环保投入强度、城市化率及工业三废排放量等变量。通过不同方案下的仿真比较，以及关键变量的敏感性分析，指出湖北省技术创新—城市化—环境污染之间的反馈关系。

第十四章是技术创新的传导机制及内生城镇化理论实证分析——以湖北省为例。本章首先介绍了国内外关于内生城市化的理论进展。认为内生城市化是符合我国新型城市化内在要求的。本章运用熵权法计算湖北省的专利申请量、专利受理量、科技活动人员数量及高新技术产业总产值 4 个指标的比重，然后分析湖北省 2005—2016 年的技术创新能力。在假定技术创新的传导机制的基础上，对城镇化和产业结构、技术创新和城镇化之间进行格兰杰因果检验，并进行内生城市化实证。

第十五章是主要结论、对策及展望。本章是对研究内容进行总结，提炼要点，提出了本研究对理论及实践的启示，并在主要结论的基础上有针对性地提出对策。结合研究中的思考和对问题的理解，本章还对技术创新—城市化—环境污染这一主题未来需要深入研究的科学问题及需要拓展的研究方向进行了分析。

1.3 研究思路及研究方法

1.3.1 研究思路

鉴于技术创新在城市化过程中的中介作用，本研究的基本逻辑为：技术创新→城市化→资源环境约束效应理论及实证分析→时间空间维度仿真模拟→健康城市化评价→归纳提炼，形成对策建议。具体包括以下方面。

①建立城市化复合指标及技术创新水平测度指标；②把水资源和土地资源作为城市化的约束条件，分析城市化过程引起的水资源和土地资源生态效应；③在不同技术创新水平情况下，运用 GIS-SD-CA 方法实现城市圈时间、空间维度资源环境效应动态仿真；④对城市生态系统健康诊断及预警；⑤在上述基础上归纳总结，提出技术创新视角下健康城市化的对策。

本研究的技术路线如图 1.1 所示。

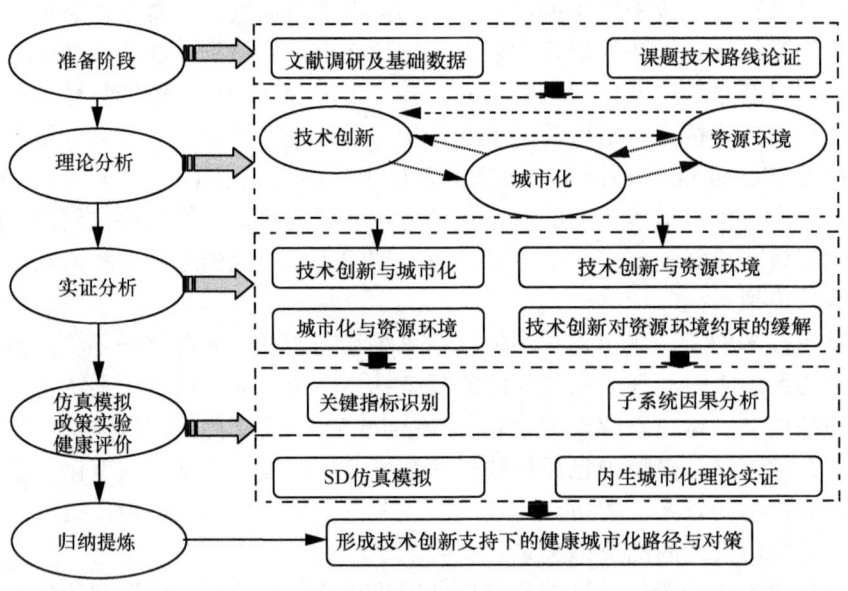

图 1.1 本研究的技术路线

1.3.2 研究方法

（1）理论解构法、文献研究法、经验总结法、推理和逻辑演绎法相结合

首先是搜集整理目前国内外关于技术创新—城市化—环境污染方面的现有理论和实证研究相关文献，分析相关问题的理论逻辑结构，并进行理论的整合和解构。以城市化理论、创新地理学、可持续发展理论、环境经济学理论、系统动力学理论为基础，分析了城市化的历史起源、逻辑及其动力机制。通过现象总结、机制分析、逻辑演绎，分析技术创新—城市

化—环境污染三者之间的动力机制。分析和整合、归纳和演绎、历史和逻辑等思维方法在本课题理论结构中得到了综合运用。

（2）数据库检索与实地调研相结合的方法

从土地资源、水利资源、环境、科技等管理部门收集相关数据；通过图书、电子期刊掌握年鉴等资料；通过卫星（环境一号小卫星）遥感数据判读水土数据；实地调研湖北省水/土资源、R&D、生态环境数据、GIS 数据、城市发展现状及发展历程等。在本研究中检索的数据库有：CNKI 的中国经济与社会发展统计数据库、世界银行数据库等。

（3）动态计量、系统分析方法等跨学科研究方法的综合运用

本研究从宏观框架上，运用了创新地理学、城市地理学等基本理论知识，采用 AHP 建立指标体系权重；采用动态计量经济学方法（格兰杰因果检验、脉冲响应函数）研究技术创新与城市化间的关系；采用系统分析方法，建立技术创新与城市化资源环境约束关系、城市化与资源环境耦合关系。

（4）SD 方法

地理信息系统与动力学建模（SD）结合，从空间时间维度仿真模拟，并进行政策实验。

（5）理论分析和实证分析相结合的方法

在理论综合分析和结构的基层上，本研究从技术创新—城市化—资源环境的不同侧面，采用 SD 方法、一般计量方法、空间统计方法、空间计量方法等对相关问题进行了实证分析和解释。遵循理论分析解构—假设—模型设立—实证分析—政策建议的思路，以求整个研究逻辑更加严谨。

1.4 基本观点及创新之处

1.4.1 基本观点

①区域中的创新投入主要集中于城市，城市化有利于技术创新的产生及扩散。

②技术创新促进需求结构、产业结构、要素结构调整，从而对城市化有促进作用。

③技术创新是 EKC 出现拐点不可或缺的必要条件。技术创新对城市化过程中资源环境约束有缓解效应、技术创新可以提高城市化与资源环境的耦合度和协调度。

④城市生态系统是一个人口、资源、环境、社会经济于一体的非线性、非平衡的复杂系统。健康城市化诊断及预警应从系统的波动性中分析。

1.4.2 创新之处

（1）研究角度的新颖性

探讨城市化资源环境效应文献较多，但基于技术创新视角的较少。本研究在理论上提炼出技术创新对城市化资源环境效应的理论框架，并进行实证分析，体现了研究角度的新颖性。

（2）研究内容的创新性

采用 SD 仿真模拟技术、DPSIR 模型框架，对健康城市化进行诊断及预警分析；基于 Romer

假设,将技术创新及资源环境纳入内生城市化模型中;分析技术创新对城市化过程中资源环境(水资源、土地资源)约束的缓解效应,体现了研究内容的创新性。

(3) 研究方法的探索性

采用环境经济学、城市生态学等学科的理论知识,利用格兰杰因果检验技术创新与城市化的因果关系;采用 C-D 生产函数验证技术创新与城市化的关系;采用 GIS-SD-CA 进行政策实验。多学科、多方法的运用体现了研究的探索性。

参 考 文 献

[1] 劳炯基. 城、市和城市[J]. 广州研究, 1984(3): 33-35.

[2] NATIONS U. World urbanization prospects: the 2014 revision, highlights. department of economic and social affairs[J]. Population division, United Nations, 2014.

[3] 顾朝林, 于涛方, 李王鸣. 中国城市化: 格局•过程•机理[M]. 北京: 科学出版社, 2008.

[4] TUROK I, MCGRANAHAN G. Urbanization and economic growth: the arguments and evidence for Africa and Asia[J]. Environment and urbanization, 2013, 25(2): 465-482.

[5] 吴旭晓. 基于复杂系统理论的区域中心城市内涵式发展研究[D]. 天津: 天津大学, 2011.

[6] 联合国. 城镇人口(占总人口比例)[EB/OL]. [2018-02-27]. https://data.worldbank.org.cn/ indicator/SP.URB.TOTL.IN.ZS.

[7] 人民出版社. 国家新型城镇化规划(2014—2020 年)[M]. 北京: 人民出版社, 2014.

[8] MEADOWS D H, MEADOWS D L, RANDERS J, et al. The limits to growth. A report for the Club of Rome's project on the predicament of mankind [J]. Technological forecasting & social change, 1972, 4(3): 323-332.

[9] OECDiLibrary. OECD urban policy reviews: China 2015[EB/OL].[2018-02-15]. https://www.oecd-ilibrary.org/urban-rural-and-regional-development/oecd-urban-policy-reviews-china-2015_9789264230040-en.

[10] MCMICHAEL A J. The urban environment and health in a world of increasing globalization: issues for developing countries[J]. Bulletin of the world health organization, 2000, 78(9):1117-1126.

[11] 代晓东, 王潇潇, 毕晓光, 等. 2015 年世界能源供需解读: 基于《BP 世界能源统计年鉴》[J]. 天然气与石油, 2017, 35(1):1-4.

[12] 中共中央马克思恩格斯列宁斯大林著作编译局. 马克思恩格斯全集(第二十三卷)[M]. 北京: 人民出版社, 1972.

[13] 中共中央马克思恩格斯列宁斯大林著作编译局. 马克思恩格斯全集(第二十卷)[M]. 北京: 人民出版社, 1971.

[14] KRONENBERG T, FUSS S. A techno-economic explanation for the Environmental Kuznets Curve[C]//ETH conference proceedings, 2005.

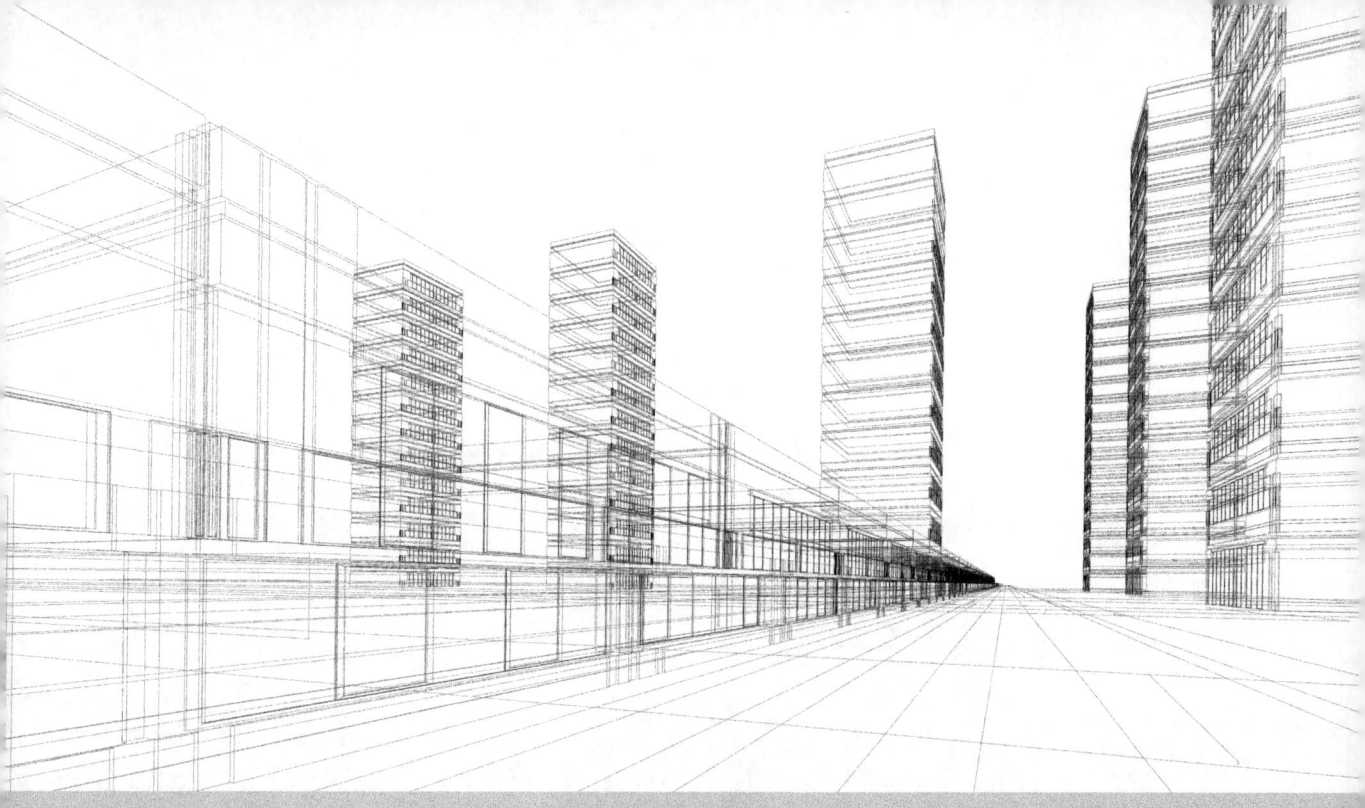

第二篇
技术创新—城市化—环境污染理论解构

第二章

城市化——历史的逻辑

城市化是伴随生产力发展及工业化的进程,第二产业、第三产业在城镇(城市)集聚,农村剩余劳动力向城镇集中的非农化过程,是实现国家现代化的重要途径,是一个国家现代化的重要标志,也是人类社会发展的普遍规律和客观趋势。本章主要从城市化的概念、城市化的动力及其机制、新型城镇化、城市化的测度等方面加以论述。城市化的逻辑起点是生产力发展,人口、土地和资金的流动。城市化的核心内容是要素流动带来的生产结构、就业结构、消费模式、生活方式及居住方式的转变。城市化背后的动力机制从宏观来说是生产力发展、科技发展的必然逻辑。从微观机制来说,拉力来源于城市区域的比较优势,如城市区域的就业机会、社会福利保障、文化设施等。推力来源于农村收入相对低级、社会服务相对滞后。从历史进程来看,城市化生命周期表现为前城市化—集中城市化—郊区城市化—逆城市化—再城市化等阶段。

2.1 城市化的概念

从历史上看,先有乡村后有城市。公元前 3500—前 1500 年,尼罗河流域由于泛滥的平原上具有良好的农业灌溉条件,农业生产力发展,在希腊繁盛的对外航海贸易,以及在埃及与中国的王权存在,出现了早期的城市化,此时作为防御、宗教中心。中世纪,城市的发展历经军城的衰败、欧洲工商业城市的发展,此时城市总体表现为规模小、增长慢的特点,主要发挥军事防御功能,是政府和宗教中心所在地。工业社会时期的城市,其标志是以蒸汽机为代表的机器大工业代替了作坊、工场手工业。生产的专业化产业集中在城市,农民破产或在城市就业导致城市人口快速增加;交通的改善使城市向郊区扩展。城市的规模和数量均出现显著增加。

城市产生的第一个前提是剩余粮食的生产能力(粮食安全的战略问题)、第二前提是剩余农业劳动力。城市通常指具有一定规模的人口和主要包括以非农业人口为主的居民聚集点,城市通常是附近区域政治、经济、文化的中心。城市一般都是人口较稠密的地区,包括了自身具备行政管辖功能的住宅区、工业区和商业区。政管辖功能可能涉及较其本身更广泛的区域。城市是"城"与"市"的组合词。"城"主要是为了防卫,并且用城墙等围起来的地域。《管子·度地》说:"内为之城,外为之廓。""市"则是指进行交易的场所,"日中为市"。两者都是城市最原始的形态,严格地说,都不是真正意义上的城市。一个区域作为城市必须有质的规范性。城市的外部特征表现在非农人口的聚集地,马克斯·韦伯(Max Weber)认为城市的内在特征表现在异质性的人群组成的陌生人社会(相对于乡村的熟人社会)。一般认为城市具有4个特征:人口的聚集性,城市人口密度高;经济性,城市区域是非农产业活动区域;社会性,居民是非血统的非宗教关系组成;城市是人类的物化结果,是自然环境、社会经济和文化科学技术共同组成的人工自然生态系统。

"城市化"(Urbanization)一词,最先出现在西班牙学者赛特(A. Serda)于1868年完成的著作《城市化基本原理》中,在我国这一概念于20世纪70年代被引入国内。城市化一词在被翻译时,有不同的译法,如翻译为"都市化""城镇化""城市化"等。从广义上讲,城市化是指城镇人口不断增长的过程,即居住在城区的人口数占总人口的比例不断增加。随着社会生产力的发展,城镇数量不断增加,规模不断扩大。人口不断集中在城镇,物质文明和精神文明在城镇中不断扩散,区域产业结构不断转化升级。

不同的学科对城市化的关注点不一样,理解就有所不同。诸多学科从不同的侧面对城市化的内涵都做出相应的解释[1]。新华字典对城市化的解释是:"指人口向城市集中,农村地域转变为城市地域的过程。表现为城市数目增多、规模扩大、城市人口占总人口比重提高。城市化进程与生产力发展水平有关。城市化水平高低的主要标志是城市人口占总人口的比重。"《中华人民共和国国家标准城市规划术语》中的城市化是:"人类生产方式由农村型向城市型转化的历史过程,主要表现为农村人口转化城市人口及城市不断发展完善的过程。"从目前的文献报道来看,城市化的定义多样,解释城市化的角度也多样化。如美国学者弗里德曼(J. Friedman)则将城市化过程分为城市化Ⅰ和城市化Ⅱ,前者包括城市环境中不同规模的人口与非农活动的地理集聚过程,非城市景观向城市景观过渡的过程;后者包括城市文化、城市生活方式和价值观念、在农村地理传播、扩散的过程。上述的第一个过程可以理解为物质化或实体化的城市化;第二个过程可以理解为抽象、精神、文化的城市化[2]。

2.1.1 人口学上定义城市化

城市化有诸多特征,研究者也可以从诸多方面对城市化进行定义。但是有一点是共同的,即表现为人口和经济活动在城市区域集中。基于人口城市化率的计算也是城市化率最直观、最基本的表达。人口统计学家主要通过观察城市(城镇)人口在总人口中的比重增加来定义城市化。人口学关注城市(城镇)人口数量的增加,城市(城镇)人口规模的分布和变化,以及对这些变化的社会原因、经济原因及后果的分析。农村人口迁移到城市并最终导致城市人口增加的过程是城市化的人口过程。埃尔德里奇(Eldridge)认为非农人口向一定区域集聚的过程就是城市化的全部含义。在人口城市化的过程中,伴随的是城市基层设施和公共服务设施的不断完善,城市文化和价值逐渐确立的过程。一般认为,人口城市化就是狭义的城市化[3]。人口城市化的内涵包括非农人口比重增加,农村人口比重减少,第一产业就业人口减少,第二、第三产业就业人口增加。人口城市化的本质是经济活动和生活方式的非农化过程。

2.1.2 社会学上定义城市化

诸多学者从社会学的角度观察城市化。如沃思（L. Wirth）认为城市化是从农村生活方式向城市生活方式转变[4]。尹科、张文秀等认为城市化是城市文明发展形成的过程，是城市体系、城市环境和居民的生活质量不断发展的过程，它是传统社会向现代文明社会整体转变和变革的自然历史[5]。

城市化的化，指的是形态或性质的改变。社会学家认为，城市化体现了城市文明的不断发展和其向农村渗透发展的过程。在这个过程中，实现城乡一体化。社会学关注人与人之间关系网络的密度、深度和广度，强调社会生活主体从农村向城市（城镇）转变，社会学强调人类价值观和生活方式的城市化。文化、教育和宗教信仰等社会因素的演变过程是社会结构的变化，也是社会不断进步并持续现代化的过程。

社会学上的城市化，从个体及微观的角度来看，城市化也是市民身份建立的过程。从某种角度来说，城市化既是作为主体的人创造的栖息环境，也造就了其本身的社会地位。马克斯·韦伯（(Max Weber）在其著作《非正当性的支配——城市的类型学》中说道：政治、经济、军事功能作为早期城市的属性，并且城市的意义在于成员建立政治共同体及市民资格的确立[6]。

2.1.3 经济学上定义城市化

经济城市化，是指经济结构的非农化和经济总量增加的过程，其本质是产业的非农化。克拉克(Clark)把城市化看作第一产业人口减少、第二产业和第三产业人口增加的过程。经济学家对城市化的定义通常从经济与城市（城镇）关系的角度出发，重点研究从农村经济向城市经济转型的城市化问题，更加强调相互转化的过程中不同地区的经济结构的变化。这种产业结构转换表现为从第一产业向第二产业和第三产业不断转型的过程，重点研究生产要素在其中的流动。经济城市化可以从两点来理解。第一是需求和产业结构演进导致产业的非农化。城市是人类追求需要满足的空间载体。人的需求是层次递进的，如马林诺斯基（Bronislaw Malinowski）的三层次需求理论和马斯洛的五层次需求理论。人类的需求变化是产业结构变化和城市空间演进扩张最重要、最根本的动力[7]。产业结构演变理论包括马克思社会分工理论和西方产业结构演变理论。配第—克拉克定理分别描述了国民收入和就业人口在三次产业间的分配规律。第二是非农产业的集中。也就是企业为了追求利润最大化在空间选择上趋向集中。产业的非农化是推动城市化的重要力量，美国经济学家、2008年诺贝尔奖获得者克鲁格曼（Paul R. Krugman）建立的中心—外围模型，对企业也就是产业的空间集中现象进行了解释。其建立在规模报酬递增和不完全竞争的基层上，分析运输成本和人口流动如何导致产业集中[8]。尽管美国著名经济学家西门·库兹涅茨（Simon Smith Kuznets）研究的是经济收入和就业人口在产业结构变动中的分配情况，但其研究对城市化的产业结构和就业结构有指导意义，该研究认为随着国民经济的增长，国民收入比重在第一产业下降、在第二产业逐渐增加、在第三产业不变或者略有上升；就业比重在第一产业下降、在第二产业基本不变或略有上升、在第三产业呈现上升趋势[9]。

2.1.4 空间（土地）城市化

区域地理学、城市地理学、经济地理学更多关注城市化中的空间变化或者说土地变化。土地是城市化的载体和支撑，没有一定规模的土地作为载体，城市化是无本之木，无水之源。在我国一些城市，出现了空间（土地）城市化冒进的现象，土地城市化大大快于人口城市化，出现空城、"鬼城"现象。在城市化过程中，土地城市化的支撑与制约角色越来越受到关注[10]。城市和农村中的人文和经济变化是地理学家关注的焦点。他们认为，该地区各种活动的中心是城市的发展。城市化是由于社会生产力的发展而引起的一个农村居民点形式向城镇居民点形式、农业人口向城镇人口转化全过程。地理学中的城市化是指人类的生产方式、生活和居住方式在一定的空间范围内由于社会生产力的变革发生改变的空间过程，所以这是一种综合性过程。目前，研究者基于人口城市化率应用较多，基于空间或者土地城市化率应用较少。在应用土地城市化率时，宜采用百分比数据来衡量，且需要厘清分子分母的统计范围。王洋认为，土地城市化率是城区中城市建设用地面积所占的比重，在这里其认为分母是城市所在的城区，而不是作为行政区域的市区或者是建成区。分子是建设用地，更能突出用地的性质[11]。

2.1.5 马克思主义的城市化理论

马克思是研究城市化理论的奠基人之一。虽然马克思及其马克思主义经典作家所处的年代是资本主义发展的初期，城市化率较低，但是其诸多著作却蕴含了丰富的城市化思想。马克思主义城市化理论对于今天研究我国的城市化依然具有鲜活的理论意义。

（1）马克思关于现代城市起源理论

马克思、恩格斯在19世纪40年代出版的《德意志意识形态》一书，采用历史唯物主义的观点，创造性地全面系统地分析了城市的起源、动力机制、功能、城市的发展演变。关于现代城市的起源，马克思认为生产力的发展和社会大分工是其背后的决定性因素。因此，生产力发展、社会分工扩大、商品交换的增多是城市起源的动因。马克思、恩格斯认为城市不是从来就有的，是生产力发展到一定阶段的产物，并认为经济基础决定上层建筑，其中一个观点是经济决定城市的起源。原始社会晚期用来防御的墙垣，这是"城"最早的含义，因此，城市的出现要早于国家的建立。马克思、恩格斯认为："社会内部的分工，首先导致了工商业劳动和农业劳动的分离，导致了城乡分割和城乡利益的对立，是社会进步的重要标志，真正意义上的城市就产生了。"[12]

马克思主义城市化理论认为城市的内涵、基本特点和性质应该包括3个方面内容。

①经济性。经济发展促进了城市的形成和发展。城市居民的主要经济活动是工业、商业、建筑、手工业和服务业等非农产业。农业人口的比例很小。马克思认为，由于城市商品生产的发展，带动了农村商品生产的发展，从而使商品经济成为整个社会的经济形式。城乡地位发生了根本性的变化。城市取代了农村地区，并且主导了社会结构。资产阶级使乡村屈服于城市的统治[13]。

②社会性。由异质性、社会流动性大的居民组成复杂社会关系。城市文化世俗化、城市生活方式现代化。城市关系中血统和宗教关系不占主导地位。马克思认为:"资产阶级使农村屈服于城市的统治。它创立了一个个巨大的城市……并且把很大一部分居民从农村生活的愚昧无知的状态中脱离出来。"[14]列宁对近代城市的定义如下:"城市是经济、政治和人们精神生活的中心,也是推动进步的主要动力。"[15]

③聚集性。城市区域人口规模大、人口密集。经济活动主要在城市区域发生。马克思说:"城市本身表明了人口、劳动工具、资本要素、精神享乐和需求的集中,而我们在农村看到的恰恰相反:孤立和分散。"[14]

(2) 马克思主义的城市化观点

真正的城市化始于近代工业革命。马克思在《共产党宣言》中肯定城市化是资产阶级的伟大历史贡献之一。城市化是马克思形容的"人口、生产工具、资本、享乐和需求"等各种要素向城市集聚的一个综合过程。①从资本的逻辑来观察城市化,是马克思主义的一个重要特征。资本主义工业革命后,生产力大幅提高,近代的资本主义工厂大量涌现。在工业化过程中,资本主义积累了原始资本,资本的本质使资本在空间集聚。马克思说:"大量的工人在同一个资本家的指挥下同时在同一个劳动场所工作,生产同样的货物。这在历史上和逻辑上都是资本主义的起点。"[16]而城市是这种要素集聚的地理空间载体,资本是城市地理空间扩张的血液,也是城市发展的内在动力和前提。②生产力的发展、不断发展的劳动生产率,是城市化的前提和基本条件。随着不断提高的农村农业劳动生产率,农村可以生产出除了满足自己基本需求的更多农产品,进而还可以满足城市的基本生活资料的需求和扩大再生产的需要。农业劳动生产力的提高,对于城市化的意义体现在以下方面。

第一,生产力的提高,将农民从繁重的农业生产中解放出来,出现了大量的剩余劳动生产力,这些剩余劳动生产力,对于城市化中的第二产业、第三产业的发展,形成"劳动力水池",从而促进城市化发展。马克思说:"作为劳动者最基本的生活资料和生活条件,食物是不可或缺的。只有不断提高农业劳动生产力、积累更多生活资料,才有可能出现农业剩余劳动力。"

第二,社会分工出现。随着农村劳动生产力的提高,出现了农业剩余劳动力,导致了手工业和农业的分离,最终造成了社会分工。社会分工为农村工业化和加速城市化提供了基础条件。

除此之外,国内外还有其他学者从不同的层面、不同的视角对城市化加以理解。如张裕民等认为城市化进程包括一个不断增加国家创造财富的能力过程,以及不断提高居民消费水平的过程,是中产阶级不断形成并且占主导地位、相对于社会结构形成的过程,是农村实现现代化和城市实现现代化,最终城乡差别减小,从而城乡一体化的过程[17]。库采夫在其著作《新城市社会学》中认为,城市化在下列3个方面对城市化的性质、进程、趋势有显著作用:一是科技与生产的结合及新的工艺,导致生产要素集中及分工进一步细化;二是城市的自身职能就是发展科技、提升竞争力;三是在科技革命背景下,现代交通的发展,促进了人员流动,加速了城市化的进程[18]。

总之,从人类历史的发展来看,社会生产力的发展、社会分工的出现及社会组织的发展是城市化的前提,城市化是社会经济和生产力发展的客观要求,是社会进步的表现。从政治经济学的角度来看,城市化是生产方式和生活方式的辩证统一。从城市的逻辑来看,城市化的本质就是科技化。从城市化的"量"来看,表现为城市人口增加,乡村人口减少;从城市化的"质"来看,表现为生产的进一步集约化、生活方式的进一步社会化和现代化。

2.1.6 城市化与城镇化的异同点

自西班牙的规划工程师塞达(A. Serda)在其著作《城镇化基本理论》一书中首先使用"Urbanization"一词以来,这一名词风行全世界。在 20 世纪 70 年代后期,从 Urbanization 翻译而来的不同中文名词,开始在中国流行起来。但是后来由于中国词语博大精深的特点,不同的翻译名词却使本意混乱而复杂。

首先在英语中 Urban 的含义为 Connected with a town or city。在英语中 City 和 Town 含义有所不同。City 这一单词在英语中的意思为 An important town(一个比较重要的城镇),即 City 比 Town 要大。另外,从其反义词来看,Urban(城市的、城镇的)是 Rural(乡村的、农村的)一词的反义词。即 Urban 与乡村明显有区别,Urban 既包括城市(City),也包括不同尺度的镇(Town)。

在日本把"城市"和"镇"统称"都市",在我国 Urbanization 翻译并不统一,不同的学者有翻译为城镇化、城市化、都市化。通过整理我国学者的文献发现,城镇化与城市化的概念时常出现在我国学术界里,也时常被人们混淆。

从城市化的路径来说,既表现为乡村人口向城市区域集中,在城市发展第二产业、第三产业吸纳农村剩余人口的过程;也可以表现为人口由农村向城镇集中,在城镇发展第二产业、第三产业,从而表现为"就近城镇化"。但是无论怎样,两者本质上都可以称为城市化。在西方国家由于工业化基础较好,其城市化主要表现为"City"型城市化。20 世纪 80 年代,我国的乡镇企业蓬勃发展,小城镇异军突起。大量的乡村农民转移到就近的城镇,从而出现了具有中国时代特色的"Town"型的偏重小城镇的城市化模式。

对于城镇化与城市化的概念内涵,目前在学术界存在 2 种相异的观点。

第一种观点认为,城镇化与城市化的内涵和外延不同,城镇化与城市化是 2 个不同的概念,城镇化不能等同于城市化。许成安等认为我国的小城镇缺乏规模效益和聚集效益,以乡镇企业为主体,从而使得我国大多数小城镇存在的共同问题是"有城无市"、公共服务基础设施基础差、城市文明有待发展等现象,所以小城镇是城乡的过渡带,而不是真正意义上的城市[19]。学者洪银兴、陈雯认为城镇只是一个地域上的概念,城镇化仅仅强调的是农业人口向城镇集聚,仅仅是一个非农化的过程,城市化水平测度如果仅仅用城镇人口所占的比重衡量是片面的,也是不完整的。因此,从人的城市化来讲,城镇化只是城市化的一个阶段、一个过程[20]。城市不仅仅只是人口集中的区域,不仅仅是地理空间集聚的地域概念城市,是市场的中心,是市场发育程度相对较高的区域。从城市化的本质及内涵来看,城市化是先进生产力向农村扩散、城市现代文明向农村扩散的过程。城市化要由外在表现的乡村人口向城市集聚,转向加快推进城市文明建设、促进城市文化扩散、提升城市基础服务水平,不仅包括城市化内涵,更要突出其成为服务中心、区域市场中心、文化中心、商贸物流中心、科技与教育中心、城市生活方式扩散传播中心的内涵。城镇化是城市化过程中的特定阶段,是城乡二元体制下向城乡融合发展过程中的特定形态。此外,城市化与城镇化的外延也是不一致的,城市化的空间扩展,不仅仅包括大城市的空间扩张,也包括小城市、城镇的空间扩张。前者的外延要大于后者。

第二种观点则是将城市化等同于城镇化。无论是城市化还是城镇化，其理论基础还是经济集聚理论。经济集聚理论认为，在区域技术进步的基础上，生产要素、生产活动及消费集聚，进而产生规模报酬递增及外部性，导致产业升级、城市经济增长。学者李树琮（2002）的观点是，城镇是城市的最初形式，并且包含在广义的城市中。无论人口是转移到城市还是城镇，都反映了社会进步和城市生活方式的转型、经济结构的转变。因此，城市化与城镇化没有实质性区别，只是城镇化更加强调镇的作用[21]。小城镇的发展是城乡经济要素整合和资金短缺的必然选择。在我国发展小城镇，是具有中国特色的城市化，是基于扩大内需、就近转移农村剩余劳动力、加强城乡联系、加快农业产业化进程、打破城市二元体制、实现城乡一体化的有力举措。对于我国而言，无论对于城市，还是小城镇，它们的历史使命都相同，即实现农村人口转移到城市（城镇），从占主导地位的第一产业转向大力发展第二、第三产业。上述也是城市化的本质内涵。从这个角度讲，城市化与城镇化无实质区别，城镇化和城市化含义基本一致[22]。

在发达国家城市化与工业化是同步伴随的，在西方发达国家中实现城市化即非农化的路径，与具有中国特色的城镇化的非农化过程，其内涵和路径有所不同。镇的设置在中国是适应中国国情，具有中国特色的。城市化、城镇化两者尽管都表现为人口结构的转型、经济结构的转型、地域空间结构的转型、生活方式的转型，但是两者的侧重点还是有所不同的。城市化的外延更加广泛，其包含城镇化。对于中国而言，城镇化是城市化发展过程中的一个必经路径，其顺序为城镇化→城市化→现代城市化。城镇化是以非农业化为特征，以非农产业为背景，以剩余农业劳动力实现就地就业、缩小城乡差别为目的的"城镇化"过程。而城市化强调城市自身的不断完善过程，既有非农化的身份转换，也有城市服务管理水平不断提高、农业人口真正融入城市社会、市民化进程加快。对于我国而言，发展小城镇，是实现我国城市化战略的阶段之一而不是把两者混为一谈，城镇化是我国城市化战略的一部分而不是全部。如果把城镇等同于城市化，实际上是把城市化的两个各具特点和不同发展任务的阶段混为一谈[23]。

本研究认为在发展中国家，农村的非农化其初始形式表现为城镇化这一独特形式。故在本研究中，除了在"新型城镇化"这一具有中国特色的、目前从官方到学术界较为统一的术语表达外，在其他语境中把城市化作为城镇化的同义词，一般地统一用城市化来指代。

2.2 城市化的动力及其机制

城市化的动力机制即城市化为什么会发生？推动城市化的主要力量是什么？上述诸问题一直是学术界研究的热点问题。城市化动力机制问题是研究城市化的一个主要方面。目前学者对此研究众说纷纭，观点不一。空间经济学家从经济集聚的角度做出解释，如克鲁格曼（Paul. Krugman）提出的本地市场效应（Home Market Effect），形成"工厂集聚→人口增加→市场规模扩大"的循环累积因果作用。也有观点认为，城市化发展的初始动力是农业发展农业劳动生产率提高、城市化的根本动力来自于工业化、城市化的直接动力和内生动力来自于城市化。也有人认为，城市化作为一个动态的过程，政府政策影响、经济增长和技术创新、产业结构转换是城市化动力的核心表现。还有人认为，生产力发展是推动社会经济发展、社会进步的根本力量，同时也是导致城市化发展的根本动力机制[24]。此外，还有观点认为我国城市化是内生动力与外力共同作用的成果、在多元城市化动力替代以往一元或二元城市化动力下"自上而下"的推动机制、制度与要素[25]。

普遍的观点认为，我国与西方发达国家工业化推动城市化的机制不同，我国的城市化动力机制既存在普遍性也存在特殊性。本研究中，笔者把城市化动力机制细分为经济发展水平，第二产业和第三产业的发展，政府主导，乡—城迁移，科学技术创新，资源开发的共同作用机制等加以阐述。

2.2.1 经济发展水平推动城市化

通过对相关文献整理发现，国内外学者对城市化水平与经济增长的关联性问题进行了广泛研究，并取得了一定进展。Northam 经过实证分析认为，城市化与经济发展水平存在相关性[26]。一般认为，人均 GDP（GNP）与城市化率之间相关性较强。Moomaw 和 Shatter 发现，一个国家的城市化率随着人均 GDP、工业化率、外贸出口额及过往援助的增加而增加，在城市分布中人均 GDP、人口和出口外贸额降低了一个国家的城市首位度[27]。Mingxing C 等基于全球 124 个国家和地区及中国 31 个省区的数据，运用改进的象限法研究城市化与经济增长的关系，认为城市化与经济发展水平的关系与马太效应（Matthew Effect）相似，城市化率越高的区域，经济发展越快[28]。

关于城市化率与经济增长之间的函数模型，李杰等研究成都市城市化与 GDP 增长的关系时，发现城市化率与人均 GDP 之间存在对数曲线关系，R^2 为 0.71，并且格兰杰因果检验显示城市化是经济增长的原因[29]。霍利斯·钱纳里等在其著作《发展的格局 1950—1970》中研究了人均 GDP 与包含城市化率在内的 27 个变量之间的关系，该模型由两个方程组成，其中第一个方程如式（2.1）所示[30]：

$$Y = \alpha + \beta_1 \ln X + \beta_2 (\ln X)^2 + \nu_1 \ln N + \nu_2 (\ln N)^2 + \sum \delta_i T_j 。 \tag{2.1}$$

式中，Y 为因变量（包括城市化率在内的 27 个变量），X 为人均国民生产总值，N 为人口（百万人），T_j 为时期（$j=1,2,3,4$）。根据该模型预测在人均收入水平在 100 美元时，城市化率为 12.8%；人均收入水平大于 1000 美元时，城市化率为 65.8%。

周一星在对 1977 年世界 157 个国家的城市化率和人均国民生产总值进行统计分析后，发现两者之间存在以下关系，如式（2.2）所示：

$$Y = 40.62 \lg X - 75.6 。 \tag{2.2}$$

式中，Y 为城市化率（%），X 为人均国民生产总值（元/人）。

一般认为，城镇化水平与经济增长两者之间存在相互促进、反馈加强的效应，表现在城镇化建设能够推动经济增长、城镇化建设与经济增长之间存在双向互动关系[31]，以及经济增长能促进城镇化建设等观点[32]。具体来讲，城镇化通过集聚和扩散作用推动产业结构调整和区域间经济发展来拉动经济增长，经济增长通过推动产业发展、吸引劳动力和提供资金保障的方式推进城镇化进程[33]。

2.2.2 第二产业和第三产业发展推动城市化

大量理论和实证研究表明，城市作为产业的载体和支撑，产业结构的优化调整升级是推动城市化的主要力量，城市的扩张及城市的现代化过程，也是产业演进的过程，两者存在循环累积因果效应。纵观发达国家市场经济城市化的进程，城市不断演变的驱动力是区域经济活动的扩散、聚集及产业结构的升级。一般认为，如果说农业是城市化的初始动力和基础前提，那么对于城市化初期而言，城市化的根本动力则主要来自于工业化。而到了城市化的中后期，城市新兴产业的创新和服务业的发展则成为城市化的主要驱动力[34]。特别要注意的是，在城市化与产业发展的关系中，尽管两者存在因果关系，但是产业发展是第一位的、是根本的，城市发展是第二位的。城市化应该产城一体，而不应是大拆大建的形象工程、面子工程（图2.1）。

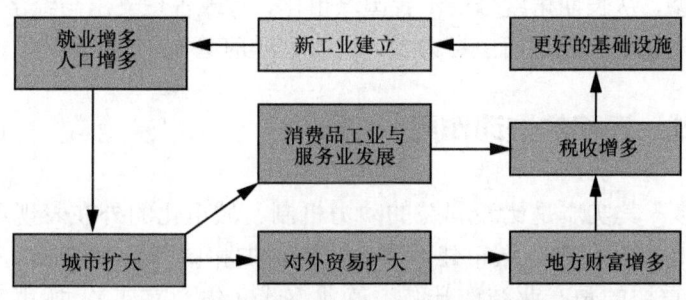

图 2.1 工业化与城市化的循环累积因果关系

产业结构推动城市化的逻辑在于：产业结构升级→生产力提高科技进步；城市经济发展市场就近效应→生产要素及人口向城市集聚；需求升级城乡二元体制公共服务亟待提升→城市化加快。

城市化对产业结构的升级和优化的逻辑表现在：①城市化使劳动力数量及质量提升。农村剩余人口向城市集中，为第二产业和第三产业提供了大量劳动力，成为"劳动力蓄水池"。同时城市化不仅表现在劳动力数量提升也表现在质量提升。城市中教育、科技程度较高，各种职业教育培训提高了劳动力的素质。人力资源为产业升级提供了根本保证。②城市化过程中对公共服务设施提出了要求，包括对交通、通信、基础设施、医疗、金融、教育都提出了较高的要求。在这种需求的刺激下为第二产业、第三产业提供了大量的就业岗位，也相应地推动了第二产业、第三产业的发展。③城市化加速了产业重组和分工，促进了产业集聚，形成了 MAR 型外部性及 Jacobs 型外部性，从而提高了科学技术水平和创新能力，进而推动产业结构升级[35]。

产业结构演变对城市化的核心驱动作用得到了证明，在计量模型方面曹宗平建立了城市化率与第二产业、第三产业的量测方程和状态方程组成，其中量测方程为对数方程，因变量为城市化率，自变量分别为第二产业比重、第三产业比重[36]。宋丽敏在分析了 30 个省份面板数据后，从空间计量的角度采用静态面板随机效应和固定效应模型及动态面板的差分 GMM 和系统 GMM 方法分析了人口城镇化、产业城镇化与产业结构的关系，结果发现产业结构与人口城市化呈正相关，而与土地城市化呈负相关[37]。

2.2.3 政府主导推动城市化

所谓政府主导推动城市化，在相关学者的文献中也有表述为"自上而下"型城市化动力机制，其主要特点是突出"计划经济特色"，由政府发动，直接干预和包办城市化，体现在政府按照城市发展规划，有计划地发展若干城市，在城市建设的资金和物资方面给予计划支持。从我国城市化发展的历史也可以看到政府主导力量的作用。在 20 世纪 60 年代中期开始，我国城市化经历了改革开放前的压抑型城市化→改革开放初期的恢复型城市化→90 年代中后期的扩张型城市化，体现了政府的干预力量[38]。在市场经济条件下，政府有形的手依然可以发挥强大作用。在党的十九大中提出，要以城市群建设为主体，协调处理不同规模城市关系，大力打造大中小城市和小城镇协调共生、共同发展的城市化格局。在基本公共服务全覆盖、城市群引领城市化等方面政府可以做好顶层设计。江克忠通过计算行政管理支出占财政总支出的比重，采用向量自回归模型，从长期角度分析了我国城市化、行政管理支出与经济增长的关系，实证分析了我国城市化的发展存在政府主导力量，且存在政府管制扩张趋势[39]。

2.2.4 "乡—城"迁移的推动作用

"乡—城"迁移，其实质是比较利益的动力机制。城市化的外在表现不仅仅是简单的非农人口由农村向城市转移集聚、城市建设用地面积增加和城市地域扩张、农村景观向城市景观转化。城市化更重要的是产业结构升级、就业方式（生产方式）、城市文明城市生活方式建立和扩散、人居环境改善、社会公共服务设施和社会保障完善等一系列由"乡村"到"城市"的转变，城市经济社会现代化和集约化程度提高。从目前的文献报道来看，这种比较利益主要体现在"乡—城"之间的产业比较收益及综合收益方面差异。在我国农业劳动率相对于其他产业依然偏低，农业是弱质产业依然受制于气象气候等外在因素及生产周期等，决定了农业相对于第二产业、第三产业的比较收益相对较低，农民收入相对于城市增长缓慢。此外，城市相对于农村拥有更加优厚的教育条件、公共服务设施、社会保障等，也会使农村人口向城市迁移。在实证方面，Kevin Honglin Zhang 等（2003）的研究初步证明了中国城乡之间收入的差距，使城乡之间劳动力的流动增强，进而促进了城市化水平的发展。但是就城市化而言，是否对城乡收入差距产生影响还存有争议[40]。

2.2.5 科技创新推动城市化

城市在经济全球化的背景下已经作为一个国家或区域的竞争主体出现。Paul. Krugman 提出相对于国家的下层主体，城市或城市群在各个方面发挥日益重要的作用，而国家边界的作用和地位在相对弱化。科技创新是生产力，不仅增强国民经济的竞争力，提高人民群众的生活质量，突破资源要素对发展的制约，同时也可以促进城市化。技术创新对城市化关键方面如交通、信息通信、能源等提供了重要支撑，使城市发挥其应有的经济生活效益。

（1）科技创新促进产业结构升级

科技创新是产业健康发展迈向中高端的基本保障，科技创新是驱动产业转型升级的重要推动力量，进而能够加速推进城市化。通过加快新技术突破及科技成果转化和产业变革，促进产业升级、经济结构调整、支撑供给侧改革，能够有效推动我国工业化水平的提高和城市化水平的加速。另外，在城市的边缘农村区域建立工业园、高新区，形成了城市面貌，也吸引农村剩余劳动力进入非农产业就业，从而实现农转非。

在科技创新的支撑下，将有助于建立现代农业、农业产业化、机械化。有效解决三农问题，使我国农产品在国际市场上的竞争力得到提高，增加农民收入，使城乡差距进一步减小，促进了城乡一体化发展，使城镇向城市迈进。依靠科技创新驱动，农业生产力得到提高，进而为城市工业提供大量的农村剩余劳动力。

以科技创新为基础的信息化将发挥对城市化的推动作用。信息技术使社会经济活动摆脱了空间限制，导致未来城市"最根本性的变化"。信息化将减轻实物型资源对空间距离成本的高度依赖和敏感，突破距离对生产要素的制约和对城市发展的限制，进而拓展城市的地理空间格局；信息化将推动城市产业结构的转型升级，使四化同步，进而创造更多的就业机会，以吸纳农村剩余劳动力；信息化将增强城市（包括科技溢出、生活方式、城市文明等）在区域中的辐射和扩散功能，实现城乡均衡发展，缩小城乡差距；信息化将有助于科技知识在农村传播，加速农村实现以农业现代化、产业化和科技服务为主要内容的信息服务，使城乡一体共同发展；信息化是依靠科技创新驱动的新的发展方式，与传统的高污染、高投入、低产出不同，信息化附加值高，通过信息化对相关产业的改造，使资源得到节约、生产效率得到提高，使产业向产业链的中高端转移。因此，信息化在一定程度上能够对城市化过程中的环境污染、资源剥夺、交通拥堵等诸多"城市病"提供有效解决方案。

最后在新一轮科技革命浪潮中 3D 打印、新能源、物联网、云计算等新一代信息技术产业正在崛起，诸多城市正在打造智慧城市、创新性城市，加速了城市的现代化。

（2）技术创新加快城市功能升级

首先，通过在城市的创新要素集聚，创新资源优化配置及创新主体的互动，提高企业创新能力和创新水平，从而提高区域竞争优势，为参与国内或国际竞争提供支援。

其次，通过模仿创新、消化吸收提高城市新能力，发挥后发优势，形成城市区域的经济社会跨越式发展，此外，通过科技创新提升基础设施水平现代化、借助信息化物联网等技术手段提升城市综合管理水平、通过现代科学技术打造城市现代综合交通体系。在城市化发展的进程中，往往伴随出现人口爆炸、生态环境破坏、资源承载力不足等各种制约城市健康发展的问题。而科技创新在解决这些深层次问题时往往发挥关键作用，从而为城市功能升级提高科技支撑。目前，有关部门已经在提升城市功能、高效利用城市空间、绿色建筑与绿色施工工艺、生态宜居及景观改造等方面做了前瞻性的研究，取得了一大批科研成果，科技的力量为城市的健康、绿色发展起到了支撑保障作用[41]。

最后，在科技创新的基础上发展起来的现代交通运输业，诸如高速公路、高铁、城际列车的发展，拓展了城市发展的空间和地域的自由度。交通的发展消除了城市发展的局限，交通技术使 45 分钟定律的空间边界扩大，有效解决了诸如市场不大、工人上下班远、城市中心拥堵、城市中心区域房价过高等问题。在快捷智慧交通支持下，有效拓展城市化速度的范围，从而在更大的范围内将区域内城市（城镇）进行节点连接，从而将区域社会经济系统整合为一个范围更大的系统，为区域经济发展开拓了更大的空间。交通技术的发展使得分散城市化、郊区城市化、逆城市化（Counter Urbanization）、乡村城市化（Rural Urbanization）成为可能。

（3）技术创新构建城市体系

在技术创新产业形成的前提下，城市体系形成和发展改变了城市区域经济发展的空间格局，重塑了区域城市体系与结构。纵观科技创新发展史，当新的科技革命到来时，都会催生一批具有时代特征、带有那个时代科技创新烙印的新兴城市。例如，第一次工业科技革命，以机械化大生产为主，以蒸汽机和电的发明为动力，诞生的城市大多是煤炭钢铁工业形的城市，诸如英国西北盛产煤铁的荒芜地区出现了很多新兴的工业中心和城市，如曼彻斯特和世界工厂伯明翰等；在19世纪后期美国的铁锈地带（Rust Belt）城市。

以电气化为标志的第二次工业革命，以内燃机代替蒸汽机，化学工业迅猛发展，电讯事业创新性发展，正如马克思所说："蒸汽大王在前一个世纪中翻转了整个世界，现在它的统治已到末日，另外一个更大无比的革命力量——电力的火花将取而代之。"第二次工业革命催生了20世纪初兴起的底特律汽车城等城市。

从20世纪四五十年代以来，在原子能、电子计算机、微电子技术、航天技术、分子生物学和遗传工程等领域取得重大突破。微电子和计算机技术作为第三次科技革命的最典型代表，将美国新技术的发源地——硅谷，从一个世纪前的果园和葡萄园，打造成为当今世界最为知名的电子工业集中地。

20世纪后期的第四次科技革命，通过充分开发并组合包括人工智能、大数据、云计算、无人驾驶、新兴材料、可再生能源发电等一系列前沿技术，打造出了一个更加灵活、宜居、绿色、安全的可持续发展的智慧城市。

（4）技术外部性视角下的城市化

城市化表现为人口、产业等在城市区域集聚所表现出来的集聚效应，可以从空间外部性来解释。提勃尔·西托夫斯基（Tibor de Scitovsky）将空间外部性分为金融外部性和技术外部性[42]。金融的外部性是产业的市场关联（或称为前后向关联）导致的空间外部性。在本地市场效应、价格指数效应、生产成本效应的基层上产生产业间或产业内在城市区域的集聚，从而表现金融外部性与产业（要素）集聚的内生互动关系。金融外部性主要是由规模报酬递增、企业市场力、产品要素的流动性等决定的[43]。

技术外部性对产业（要素）地理空间集聚的作用，在内生经济增长模型中都得到强调，如技术溢出等技术外部性在经济增长的作用[44]。Audretsch D B和Feldman M P通过研究认为，在区域产业经济活动的地理空间集聚过程中，知识溢出扮演了重要的角色。这种集聚效应一方面增加了不同经济主体之间的知识溢出与知识交换；另一方面还能降低科学发现和科技成果转化的商业化成本，从而促进产业（要素）地理集聚的水平和增加科技创新产出[45]。Paul. Krugman认为知识溢出和产业（要素）的地理集聚效应之间不是单向关系，而是双向互动关系，表现为累积循环因果关系[46]。技术外部性的原因，一种是多元化和竞争更有利于知识与技术溢出即所谓的马歇尔—阿罗—罗默外部性（简称MAR外部性）。另一种是雅各布斯（Jacobs）认为专业化有利于技术溢出（简称Jacobs外部性）。尽管存在两种技术外部性的原因，但是从技术外部性来说，技术扩散和技术溢出在解释集聚效应时处于关键地位，是集聚效应的根本力量。

2.2.6 资源开发推动城市化

资源开发包括国土资源开发、新能源资源开发、人力资源开发、旅游资源开发等。在我国城市化进程中，出现过典型的依托资源开发而兴起的资源型城市。这些城市依托资源开发过程中的采掘业和基础加工业，呈现出资源富城兴、资源竭城衰的历程。

传统的资源型城市往往存在比较明显的经济、社会、生态等诸多问题。主要表现在：①处在产业链的低端，资源价格受国际市场波动影响，资源日趋走向衰竭。②产业递进缓慢，存在"资源诅咒"效应。其产业链单纯围绕其资源开发利用而展开，产业结构单一。③资源开发形成的城市，基本公共服务设施偏弱，城市空间松散。④科技进步缓慢，人才资源难以集聚。⑤资源开发过程中生态环境破坏严重。

资源开发驱动城市化，在新的历史时期应该有新的视角。如旅游资源开发驱动城市化。城市旅游是城市化与旅游业融合发展的产物。旅游业作为朝阳产业，具有综合性、产业关联性、服务性的特点，从而可以促进传统产业升级、扩大对外开放等。尤其是旅游资源的开发可以驱动城市化对交通、商业、房地产、休闲娱乐、餐饮及其他相关配套产业的发展，从而形成以旅游资源或旅游区为中心的城市空间增长区域，进而带动非农人口就业，城市空间区域扩张，形成一种产城融合的城市化格局[47]。

2.3 新型城镇化

2.3.1 新型城镇化的概念

自 20 世纪 80 年代以来，由于城镇化具有一定的阶段性，在不同阶段，其内涵也在不断变化。党的十八大提出新型城镇化（New-type Urbanization），中共中央、国务院也于 2014 年 3 月出台了《国家新型城镇化规划（2014—2020 年）》。新型城镇化在文献中广泛应用，但是关于什么是新型城镇化，由于国内学者从不同的研究视角解读这一概念，因此，对新型城镇化概念的内涵及基本特征的理解呈现出了多元化特征。

新型城镇化提出的背景在于我国城镇化过程中出现了诸多弊端。①伪城市化问题。截至 2017 年年末我国常住人口城市化率达到 58.52%，但是户籍人口城镇化率为 42.35%[48]。我国的城市化表现为空间城市化，城市化落后于工业化，大量农业转移人口难以融入城市社会，市民化进程严重滞后。在城市化的 4 个方面中，社会转型是根本，所以新型城市化的"新"体现在城市化的包容性发展，体现在促进人的全面发展。②我国尚未完成新型城镇化要求，从 2007 年党的十七大提出的"走中国特色城镇化道路"，到 2012 年党的十八大提出坚持走中国特色新型工业化、信息化、城镇化、农业现代化道路，推动信息化和工业化深度融合、工业化和城镇化良性互动、城镇化和农业现代化相互协调，促进工业化、信息化、城镇化、农业现代化同步发展（四化协同）。因此，集约、创新、协调、绿色、低碳的环境友好型城市化就是新型城镇化的"新"这一要求的体现所在。

牛文元认为,新型城镇化的内在要求是集约发展、缩小城乡差距进而实现城乡一体化的均衡发展,按照以人为本的城市化要求提高农民和城镇居民的生活质量和收入能力,由传统的社会经济发展方式向环境友好、资源节约、大中小城镇和谐发展的发展方式转变[49]。

仇保兴认为,新型城镇化是由传统的高能耗、城市优先发展、环境冲击高、注重数量增长而非质量增长、少数人先富进而收入差距加大、放任式的城镇化,向城乡统筹协调发展、环境友好型、低能耗、质量提高型、集约式的社会和谐的城镇化转型的发展方式[50]。

周冲等认为,新型城镇化的本质在于注重城镇的内涵建设,即在科学发展观的指导下,以统筹城乡发展、优化产业结构、资源高效集约、环境友好宜居、人文关怀凸显为特征的城镇化[51]。

倪鹏飞认为,新型城镇化的关键是以新型工业化、信息化和农业产业化为主要推动力,其核心内容是人的城镇化,其运行机制保障是"政府引导、市场运作",以"内涵增长"为发展方式,坚持走城乡一体化的可持续发展道路[52]。

张占斌认为,新型城镇化包括4个方面的内涵:①四化协调。强调通过科技创新和产业发展实现城乡统筹发展。②环境友好型。强调资源—环境—经济—社会协调发展,走集约、绿色、低碳、生态文明之路。③产城融合。构建与区域经济发展和产业布局相衔接的城市布局。④包容性城镇化。实现人的全面发展,突破城乡二元体制[53]。

张双悦等认为,新型城镇化的本质是人的全面发展、乡村人口市民化、可持续发展、城乡一体发展、转型发展。其路径应该坚持五大发展理念、包容性发展、加快城乡基本公共服务等[54]。

在本研究看来,新型城镇化的概念是一系列原则要求的集合。其特征体现在包容性发展、可持续发展城镇化方面。具体来讲,就是在城镇化过程中要以人为本、公平共享、四化同步、统筹城乡、优化布局、集约高效、生态文明、绿色低碳、文化传承等为指导思想。

2.3.2 新型城镇化与传统城镇化的区别与联系

新型城镇化是在对传统城镇化弊端进行反思的基础上进行扬弃,两者之间既存在联系,也存在区别。新型城镇化也具有城镇化的非农人口在城镇集聚产业非农化等基本特征。但是两者的区别也是显而易见的。有人认为其理论基础也不一样,传统城镇化的基本理论是人口集聚理论和比较成本理论,而新型城镇化的理论则是可持续发展理论和生态文明理论[55]。一般认为,传统城镇化更多地片面强调城市规模扩大、土地城镇化特征明显、城乡差距加大,是"硬件城镇化"或者是"物的城镇化"。新型城镇化强调"人的城镇化",强调在城镇化的过程中加快"市民化"过程,因此,是人的全面发展。新型城镇化要求城乡统筹、产城一体、节约资源、集约发展,从而更加关注城镇化发展质量及提升城市的文化和基本公共服务等内涵建设。新型城镇化摒弃传统城镇化仅仅依靠工业化作为驱动力的弊端,强调以现代新兴技术为主要动力,以新型工业化的发展为依托,以减小城乡差别进而城乡一体化、实现城市现代化为目标的可持续发展的集约型城镇[56]。

新型城镇化与传统城镇化的具体区别有:①在时代背景方面,前者是农业经济向工业经济转型、计划经济向市场经济转型,后者则是农业经济、计划经济体制主导。②在侧重方向方面,前者侧重于城镇化质量提升、城乡统筹发展、资源环境与人的协调,后者侧重于人口城镇化、城镇规模、空间扩张。前者的推进主体是政府、企业、农民工、市民，后者的推进主体则是各级政府。③在发展模式方面，新型城镇化是以"自下而上"为主，"自上而下"为辅。传统城镇化则是以"自上而下"为主，"自下而上"为辅。④在动力机制方面，前者是以农业现代化、新型工业化、信息化为动力机制，后者是以传统工业化为动力机制。

新型城镇化与传统城镇化的联系：新型城镇化抛弃传统城镇化中的不足，如忽视经济区域、城乡、社会之间的协调发展等不足之处。新型城镇化是一个对传统城镇化进行扬弃的过程，它借鉴吸收了传统城镇化的优点和精髓，如充分发挥政府的宏观调控引导作用。但是新型城镇化摒弃了城市化就是房地产化、城市化就是圈地造楼的认知。在动力机制、城乡差距、环境友好、人的全面发展等方面体现了新型城镇化"新"的含义。

2.4 城市化的测度

2.4.1 城市化测度指标

由于国内外学者对城镇化内涵的界定和研究的角度各有不同，也由于城市化是一种比较复杂的社会现象，因此，对城市化的测度存在方法多种、指标体系多样的情况。从指标体系来看，目前存在单一指标法（或者称为主要指标法）、综合指标法（复合指标法、多项指标法）2种。

2.4.1.1 单一指标法

单一指标法目前常用的有2种方法：一种是人口比重指标方法；另一种是城市土地利用比重指标方法。

（1）人口比重指标方法

人口比重指标方法，主要是反映城市化过程中人口城市化的变动情况。目前较通用的方法有3种：一种是基于居住地的城市人口比重表示；另一种是基于职业划分及户籍性质的非农人口比重表示；还有一种是基于户籍管理的城市户籍人口比重表示。

①常住人口城市化率=城市常住人口/地区人口×100%。城市人口一般包括市区人口和镇区人口。在计算该指标时需特别注意城市人口统计口径。对市区和镇区的界定不同，其计算结果就没有可比性[57]。

②户籍人口城市化率=城市户籍人口/地区人口×100%。与欧美国家不同，我国存在严格的户籍制度。进城务工农民工可能是常住城市人口，但是实际情况可能是，农民工由于没有城市户籍，所以户籍后面所承载的城市基本公共服务、社会公共管理等没有办法得到享受。因此，我国常住人口城市化率与户籍人口城市化率的差别较显著。《国家新型城镇化规划（2014—2020年）》指出，到2020年，我国的常住人口城市化率应达到60%，户籍人口城市化率应达到45%。

③以户口性质划分的非农人口占区域人口比重的城市化率，一般是根据非农业户口来统计的。目前我国已经逐步取消了农业户口，城乡统一为居民户口，因此，这种计算方法已经

不再使用。非农人口城市化率仅在 1964 年第二次人口普查时用市镇行政辖区的非农人口作为城镇人口[58]。

尽管在《统计上划分城乡的规定》（国函〔2008〕60 号）中进行了有关界定，但是由于人口流动等诸多原因及城市和城市体系的无标度性，城市的边界和数量都难以准确划定[59]，因此，许多学者对人口城市化率进行修正，目的就是减少与实际情况的偏差。其中，王丰龙等基于尺度效应的城市化水平指标进行修正，认为城市化率在空间上存在地域分异下的个体效应和规模影响下的尺度效应，认为我国各省份城市化水平与城市首位度之间存在倒 U 形关系，因此，采用首位度修正的城市化率[60]。王学山认为，城镇设定标准与统计口径会导致城镇人口数据失去了客观性和准确性。其通过人均非农 GDP、人均居住面积、人均可支配非农纯收入，借鉴物价指数计算方法，利用不涉及流动人口及包含流动人口的城镇化水平测度公式，科学精确地测量了城镇人口数量[61]。仲盼和罗守贵认为，我国城镇人口没有统一的口径，测度的城市化水平与事实不符。其认为城市化与城镇就业人员比重及非农就业人员比重存在函数关系，因此，构建一个以城市化率为因变量、以镇就业人员比重及非农就业人员比重为因变量的多元线性回归方程，预测方程的 R^2 为 0.986，其预测结果与实际结果吻合较好[62]。

人口城市化率仅仅反映了农村人口向城市迁移集聚，并不能反映城市化的其他方面，如空间城市化、经济城市化、社会城市化等。在我国，如仅用城市人口比重衡量省际城市化的差异，会出现西北某些省区的人口城市化水平高于江苏、浙江、广东等省的情况。显然，这与实际情况不符。拉丁美洲的一些国家如巴西等国，人口城市化超过了经济城市化，人口城市化率很高，但是市民化没有实现、职业转换没有实现，因此，其实质是假城市化（Pseudo-Urbanization）或者是过度城市化（Over-Urbanization）。

（2）城市土地利用比重指标方法

城镇土地利用比重指标方法表示的城市化率，是从土地利用的性质和地理空间范围来反映城市化水平的一个指标。其反映的是非城市用地（如农业用地、草原、森林、海滩等）转变为城市用地（如工厂、商业、住宅、教育等）的比率，体现的是城市化的空间扩张现象。一般是指城市建成区或建设用地与该区域总面积的比重。该方法在实际操作时存在以下问题。

①城市建成区、建设用地等统计口径问题。建设用地面积是指经过城市规划行政主管部门确定，主要用于住宅、基础设施用地、矿用地等建设用地界线所围合的面积，建设用地体现的是城市用地类别及其权属。

建成区面积是指市行政区范围内经过征用的土地和实际建设发展起来的非农业生产建设地段。其显著的特点是实际成片开发建设。它包括市区集中连片的部分及在乡镇、郊区分散的若干个已经成片建设起来，与城市有紧密联系，并且市政公用设施和公共设施基本具备的地区。城市化建成区强调的是城市地域范围。在实际使用过程中两者混用，但是两者并不完全重合，这两个值有一定的差异。

②对建成区人口多、建成区面积大的区域，该指标能够准确反映城市化水平，但是对于人口较少、建成区较大的区域，往往存在"空城"现象，用该指标计算的城市化率往往高于实际的城市化水平。

在实际操作时宜考虑"人口密度原则"把 1500 人/km² 作为人口密度的临界标准及"建

成区延伸原则"[63]。

2.4.1.2 综合指标法

综合指标法，又称复合指标法、多项指标法。选用多种指标基于城市化的内涵进行综合分析，以考察城市化的不同侧面。因此，对于城市化概念理解的角度不同，指标体系设计侧重点就不同。在城市化综合测度指标体系的基层上，又衍生出诸如城市现代化综合指标体系、城市可持续发展指标体系、城市竞争力指标体系、城市化质量指标体系等。城市化综合指标体系，一般从人口、产业、空间、生活方式、生态环境质量、基础设施水平、社会服务水平、社会保障和安全保障等方面选用构建指标体系。

（1）国外综合指标体系的构建

由于对统计口径及相关概念内涵的理解不同，国外文献中关于城市化水平综合测度研究的并不多。目前有日本的城市生产力系数方法、印度的查英城市化水平测度方法、联合国经济和社会事务部（United Nations Department of Economic and Social Affairs，UNDESA）方法、英国地理学家克劳克（Cloke）方法等。

日本城市生产力系数方法，在《地域经济总览》中指标体系包括10个指标，实际上反映了一个城市发展水平与全国发展水平的比较。其指标分别为：制造业从业人员数、总人口、商业从业人员数、地方财政支出、工业产品销售额、批发业销售额、零售业销售额、住宅竣工面积、储蓄余额、电话普及率。计算方法：①针对某城市10个指标计算两个时间增减值。②以这10个分指标的全国平均值为100，将各个分指标增减值标准化。③计算这10个标准值的算术平均值为该城市的成长系数[64]。

联合国经济和社会事务部（UNDESA）指标体系由19个指标构成，分别是人均收入、非农业产值百分比、人口出生率、人口死亡率、文盲率、居民医生比率、蛋白质消费量等，其实质反映的是经济、社会、人口之间的变化关系。

印度的查英城市化水平测度方法，主要是从4个方面构建指标体系：人口比例、人口密度、人口规模和城市之间的距离[65]。

英国地理学家克劳克（Cloke）方法，主要由人口、职业、居住及离城市中心距离等16个指标构成，并将研究区域分为极端型非乡村、中间型非乡村、中间型乡村、极端型乡村4种类型[66]。

（2）国内综合指标体系的构建

国内学者针对城市化的内涵、特征、本质，选用多种与城市化有关的指标，通过城市化数量指标和城市化质量指标，通过不同方式确定权重来综合测度城市化。目前，诸多学者认为，城市化包含人口指标、产业经济指标、空间指标、载体上的城市化指标、居民社会方式城市化、社会方式指标、信息城市化指标等，并就此构建了城市化指标[67]。综合国内文献，目前主要是从以下4个方面构建指标体系。

①人口城市化指标体系：人口城市化是城市化的最直观表现，有学者将人口城市化指标归纳为数量指标。其体现了城市化的人口迁移和聚集，其子指标包括城市人口比重（%）、城市人口规模，第二产业、第三产业就业人口（万人），建成区人口密度（人/km^2）[68]。

②经济城市化指标体系：经济城市化是城市化的支撑，体现了城市化的动力，其指标体系包括人均GDP（元）、第二和第三产业GDP比重（%）、第二和第三产业增加值（亿元）、

工业总产值（亿元）[69]。

③土地城市化指标体系：土地城市化是城市化的载体，体现了城市化空间效应，其指标体系包括建成区面积（km²）、建设用地比重、人均建成区面积（km²/万人）、农用地景观破碎度、人均绿地面积（m²）、土地利用程度综合指数、人均铺装道路面积（m²）等。

④社会城市化指标体系：有学者认为城市化的本质是社会现代化。社会城市化反映了现代科技、文化在城市建立及向农村渗透，它反映了市民的生活方式的转变，体现了城市化的高级属性。其指标体系包括万人拥有公共汽车（电车）营运车辆数（辆）、人均用电量（千瓦时/人）、每万人在校大学生（人）、每万人口医生数（人）、每万人口医院床位数（张）等指标[70]。

此外，有的研究者可能在社会城市化中强调城市恩格尔系数及生态环境城市化（人均城市基础环境设施投资、人均公园绿地面积）[71]。

当然，可能有的研究者采用超过4个维度来测度城市化。如张樨樨从人口城市化、经济城市化、生活城市化、环境城市化、科技城市化、保障城市化6个维度共计37个指标来测度中国城市化[72]。朱洪祥按照动力表征、公平表征、质量表征、集约表征等原则，从人口就业、经济发展、城市建设、社会发展、居民生活、生态环境6个维度共计32个指标研究了山东省城市化水平[73]。

2.4.1.3 新型城镇化测评体系

新型城镇化的测度，其实践来源于在城市化测度过程中关注城市化发展质量及城市化的可持续发展评价。在实践中，有许多诸如城市化发展质量评价指标体系（中国社科院城市发展与环境研究所的《中国城镇化质量报告》系列）、绿色城镇化指标体系、生态城市指标体系、环保模范城市指标体系，以及有关城市可持续发展评价指标体系为新型城镇化评价测度提供了借鉴和参考。

在传统的城市化率评价的基层上，在评价指标方面逐步关注生态环境质量、社会保障、基本公共服务覆盖、城乡一体化等方面的指标。方创琳、王德利在研究城市化质量时，构建了经济城市化质量、社会城市化质量、空间城市化质量三大类指标体系，其中值得注意的是引入了经济效率指数，经济结构指数，经济发展代价指数（包括能源代价、水资源代价、环境代价），经济增长动力指数（科技进步对经济增长的贡献率），人类发展指数（HDI，由期望寿命、知识和生活水准构成），社会保障指数（由失业率、社会保障支出占GDP比重、社会保障覆盖率构成），基础设施发展指数，城乡一体化指数，水资源保障指数，能源保障指数，生态环境保障指数等[74]。方创琳、王德利等的研究对新型城市化评价做了有益的探索。

在新型城镇化评价中，越来越多的研究者更加关注新型城镇化的"新型多"，更多的指标指向"人的城镇化"，更加关注城市的包容性发展和人的全面发展评价。常春林、王一丞在研究京津冀都市圈新型城镇化测度时，认为要从以人为本、城镇化、工业化、农业现代化、信息化产业联动协同发展方面构建指标体系，因此在指标体系中包含了基本公共服务（互联网普及率、每万人拥有医生数等）、社会保障（城镇养老保险参保率、城镇登记失业率等）、生态环境（环保投入强度、城市污水处理率等）[75]。

孙丽姗在研究新型城镇化发展评价体系构建时，认为应该按照城乡统筹、城乡一体、集约、产城一体、生态宜居等原则构建指标体系。其城乡统筹能力主要用市区与县在人均固定资产投资比、人均财政支出比、生均教育费比等来反映；城乡一体化主要用市区与县在人均GDP比、城乡人均收入比、城乡低保水平比来反映，产城一体化主要用城镇人口占总人口比重、工业投资占固定投资比重、规模以上工业中产业园区所占比重等反映[76]。

温廷新等在分析城市的结构和功能的基层上，将植物的光合作用和呼吸作用理论应用到新型城市化的评价中，其建立了"城市树"模型，二级指标有经济发展指标、基层设施指标、生态平衡指标、城乡统筹指标、资源安全指标。城乡统筹指标中通过城乡之间的汽车百户拥有比、家庭消费比、收入比、家庭消费比等子指标来表达[77]。

目前国家有关部门已经发布了创新型城市设监测评价指标，其一级指标有6个，分别为创新投入、企业创新、成果转化、高新产业、科技惠民、创新环境，二级指标有25个。但是针对新型城市化的监测评价指标，大都是学者学术探讨，缺乏国家发布的统一标准。为了全面落实国家新型城镇化建设重大战略部署，国家统计局提出了2020年基本建成城镇化统计指标体系[78]，当前应该从以下方面进行规范及探索：①完善城乡划分方法。②严格核定各地城乡地域的范围和变化情况。土地空间城市化数据及时准确获取。③在新型城镇化监测指标中，重点做好"人的全面发展""农业转移人口市民化"等指标的设计。加快进城务工市民化监测，更多地从就业社保支持、公共服务保障等方面引入指标。

2.4.2 测度方法

在多指标测度城市化率时，既要考虑指标的全面性、有效性、代表性，还要考虑指标的相对重要性，即确定指标的权重。因此，在此讨论的主要是在城市化综合评价中确定权重的方法。

目前，在城市化综合指标方法测度城市化率时，通常有主成分分析法（Principal Component Analysis，PCA）、层次分析法（Analytic Hierarchy Process，AHP）、数据包络分析法（Data Envelopment Analysis，DEA）、熵权法（Entropy Weight Method，EWM）、突变级数法（Catastrophe Progression Method，CPM）、理想解法（Technique for Order Preference by Similarity to an Ideal Solution，TOPSIS）等诸多主客观赋权方法。

（1）熵权法

熵权法是在香农（C. E. Shannon）信息熵理论基础上发展起来的确定指标权重的一种方法，其本质是根据各指标的变异程度（离散程度）通过计算信息熵进而得出权重[69]。熵权法的不足之处也很明显：计算时往往考虑截面数据中指标的变异情况，缺乏多指标时间序列（面板数据）的横向比较；权重完全依赖于样本，当样本不同时，权重就不同。因此，在多个主体、多个时期进行评价时在应用上受到限制。

基于对新型城镇化的理解，袁达谱利用熵权法对湖北省12个主要城市的新型城镇化质量进行了测度[79]；张荣天等基于熵权法从城镇人口、经济、空间和社会方面测度20世纪90年代以来江苏省县域的城镇化水平，运用ESDA空间测度模型对江苏省县域城镇化空间格局演化特征进行了研究[80]。20国集团（G20）是国际经济合作论坛，杨超基于多元化视角从人口城镇化、生态城镇化、经济城镇化、社会城镇化与土地城镇化等层面构建适用于G20成员的城镇化评价体系，利用熵权法测算G20成员不同准则层的城镇化及城镇化综合水平[81]。

（2）专家赋权法、Saaty标度法、AHP层次分析法相结合的方法

20世纪70年代中期，美国运筹学家托马斯·塞蒂（T. L. Saaty）提出的AHP方法，实

际上是一种定性和定量、主观和客观相结合的综合评价方法。其方法是将问题（指标体系）条理化与层次化（最高层、中间层、最底层），采用 Saaty 的 1～9 标度法，将思维判断定量化进而确定指标的相对优先权。

王福林和任文香采用基于区间数 AHP 方法研究我国新型城镇化质量时，从城市规模、竞争优势、城市民生、城乡统筹、生态环境 5 个方面构建指标体系，通过其包含上限值和下限值的判断矩阵，用区间数 AHP 方法确定权重（均值法将区间数权重转化为单值权重），发现上海得分最高，其次为北京、天津[82]。陈晓旭从多个角度提出了与城乡经济发展密切相关的新型城镇化水平测度的指标体系，利用层次分析法确定指标的权重，最后以青岛市为例，搜集相关指标数据进行实证分析，得出符合青岛市区域特点的新型城镇化水平测度算法[83]。

AHP 方法尽管具有实用简洁等诸多优点，但也存在一些弊端，例如，依赖于专家判断得到比较矩阵，其结果带有一定的主观性，在精度较高的要求下需要专家群体判断来克服这一缺点。

（3）突变级数法

突变级数法的理论基础是突变理论和模糊数学。是通过建立模糊隶属函数和归一化函数，对评价对象的多层次分解进行排序分析的一种方法，包括尖点突变系统模型、燕尾突变系统模型、蝴蝶突变系统模型。吴宁宁运用基于熵权法和主成分分析法改进后的突变级数法，以我国 2011 年选定的北京、天津等高技术服务业首批试点省市为样本，实证分析了我国高技术服务业竞争力状况[84]。

（4）TOPSIS 法

TOPSIS 法本质上是一种逼近于理想解的多目标决策方法。该方法构造了两个基点：一个是最优解（正理想值），一个是最劣解（负理想值），然后计算各个方案与两个基点之间的加权欧式距离。TOPSIS 法在实际应用中得到改进，如基于信息熵的 TOPSIS 方法、基于组合赋权法的 TOPSIS 方法、基于效用理论的 TOPSIS 模型方法、基于联系度的 TOPSIS 方法等。龙雨等从经济、人口、环境 3 个方面，选取 18 个指标构建区域就地城镇化综合指标体系，采用改进的 TOPSIS 法对长株潭 2004—2013 年的综合水平进行评价分析[85]。

此外，一些文献报道了对传统方法的改进，如将灰色关联度方法（Grey Relation Analysis, GRA）与 AHP 结合，通过计算指标间的灰色关联度对 AHP 判断矩阵进行改进[86]。解释结构模型（Interpretative Structural Modeling，ISM）在城市化质量评价中也得到了应用。

2.5 本章小结

城市化是一个很宏大的科学命题，本章基于城市化的概念和动力机制及城市化的测度角度展开了论述。通过城市的起源及城市化概念的分析，城市化包括相互联系、相互作用的 4 个方面的综合过程：人口集聚，体现了城市化的核心；产业转型，体现了城市化的动力和支撑；地域转化，体现了城市化的载体和空间扩张及景观改造；社会城市化，即生活方式转化，是城市化的高级属性。其体现科技、文化、生活方式及人类的社会文明不断向农村渗透扩散的过程，体现了城市对城市文明的牵引、沉淀和传导。因此，城市化的实质是社会现代化。这种社会现代化，是要使全体国民享受现代城市的一切城市化成果并实现生活方式、生活观念、文化教育素质等的转变，即实现城乡空间的融合发展——产业的融合、就业的融合、环境的融合、文化的融合、社会保障的融合、制度的融合等，以期真正实现城市和农村人民群众的共同富裕、共同发展、共同进步，上述诸多方面可以看作硬件的更替和提升。而从另外一个角度来看，城市化也是城市中科技进步创新的温室，是城市文明的确立并向农村渗透扩散的过程。城市牵引社会现代化，并在一系列指标上得到反映，如文明意识、科技素养、教育程度、卫生水平、社会保障和公共安全等。

城市化的动力机制可以从不同的角度划分，如细分为经济发展水平，二、三产业的发展，政府主导，"乡—城"迁移，科学技术创新，资源开发等作用机制。值得注意的是依靠传统的工业化来推动城市化的方式弊端比较明显，工业化需要消耗大量的能源、占用大量的耕地及破坏生态环境。选择符合中国实际情况的多途径驱动城市化是对城市化动力的新认识。

参 考 文 献

[1] 唐耀华.城市化概念研究与新定义[J].学术论坛,2013,36(5):113-116.

[2] 杨张维, 吴同情. 国际视角下中国城镇化成就分析与经验探讨[J]. 商业经济研究, 2014(9):41-42.

[3] 李辉. 中国人口城市化综述[J]. 人口学刊, 2003(6):51-58.

[4] 周勋君. "新型城镇化":凸显生活方式的乡城变迁[J]. 中国社会科学报, 2014.

[5] 尹科, 张文秀. 城市化水平综合评价指标体系研究及实证分析[J]. 农村·农业·农民（B版）, 2006(2):51-52.

[6] 马克斯·韦伯. 非正当性的支配:城市的类型学[M]. 康乐, 简惠美, 译. 桂林: 广西师范大学出版社, 2005.

[7] 刘英群. 论经济城市化[J]. 大连海事大学学报(社会科学版), 2012, 11(6):20-24.

[8] 何雄浪. 专业化产业集聚、要素流动与区域工业化:克鲁格曼中心:外围模型新发展[J]. 财经研究, 2007, 33(2):16-25.

[9] 库兹涅茨. 现代经济增长[M]. 北京: 北京经济学院出版社, 1991.

[10] 范虹珏, 刘祖云. 中国城镇化空间发展态势研究：基于人口、土地、经济城镇化协调发展的视角[J]. 内蒙古社会科学(汉文版), 2014, 35(1):95-100.

[11] 王洋, 王少剑, 秦静. 中国城市土地城市化水平与进程的空间评价[J]. 地理研究, 2014, 33(12):2228-2238.

[12] 马克思, 恩格斯. 马克思恩格斯全集（第二卷）[M]. 北京：人民出版社, 1957: 303-305.

[13] 蔡竞.马克思主义经典作家城市化综述论[J].四川省干部函授学院学报,2002(3):11-14.

[14] 马克思, 恩格斯. 马克思恩格斯选集（第一卷）[M]. 北京：人民出版社, 1972.

[15] 列宁. 列宁选集（第19卷）[M]. 中共中央编译局, 译. 北京: 人民出版社, 1995.

[16] 人民网. 马恩全集第二十三卷[EB/OL]. [2018-04-20]. http://cpc.people.com.cn/GB/64184/180145/180192/11223729.html.

[17] 戴为民. 国内外城市化问题研究综述[J]. 特区经济, 2007(5):266-268.

[18] 库采夫. 新城市社会学[M]. 北京: 中国建筑工业出版社, 1987.

[19] 许成安, 王昊, 杨青. 我国城市化理论研究与实践发展中的若干问题：兼评"广义小城镇"为主的城市化理论[J]. 江淮论坛, 2001(3):3-9.

[20] 洪银兴, 陈雯. 城乡一体化的科学内涵[J]. 经济研究参考, 2003(55):32-32.

[21] 李树琮. 中国城市化与小城镇发展[M]. 北京：中国财政经济出版社, 2002.

[22] 简新华,黄锟.中国城镇化水平和速度的实证分析与前景预测[J].经济研究,2010,45(3): 28-39.

[23] 刘洁泓.城市化内涵综述[J].西北农林科技大学学报(社会科学版),2009,9(4):58-62.

[24] 吕韬. 经济发展与城市化进程关系研究[D]. 重庆：西南师范大学, 2004.

[25] 刘涛,仝德,李贵才.基于城市功能网络视角的城市联系研究：以珠江三角洲为例[J].地理科学,2015,35(3):306-313.

[26] NORTHAM R M. Urban Geography[M]. New York: John Wiley & Sons,1975.

[27] MOOMAW R L, SHATTER A M. Urbanization and economic development: a bias toward large cities[J]. Journal of urban economics, 1996, 40(1): 13-37.

[28] MINGXING C, YONGBIN H, ZHIPENG T, et al. The provincial pattern of the relationship between urbanization and economic development in China[J]. Journal of geographical sciences, 2014, 24(1): 33-45.

[29] 李杰, 康银劳, 路遥. 成都市城市化与 GDP 增长的线性对数曲线建模研究[J]. 当代经济, 2007(8): 115.

[30] 霍利斯·钱纳里, 莫尔塞斯·塞尔昆. 发展的格局 1950—1970[M]. 李小青, 等译. 北京：中国财政经济出版社, 1989.

[31] 刘建华, 周晓. 城镇化发展与经济增长的关系：基于吉林省经验数据的研究[J]. 中共中央党校学报, 2015(1):76-80.

[32] BRÜCKNER M. Economic growth, size of the agricultural sector, and urbanization in Africa[J]. Journal of urban economics, 2012, 71(1):26-36.

[33] 王苒. 山东省城镇化与经济增长的关系研究[D]. 青岛：中国海洋大学, 2015.

[34] 赵新平, 周一星. 改革以来中国城市化道路及城市化理论研究述评[J]. 中国社会科学, 2002(2):132-138.

[35] MICHAELS G, RAUCH F, REDDING S J.Urbanization and structural transformation[J].The quarterly journal of economics, 2008, 127 (2) :535-586.

[36] 曹宗平, 吴思思. 中国产业结构演进与城市化进程内在关联性研究[J]. 上海行政学院学报, 2015, 16(1):45-53.

[37] 宋丽敏. 城镇化会促进产业结构升级吗：基于 1998—2014 年 30 省份面板数据实证分析[J]. 经济问题探索, 2017(8):70-78.

[38] 何鹤鸣, 张京祥. 转型环境与政府主导的城镇化转型[J]. 城市规划学刊, 2011(6):36-43.

[39] 江克忠. 行政管理支出、城市化与经济增长的动态计量分析[J]. 公共管理学报, 2010, 7(1):20-27.

[40] ZHANG K H, SONG S. Rural–urban migration and urbanization in China: evidence from time-series and cross-section analyses[J]. China economic review, 2003, 14(4):386-400.

[41] 刘伟伟.科技创新推动我国新型城镇化发展的内在机制[J].科技创新与生产力,2017(2):6-8.

[42] 肖卫东. 中国农业地理集聚[M]. 北京：中国社会科学出版社, 2014.

[43] OTTAVIANO G I P, THISSE J F. Integration, agglomeration and the political economics of factor mobility[C]// Université catholique de Louvain, Center for Operations Research and Econometrics (CORE), 2013.

[44] ROMER P M. Endogenous technological change[J]. Nber working papers, 1989, 98(98):71-102.

[45] AUDRETSCH D B, FELDMAN M P. R&D spillovers and the geography of innovation and production[J]. American economic review, 1996, 86(3):630-640.

[46] KRUGMAN P. Increasing returns and economic geography[J]. Journal of political economy, 1990, 99(3): 483-499.

[47] 邓广山,毛长义,张军以.旅游资源开发与城镇化建设互动效应的研究现状及展望[J].商业经济研究,2017(13):163-165.

[48] 光明网. 中国人口城镇化率升至 58.52%户籍人口城镇化率 42.35%[EB/OL]. (2018-02-28)[2018-05-20]. https://m.baidu.com/sf_baijiahao/s?id=1593636061870381425&wfr=spider&for=pc.

[49] 牛文元. 中国特色城市化报告[M]. 北京：科学出版社，2012.

[50] 仇保兴. 新型城镇化:从概念到行动[J]. 理论参考, 2013(5):12-14.

[51] 周冲, 吴玲. 城乡统筹背景下中国经济欠发达地区新型城镇化路径研究[J]. 当代世界与社会主义, 2014(1): 200-203.

[52] 倪鹏飞. 新型城镇化的基本模式、具体路径与推进对策[J]. 江海学刊, 2013(1):87-94.

[53] 张占斌. 新型城镇化的战略意义和改革难题[J]. 国家行政学院学报, 2013(1):48-54.

[54] 张双悦, 张贡生. 新型城镇化之本质:文献综述及路径选择[J]. 广西财经学院学报, 2016, 29(2):34-41.

[55] 黄晓霞. 新型城镇化与传统城镇化异同分析：兼论建设新型城镇化应注意的问题[J]. 经营管理者, 2015(7):300.

[56] 张荣天, 焦华富. 中国新型城镇化研究综述与展望[J]. 世界地理研究, 2016, 25(1):59-66.

[57] 姜爱林. 城镇化水平的五种测算方法分析[J]. 中央财经大学学报, 2002(8):76-80.

[58] 袁艳. 关于户籍人口城镇化水平的探讨[J]. 科学经济社会, 2015, 33(1):115-120.

[59] 陈彦光. 城市化与经济发展水平关系的三种模型及其动力学分析[J]. 地理科学, 2011(1):1-6.

[60] 王丰龙, 刘云刚. 基于尺度效应的城市化水平指标修正[J]. 热带地理, 2011, 31(4):403-408.

[61] 王学山. 人口城镇化水平测定方法的改进[J]. 经济地理, 2001, 21(3):315-318.

[62] 仲盼, 罗守贵. 中国城镇化水平测定中存在的问题及调整方法[J]. 经济体制改革, 2006(3):162-166.

[63] 许学强, 周一星, 宁越敏. 城市地理学[M]. 北京：高等教育出版社, 2009.

[64] 石忆邵, 刘玉钢. 科技服务业发展与城市成长力之关系研究：以江苏省地级市为例[J]. 内蒙古师范大学学报(自然科学汉文版), 2012, 41(6):662-667.

[65] 张思锋, 廖园园. 基于层次分析法的西安城市化水平测度[J]. 西安交通大学学报(社会科学版), 2006, 26(2):41-45.

[66] 李厚刚. 可持续城市化支撑体系研究[D]. 武汉：武汉理工大学, 2011.

[67] 李振福. 城市化水平综合测度模型研究[J]. 北京交通大学学报(社会科学版), 2003, 2(1):75-80.

[68] 陈明星, 陆大道, 张华. 中国城市化水平的综合测度及其动力因子分析[J]. 地理学报, 2009, 64(4):387-398.

[69] 郝汉舟, 郑威, 钟学斌, 等. 武汉市城市化过程中资源环境压力测度与分析[J]. 长江流域资源与环境, 2017, 26(12):2040-2048.

[70] 张亘稼. 城市化指标体系探讨[J]. 云南财经大学学报(社会科学版), 2007, 22(1):79-80.

[71] 杨贵军, 王丽娟. 我国省域城市化水平的测度[J]. 统计与决策, 2015(1):115-119.

[72] 张榉榉. 我国城市化水平综合评价指标体系研究[J]. 中国海洋大学学报(社会科学版), 2010(1):60-64.

[73] 朱洪祥. 山东省城镇化发展质量测度研究[J]. 城市发展研究, 2007, 14(5):37-44.

[74] 方创琳, 王德利. 中国城市化发展质量的综合测度与提升路径[J]. 地理研究, 2011, 30(11):1931-1946.

[75] 常春林, 王一丞. 京津冀都市圈新型城镇化测评指标体系构建与评价[J]. 价格理论与实践,

2014(5):115-117.

[76] 孙丽姗. 新型城镇化发展评价体系构建及实证分析[J]. 商业经济研究, 2014(6):57-58.

[77] 温廷新, 王冉, 李印超, 等. 新型城镇化的"城市树"模型及其评价体系研究[J]. 资源开发与市场, 2016, 32(4):390-393.

[78] 中华人民共和国国家统计局. 国家统计局提出 2020 年基本建成城镇化统计指标体系[EB/OL]. (2014-09-12)[2018-04-20]. http://www.stats.gov.cn/tjgz/tjdt/201409/t20140912_608701.html.

[79] 袁达谱. 基于熵值法的湖北省新型城镇化测度研究[J]. 市场研究, 2015(10):54-55.

[80] 张荣天, 焦华富, 张小林.1990 年以来江苏省县域城镇化测度及空间格局演化[J].池州学院学报,2013,27(3):63-67.

[81] 杨超.多元视角下的城镇化测度及其协调发展研究：以 G20 成员为例[J].世界农业,2017(7):193-200.

[82] 王福林, 任文香. 基于区间数 AHP 的我国新型城镇化质量评价研究[J]. 农业经济与管理, 2015(1):64-70.

[83] 陈晓旭. 基于层次分析法的新型城镇化水平测度研究[J]. 科技经济导刊, 2015(6):18-19.

[84] 吴宁宁. 基于突变级数法的高技术服务业竞争力评价研究[D]. 合肥：合肥工业大学, 2017.

[85] 龙雨,唐菁菁,李月星, 等. 基于改进 TOPSIS 法的就地城镇化测度研究：以长株潭为例[J].经济研究导刊, 2017(9):36-38.

[86] 汪权方, 晏群, 徐慧, 等. 基于灰色关联度的 AHP 权重矩阵构建方法改进及在农地评价中的应用[J]. 地理科学进展, 2016, 35(10):1249-1257.

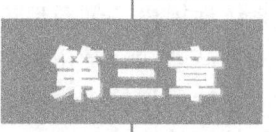

第三章

技术创新——进步的火种

"十三五"时期是全面建成小康社会和进入创新型国家行列的决胜阶段，是深入实施创新驱动发展战略、切实贯彻和落实"创新、协调、绿色、开放、共享"五大发展理念的重要历史时期。在我国经济增长速度换挡期、结构优化调整阵痛期和动力转换机遇期的诸多因素叠加的大背景下，做好新时代技术创新工作是实施创新驱动发展战略、建设创新型国家的根本保障，是打造引领发展的第一动力、构建现代化经济体系的内在要求。技术创新对我国经济社会发展的重要性在于，推进供给侧结构性改革需要技术创新提供新动力和改革发展路径；从全球产业链分工中的中低端位置向价值链高端迈进、突破顶端技术和核心技术受制于人的落后局面，迫切需要走科技创新之路；从传统的资源高投入、高消耗、低产出的依靠要素投入传统型发展路径向知识经济发展，使经济提质增效、使产业转型升级，建设生态文明，迫切需要依靠科技创新突破资源环境瓶颈的制约，迫切需要依靠科技创新培育发展新动力、走科技创新之路。本章介绍了技术创新的概念及目前国内外的技术创新理论，并对技术创新的负外部性进行了分析。

3.1 技术创新概念的内涵

技术创新（Technological Innovation）由于其内容和形式随客观进展的发展而不断丰富，也由于技术创新这一过程涉及经济、管理、教育等不同的方面，因此，国内外不同学者从不同的角度被赋予了不同的概念内涵。技术创新概念是由美籍奥地利政治经济学家约瑟夫·熊彼特（Joseph Alois Schumpeter）提出的。古典经济学家亚当·斯密的技术变革和市场之间关系的研究、马克思关于技术进步在经济增长中作用的观点，都是技术创新概念产生的理论渊源。

3.1.1 国外的技术创新理论

约瑟夫·熊彼特被誉为"创新之父"，是古典创新理论的代表人物，1912 年在《经济发展理论》中首次提出了创新理论的基本要点，认为创新是现代经济增长的核心。在书中他写道，所谓创新就是要建立一种新的生产函数，其核心思想是在经济发展过程中，技术创新和生产方法的变革是最高力量，起着不可替代的作用[1]。该书在 1934 年翻译成英文时，使用了"创新"（Innovation）一词。1939 年出版的《商业周期》（Business Cycles）中，熊彼特比较全面系统地提出了创新理论。熊彼特的创新概念比较宽泛，包括 5 种情况：开发新产品、发明新的生产方法、开拓新的商品市场、获得新的资源供应来源、成立新的生产组织[1]。

熊彼特所说的"创新"与一般含义的创新不同，表 3.1 是两者在创新主体、创新客体及创新目的上的比较。

表 3.1 一般含义的"创新"与熊彼特的"创新"

	一般含义的"创新"	熊彼特的"创新"
创新主体	不限定创新主体，创新主体可能是社会上每一个具有创新野心的人	创新主体是企业家
创新客体	不同的社会产物和产品	生产要素中的一些因素：原材料、工艺、产品、组织、开辟新市场的方式
创新目的	能够改变人类现有的生活状态，为人类正常生活提供方便或其他功能	为了使企业家获得利润，经济得到增长并且持续发展

随着科学技术的不断发展，迎来了新的一轮科技革命，此时许多国家的经济高速增长，传统的经济学理论已经不能解释这一现象，于是重拾熊彼特的创新经济学理论，对其进行研究并发展其理论。

可以看到，技术创新概念是一个历史范畴。随着社会实践的丰富、技术创新的不同领域的开展，对技术创新概念的认识也在深化。毋庸置疑，技术创新的概念首先是在经济学概念范畴内产生的。但是技术创新的内在范畴非常丰富，包含了众多的组成要素，也包含了技术、经济、社会互动关系，因此，可以从不同的角度观测技术创新的多维特征。

从文献上来看，目前西方国家的技术创新理论划分为 4 个学派：新古典学派、新熊彼特学派、制度创新学派及国家创新系统学派。表 3.2 总结了这 4 个学派的代表人物、主要理论及不足之处。

表 3.2 西方技术创新理论流派

学派名称	代表人物	主要理论	不足之处
新古典学派	以索洛(R. Solow)等为代表	①两步论：一是新思想的来源，二是以后阶段的实现和发展；②索洛残差：认为是技术进步的结果；③"黑箱"：本身并不关注技术创新过程内部的运作	①与现实存在严重脱节，不能充分地回答一些问题，如决定企业间生产率差异的因素是什么，新技术的产生、筛选、扩散过程是什么样的；②采用正统经济理论模型作为分析工具，不能反映技术变化和创新处在动态的经济现实，不能充分考虑经济发展中技术和制度的作用及其发挥作用的方式
新熊彼特学派	以爱德温·曼斯菲尔德、莫尔顿·卡曼、南希·施瓦茨等为代表	①强调技术创新和技术进步在经济增长中的核心作用；②新技术推广：4 个假定，3 个基本因素（4 个补充因素）；③技术创新与市场结构的关系；④重视对"黑箱"内部运作机制的揭示	①新技术推广的理论假定的前提条件与实际相差太大，模仿者存在的风险太大；②卡曼和施瓦茨的研究层次偏重宏观层面，并且没有进一步的分析阐述

续表

学派名称	代表人物	主要理论	不足之处
制度创新学派	以美国经济学家兰斯·戴维斯和道格拉斯·诺斯等为代表	①制度创新过程的5个阶段；②所谓"制度创新"是指经济的组织形式或经营管理方式的革新	①制度创新理论中的制度并没有包括作为背景的社会政治环境；②促进制度创新的三要素忽略了其中二者本身是制度的函数；③作为基本分析的单位（交易成本和产权）都是很模糊的概念
国家创新系统学派	以英国学者克里斯托夫·弗里曼、美国学者理查德·纳尔逊等为代表	①技术创新是由国家创新系统推动的；②强调技术变革的必要性及制度结构的适应性	没有对各国创新体系进行比较研究

3.1.2 国内的技术创新理论

我国学术界从20世纪80年代开始研究技术创新理论，在研究的过程中他们逐渐分为4个学派：技术创新哲学学派、技术创新经济学学派、技术创新政策学派及技术创新管理学学派。随着可持续发展目标日益受到重视，"绿色创新"一词被提出，也逐渐形成一个新的流派。下面就这5个流派展开介绍。

（1）技术创新哲学学派

该学派的代表人物有陈其荣、夏保华、陈昌曙等，他们从哲学的角度探讨技术创新，基于熊彼特创新理论运用自然辩证法着重研究了技术创新的定义、主体、客体、性质与意义等方面。

陈其荣认为技术创新是作为创新主体的企业在创新环境条件下通过一定的中介，而使创新课题转换形态、实现市场价值的一种实践活动[2]。夏保华将技术创新定义为是一种在人与自然、人与人、自然与自然之间展开了由新技术构思到新技术物品生产的创新性社会活动价值系统[3]。

夏保华与陈昌曙在《简论技术创新的哲学研究》中提到，技术创新中包含了一些哲理性问题，如技术创新本质的问题、技术创新条件的问题、技术创新方法的问题。而这些问题都需要通过哲学的知识、观点和方法来解决，并且不是一蹴而就的[4]。

（2）技术创新经济学学派

该学派的代表人物有傅家骥、柳卸林、厉以宁等，代表作有傅家骥的《技术创新学》和柳卸林的《技术创新经济学》等，其中，《技术创新经济学》是我国第一本系统论述技术创新经济学的著作。

20世纪90年代，傅家骥从马克思的生产方式出发提出，"中国企业过分重视扩大再生产，过多地依靠新建式和扩建式的外延扩大再生产，轻视现有企业技术进步为主式的扩大再生产"[5]，并归纳出原因及其危害，危害主要有以下3点：①严重阻碍了技术进步；②缺乏创新的机制；③忽视企业创新的投入。长此以往，中国的经济将越来越落后，技术与现代化脱节，所以改革迫在眉睫。而后通过一系列的研究，阐述了我国技术落后的原因，并提出与熊彼特一致的观点：科技创新的主体是企业，对关键问题"如何进行企业创新"根据国有企业技术创新提出解决方法。傅家骥教授的成果是基于中国国情的，他的理论对中国未来技术创新的发展都具有指导意义。

在技术创新研究中，创新经济学的研究地位极为重要，原因有两个方面：一方面，技术创新是国家经济活动中最活跃的因素，所以在经济学方面技术创新必须得到更好的认识和理解；另一方面，经济学的创新理论的研究为技术创新的实践提供了大量的理论基础。

（3）技术创新政策学派

该学派的代表人物有李正风、冯之浚等，该学派的研究目的是我国或我国某个地区的技术进步和产业发展。他们的研究角度是从政府出发，从两个方面研究如何从实际情况出发改变技术创新政策以利于技术发展和科技进步，一方面是理论层面；另一方面是实证研究。

（4）技术创新管理学学派

该学派的代表人物有许庆瑞、陈劲等。许庆瑞在国内较早宣传和倡导技术创新。1982年11月中科院管理科学组召开会议，他在会议上根据国外理论与实践并且结合我国实情提出："技术创新（包括研发）须以企业为主体，企业必须与大学、研究院结合。"[6]其后，许庆瑞教授又提出企业要进行"二次创新"，在做了大量调查后又进一步明确了思路，这些成果得到了企业的推广应用。但是应用了一段时间后许庆瑞教授就发现了弊端，于是他又重新调查实践，在1993年提出了组合创新理论，该理论揭示了技术创新实践的6个矛盾，后来又进一步将该理论完善。随着全球化进程的加快，企业技术创新开始面临新的挑战。为了解决新的挑战，许庆瑞教授将组合创新理论进一步升华，提出了全面创新理论，全面创新理论是为了实现创新的"三全一协同"。总之，许庆瑞教授在我国技术创新方面的影响是不可磨灭和不可估量的，在国际上也是影响重大，他是我国技术创新的杰出先驱。

（5）绿色技术创新学派

绿色技术创新是大势所趋，随着我国经济的快速发展，环境污染、资源稀缺问题越来越严重，绿色技术是相对于传统技术发展的绿色创新，是基于人与自然和谐关系的技术建构，是基于生态文明理念、绿色发展理念，对传统技术创新反思构建的绿色技术保障。绿色技术在文献中相似的用语较多，如环境友好技术、生态技术。其本质上是指减少污染、降低资源消耗、实现对生态环境改善的技术体系[7]。

我国对绿色技术创新的研究是从20世纪90年代开始的，不同的学者从不同的角度研究绿色技术创新，对其定义也有不同的看法。赵细康认为，一般把以环境保护为目标的管理创新和技术创新统称为绿色创新技术[8]。葛晓梅等认为绿色技术创新是将环境保护新知识和绿色技术应用于生产经营中，在突出强调绿色观念、绿色产品及绿色工艺与技术的研究和开发的同时，以创造和实现新的经济效益与环境效益的活动为目的[9]。李艳利等认为绿色技术创新是环境友好型技术创新（Environmental Sound Technology Innovation，ESTI），其内容包含管理创新和技术系统创新，两者共同服务于环境保护这一目的[10]。

目前，我国对绿色技术创新的研究主要集中于它的过程，倾向于技术层面，在浅绿色技术创新、环境管理技术创新方面应当加强。在绿色创新动力方面，需要建立基于绿色生态需求的市场推动创新机制。目前，我国还没有建立完善的基于环境服务功能需求的市场体系，资源环境损耗还没有完全在企业成本函数中得到体现，导致企业绿色技术创新动力不足。

3.2 技术创新的意义

研究技术创新概念的意义,究其根源就是为了扩大技术创新。技术创新的意义主要体现在以下方面。

(1) 科学技术是第一生产力

习近平同志基于对"科学技术是第一生产力"的深刻认识,指出"从全球范围来看,科学技术越来越成为推动经济社会发生主要力量","科技兴则民族兴,科技强则国家强"[11]。创新是引领发展的第一动力,是国家经济竞争甚至是综合国力竞赛的关键所在。在我国转型发展的关键时期,创新是第一位的,是主要矛盾,也是矛盾的主要方面。

(2) 创新驱动是国家命运所系

中国长期处于中国制造的阶段,而不是中国创造,一度被称为世界上最大的加工厂。政府与社会一直在引进国外最先进的技术,但是我们一直处在落后阶段,这是因为国外一直在进行技术创新,而我国却停步不前。近年来,随着我国科学技术的发展,美国、日本等发达国家对我国在技术方面建立了壁垒,希望将我国打压。我国作为世界上最大的发展中国家,如果还按照原来的模式发展,那么国家命运岌岌可危。

(3) 创新驱动是世界大势所趋

创新全球化不是一个新的概念,在世界上已经发展了二三十年。我国正在发展建设"一带一路",同沿线国家进行科技创新合作,进一步加强了国家与国家之间的联系,促进了全球化的发展。计算机技术的不断发展,使全球的联系更加紧密,人与人之间的沟通更加方便,构成了"地球村"。我国 18 世纪至 19 世纪末的闭关锁国导致错过了前两次的工业革命,而新一轮的科技革命和产业变革与我国改革开放以来的快速发展历史性地交融在一起,这是我国面临的难得的机遇。我国应该顺应世界大势,提高自身的国家竞争力。

(4) 创新驱动是发展形势所迫

我国目前的经济发展进入新常态。在高速增长转向质量增长的新常态下,客观要求动力转化、结构优化。因此,制度创新、业态创新、科技创新等进步支撑中国社会新常态发展[12]。目前,我国人均 GDP 已经突破 4000 美元大关。按照世界发达国家的经验,人均 GDP 4000 美元是一个分水岭。当人均 GDP 超过 4000 美元时,预示着已经进入中等收入国家行列,同时经济发展模式由生存型社会向发展型社会迈进。因此,科技创新是我国经济结构转型及挖掘新的增长点的需要,是抢占国际产业链高端、提高产品附加值的客观需要。可以说,能否跨过中等收入陷阱,实现经济转速升级增效,创新驱动是关键所在[13]。

3.3 创新型国家及科技创新评价

创新型国家(Innovative Country),是指经济社会发展主要依靠创新驱动的国家,其中技术创新是核心驱动力[14]。主要表现为:整个社会对创新要素的投入较高,重要产业的国际技术竞争力较强,投入产出的绩效较高,科技进步和技术创新在产业发展和国家的财富增长中起重要作用[15]。

一般认为，创新型国家应该在以下4个方面达到相关的指标要求：①整个社会对创新活动投入高，国家的研发投入即R&D（研究与开发）支出占GDP的比例一般要高于2%；②创新型国家的科技进步贡献率要超过70%；③国家自主创新能力强，国家的对外技术依存度一般低于30%；④整个创新产出高。其新技术和专利发明、新产业在世界上处于领先地位。目前，世界上公认的20个左右的创新型国家（美、日、韩等）所拥有的发明专利数量占全世界总数的99%。

党的十九大战略性地提出了创新是引领发展的第一动力，是建设现代化经济体系的战略支撑。总体来说，在我国实施创新驱动战略的理论依据可以归纳为：①科技是第一生产力；②科技是推动经济社会发展的变革性力量。创新驱动的关键与实质是人才驱动，创新驱动的基础在于在各级各类学校及社会中开展新型教育、创新型教育。创新型的环境在于开展有利于创新的基础设施、体制、文化建设。

关于我国创新型国家的路径图，最早出现在2006年1月发布的《科技中长期规划纲要》中，其指出中国未来15年科技发展的目标是建设创新型国家；2020年建成创新型国家，使科技发展成为经济社会发展的有力支撑。2015年9月，中共中央办公厅、国务院办公厅印发了《深化科技体制改革实施方案》，其中提到到2020年我国进入创新型国家行列；到2030年建成更加完备的国家创新体系、进入创新型国家前列[16]。2016年5月，习近平总书记在科技大会上提出了我国建成世界科技强国的"三步走"路线图，即到2020年时使我国进入创新型国家行列，到2030年时使我国进入创新型国家前列，到新中国成立100年时使我国成为世界科技强国。

关于区域创新评价，目前主要集中在城市领域，如对创新型城市评价[17-18]。一般认为，区域创新评价涉及创新的要素和创新过程，关注的重点不同，其指标体系不同。文献报道中区域创新评价往往从下列3个角度开展评价：①从投入产出与创新成绩有效角度来看，上述的欧洲记分牌EIS就是采用此类方法；②从创新能力与资源环境的角度加以评价；③从区域创新生态系统的角度加以评价。如彭顺昌认为创新城市包含的要素有创新主体、创新资源、创新制度、创新文化等，由此构成了创新主体、创新环境、创新绩效3个一级指标群[19]。

目前，区域科技创新评价指标体系繁多，指标数据获得存在一定的难度。从指标数据的易得性来讲，卡内基·梅隆大学区域经济发展学教授理查德·弗罗里达(Richard Florida)提供了一种简单易行的评价指标——创新力指数（Creativity Index）。该指数由创造性劳动力排名（以专业人才占就业人口比重折算）、高科技排名（以高科技产出的比重折算）、创新排名（以人均专利数折算）、多样化排名（以当地同性恋家庭数折算①）构成[20]。

在涉及了指标体系之后，涉及的另一个关键问题就是指标权重的确定。目前在区域科技创新评价中，指标权重的确定方法一般有下列三大类别。

①主观赋权法。一般有专家评判法、层次分析法AHP。
②客观赋权法。包括变异系数法、熵权法、复相关系数法、主成分分析法。
③综合赋权法。包括基于离差平方和的优化赋权法[21]、基于等级相关系数组合法[22]、最优距离法（Technique for Order Preference by Similarity to an Ideal Solution，TOPSIS）[23]、秩和比法（Rank Sum Ratio, RSR）、灰色关联度分析方法（Grey Relational Analysis, GRA）、模

---

① 该指标用于反映社会的多样化和容忍度，实证发现该指标同高科技产业增长率正相关。

糊综合评价方法（Fuzzy Comprehensive Evaluation Method，FCEM）、BP 神经网络方法、集对分析方法（Set Pair Analysis，SPA）等[24]。

中共中央、国务院印发的《关于进一步推进创新型城市试点工作的指导意见》中，也发布了创新性城市建设检查评价指标，该指标体系有 6 个一级指标，分别是创新投入、企业创新、成果转化、高新产业、科技惠民、创新环境，25 个二级指标。其具体内容如表 3.3 所示。

表 3.3 创新型城市建设监测评价指标（试行）

一级指标	二级指标
创新投入	每万人劳动力从事 R&D 人员数量（人）
	万名就业人口中受过高等教育人数所占比重（%）
	全社会 R&D 投入占 GDP 比重（%）
	地方财政科技拨款占地方财政支出的比重（%）
企业创新	企业 R&D 投入占企业销售收入的比重（%）
	消化吸收费用占技术引进经费的比重（%）
	规模以上企业中拥有研发机构的企业所占比重（%）
	高新技术企业占企业总数的比例（%）
成果转化	百万人口发明专利授权数（件）
	百万人口技术市场成交合同额（万元）
	百万人口拥有的有效商标注册量（个）
	本市拥有自主创新产品和国家级新产品数量（个）
高新产业	高技术产业增加值占工业增加值的比重（%）
	生产性服务业产值占服务业产值的比重（%）
	主要污染物排放量减少幅度（%）
	万元 GDP 综合能耗（吨标准煤）
	全员劳动生产率（万元/人）
科技惠民	百人口国际互联网用户数（户）
	城市空气质量指数（%）
	城市污水处理率（%）
	公众基本科学素养
创新环境	科技进步法落实情况
	激励自主创新政策落实情况
	对外开放和国际科技合作情况
	其他本地有特色、有创造性的创新政策措施情况

在国际上较有影响力的区域创新评价指数主要包括以下几个。

全球创新指数（Global Innovation Index，GII）。年度 GII 由欧洲工商管理学院（Institut Européen d'Administration des Affaires，INSEAD）于 2007 年首次发布，以后每年发布 1 次。GII 设置了 5 个投入指标和 2 个产出指标。其中，5 个投入指标包括制度、人力资本和研究、基础设施、市场完善度、商业完善度；2 个产出指标包括科学产出、创新产出。在上述的 7 个三级指标基础上，又进一步细分为 20 个指标。如制度，包括政治环境、管理环境、商业环境等。

欧盟创新记分牌（European Innovation Scoreboard，EIS）和全球创新记分牌（Global Innovation Scoreboard，GIS）。EIS 是从 2001 年开始由欧盟委员会发布，对欧盟各国的国家创新绩效进行评价打分。它评价的指标一共有 24 个，最后合成为综合创新指数。EIS 被评价为是目前最全面最成熟的国家创新能力评价体系。2006 年，欧盟在 EIS 的基础上提出了 GIS，GIS 除了欧盟外，还评价了美国、日本、韩国、澳大利亚、加拿大 5 个发达国家及金砖五国等新兴经济体。

世界竞争力年鉴（World Competitiveness Yearbook，WCY）。WCY 是从 1989 年由瑞士洛桑国际管理发展学院（International Institute for Management Development，IMD）发布，对 57 个国家或地区的竞争力进行排序。它的指标在 2001 年以前分为八大类（国内经济、国际化、政府管理、基础设施、企业管理、科学与技术、国民素质和金融环境），后来改为四大类（经济表现、政府效率、商业效率和基础设施）。它的数据分为两类：一类是软数据，一类是硬数据。

全球竞争力报告（Global Competitiveness Report，GCR）。GCR 是从 1979 年由世界经济论坛（World Economic Forum，WEF）发布，它对全球 131 个国家和地区的竞争力进行排名。GCR 指数原来分为九大支柱，但从 2007 年开始将市场效率拆分为 3 个独立的因素，并且新增加了市场规模因素。GCR 认为，这些因素中的任何一个都不能代替整体，只有把它们综合起来进行分析才能确保排名的正确性与可信度。

科技部创新型国家评价指标体系。我国科技部的国家创新指数是从 2011 年开始发布，对全球的 40 个国家进行排名（对 R&D 经费之和占世界 98%以上的和占世界 88%以上）。它由 5 个一级指标（创新资源、知识创造、企业创新、创新绩效和政策环境），31 个二级指标构成，最终合成国家创新指数。

此外，还有国家统计局社科文司《中国创新指数（CII）研究》课题组年度发布的中国创新指数（CII）。该指数的指标体系，一级指标有 4 个，分别为创新环境、创新投入、创新产出、创新成效，权重均为 1/4。二级指标有 21 个。其中创新环境包括经济活动人口中大专及以上学历人数、人均 GDP、信息化指数、科技拨款占财政拨款的比重、享受加计扣除减免税企业所占比重 5 个分指标。其详细的指标体系如表 3.4 所示。

表 3.4　中国创新指标体系框架（国家统计局社科文司）

一级指标	二级指标	计量单位	权数
创新环境 （1/4）	1.1 经济活动人口中大专及以上学历人数	人/万人	1/5
	1.2 人均 GDP	元/人	1/5
	1.3 信息化指数	%	1/5
	1.4 科技拨款占财政拨款的比重	%	1/5
	1.5 享受加计扣除减免税企业所占比重	%	1/5
创新投入 （1/4）	2.1 每万人 R&D 人员全时当量	人年/万人	1/6
	2.2 R&D 经费占 GDP 比重	%	1/6
	2.3 基础研究人员人均经费	万元/人年	1/6
	2.4 R&D 经费占主营业务收入的比重	%	1/6
	2.5 有研发机构的企业所占比重	%	1/6
	2.6 开展产学研合作的企业所占比重	%	1/6

续表

一级指标	二级指标	计量单位	权数
创新产出 （1/4）	3.1 每万人科技论文数	篇/万人	1/5
	3.2 每万名R&D人员专利授权数	件/万人年	1/5
	3.3 发明专利授权数占专利授权数的比重	%	1/5
	3.4 每百家企业商标拥有量	件/百家	1/5
	3.5 每万名科技活动人员技术市场成交额	亿元/万人	1/5
创新成效 （1/4）	4.1 新产品销售收入占主营业务收入的比重	%	1/5
	4.2 高技术产品出口额占货物出口额的比重	%	1/5
	4.3 单位GDP能耗	吨标准煤/万元	1/5
	4.4 劳动生产率	万元/人	1/5
	4.5 科技进步贡献率	%	1/5

我国近年来创新排名如表 3.5 所示。

表 3.5 我国近年来创新排名

排名类型	2013 年	2014 年	2015 年	2016 年	2017 年
GII	35	29	29	25	22
WCY	21	23	22	25	18
GCR	29	28	28	28	27
国家创新指数（科技部）	19	19	18	18	17
中国创新指数（国家统计局）	中国 2005 年创新指数为 100，2016 年指数为 181.2				

从表 3.5 可以看出，不同的评价方式对中国的排名都不尽相同，这是因为它们的评价指标不同。在各种排名中，近年来我国排名总体趋势是上升的，最好的名次是第 17 位。但值得注意的是，中国的排名一直都不算太靠前，还有很大的上升空间。

3.4 我国科技创新的成就和不足

3.4.1 我国创新国家建设取得的成就

研发力度持续加大。近年来特别是党的十八大以来，按照建设创新型国家的总体要求，我国的研发投入力度进一步加大。根据经济合作与发展组织（OECD）的统计，我国的研发投资总量 R&D 在 2011 年（R&D 为 10 298.4 亿元）就已经仅次于美国在全球排名第 2 位。在 2015 年我国 R&D 大约是美国研发投入总量的 60%。2017 年，全社会 R&D 支出预计达到 1.76 万亿元，比 2012 年增长 70.9%；全社会 R&D 支出占 GDP 比重为 2.15%，超过欧盟 15 国 2.1%的平均水平[25]。根据预测，如果我国持续保持在目前的经济增长速度和研发投入的强度，那么研发投资总量将在2022年超过美国[26]。研究与试验发展（R&D）经费投入强度在《"十三五"国家科技创新规划》中作为控制指标，制定的目标值2020年为2.5%。

对外技术依存度进一步降低。对外技术依存度反映了一个国家或地区是否掌握了核心技术及在核心技术上受制于人的程度，也表明其技术竞争力的高低。该指标既是创新水平高低的一个侧面反应指标，也是度量创新型国家的4个关键指标之一。通常情况下，一个国家或地区的对外技术依存度越高，则其技术创新及发展水平越低，对其他国家或地区的依赖程度就越强；反之，则表示该国或地区自主创新的成分较大。从欧美和日本等发达国家的发展史来看，其对外技术依存度经历了由低到高、再由高到低的变化。我国目前对外技术的依存度较之前有明显的下降，但与科技创新先进国家相比差距还是比较明显的。在《国家中长期科学和技术发展规划纲要（2006—2020年）》中，对外技术依存度降要求到2020年，该值低于30%。

科技进步贡献率进一步提高。科技进步贡献率是指经济增长（GDP增长额）中由科技进步的作用而增长的份额。科技进步贡献率是表征一个国家经济是否是工作量发展的重要指标，是衡量区域科技领先性、原创性、竞争性及科技创新成果转化对经济推动作用的综合性指标。我国的科技进步贡献率从2001年之后稳步上升，2015年我国科技进步贡献率为55.3%、2016年该值为56.2%、2017年该值为57.5%。《"十三五"国家科技创新规划》制定的目标值2020年该值为60%。

科技创新产出显著增多。近年来，随着我国研发力度的加大，专利的申请量和授权量也大幅提升。国际科技论文被引次数世界排名显著提升。2015年我国每万人口发明专利拥有量为6.3件，国际科技论文被引次数世界排名为第4位。按照《"十三五"国家科技创新规划》规定，到2020年这2个指标目标值为12件、第2名。

3.4.2 我国创新建设面临的问题

科技基础薄弱，科技创新原创能力弱。国家统计局在不久前发布的《2016年全国科技经费投入统计公报》中显示，2016年我国研发经费投入总量达到15 676.7亿元，较2015年增长10.6%，增速提高1.7个百分点，再创历史新高。虽然研发力度一直加大，但是研发的投入结构还不是很合理，需要进一步完善。目前的研发结构带来了一定的弊端，我国的高科技发展难有重大突破，对基础研究投入不足。

企业在创新中的主体地位不突出。从国内外的科技创新发展实践来看，企业是技术创新的主体。但是技术创新理论的提出并没有改变我国技术创新的结构。在我国研究机构、科研院所、高校承担了大部分的技术创新，而企业并没有承担太多的责任，所以企业从严格意义上来说并非我国的技术创新主体。原因有以下几点：一是企业的研发资金依赖于自筹，政府没有给予足够的资金和政策上的支持，企业的技术创新由于资金匮乏而做不大；二是我国绝大多数的企业创新意识还不够，积极性低，研发投入也少；三是大部分企业都重引进、轻吸收，引进新技术可以降低创新成本，但这样会导致企业的恶性循环。

行政的主导作用明显。为了建设创新型国家，促进我国技术创新，政府出台了一系列的政策，对各个地方在技术创新方面都有一定的指标，以及要求完成的计划或任务。虽然最后或多或少地完成了任务，但可能只有数量没有质量。

科技人才外流。一方面，一些国外企业凭借优厚的待遇、良好的科研环境能够吸引我国的一部分优秀的技术人才；另一方面，我国的一些企业在科研方面的投入不足以吸引对口的人才，导致科技人才从事的方向不对口。科技人才外流，没有了顶尖人才的加入，导致我国长期难有重大的科研成果。

技术创新文化缺失。在完善和推动科技进步与创新相适应的法律、政策、制度、机制等方面，我国还存在明显不足。如在政府采购、人才队伍建设、知识产权保护等方面，我国的法律、政策和制度建设明显相对滞后，跟不上经济发展的需要。

3.4.3　建设创新型国家的措施

构建国家先发优势。在国际科技竞争中，我国某些领域已经遥遥领先，针对这个形势，我国将更加注重科技创新的先发优势，发展颠覆性技术，引领产业革命。颠覆性技术是一种全新的技术，对产业和国民经济发展有重要作用。只有对颠覆性技术有积极主动的配置，才能把握国际竞争力和主动权[27]。

增强原始创新能力。以深入的基础研究做后盾，不断提高国家原始创新能力，增强国家发展的后劲。目前需要加大基础设施、科学大工程的建设力度。科学基础设施工程在探索未知世界、发现科学规律，在基础研究方面有着重要的不可替代的作用。科学大工程作为大型复杂科学研究系统，在提供极限研究手段、突破科学前沿、解决经济社会发展和国家安全重大科技问题方面起着基础作用。除了基础设施，打造国家级创新实验室，培养创新型人才也是迫在眉睫。要实施国家人才战略，加快人力资本强国的建设。技术创新是引领发展的第一动力，而人才是技术创新的前提和物质基础，是根本性的条件。要把人才驱动发展作为创新性国家的本质要求。着眼全球，用国际视野引进海外高层次人才。做好"千人计划""百人计划"、长江学者奖励计划等不同层次的人才引进培养计划。对技术人员进行先进的技术培训，提高技术人员的先进生产技术和理念，进一步增加基层人才队伍数量。同时加强学校教育，培养更多的技术人才。只有一系列配套政策落实后，形成系统联动不落一个环节，才能更好地提高国家创新能力。

拓展创新发展空间。创新发展空间向两个方面拓展：一方面是地域的拓展，如"一带一路"的建设，与沿线国家协同创新，进行重大科学问题和应对共同挑战的合作研究；另一方面是国家建立高新区，自主创新发展，同时建立示范区，带动其他区域的发展[28]。

推动大众创业、万众创新。大众创业、万众创新最早是由李克强总理于2014年在夏季达沃斯论坛上提出的。虽然提出不过几年，但却引起了社会的广泛关注，它能够促进整个社会的创新能力，促进创新创业，改善就业问题，带动国家的经济发展。通过过程与成果驱动发展，以创新创业带动就业，不断加大科技创新力度，加快工业转型升级步伐，把"创新驱动发展"真正落到实处，全力推动经济更好更快地发展，释放改革红利，使大众创业、万众创新真正成为未来经济发展的引擎动力[29]。

全面深化体制改革。推进技术创新的前提是建立一个是适合中国国情、有中国特色社会主义的技术创新体系，不能仅重视科技成果在国际或地区的排名，而更要强调科技发展的质量。要制订符合实际的、可实施的政策措施，支持、鼓励企业自主创新。

破除企业、科研院校、社会之间的隔阂，使三者之间相互合作、共同研发、共享资源，提高整个社会的创新能力。虽然现在也有合作，但过合作的规模较小，次数也较低。高校和科研机构往往会聚集一群有研究功底的研究人员，把他们的研究成果与企业有效地结合在一起，促进他们的科研成果转化为生产力，这不仅是企业技术创新的重要方面之一，也在很大程度上激励科研人员，最终是有利于国家发展的。

加强创新文化建设。加强科普教育既能提高国民的科学素质，也能提高我国的软实力。可以通过加强与国外的合作交流、建设有中国特色的科普展馆、发挥媒体的作用进行科普。科普建设并非一朝一夕能够完成的，在加强科普硬件建设的同时也要求提高科普的方式、方法。鼓励通过现代信息技术、多媒体融合向广大受众传授先进科学知识。

只有不断创新，才能保持发展动力和活力，而创新需要文化的土壤，创新文化成为各项创新事业的驱动力[30]。从核心范畴的角度看，"社会创新氛围"的缺失是当前阻碍自主创新的首要文化因素，"个体创新精神"的明显不足是阻碍自主创新的重要文化因素[31]。所以创新文化的建设是有必要的，同时也是任重而道远的。

3.5 技术创新的负外部性

应该看到，技术创新活动既可以给世界人类带来福祉，给各国人民带来物质财富的增加，消除预防疾病带来健康，改善生态环境等。但是也可能给人类带来负面效应，因此，技术创新需要辩证分析看待。负外部性（Negative Externalities）是指一个人的行为或企业的行为对他人产生不利影响，但是无须对他人给予补偿的活动[32]。特定的技术创新活动，一方面既可以表现为正的外部性，如从空间范围看有跨区域和跨界的知识扩散和技术外溢；从生产的角度看有技术效率的提升、产业进步、资源利用率的提高，促进财富增加，经济增长。但从另一方面来看，也可能出现环境污染、稀缺资源的快速消耗及相伴而引发的深层次社会危机。例如，渔业和农业方面的技术创新，可能导致渔业资源的枯竭和大面积的水土流失。正如恩格斯在《自然辩证法》中指出："我们不要过分陶醉于我们对自然界的胜利。对于每一次这样的胜利，自然界都报复了我们。每一次胜利，在第一步确实都取得了我们预期的结果，但是在第二步和第三步都有了完全不同的、出乎意料的影响，常常把第一个结果又取消了。"

技术创新的负外部性有的存在明显的因果链条而表现为显现的负外部性，有的在时间和空间上分离，而表现为潜在的隐形负外部性。应该说技术创新的成果价值是中立的，技术是无罪的。虽然技术可以塑造人的框架，但是人还是能够在一定程度上对技术做出评估与选择从而消除技术创新的负外部性。

技术创新在给现代生活带来舒适、便捷、高效、财富的同时，也可能带来环境污染、生态破坏，技术创新一旦失控可能给人类带来更大的灾害。破坏性创新（Disruptive Innovation）对生产者和消费者在一定程度上都具有破坏性。技术创新既具有价值性也具有中立性。中立性认为，技术创新的成果只不过是一种工具、方法、手段，在政治、文化、伦理、意识形态方面没有对错区分。技术创新的价值论认为，技术创新内在的隐藏着对与错、善与恶、好与坏的价值观判断。这种技术的价值是技术的内在价值和现实价值的统一。技术的内在价值是由价值的自然属性决定的。技术的现实价值是由社会属性的决定的，是现实条件下主体作用与客体而产生的。即价值具有自然价值和社会价值，目前出现的技术创新负外部性就是割裂了自然价值和社会价值间的联系，根源在于技术的使用者主体。

减弱或者消除技术创新的负外部性，首先，要做的工作是进行技术创新的全面评估。做好此项工作，除了要充分了解技术创新的自然价值外，还要对隐形的负面效应从经济价值、社会价值、文化价值、生态价值等角度加以全面分析，要重点关注技术创新的人文价值，加强价值观机制对技术创新负外部效应的约束。其次，依靠环境政策法规体系和重大技术创新活动环评机制，设置技术创新活动绿色限压阀。在重大技术创新研究中，必须预测其对生态环境、社会、经济发展的全面影响。如量子计算机对目前传统的加密算法的破坏性、增材制造技术（Additive Manufacturing，AM）导致相关产业系统性失业，大规模的自动化可能对经济发展产生不利；纳米技术和材料科学的颠覆性技术，会导致大量不可降解的微小颗粒向环境中排放，可能带来重大的隐患。

3.6 本章小结

技术创新概念内涵的研究者有许多，约瑟夫·熊彼特提出企业是创新的主体。OECD（Organization for Economic Cooperation and Development，经济合作与发展组织）于1992年在《技术创新统计手册》中指出技术创新包括新产品和新工艺，以及原有产品和工艺的显著技术变化。如果在市场上实现了创新，或者在生产工艺中应用了创新，那么就说创新完成了。因此，创新包括了科学、技术、组织、金融和商业的一系列活动。

就目前流行的绝大部分技术创新的定义而言，具有以下系列特征：①强调技术创新的首创性特征。②技术创新强调得到了商业化的应用，仅仅停留在实验室阶段，没有商业化的新工艺、新产品并不是技术创新。③从技术创新的对象来讲，狭义范围包括产品创新、工艺（生产过程）创新。广义的范围还包括制度创新、组织创新等。

上述的技术创新对我国而言，具有深刻的启示意义。目前，就我国的现状而言，企业的创新主体地位并不明显，政府在科技创新中往往处于主导地位，这实际上与实际发达国家的技术创新格局相异。技术创新是一个动态的过程，也是一个系统链条，包括新方案设计、研究、开发、商品化等系列过程。因此，技术创新本质上是一个科技经济一体化、科技商业化的过程。在我国往往存在重研发、轻科技成果转化及科技成果推广的现象。

创新性国家或创新性城市，表现为主要依靠科技、知识、人力、文化、体制等创新要素驱动区域的发展。创新性国家或创新性城市，往往表现为创新资源的聚集（人力资源、财力资源、物力资源、知识资源），创新能力的提升，经济发展方式的转变。目前，关于区域创新性评价中设立的指标往往存在随意性较大、主观性较强。评价模型应在创新性区域的内在建设逻辑、路径传导的分析基础上分析从效率的角度建议测度。

科技创新需要进行全面的前瞻性评估。在评估科技创新时，需要采用批判性思维认识科技创新给资源环境带来的负外部性影响，需要科学预测、揭示科技创新中隐藏的间接的、时空分离的隐形负面效应。对于技术创新对环境的负外部性需要从文化理性和价值规范机制、环境规制、科技评估（AT）、非政府组织及行业协会、建立负外部性内部化机制（知识产权、产权界定、环境税和资源费）等方面共同作用，打造科技创新对环境负外部性的防火墙。

在加强生态文明、贯彻绿色发展理念的大背景下，技术创新需要评估其科技创新的绿色度，技术创新需要向绿色技术创新方向转换。做好绿色技术创新的审计、评估，需要采用新的方法。基于全要素生产率的视角，从投入侧、产出侧视角考察绿色技术创新效率；从绿色发明专利视角考察绿色技术；从投入产出角度即能值分析和生态足迹的角度考察技术绿色度，是未来研究的主要方法手段。

参 考 文 献

[1] 约瑟夫·熊彼特. 经济发展理论[M]. 李默, 译. 北京：中国社会科学出版社, 1990.

[2] 陈其荣. 技术创新的哲学视野[J]. 哲学动态, 2000(3):14-20.

[3] 夏保华. 论作为哲学范畴的"技术创新"[J]. 自然辩证法研究, 2005, 21(11):53-57.

[4] 夏保华, 陈昌曙. 简论技术创新的哲学研究[J]. 自然辩证法研究, 2001, 17(8):18-21.

[5] 傅家骥. 技术创新学[M]. 北京：清华大学出版社, 2001.

[6] 魏江. 执着人生写就中国特色创新管理理论：我国著名管理学家许庆瑞教授学术思想回顾[J]. 管理工程学报, 2008(1):1-4.

[7] 李峥. 绿色技术的哲学思考[D]. 沈阳：沈阳师范大学, 2016.

[8] 赵细康. 环境保护与产业国际竞争力:理论与实证分析[M]. 北京：中国社会科学出版社, 2003.

[9] 葛晓梅, 王京芳, 薛斌. 促进中小企业绿色技术创新的对策研究[J]. 科学学与科学技术管理, 2005, 26(12):87-91.

[10] 李艳利, 王志平. 以绿色科技推动人与自然的和谐发展[J]. 环境科学与管理, 2007, 32(1):71-72.

[11] 习近平. 敏锐把握世界科技创新发展趋势, 切实把创新驱动发展战略实施好[N]. 人民日报, 2013-10-02.

[12] 贾康. 把握经济发展"新常态"打造中国经济升级版[J]. 国家行政学院学报, 2015(1):4-10.

[13] 温一涵. 信息时代下经济创新发展形势[J]. 财经界(学术版), 2017(11): 13.

[14] 潘苗. 产业集聚专业化、多样化对都市圈创新的影响与机制研究[D]. 南京：东南大学, 2016.

[15] 李金惠, 李妃养, 袁永. 《决定》重点概念解析[J]. 广东科技, 2014(17):31-34.

[16] 中共中央办公厅 国务院办公厅印发《深化科技体制改革实施方案》[EB/OL]. (2015-09-24)[2018-04-20]. http://www.gov.cn/xinwen/2015-09/24/content_2938314.htm.

[17] 陈媞. 创新型城市的形成机理及评价指标体系研究[D]. 武汉：武汉理工大学, 2012.

[18] 吴传清, 龚晨. 创新型城市评价指标体系设计：回顾与展望[J]. 统计与决策, 2016(7):68-71.

[19] 彭顺昌. 厦门科技创新评价[J]. 厦门科技, 2012(4):7-11.

[20] 刘元凤. 创新型城市的综合评价研究[D]. 上海：复旦大学, 2010.

[21] 舒持恺, 杨侃, 王启明, 等. 河流健康评价中赋权方法的研究[J]. 水电能源科学, 2017(2):61-65.

[22] 程敏, 陈辉. 城市基础设施可持续发展水平的组合评价[J]. 城市问题, 2012(2):15-21.

[23] 吴赐联, 朱斌, WUCilian, 等. 基于熵权TOPSIS的创新型城市发展评价及障碍因子诊断：以莆田市为例[J]. 科技管理研究, 2015, 35(24):76-81.

[24] 陈隽, 洪思扬, 程涛, 等. 基于熵权的集对分析方法在水质评价中的应用：以郑州市为例[J]. 安徽师范大学学报(自然科学版), 2016, 39(5):449-454.

[25] 科技部：2017年我国科技研发支出达到 1.76 万亿元[EB/OL]. （2018-01-09）[2018-04-20].

http://www.sohu.com/a/215535002_115433.

[26] 关勇军. 我国创新型国家建设的成绩及存在的问题分析[J]. 三峡大学学报(人文社会科学版), 2015, 37(4):66-71.

[27] 突出科技与经济创新结合 注重前沿引领和文化构建[EB/OL]. (2016-08-09)[2018-04-20]. http://www.xinhuanet.com/info/2016-08/09/c_135577847.htm.

[28] 刘乃全, 刘宝权, 刘学华, 等. 上海参与"一带一路"建设拓展发展空间问题研究[J]. 科学发展, 2017(9):76-85.

[29] 国务院. 国务院关于大力推进大众创业万众创新若干政策措施的意见[J]. 中华人民共和国国务院公报, 2015(18):13-16.

[30] 胡苗忠. 经济发展新常态与创新文化建设研究[J]. 中国商论, 2017(14): 166-168.

[31] 高锡荣, 柯俊. 中国创新文化之现状调查与问题剖析[J]. 中国科技论坛, 2016(7): 10-15.

[32] 徐丹妮. 城市环境问题的外部性原因分析[J]. 改革与开放, 2013(10): 82.

第四章

城市化与资源环境——约束和支撑

第二章主要分析了城市化的驱动力，事实上，城市化自己也产生驱动力，对与它相联系的环境产生综合影响。在我国快速城市化进程中，存在资源环境保障问题和资源环境剥夺问题，前者产生了资源环境对城市化的支撑问题，涉及城市化过程中的承载力科学问题，后者产生了资源环境对城市化的约束力科学问题。城市化资源环境效应问题，存在效应评价、效应趋势预测等诸多理论问题。城市化具有自然和人文双重性质，城市化的资源环境效应是 IHDP 设立的城市化与全球环境变化(UGEC)项目的重要研究内容。本章在归纳城市化进程中诸多资源环境效应的基础上，分析了资源环境对城市化的约束机制，指出可以从绿色生产力模型、内生城市化模型、城市化与生态环境系统的耦合关系、资源环境"增长尾效"效应 4 个视角分析资源环境对城市化的约束机制，最后梳理了城市化与资源环境两者之间的函数模型。

4.1 城市化进程中的资源环境效应

城市是一个典型的自然—人文—社会—经济相互耦合的综合体，呈现出经济高速发展、人类活动高度集中、LUCC（Land Use and Land Cover Change，土地利用与土地覆盖变化）剧烈变化、人地矛盾突出的特点。城市化不仅在自然环境和资源方面带来了消极影响，也可能在资源环境质量改善方面带来正效应，具体主要包括污染和自净效应、气候效应、生物效应、地学效应、资源效应和美学效应[1]。A. J. Mcmichael 指出，城市化以一种重要的形式危害人类的生存环境和健康。城市的扩张、工业的增长及人口的增加，给城市生态环境带来许多压力[2]。

城市化资源环境效应表现为城市化进程中人地关系的对立统一矛盾，工业革命以来的城市化，分析其资源环境效应，表现出一些共同特征，这些特征主要包括综合性、阶段性、扩散性、隐蔽性、累积性和区域性等特点。

（1）综合性

城市化对资源环境的破坏存在综合性的特点，其表现在：①对不同环境介质的污染（如城市化进程中对水体、大气、土壤等均产生污染）表现为大气污染、水污染、噪声污染、固体废弃物污染。②综合性的影响也可以表现为对生态系统的影响，对生态系统的自然资源、生物多样性均产生影响，这种影响是全面的，既可以影响自然环境，也可以影响生物环境。③综合性还表现为既可以表现在环境的正外部性方面，也表现在负外部性方面。此外，城市化的效应的创新要素集聚、产业演进、人口集中、空间格局演变等都表现了综合性。

（2）累积性

城市化对资源环境的影响积累达到一定程度后，就能导致生态系统突然的质的恶化或破坏。城市化对资源环境的破坏结果，可能不是一朝一夕就显现的，其破坏性存在临界点，突破临界点，整体环境质量出现显著下降，可能产生环境公害事件。

（3）隐蔽性

城市化对资源环境破坏表现出隐蔽性特征。其主要表现为：①因果关系的复杂性。城市化对资源环境的破坏性，可能存在因果关系的空间分离，即原因发生在甲地，破坏性的后果发生在乙地。例如，大气污染物的扩散效应，城市是热岛，大气污染物经过高空气流，经过热力环流从城市扩散到郊区。②城市化进程中产业的转移过程，在环境规制不完善及生态环境补充机制缺乏的情况下，存在污染物的跨区域污染，即在其他区域成为"污染天堂"（Pollution Haven），从而表现为全局性的生态环境恶化。③城市化进程中有些污染物，基于自身的特点，被污染的土壤无色无味，不能被人的感官直接觉察，土壤里的重金属随着植物进入人类的食物链，在食物链中富集、浓缩，最终造成人类或生态系统的破坏。

（4）阶段性

城市化资源环境效应存在一个动态过程，技术进步、产业结构等影响此动态过程，表现为阶段性。城市化的资源环境破坏存在阶段性特点，王家庭等在研究我国区域城市化与环境污染关系的空间计量时，认为城市化水平与环境污染物排放之间，随着时间的变化，存在4个阶段：①城市化与环境污染的初始发展阶段，对应污染物处于低排放水平。②城市化与环境污染快速增长阶段。当城市化率在30%~70%时，工业污染物和生活污染物高排放。③城市化缓慢增长，环境污染达到极值阶段。当城市化率达到75%阶段时，生活质量、产业结构升级、技术效应大于人口、资源集聚效应，污染物排放达到最高点。④城市化均衡，环境污染缓慢减少阶段。此阶段为逆城市化阶段，污染物排放减少，与城市化达到均衡[3]。

4.1.1 城市化进程中的环境问题分析框架

城市化进程的环境问题涉及人口—社会—经济—环境系统，不同的学科对此问题研究的角度、方法及框架不同。城市化效应表现在不同的方面，如要素集聚、经济增长、产业演进、知识积累和技术溢出等诸多方面。从环境效应的角度，主要从下列框架进行分析。

（1）DPSIR框架

DPSIR（Driving Forces-Pressures-States-Impacts-Responses）框架是在PSR框架的基础上发展而来的。PSR（Pressure-State-Response）即"压力—状态—反应"，最初是由加拿大统计学家David J. Rapport和Anthony Marcus Friend（1979）提出的[4]，后由经济合作与发展组织（Organization for Economic Cooperation and Development，OECD）与联合国环境规划署（United Nations Environment Programmed，UNEP）正式提出，用来分析人类和环境问题之间的相互

作用关系。其中，压力指标是分析框架的起点，表征人类活动、城市化进程给城市生态系统造成的压力。压力指标一般包括人均 GDP 和资源能源消耗指标等。状态指标表示城市生态系统在压力状态下生态系统的质量状况，其指标一般包括污染物排放指标、环境要素的质量指标等。响应指标一般表示人类社会为减轻压力，消除环境污染、资源耗竭所采取的努力，包括政策调整、技术改进等手段，其指标一般包括环保投入强度、R&D 投入强度等[5]。城市化进程中资源环境效应 PSR 分析框架如图 4.1 所示。

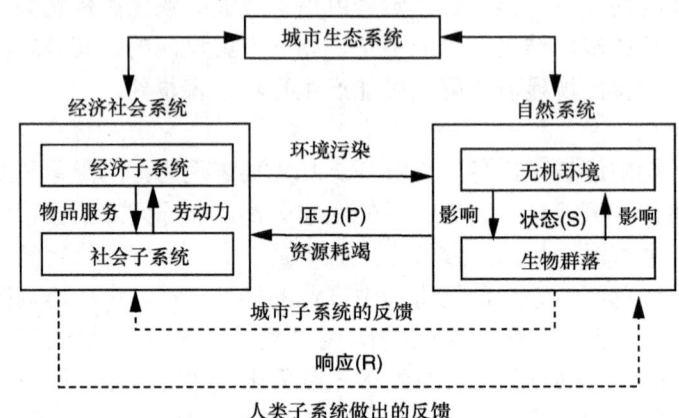

图 4.1 城市生态系统 PSR 分析框架

DPSIR 即"驱动力—压力—状态—影响—反应"模型框架，是欧洲环境局（European Environment Agency，EEA）在 PSR 和 DSR 模型的基础上为解决环境管理而建立的概念化的管理模型[6]。该模型已经应用于城市化进程中可持续发展研究及城市化进程中资源环境效应的评价。在该模型中驱动力一般表示工业化、城市化、经济增长等外在动力；压力一般表示土地用途改变、环境污染等；状态一般表示环境要素质量，如大气、水体、土壤质量状况；影响一般是指公共环境卫生问题，如生境破碎、经济危机、环境破坏、生物多样性丧失等；反应指采取的环境规制、技术手段等。DPSIR 模型框架克服了 PSR 模型中人类活动对城市生态系统的影响只能通过环境要素随时间的变化而间接反映出来的弊端，其因果分析更全面[7]。

（2）IPAT 框架

IPAT 是一个经典地描述人类活动对环境造成的影响的分析框架，Ehrlich 和 Holdren 认为影响环境状况（Impact）的因素主要有 3 个，分别是人口（Population）、富裕度（Affluence）、技术水平（Technology）[8]。该模型被认为是分析城市化进程中对环境影响较好的一个分析框架，分析了人口、经济、环境、技术之间的关系。当然该模型的不足之处也是比较明显的，即 3 个自变量对因变量的弹性系数均为 1，为了克服这个不足，IPAT 框架模型改进为 STIRPAT（Stochastic Impacts by Regression on Population，Affluence and Technology），即可拓展的随机性的环境影响评估模型[9-10]。

（3）EKC 分析框架

环境库兹涅茨曲线（EKC）是环境质量与经济发展之间的一种假设关系：随着经济增长的发生，指示环境质量的各种指标往往会变得更差，直到经济增长，平均收入达到某个特定点[11]。诸多学者的研究结论支持一些环境质量指标如水和空气污染显示倒 U 形曲线[12]。一般认为这种趋势发生在许多环境污染物的水平上,如 SO_2、氮氧化物、铅、滴滴涕、含氯氟烃、污水和其他直接排放到空气或水中的化学物质。但是有学者对 EKC 模型持怀疑态度,特别是对自然资源利用、生物多样性、生态足迹等,认为这些指标与经济发展之间不存在 EKC[13-14]。

(4) 基于生态系统医学分析框架

此分析框架不仅把城市作为一个生态系统,而且认为城市是一个具有生命的生命体,该方法是在"生态系统健康"的概念上发展起来的。早期的生态系统健康观认为生态系统是一个有机体,健康的生态系统具有恢复力,保持着内在稳定性。如果系统中任何一种指示者的变化超过正常的幅度,系统的健康就会受到损害。健康的生态系统对于干扰具有一定的恢复力,有能力抵制疾病[15]。

国外 Rapport[16]等提出了"生态系统医学"(Ecosystem Medicine),他指出,健康生态系统的基本特征包括整体化、变异化、机械化和集中化。Karr[17]等指出健康的生态系统应该是能实现内在潜力、状态稳定的,它在受到干扰时具有一定限度的恢复力;Haskell[18]等认为生态系统保持健康状态的条件是,其组织和结构是稳定的和可持续的,或者说是活跃的。Costanza[19]等从生态系统自身出发对生态系统健康进行了经典的定义和归纳:健康,是没有疾病的稳定现象,或者说是系统要素间的平衡,它具有多样性或复杂性,它是稳定或可恢复的,是有活力或增长空间的。

城市生态系统健康,学者一般与人体健康联系在一起。与人体医学相对应,生态系统医学作为生态系统管理的手段应运而生。生态系统医学是医学与生态环境研究的一个类比,从医学概念中可获得综合认识受胁迫生态系统行为的途径,包括症状、诊断、治疗方案和预防性药物。

参照人体健康观点,构建与人体八大系统(循环系统、呼吸系统、消化系统、排泄系统、内分泌系统、神经系统、防御系统和生殖系统)类似的指标体系。

①循环系统,包括第三产业占 GDP 的比例、人均道路面积、主要湖泊书库水质劣于 V 类个数等,相当于检测人体心脏动力功能的健康状态,以及人体输送系统如血管的畅通状态、人体血液的健康状态。

②呼吸系统,包括空气质量达到优良的天数、$PM_{2.5}$ 浓度等,相当于检测人体肺部的健康状态。

③消化系统,包括万元产值能源消费量、城市用电量、万元 GDP 用水量等,相当于检测人体消化系统如胃、肠、肝的健康状况。

④排泄系统,包括工业废水排放量排泄系统、工业废气排放量、液固体废物产生量等指标,相当于检测人体排泄系统,如泌尿系统、皮肤等的排泄功能健康状态。

⑤内分泌系统,包括城市污水处理率、城市生活垃圾处理率等指标,相当于考察人体机体调节恢复功能的健康状态。

⑥神经系统,包括城市居民年人均可支配收入、城市居民恩格尔系数、R&D 经费占地区生产总值的比例等指标,相当于检测人体大脑指挥控制功能的健康状态。

⑦防御系统,包括人均绿地面积、市区居民人均住宅面积、每千人拥有医院卫生院床位等指标,相当于检测人体免疫系统的健康状态。

⑧生殖系统,包括年末建成区面积、人口自然增长率、专利授权量等指标,相当于检测人体生殖系统健康状态。

从上可知，城市生态系统健康分析框架，实质上是为城市生态系统进行"体检"。前提是城市"有机体"系统要素间的平衡，它具有多样性和复杂性，它是稳定和可恢复的，是有活力或增长空间的，生态医学（Ecosystem Medicine）把城市生态系统作为一个整体，对城市进行诊断、为城市号脉，从而完成城市的生态系统健康评价（Ecosystem Health Assessment）。

4.1.2 城市化进程中的集聚效应——基于正外部性视角

城市化进程中的正外部性，主要是指城市的集聚效应和规模效应的正外部性，聚集是城市的天然属性和内在要求，集聚表现在人口和各种要素，在相对密度较高的区域——城市集中。集聚的对象，包括产业、人口、创新要素资源、信息、交通等。集聚效应，像埃比尼泽·霍华德（Ebenezer Howard）所说，城市就像一个巨大的磁场，它通过磁力线向外辐射，吸引周围众多的人、财、物。这些被磁化了的人、财、物，一旦被吸引到城市中来，与城市里原来的人、财、物一起，产生更大的磁力，从而产生更大的集聚效应[20]。这种因果循环，Hirschman(1958)认为使优势发达地区吸引更多的经济活动，导致空间单元经济增长的不平衡性，最终形成发达的中心和相对不发达的边缘[21]。

关于城市的集聚效应对于环境污染的正外部性，主要来源于规模效应、市场效应、信息效益、人才效应、设施效应等。一般认为在集聚的初期，产业链联系松散、产业链短、企业间协作水平低。此外，环保基础设施水平低、网络化的协作机制不健全，因此污染水平较高。到集聚的高级阶段，资源利用网络形成资源得到循环利用、知识和技术在环境污染治理中发挥作用。城市的集聚效应对于污染物排放的降低，取决于技术效率的提升，如陆铭研究认为，人口和经济活动的集聚度通过降低单位工业增加值污染物排放强度从而改善了环境。还有学者认为，城市集聚与环境污染之间存在一个倒U形关系，集聚与环境污染之间有一个最佳规模，超过这个规模，出现集聚经济倒退、污染加剧现象[22]。

4.1.3 城市化进程中的物理环境效应

物理环境指各种物质运动过程中能量的交换和转化所构成的环境，一般包括声学环境、电磁辐射环境、放射性环境、光环境、热环境等。在城市化过程中，由于工业活动使得城市的声音、光、热、辐射对该城市和区域造成的环境传染和破坏，引起城市和区域的环境结构和功能的变化及生态环境变异，从而导致的资源环境效应称为物理环境效应[1]。城市化的物理环境效应包括：①噪声污染。在城市区域，交通是主要的噪声源。城市噪声对人的心理、生理危害巨大。②光污染。城市光辐射过量可以造成白亮污染、人工白昼污染和彩光污染。城市大量使用的玻璃幕墙光线反射大大超过了人体能承受的范围。城市夜晚宛如白昼，快速闪烁的霓虹灯等引起城市居民心烦失眠等。③热污染。城市中现代化的工农业生产及人类生活排放的大量废热引起水体热污染和大气热污染。城市热岛效应、水体热污染、大气热污染均影响了人类及生物的正常环境。④电磁辐射污染。由于脉冲放电、高频交变电磁场、射频电磁辐射等引起人体功能紊乱[23]。⑤放射性辐射污染。用放射源的城市医疗已经成为主要的环境人工污染源。

4.1.4 城市化进程中的污染效应

城市化的快速发展伴随着环境的急剧恶化。作为经济发展的一把双刃剑，城市化过程，一方面带动了城市经济的繁荣；另一方面由于资源能源及原材料的过度消费，不仅造成了浪费，还产生了大量污染物。城市化过程中，由于农村人口不断向城市转移，城市人口剧增，第二、第三产业也在不断向城市聚集，由此引起的人口增长、产业结构、城市扩张与环境污染之间的矛盾，给城市的生态环境带来了巨大压力，使得当地的生态系统吸收负担过重、环境的自我调节能力降低[24]，这种污染效应主要体现在大气污染效应、水污染效应、固体废弃物污染效应等。

4.1.4.1 大气污染效应

通常情况下，一般将大气污染分为天然污染和人为污染，且以后者为主。天然污染如火山爆发或森林火灾等。人为污染是指在人类活动中通过各种途径向大气中排放有毒、有害物质的行为。在人类历史发展过程中，城市化和工业化推动经济迅速走向繁荣的同时，也带来了更为严峻的问题——大气污染(Air Pollution)效应。造成这种现象的原因有很多：一方面随着城市化水平的不断提高，城市人口密度增长速度超过了城市可容纳量；另一方面能源利用率低下、环保意识薄弱，加之工业企业数量不断增多、交通运输不断发展，推动工业化发展的同时，向大气中排放有毒、有害物质，呈现出足够的浓度，并达到足够的时间，致使大气的质量恶化，对人类的生命财产和生态环境产生不利影响。

从一次性能源消费分析，煤炭生产对大气污染造成非常严重的后果，从14世纪人们学会开采和利用煤炭等能源开始，燃烧煤炭等能源所持续释放的大量废气已经成为当时严峻的环境污染问题。尽管近些年煤炭比例有所下降，但在实际生产过程中由于设备技术水平低下，高技术又得不到推广，对高硫煤等控制不到位，实际上还是大大增大了排污量。另外，随着城市化程度的不断加大，城市建设速度也在不断加快，城市改造及建设会产生大量扬尘；在许多寒冷地区，由于取暖导致的大气污染问题也日益严重；交通运输的发展，私家车不断增加，排放的大量CO_2及颗粒物也给城市带来了非常巨大的空气污染问题[25]。

在人为热、大气污染物在城市排放及城市下垫面性质改变等复合作用下，城市化对大气环境的影响最典型的表现有温室气体现象、酸雨现象、悬浮颗粒物增多、包括热岛效应在内的城市气候效应。

①温室气体现象（Greenhouse Effect）。在城市化过程中，由自然生态系统向人工生态系统转变的过程中会释放更多的CO_2到大气中去。随着城市化和工业化的叠加，大量温室气体如二氧化碳（CO_2）、甲烷（CH_4）、臭氧（O_3）、一氧化二氮（N_2O）、氟利昂显著增多。2009年的哥本哈根世界气候大会，报告了2000—2013年全球大气中CO_2浓度呈直线上升的趋势，2000年大气中CO_2浓度为369.52×10^{-6}，且以每年1.926×10^{-6}的速度增加[26]。

②酸雨现象。正常雨水pH在5.6~7.0，而酸雨一般是pH小于5.6的降水（包括雪和霜）。从20世纪60年代开始，由于工业的快速发展及与之伴随发生的大量含磷、硫等化学元素的燃料消耗，城市化进程中工业生产、交通运输排放的SO_2和氮氧化物转化形成酸性物质是酸雨形成的人为原因。酸雨被称为"空中死神"，对生态系统损害巨大。2015年全国降水pH

年均值范围在 4.1～8.1。其中，酸雨、较重酸雨和重酸雨的城市比例分别为 19.8%、6.8%和 0.8%。

③悬浮颗粒增多。人类排入大气中的悬浮颗粒物是繁杂和大量的，一次颗粒物的天然产生量每年约为 16.1×10^8 吨，人为原因产生量每年约为 1.14×10^8 吨。颗粒物大部分是天然产生的，但局部地区，如人口集中的大城市和工矿区，人为原因产生量就较多。20 世纪 50 年代以后，工业、交通迅猛发展，人口日益集中，城市更加扩大，燃料消耗量集聚增加，人为原因造成的颗粒物污染日趋严重[27]。近些年来，中国的雾霾天气总是被人们所调侃，$PM_{2.5}$ 也成了人们耳熟能详的一个词语，根据美国耶鲁大学发布的《2016 年环境绩效指数报告》（Environmental Performance Index: 2016 report）显示，中国的空气质量总分排名全球倒数第 2 位，$PM_{2.5}$ 排名全球倒数第 1 位，报告中还公布了一幅 $PM_{2.5}$ 指数的世界地图，从图中可看出中国的版图，中国的 $PM_{2.5}$ 已经严重超标，成为一个重灾区[28-29]。联合国环境规划署在 2012 年公布的《全球环境展望 5》中指出，全球每年有近 200 万人的过早死亡病例与颗粒物污染有关[30]。世界卫生组织（WHO）也指出，2008 年全球有 134 万人死于室外空气污染，2012 年有近 700 万人死于空气 PM_{10} 等微粒污染。2016 年，全国 338 个地级及以上城市中，有 84 个城市环境空气质量达标，占全部城市数的 24.9%；254 个城市环境空气质量超标，占全部城市数的 75.1%。城市空气质量问题已经不容忽视。

④城市气候效应。城市化进程中城市气候效应主要包括城市热岛效应、城市能见度降低的混浊岛效应、局地环流效应、雨岛效应等。城市热岛效应（Urban Heat Island Effect）主要表现在城市中心的温度比郊区高，主要原因在于城市下垫面性质改变、大气污染及人工废热。我国城乡温差北京为 9℃（1966 年 2 月 22 日测定），上海为 6.8℃（1979 年 11 月 13 日测定）[31]。城市浑浊岛（Urban Cloudy Island）效应，即以散射辐射（D）与直接辐射（S）的比值 D/S 来表示混浊度因子增加，能见度降低，晴天少，阴天多。局地环流效应可能导致城乡之间污染物环流，使城市大气污染物在郊区浓度增加。城市对降水的影响及是否存在雨岛效应，国际上尚有争论。现有的文献报道有支持雨岛效应的，曹琨等根据上海地区 170 多个雨量观测站点的资料，结合天气形势，通过多个案例分析和分类统计，发现上海城市对降水的影响以汛期(5—9 月)暴雨比较明显[32]。

4.1.4.2 水污染效应

《中国大百科全书·环境科学》一书对水体污染(Water Pollution)的定义是：由于人类活动排放的污染物进入河流、湖泊、海洋或地下水等水体，使水和水体地泥的物理、化学性质或生物群落组成发生变化，从而降低了水体的使用价值[33]。在国家提出绿色发展理念的背景下，作为环境主要问题之一的水污染已经越来越引起人们的重视，我国又是水资源短缺的国家，研究城市化过程中造成的水污染对于打造绿色城市具有重要的实际意义。

城市水资源污染的来源主要是自然污染和人为污染。人为污染又可分为生活污水及工业污水两大原因。我国城市化进程加快，伴随着产业、人口的集聚增加，出现一系列的环境问题不可避免。曾晓燕等（2005）提出城市化可以通过对水资源的蒸发、水质、径流、水循环及地下水补给形成影响[34]。流经城市河流的地表水有机污染相对较重，城市废水和许多工业废水含有大量的有机物质。随着城市社会经济的发展和人口的增加，对水的需求增加，废水量也相应增加，从而对水的时空分布、水循环、物理特性和化学特性产生各种影响，水和水环境的平衡关系被打乱。

城市水污染根除较难的原因有城市工业废水的治理力度不足、人类活动及人们生活污水产生量大、城市水污染监管机制存在问题等，从而对水的时空分布、水循环及水的理化性质、水环境产生了各种各样的影响。此外，有学者研究会发现，在城市化前，地面的径流占比为10%，地面的自然蒸发量占比为40%，下渗进入地下水的量占比为50%；城市化后，地面径流占比为30%，地面的自然蒸发量占比为25%，下渗入地下水的量占比为32%，屋顶上的径流量占比为13%，由此可以得出：在水循环过程中，各要素变量受城市化的影响而发生显著的变化，并且随着城市化进程的不断推进，下垫面不透水面积的百分比越大，水下渗量越小，地面径流越大[35]。

随着城市规模的不断扩大、城市化进程加快，我国城市水资源污染严重。主要表现在排出的污水数量不断增多，江河湖泊等水体水质发生恶化，水体质量等级下降，从而影响水资源的可持续利用。根据《2016中国环境状况公报》公布的数据，在2016年全国31个省（区、市）225个地市级行政区的6124个监测点（其中国家级监测点1000个）开展了地下水水质监测。水质优良级别仅为10.1%，较差和极差级别分别为45.4%和14.7%，而2014年优良级别为10.8%，较差和极差级别分别为45.4%和14.5%，从级别比例数据来看，地下水水质恶化趋势没有得到改善。

城市化进程加快，但是城市污水处理设施严重不足，这一情况在县级及镇级区域特别明显。按照国家发展改革委发布的《"十三五"全国城镇污水处理及再生利用设施建设规划》要求，到2020年年底，我国将实现城镇污水处理设施全覆盖，城市污水处理率达到95%；地级及以上城市建成区基本实现污水全收集、全处理；污水处理率县城不低于85%，建制镇达到70%。据住建部发布的《2014年城乡建设统计公报》显示，2014年年末城市污水处理率为90.18%，其中污水处理厂集中处理率为85.94%。县城污水处理率为82.11%，其中污水处理厂集中处理率达到80.19%，上述数据显示城市化与水污染的矛盾日益显现。

4.1.5 城市化进程中的生态效应

生态环境是人类社会生产生活的物质基础，生态环境为人类社会提供必要的物质资料，而又不得不承受人类城市化发展所产生的一切后果，生态环境与城市是一对矛盾的对立统一体，相互制约，相互促进。人们在发展城市化时，对环境造成破坏，而在经济发展中，需要资源能源时，又要将环境作为重要的发展因素。好的生态环境能为城市化提供优质的地理条件，而高水平的城市水平对于生态环境的影响也是利弊并存。王少剑（2015）提到在城市化的动态发展过程中，生态环境与城市化具有复杂的交互耦合关系，即城市化对生态环境有一定的胁迫作用，生态环境对城市化有一定的限制和约束作用[36]。

4.1.5.1 改变局部小生境

生境（Habitat），又称栖息地，指个体、种群或群落赖以生存的生态环境，希腊语为Biotope（bios = 生命 + topos = 地点）。与自然生境相比，城市化地区的生境多种多样，包括金融和商业区、工业区、文化教育区、住宅和农业区、文化旅游区和公园等各种功能区，以及包括街道花园、不同性质的绿地、湿地和水域等。

城市化地区除了建筑物外，还有多种多样的生境，其生物多样性的复杂程度并不亚于乡村。城市既包括自然、半自然的生境，也包括人造的生境。城市是不同生境的镶嵌体。城市生境具有独特的气候、生物、土壤、水文条件及一定的资源承载力，是城市居民与环境相互作用、营造的"第二自然"。在城市生态系统中发挥生态服务功能。在城市化进程中对城市残存近自然生境（Urban Remnant Seminatural Habitats）的影响引起了学界的日益关注。在城市化进程中，处于城市中心区域及城郊结合带的高度破碎化生境及那些受干扰少的人工基地上发展起来的生境，其多样性是生物多样性的基础，它们为野生动植物提供栖息地。应该看到生境破碎化是对生境的破坏，是生物多样性最主要的威胁之一，表现为生境丧失和生境分割两个方面。生境斑块与其所处的城市环境和社区居民形成良好的共生关系。

城市残存近自然生境，作为城市生态系统的重要地理单元，在发挥城市生态服务功能方面的意义十分重要。如城市植被具有改善气候、净化空气、降低噪声、水量调节、观赏游憩、美学等作用。部分城市生境，作为人聚居的生存环境，如历史建筑、风景园林等还具有特殊的历史文化记忆、增强城市文化底蕴，对城市居民具有心理与心灵愉悦、社会可持续发展等方面的意义[37]。城市日照时间比周围乡村地区少 5%~15%，城市年平均气温高 1~2℃以上，年平均风速低 10%~20%，相对湿度冬天约低 2%，夏天低 8%~10%，年雨量要多 5%~30%，城市不透水地面一般占总面积的 12%~37%[38]。城市建设过程中对绿色空间、城市湿地、湖泊进行剥夺产生直接影响，同时城市工业、农业和生活等排放的各种污染物也间接影响到城市生境。

城市空间扩张对生境的影响表现在改变了生物多样性。据生态环境部的《2017 中国生态环境状况公报》公布的数据显示，我国受威胁物种情况不容乐观。在总计评估的 34 450 种高等植物中，有 3767 种受到威胁，受威胁的高等植物的比例为 10.9%。此外，在调查的高等植物中有 2723 种属于近危等级（Near Threatened，NT）；有 3612 种属于数据缺乏等级（Data Deficient，DD）；有 10 102 种高等植物需要重点关注和保护，其比例为 29.3%。对脊椎动物的调查结果同样不容乐观。数据显示，在调查的全国 4357 种脊椎动物中（不包括海洋鱼类），有 932 种处于受威胁等级，所占比例为 21.4%；有 598 种为 NT 等级；有 941 种属于 DD 等级；有 56.7%即 2471 种脊椎动物需要采取措施给予重点关注和保护。

4.1.5.2 对城市生物的影响

由于城市是一个特殊的生态环境，城市化发展需要土地面积扩大，所以对于土壤植被的影响是直接性的。城市建设对生物的影响表现在两个方面：一个是森林资源的破坏；另一个是改变动物种群与导致物种灭绝。

城市建设使植物的生长受到干扰甚至破坏。在城市化进程中，植物种类有显著的向单一化发展的趋向。据统计，世界森林在历史上曾达到 76 亿公顷，大片森林覆盖着世界 2/3 的陆地面积[39]。但在城市化进程中，由于人类活动的影响，森林面积已大大减少，据联合国粮农组织(FAO)统计，2010 年全球森林面积略超过 40 亿公顷，占土地总面积的 31%[40]。来自联合国粮农组织（Food and Agriculture Organization of the United Nations，FAO）的《2015 全球森林资源评估》（The 2015 Global Forest Resources Assessment，FRA2015）数据显示：森林保护的前景仍然不乐观，过去的 25 年来尽管从森林消失的速度来看，比过去 20 世纪 90 年代初期有所变缓，但是在人口增加、农业开垦、非法砍伐等因素刺激下，全球森林面积总的趋势依然是在减小。1990—2015 年,全球消失的树林面积相当于南非的国土面积,达到 12.9 公顷[41]。城市化引起的生境变化及其对动植物的影响如图 4.2 所示[42]。

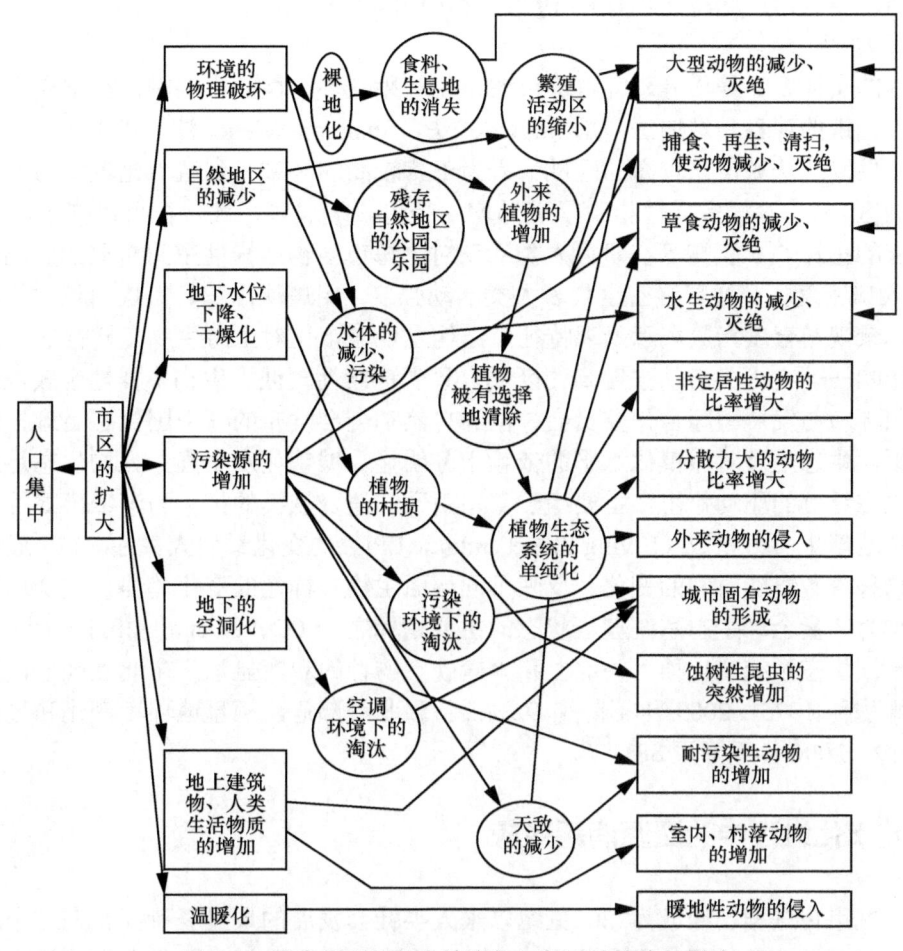

图 4.2　城市化引起的生境变化及其对动植物的影响

一般而言,目前的森林都是原生森林植被破坏之后形成的天然次生林和人工林。此外,还有大面积的灌丛、灌草丛。灌丛是森林植被破坏后的次生类型,由于对灌丛的利用强度过大,多数灌丛生长不良,灌丛退化则导致灌草丛、草丛的出现。这一逆向演替趋势,导致区域生态环境的恶化,如土壤贫瘠化、土地自然生产力下降、自然界对水体的调控能力变差、地表稳定程度降低等。

城市化改变动物种群与导致物种灭绝。在城市化过程中,城市环境的空间异质性、时间异质性与城市野生动物区系成分优势种的改变关系相当密切。由于城市化进程加快,动物的栖息地丧失,从而不得不为城市用地让步,城市化依然是动物物种减少的主要威胁,这种威胁的消极影响已经大于对动物猎捕的影响。2014 年世界自然基金会(World Wide Fund For Nature,WWF)与伦敦动物学学会(Zoological Society of London,ZSL)、全球足迹网络(Global Footprint Network)、水足迹网络(Water Footprint Network)联合发布了《地球生命力报告 2014》(*The Living Planet 2014*),报告显示:①陆生物种 1970—2010 年减少了 39%;②淡水物种地球生命力指数（Living Planet Index，LPI）平均下降76%，栖息地的丧失、生境的破碎化、污染及物种入侵、水位和淡水生态系统连通性的改变（水电站大坝、现代农业灌溉设施等）是其影响的主要原因；③海洋物种在1970—2010年减少了39%，其中20世纪70—80年代减少幅度最大[43]。

在个案的实证中，晏华等研究重庆市城市化对蝴蝶多样性的影响时，在重庆市沿城市生境梯度进行蝴蝶的观察和网捕法，用Margalef法、Shannon-Wiener法、Pielou法等计算多样性指数，结果发现从城市化较高的区域（人为干扰较高的区域）到城市化较低的区域（人为干扰较低的区域），蝴蝶多样性指数呈现递增的趋势，蝴蝶多样性特征可以指示城市化的生态环境效应的指标[44]。王卿等在研究人类活动对上海市生物多样性空间格局的影响时，用人均GDP、人口密度、交通网络密度代表人类活动强度，用斑块面积、斑块面积比例、景观聚合度指数、景观结合度指数表示景观特征，结构发现城市化对上海生物多样性的空间格局产生了显著影响——在人类活动强度高的区域，景观连续性较低、生物多样性也较低[45]。

在中国环境与发展国际合作委员会、世界自然基金会发布的《中国生态足迹报告》中指出：在中国，生态足迹对城镇化水平的依赖十分明显。城镇化水平高，人均生态足迹也高。城镇化对生态足迹的驱动作用，主要缘于富裕引致的消费规模的扩大与消费模式的改变。在这些改变中地球生命力指数（Living Planet Index，LPI）的变化最引人关注。LPI通过追踪全球脊椎动物种群数量随时间的变化，反映不同层面生物多样性的变化趋势，被全球生物多样性公约采纳为衡量全球生态系统健康状态的主要指标之一（Collen et al., 2011）[46]。在该报告中，通过不同生态系统11种"关键"和"旗舰"物种的观察显示，东北虎濒危，针叶林生态系统旗舰物种1975—2009年下降了92%；新疆北鲵濒危，栖息地环境变化和过度捕杀使其种群1989—2006年下降了88%[47]。

4.1.6 城市化进程中的资源消耗效应

快速的城市化进程已经成为20世纪以来人类社会发展的最显著特征。在这个过程中伴随着高强度的资源消耗过程。我国用30多年的时间实现了西方200年左右的城市化和工业化的数量增长，而与此同时，发达国家在不同的发展阶段出现的生态与环境问题在我国呈现短期集中爆发的现象，其中环境污染、生态破坏、资源短缺尤为明显，这些问题的复杂性和严峻性为世界各国所罕见。

在人口向城市的转移中，城市的生产要素作为外围地理扩张的一部分，不断与生态环境进行物质交换和能量转换。这种能量和熵的交换是城市化子系统和生态系统子系统之间的相互作用和影响。而资源能源消耗在两个系统的相互作用下，会影响生态环境的稳定性[48]。城市化水平越高，人口产业集聚越密集，所需要的资源量就越大，消耗也就越大。城市化的资源消耗效应是指城市自然环境中的资源消耗效应和居民活动程度，包括水资源、土地资源、矿物和能源等。

4.1.6.1 水资源消耗效应

随着城市化进程的不断加快，城市化不仅改变了以城市径流系数为主要特征的城市水文效应，同时城市化也导致了水资源消耗效应。城市迅速膨胀、城市人口密集高度集中、工业发展迅速，城市需水量急剧增加。与此同时，城市工业废水和生活废水大量排放，以及城市下垫面的硬化导致的滞水性、渗透性的改变促使城市原有的水循环发生改变。上述诸因素导致城市供水不足、地下水过度开采、水质恶化等一系列水资源问题[49]。

城市的扩张、城市工业的发展及城市人口的急剧增加、城市生活方式的改变，以及城市附近农田和蔬菜灌溉用水的增加及城市生活方式的改变等，导致了城市对水日益增加的需求。目前，城市用水短缺成为全世界城市面临的一个共同问题，而百万人口大城市的水资源短缺问题更为严重。据世界资源研究所的数据显示，目前生活在水资源短缺地区的人口已经超过10亿人，预计到2025年，可能遇到缺水问题的人口将多达35亿人。2018年联合国世界水资源开发报告中指出全球水资源需求的增长速度为每年1%，并且在未来20年这一速度还将大幅加快。在水资源匮乏的情况下，人类还在不断地污染水资源，这无疑是雪上加霜。

根据21世纪世界水资源委员会的报告显示，全世界至少有一半的大河已被污染，生态体系已经遭到严重破坏，2500万人因为严重的土地和水问题成为"生态难民"，这一数字超过了战争灾害的数字[50]。国际水文地质学家协会前主席米歇尔·奈特早在1996年便指出，世界地下水源有一半正在受到污染，缺水现象会影响到80个国家和40%的世界人口[51]；世界水资源论坛也曾提出警告，世界上仍有20亿人喝不到干净的水，全球每年因为喝了不干净的水而患病死亡的人数高达百万人次。2012年联合国教科文组织发布了《不稳定及风险情况下的水资源管理》报告，该报告指出，在过去的50年里，地下水抽取量增加了2倍，并且在一些无法更新地下水的地区，地下水已经被抽取至危险的临街水平。

进入21世纪以来，随着我国现代化的发展，城市化推进的速度不断加快，城市人口的数量与日俱增，各种用水需求供应得不到满足，这就使得城市地区的缺水范围逐渐扩大。据翟释晓文献报道，中国的人均水资源只有2100多 m^3，为世界平均水平的1/4。在全国660座城市中，存在供水不足问题的城市有400多个，其中110个城市严重缺水，全国城市缺水总量为60亿 m^3[52]。从人均水资源占有量层面来看，中国是一个干旱缺水严重的国家，根据2016年中国水资源公报显示，中国水资源总量为32 466.4亿 m^3，居全球第6位。但中国是世界第一人口大国，人均水资源不足世界平均水平的1/4，居全球第88位。据预测到2030年我国人口将增加到16亿人，人均水资源占有量将降到1760 m^3，接近国际标准公认的人均1700 m^3 缺水警戒线。

城市的水资源量是有限的，但是随着城市的扩张城市用水需求却在持续增长，这就导致了水资源对城市化的硬约束。目前，我国许多城市的水资源已接近或达到开发利用的极限、部分城市的地下水已处于超采状态。地下水补给量与开采量失去平衡、地下水的采补矛盾比较突出。在这种情况下引起了一系列环境工程地质问题。主要表现为：一是过量开采地下水，导致地下水位逐年下降、越来越依赖地下水、供水成本增加，水资源逐渐枯竭，从而产生地面沉陷、大面积地下水降落漏斗、地裂缝、海水入侵等环境地质问题。二是在城市化进程中工农业生产活动使本就宝贵的地下水、地表水受到不同程度的污染，因此水资源的质与量均不能满足城市发展的需要。超量开采地下水，引起地下水位持续下降，造成水资源枯竭，在27座主要城市中有24座城市出现了地下水降落漏斗的现象[53]。其中，北京市最为典型，有关数据显示在2015年前，北京市的地下水位年均下降近1 m。重力卫星揭漏华北平原成世界最大地下水"漏斗区"。冯伟团队介绍了基于GRACE对中国3个地区地下水储量变化的研究成果，包括华北平原、东北的辽河流域和新疆塔里木盆地。研究结果显示，2002—2014年，华北平原地下水储量亏损速率为（−7.4±0.9）km³/年。也就是说，华北平原每年有60亿~80亿吨地下水亏损，并且处于长期持续亏损的状态[54]。

4.1.6.2 土地资源消耗效应

土地是人类生存的基地，是所有生活和生产活动必不可少的一种自然资源。然而，目前世界上土地资源的破坏和丧失非常严重。经济发展过程中，我国的城镇化土地资源消费日益增加，城镇化是建设用地扩张的主要影响因素已成为学界共识，科学、合理地判断城镇化过程中建设用地需求的阶段性特征，直接关系到区域层面的人地关系调整，也关乎正确制定建设用地增减调整政策[55]。

城市化快速发展的同时也带动了工业化的迅速发展。城市化的其中一个重要方面是空间城市化，表现为城市为工业和生活提供了空间载体。从土地利用角度看城市化的快速发展，意味着城市面积不断扩张、城市对建设用地的需求将更多。在我国人均耕地本来就少的国情下，城市化将促进土地向非农业用地转化，耕地将进一步减少，城市化将进一步加剧国土的"既要吃饭，又要建设"的矛盾。总之，我国快速城市化对土地资源可持续利用造成了两个方面影响：一是影响土地资源数量；二是影响土地资源质量。

①对土地资源数量的影响，随着城市化的快速推进，必然引起土地利用结构与土地利用方式的根本变化，城市建设用地的扩展使大量农业用地转变成为建设用地。国土资源部举行了2015年度全国土地变更调查结果新闻发布会显示，截至2015年年底，全国31个省(区、市)主要地类面积数据如下：耕地20.25亿亩①，与2014年年底相比，全国农用地面积净减少426.3万亩，其中耕地净减少89.2万亩，建设用地净增加713.5万亩，未利用地净减少287.2万亩[56]。

②根据2016年全国环境状况公报显示，截至2015年全国耕地面积为13 499.87万公顷，园地1432.33万公顷，林地25 299.20万公顷，牧草地21 942.06万公顷，建设用地3859.33万公顷，全年耕地面积净减少量为5.95万公顷。全国耕地质量总体不高，其中一等至三等耕地面积占总耕地面积的27.1%，七等至十等耕地面积占总耕地面积的27.8%。另外，根据第一次全国水利普查全国水土保持情况的结果显示，中国土壤侵蚀总面积为294.9万 km²。截至2014年，全国荒漠化土地面积为261.16万 km²，沙化土地面积为172.12万 km²。与2009年相比，5年间荒漠化土地面积净减少12 120 km²，年均减少2424 km²；沙化土地面积净减少9902 km²，年均减少1980 km²。自2004年以来，全国荒漠化和沙化状况连续3个监测期"双缩减"，整体呈现良好态势，但防治形势依然严峻。

此外，城市化还表现在大量的湿地、天然植被等被转化为非农用地，以及保护地面积减少和城市工矿用地的增加，致使我国各类生态系统的整体功能下降、资源环境容量较小，从而导致生态恶化的范围扩大、程度加剧、危害加重。具体表现为：粮食安全受到威胁、水土流失严重、生物多样性锐减。目前，我国水土流失面积达356万 km²，占国土面积的37%；中国森林覆盖率为16.55%，低于世界平均水平（29.6%）。根据第八次全国森林资源清查（2009—2013年）结果显示，全国森林面积为2.08亿公顷，森林覆盖率为21.63%。

---

① 1亩≈666.67 m²。

4.1.6.3 矿产资源消耗效应

城市经济发展加快，对各类自然资源的索求日益增加，各类工业发展对矿产资源的消耗加剧。矿产资源属于不可更新的自然资源，它是地壳形成后再经历经几千万年、几亿年甚至几十亿年的地质作用而成。如果在城市经济发展的过程中，矿产资源消耗速度过快，矿产资源将会处于供不应求的困难局面。除此以外，对矿产资源的不合理利用既浪费了有限的矿产资源，也对环境造成了一定影响。

资源安全始终是国家可持续发展的核心和关键所在，对我国而言资源安全问题依然严峻。尽管我国资源总量大，但是人均资源量较少，资源对城市化和经济发展的约束趋紧。我国资源基础相对薄弱，多数大宗矿产储采比较低。对于人均可采资源储量而言，石油、天然气、铁、铜、铝等矿产与世界平均水平差距极大。经济发展与资源供给之间的矛盾加大。一方面，我国处于工业化中期阶段，尽管能源资源需求增速有所放缓，但是对资源需求总量而言仍将进一步增加。到 2020 年，预计我国将消费 50 亿吨标准煤的一次能源消费量，对精炼铜、原铝、铁矿石需求量约为 1350 万吨、3500 万吨、7.5 亿吨标准煤。另一方面，地缘政治日趋复杂，全球矿业市场复杂多变、国内勘查投入趋于下行等因素加剧了我国矿产资源的供给风险。

绿色发展要求资源开发利用方式加快转变。我国矿产开发集约化规模化程度不够，需向绿色安全方向发展。矿山小型化及以下比例高达 88.4%，但是其产能低下占比低于 40%。矿山开采中采富弃贫、采易弃难，资源浪费现象严重。多年泛采滥采所导致的矿山环境问题突出，采矿累计占用损毁土地超过 375 万公顷[57]。

在有色金属、黑色金属和建材矿山的开采中，由于露天开采占主导，更是加剧了对土地侵占和破坏的严重程度。另外，矿物开采带来的大量粉尘和有毒微量元素随大气飘散，在采矿区域整体性弥散，不仅造成土壤微量元素的改变，还破坏了土壤的属性结构和生化性质，进而影响土地的产出价值和粮产安全问题。不仅减少了能使用的土地面积，也对土壤的生化性质产生影响，降低了土地产出。

矿产的开采主要集中在森林等原生植物群落，森林生态系统是一个复杂的生态系统，由于矿产资源的开发侵占各类森林、草地等绿色资源，森林面积也在大大减少。同时，被采矿工作涉及的草地还面临草地退化、荒漠化等糟糕局面。

矿产资源的开发对历史遗迹、景观生态等均造成严重破坏。历史文物裸露部分受到矿产粉尘的影响，导致退化速度加剧、文物受损严重，致使其历史参考价值消失。除此之外，矿产资源的开采、加工过程中产生的各类工业废气和废弃物都会对周围土地环境造成严重影响，改变自然资源、地质地貌和历史文物等，严重地甚至出现矿山"三废"现象。

4.1.6.4 能源资源消耗效应

伴随着城市发展加快，城市居民对家用电器的购入也导致了电器生产所需的各类自然资源的日益减少，对新型能源的需求成为经济健康绿色发展的新式发展道路。同样，出行方式的改变增加了道路压力和城市运输枢纽的压力，各类能源密集型的交通工具对自然能源提出了更大的挑战。

以生物燃料为主的中小城市，对城市周围生物资源的过量需求导致多种直接和间接的生态环境后果。如中国北方农牧区交错带一些县城周围，大量的灌丛、半灌丛被采伐用于燃料，这些采伐造成了土壤退化、荒漠化、物种丧失等多种生态恶果[58]。

我国作为世界上第一大能源生产和消费国，能源消费结构中以煤炭为主、能源自给率较低等基本形势，决定了能源资源对城市化的约束。据中华人民共和国国土资源部编的《2017中国矿产资源报告》显示，中国在 2016 年一次能源生产总量为 34.6 亿吨标准煤，同比下降 4.2%；消费总量为 43.6 亿吨标准煤，同比增长 1.4%，能源自给率为 79.4%。2016 年能源消费结构中煤炭占 62.0%，石油占 18.3%，水电、风电、核电、天然气等清洁能源占 19.7%。中国能源消费结构不断改善，煤炭比重不断下降，天然气等清洁能源比重不断上升。2016 年，煤炭消费总量占能源的比重较上年下降 0.2 个百分点，较 2007 年则下降 10.5 个百分点。与上年相比，水电、风电、核电、天然气等增长 1.8 个百分点[59]。

4.2 资源环境对城市化的约束机制

由以色列物理学家、企业管理顾问戈德拉特博士（Dr. Eliyahu M. Goldratt）于 20 世纪 80 年代提出来的约束理论(Theory of Constraints,TOC)可知：在企业的发展过程中总是存在制约企业有效产出的瓶颈，所以只有破除这些瓶颈充分利用约束资源才能提高企业的绩效[60]。由约束理论可知，任何系统都存在一个或多个约束，如果没有约束，那么系统的产出将是无限的。但是在现实当中任何系统的产出都不可能是无限的，因此，由于环境资源等因素限制的城市也是一个复杂的系统。

资源环境随着城市化的发展不断变差，进而进一步限制城市的发展，由此可以看出城市化的发展与作为自然条件的资源环境关系十分密切。在城市化过程中，由于资源禀赋优越但是可利用的自然资源的质量下降、数量减少及开发利用难度的提高所引起的自然资源供不应求和供给过剩及生态环境恶化等，这样资源环境反过来作用于城市的形成与演变的过程和现象，称为反馈和约束过程，该反馈和约束过程中所运用到的原理规律称为约束机制。

目前，国内外有学者认为由于资源的稀缺才导致了资源环境对城市化的约束，即自然资源的质量或数量和生态环境的承载力满足不了城市化的需求。但是还有一些学者对这一观点持有怀疑态度，他们各自也对资源环境对城市化的约束机制方面进行了定量化的详细分析，并分别采用了不同的研究方法。例如，陶建格、何利在其《环境经济系统动力学仿真与预警管理研究》一书中运用了绿色经济增长模型对经济增长与环境作用机制的理论进行了定量的分析[61]；王海建参考罗默的内生经济增长模型，讨论外在环境对跨时效用的作用，并把耗竭性资源设定为生产函数的一个变量，研究了在长期增长过程中环境质量、资源利用和人均消费的相互关系和模型的稳态增长解[62]；罗媞、刘艳芳和孔雪松在其所写的《中国城市化与生态环境系统耦合研究进展》一文中基于系统耦合理论，把生态系统中各自然组成要素之和及城市系统中具城市化特征的人文要素之和看作独立而又联系密切相互影响的两个系统[63]，分别从理论与方法的角度梳理并总结了当前中国城市化过程与生态环境变化之间关系的研究进展；刘耀彬和杨新梅在其《基于内生经济增长理论的城市化进程中资源环境"尾效"分析》一文中首先通过内生增长理论构建资源环境对经济增长的"尾效"模型，然后为了计算城市化发展过程中资源环境"尾效"模型，主要参考城市化水平和经济增长的半对数关系，最后以江西省为例对其城市化进程中的资源环境"尾效"进行了实证分析[64]。

4.2.1 绿色生产力模型

绿色生产力的概念自被提出后,学术界对于它的定义是众说纷纭,到目前为止仍没有一个受广泛认可、准确、清晰的解释。绿色生产力的核心价值是"绿色生产",具体来说它通过建立人与自然和谐相处的循环经济发展模式,以达到可持续发展的目标。绿色生产具有以下两个方面的要求:一方面发展要遵循自然发展规律和具备和谐发展的时代要求;另一方面为了实现绿色发展,劳动者需要在绿色意识下,运用绿色技术和绿色劳动工具生产出绿色产品[65]。

陶建格和何利在《环境经济——系统动力学仿真与预警管理研究》一书中第四章第一节具体对绿色经济增长模型(绿色生产力模型)做了严谨的推演和分析,是基于 Copeland 和 Taylor (1994) 的方法对经济增长与环境作用机制的理论进行分析。相关的环境经济模型必定产生规模效应、结构效应和技术效应,经济增长与环境污染的关系完全依赖于不同的假设条件而存在[66]。书中假定只有一种产出,无国际贸易,不存在污染的结构效应,只研究经济规模对污染的影响。假定储蓄率是外生的,生产函数是柯布—道格拉斯函数,先设定劳动、资本和知识的初始水平,并且以不变的速度增长,那么投入产出的函数形式如式(4.1)所示:

$$Y(t) = F[K(t), A(t), L(t)]。 \tag{4.1}$$

式中,Y 为产出,K 为资本,L 为劳动力,A 为知识或劳动的有效性,t 表示时间。这里假定了技术进步形式为"劳动增进型"或"哈罗德中性",如式(4.2)所示:

$$Y = F(K, AL)。 \tag{4.2}$$

我们假定的规模报酬不变:

$$F(cK, cAL) = cF(K, AL),对于 c \geqslant 0, \tag{4.3}$$

令 $c=1/AL$,则 $F(K/AL, 1) = F(K, AL)/AL$,有效劳动的人均资本 $k=K/AL$,有效劳动人均产量 $y=Y/AL$,则 $y = f(k)$,总产量 $Y = AL \times f(k)$。

稻田条件(Inada Condition):

$$\lim_{k \to 0} f'(k) = \infty,\quad \lim_{k \to \infty} f'(k) = 0; \tag{4.4}$$

$$Y = F(K, AL) \times (1-\theta) = K^{\alpha}(AL)^{1-\alpha} \times (1-\theta),其中 0 < \alpha < 1, 0 < \theta < 1; \tag{4.5}$$

$$\dot{K} = sY - (\delta + n + k)K; \tag{4.6}$$

$$L = nL; \tag{4.7}$$

$$\dot{A} = gA; \tag{4.8}$$

$$E = F \cdot e(\theta); \tag{4.9}$$

$$X = E - \eta X。 \tag{4.10}$$

新古典经济的分析框架有 2 个基本的模型:Green Solow 模型和 Stokey 模型。Green Solow 模型和 Stokey 模型的不同之处在于前者保持污染治理的投入比重 θ 不变,而同时存在着产品生产和污染治理过程中的技术进步,分别为 g 和 $gA(gA>0)$;后者认为随着经济增长,污染治理的投入比重 θ 会发生变动,但 $gA=0$。

Green Solow 模型：

由 Green Solow 模型的假设条件可知资本存量和劳动力存量的变化分别为：

$$\dot{K} = sY(1-\theta) - (\delta + n + g)K ; \quad (4.11)$$

$$\dot{X} = C_0 \exp(g + n - g^A) f(k) - \eta X 。 \quad (4.12)$$

那么

$$\dot{X}/X = C_0 \exp(g + n - g^A) f(k)/X - \eta 。 \quad (4.13)$$

生产投入品的变动：

假设时间 t 是连续的（非离散的）：

①劳动的增长：$\dot{L}(t)L(t)=[dL(t)d(t)]/L(t)=n$；

②知识的增长：$\dot{A}(t)/A(t)=[dA(t)d(t)]A(t)=g$；

③资本的增长：$K(t)=dK(t)dK=sY(t)(1-\theta)-\delta K(t)$。

根据经济平衡增长路径与污染物排放分析及稳态均衡分析结合本书的绿色索洛模型知，对于环境保护所做出的努力并不是在破坏经济的增长，解决环境保护的关键是 $E = F \times e(\theta)$ 的运用，判定经济增长与环境污染的关系：

$E = F \times e(\theta) < \eta X$，则污染排放水平小于环境自净率；

$E = F \times e(\theta) > \mu X$，则污染排放水平大于环境自净率。

通过分析得出，经济增长并不会自动消除环境污染，环境污染取决于人们治理环境污染所做出的努力。在环境水平较好的情况下，人们通过对环境污染治理做出的努力水平较低，环境污染程度加重；随着经济增长到一定水平，人们会不愿意在较低的环境条件下生活，这促使人们增加经济产出中对环境保护的投放，这样会使环境压力减少，直至排放水平小于环境自净率，环境污染程度减轻，环境质量变好。这也说明了环境库兹涅茨曲线反映的不是经济增长自动解决了环境污染问题，而是经济增长使环境污染加重。但要看到经济增长可能为人们治理污染提供了一定物质和技术能力，另外，当人们不满足于环境质量时，对改善环境污染可能做出更大的努力。

经济增长与环境污染的外在表现分为 3 种情况。

①保持 $E = F \times e(\theta) < \eta X$，在这种情况下，一直控制污染治理水平，使污染水平低于环境自净能力，经济增长与环境良好共存。这种模式是从源头解决污染，保持持续经济增长的模式。

②保持 $E = F \times e(\theta) > \mu X$，在这种情况下，污染治理水平低，污染水平高于环境治理能力，环境质量逐步恶化，经济增长也会变得不可持续；最终表现为环境系统的崩溃和经济系统的崩溃。古巴伦文明与玛雅文明的消失证明，存在这种情况。

③存在 $E = F \times e(\theta) > \mu X$，在污染水平高的情况下，转为 $E = F \times e(\theta) < \eta X$，这是先污染后治理的模式，经济增长首先带来的是环境恶化，而后随着人们对环境污染治理的努力，环境质量逐步好转。这是传统发达国家所走过的发展模式。

4.2.2 内生城市化模型

内生城市化是指推动城市化的动力主要来源于城市内部的经济、政治水平的城市自身发展进步的过程，城市自身的发展进步同时也提高了城市化的水平。

城市自它诞生之日起，就伴随着对资源环境的开发和利用。随着人类社会的不断发展进步，使得城市化进程不断推进，与之相应的人们对资源环境的需求与消耗与日俱增，目前已经使得现有的资源环境不断枯竭。由此，我们可以看出，在城市的发展过程中，资源环境等问题在城市的发展过程中起着举足轻重的作用。

目前，以内生增长理论为代表的新增长理论的研究存在一些不足，一是该理论未合理地结合可持续发展的相关规范；二是经济增长模型中未有效地设置资源环境等约束因素。即使是在这样的情况下，学术界仍不乏将两者结合较好的示例，但是笔者通过查阅这一类的相关文献发现：关于内生增长理论的研究方面，我国目前还停留在逻辑推论和理论模型构建阶段，还缺乏对资源环境内生增长理论增长阻力的实证分析。

结合目前的状态来看，内生增长模型与资源环境约束一旦能够很好地相结合，那么对于城市化的可持续增长方式就有了契合的描述。由资源环境约束之下的"边干边学"内生增长模型可以得出的结论：假设社会长期消耗其耗竭性资源存量，而且在环境污染并存的同时要求维持可持续的人均消费，那么劳动力产出弹性与资源的产出弹性之比应大于生产过程的耗竭性资源投入与人口增长率的比值[67]。

综上所述，内生经济增长模型初步尝试将资源环境的可持续发展同内生增长理论相结合，但在研究过程当中没有考虑人为治理环境污染这一因素。除此以外，还可以利用其他内生增长模型对资源环境的可持续发展问题进行实证分析。

4.2.3 城市化与生态环境系统的耦合关系

耦合度是描述系统或系统要素之间相互作用的程度，从协同学角度来看，它反映了系统达到临界区域时走向何种序与结构，或者决定了系统由无序走向有序的趋势[63]。

系统耦合的概念源自物理学，如今被广泛应用于生态学、地理学及农业、生物等研究中[68]。目前学术界就城市化和生态环境的系统耦合等概念做了相关研究，黄俊芳认为系统耦合是指2个或2个以上具有亲合的趋势、性质相似的生态系统，当条件成熟时，它们可以结合为一个新的、高级结构功能体[69]。

国内学者通常参考系统动力学、协同学等原理构建耦合度模型，以此评测计算出城市化进程中城市与生态环境耦合产生的相互影响程度的大小，主要包括以下内容：一是通运用耦合协调模型，区别出不同地区生态环境变化和区域城市化协调耦合程度的空间差异；二是对城市化和生态环境的耦合类型和阶段特征进行评测，并预测二者相互耦合对城市社会、环境、经济系统的作用和贡献程度[70]。

结合目前学术界我国学者对城市化与生态环境耦合关系的研究结果，具体总结出以下两个结论：一是根据贝塔兰菲的一般系统理论可知，城市生态系统是由相互联系和相互作用的若干要素结合而成的，具有特定功能（政治、经济、文化、商贸、生态）的有机体，它通过不断地同外界进行物质和能量的交换而一直能够维持稳定的状态。由此可知，生态等资源环境要素对于城市化进程的深入起支撑作用，反过来城市化反作用于生态环境所产生的影响会呈现递减趋势，有时甚至可以起到优化的作用。如此看来，二者间是相互依托的关系。二是伴随城市化过程而产生的一系列改变会给生态环境造成一定程度的威胁，而且在城市生态环境不断恶化的情况下还会形成一系列难以解决的城市问题，从而抑制、减缓城市化的发展，城市化与生态环境两者间的矛盾与冲突很容易形成恶性循环,更严重的是,会影响到城市生态系统的持续健康发展。

国内学者借助城市发展S曲线、环境库兹涅茨倒U形曲线(EKC)、修正后的经济增长与城市发展对数曲线对城市化与生态环境的具体耦合规律进行的更深入的研究,根据区域差异,划分了城市化与生态环境耦合类型和耦合阶段,提出伴随着城市化的发展,生态环境会发生先衰退后改善的阶段性规律的观点[71]。除此以外,方创琳等在研读生态需要定律理论和耗散结构理论后得出了对揭示区域城市化与生态环境动态耦合关系有重要指导意义的定性研究结果,这些研究结果主要是关于城市化与生态环境交互耦合的非线性协同律、随机涨落律、动态层级律、耦合裂变律、阈值律和预警律这六大定律[72]。

国外学者对系统论也进行了深入探讨,贝塔兰菲于1968年发表了《一般系统理论——基础发展与应用》一书,该书中将一般系统定义为"处于一定相互关系中的环境发生关系的各组成成分的总体",提出现代系统理论具有可否证性、抽象性、数理性三大特点,这使得现代系统形成了一股重要的思潮并发挥着日益重要的影响[73]。

综上所述,系统的存在需要2个或2个以上的要素、要素之间要相互联系、要素之间的联系必须是相干性联系即产生整体功能这3个条件,系统是由2个或2个以上的要素组成的具有综合行为和整体功能的统一集合体。

用贝塔兰菲的一般系统理论来分析城市化与生态环境系统之间的关系,可具体从以下几个方面展开。

①系统的整体性:又称为非加和性,具体来说,生态环境系统在生态环境系统和城市化的关系中,是具有统一性的,并非简单地组合,生态系统各层次的充分连接和协调,能够提高生态系统的有序性和整体的运行效果。例如,整个生态系统的自我调节能力大于各群落或各层次自我调节能力之和。就系统论而言,城市化只是整个生态环境系统中的一个重要的人为影响因素。城市化进程中对生态环境系统的影响是不可避免的,因为自人类诞生以来,人类活动就一直对生态环境产生直接和间接的影响。

②系统的相关性:是指生态环境系统中受城市化进程影响的相关部分形成一个集合,即"部分集"。集合中各部分的行为和特征会相互作用和影响,从而确定生态环境系统的形态与性质。

③系统的目标性和功能性:大部分生态系统的各层次、各部分都具有其特定的功能,但不一定所有的系统都有目的。有些生物系统就没有目标性。在城市化进程中,生态系统可能受城市化的影响而使其原来各部分、各层次具有的特定功能发生相应的改变,具有新的功能,但是改变后系统仍具有系统性,只不过是相应的功能发生了变化而已。

④系统的相对性和层次性(有序性):生态系统的有序性特征主要表现在,受城市化过程的影响,生态系统的功能、结构和层次动态变化具有一定的方向性。一般系统论认为,将系统的结构稳定性同生物和生命现象的目的性与有序性联系起来,使系统趋于稳定。

⑤系统的随机性和复杂性:一个发展成熟的生态系统的结构、功能和层次是十分复杂的,不同结构对应不同的功能,不同层次的功能也是不同的,受城市化影响的生态环境系统更是如此。反过来,不同的功能又能反作用于其对应的生态系统各结构、层次,从而从中可能又发展出新的结构、层次,衍生出新的功能等,因此,生态系统具有复杂性的特点。由于系统

内部结构会随着时间发生变化，生态系统的动态性使其具有生命周期，开放的系统与外界存在物质、能量和信息的交换，因而生态系统还具有随机性。

⑥系统的适应性：生态环境系统与它周围的环境系统，即城市化过程中的人类活动环境，存在着能量、物质、信息的交换，生态系统内部各部分相互联系及其功能会随着外部环境的变化而发生改变。因此，一定程度上，生态系统应该适应外部环境。事实上，生态环境确实存在一定的适应能力，如生态环境本身自带的自适应系统和反馈系统。

4.2.4 资源环境"增长尾效"效应

伴随城市化发展而产生的资源环境"增长尾效"效应（Growth Draw Effect）或增长阻尼效应，是指在城市和经济飞速发展过程中，有限的资源环境对城市化进程的阻碍程度的大小。

目前，国内外学者对于资源环境约束而导致的增长尾效分析，是基于新古典经济增长理论基础上进行研究的，并且大都是将实证研究放在经济增长的路径上。谢书玲等参考了新古典经济增长理论，采用了其中的 C-D 函数，度量了中国经济增长的土地资源的"尾效"，得出水资源对中国经济的增长阻力为 0.013 97，土地对中国经济的增长阻力为 0.013 201[74]。杨杨等根据 Romer 模型在土地资源数据中增加了建设用地，测量计算出水土资源对中国经济发展的增长阻力是 0.0118，该结果是美国的 4.92 倍，由此提出：水土资源影响中国经济增长可能性最多为中度[75]。秦腾等对长江经济带城镇化进程中的水资源约束效应进行分析研究，其在参考索洛模型和 Romer 模型的基层上，得到水资源对城市化进程的约束强度[76]，如式（4.14）所示：

$$drag = \frac{\beta(n+m)}{(1-\alpha)\eta} 。 \tag{4.14}$$

式中，α、β 分别为资本和资源的生产弹性；m 为用水量的增长率；n 为总人口增长率。

国外学者基于新古典经济增长理论对资源约束也有着丰富的研究成果。其中，Romer（2001）提出"Growth Drag"概念，即资源约束对经济增长的阻力效应，从而使经济增长速度没有达到最优[77]。Nordhaus（1992）在索洛模型的基层上，通过把自然资源这一因素运用于索洛模型中，新古典增长模型有资源约束和无资源约束 2 种类型，计算了两个模型的稳态人均产出增长率之差，将这个差值定义为自然资源的 Growth Drag，最终计算出了美国自然资源和土地的增长阻力为 0.0024，从而证明了资源约束对经济增长速度会产生的减缓现象[78]。Bruvoll 等（1999）以挪威为例研究环境的尾效效应（Environmental Drag）时，认为经济增长会对环境造成负面影响。受污染的环境和其他环境资源制约可以降低经济产出和消费者的福利。环境约束的社会成本即称为环境尾效。将环境要素纳入动态一般均衡模型中，通过计算消费中减少的福利和环境服务来估算环境尾效，结果发现技术增长率、折现率较低可以增加环境尾效[79]。

总结目前的资源尾效或者阻尼效应，对经济增长的约束研究较多，对城市化约束研究较少。从目前已经报道的阻尼来看，我国的水土资源对经济增长的约束较大，Nordhaus 的研究表明资源对美国经济增长的阻尼为 0.24%，其中 1/4 来源于土地资源[78]；李磊等计算的日本土地资源阻尼约为 0.36%，日本土地资源对该国的经济增长约束比较明显[80]。学者对我国资源对经济的阻尼计算数据差距较大，如薛俊波等（2004）认为中国土地资源阻尼系数为 1.75%，约为美国的 6 倍，在很大程度上降低了中国的经济增长速度。谢书玲等得出水资源与土地资源引起的增长阻力为 0.145 48[74]。

4.3 城市化与资源环境之间的模型

4.3.1 城市化与生态环境耦合协调度模型

由于城市化与生态环境关系密切，两者之间能产生相互影响，因此，我们可以采用耦合理论对它们的关联性进行研究，如式（4.15）所示：

$$C_n = \left\{ \frac{f(U) \cdot g(E)}{\dfrac{[f(U) + g(E)]^2}{2}} \right\}^{\frac{1}{2}}, \quad (4.15)$$

式中，C 为耦合度，$f(U)$ 为城市化子系统，$g(E)$ 为生态环境子系统[71]。具体如下：

$$f(U) \text{ 或 } g(E) = \sum_{i=1}^{n} \omega_j U'_{ij} 。 \quad (4.16)$$

在上述过程完成之后，建立以下模型测算它们之间的具体协调度，具体如下：

$$T = \alpha f(U) + \beta g(E), \quad (4.17)$$

$$D = \sqrt{C \cdot T}, \quad (4.18)$$

式中，D 表示耦合协调度，C 表示两者间的耦合度，T 表示综合调和指数，α 表示城市化的重要性，β 表示生态的重要性。

由该模型总结得出：D 测算的数值越大代表两个研究系统的协调发展水平越高；如果 D 测算数值越小，说明这两个系统未实现协调发展。

4.3.2 EKC 模型

我国对于 EKC 的实证研究，最早始于 1999 年，张晓在她的文章中检验我国环境库兹涅茨曲线的存在，运用计量回归方法，通过检验废水、废气和固体废弃物等污染排放指标，结果显示我国经济发展与环境生态之间的环境库兹涅茨曲线表现为较弱的倒 U 形关系，且转折拐点比发达国家低[81]。

目前 EKC 主要是人均 GDP 与工业三废、工业 SO_2 等的时间序列数据、面板数据、截面数据的研究，得到了倒 U 形、正 U 形、N 形、倒 N 形等不同结果[82]。EKC 关系是否适合中国的具体国情，不少学者进行了批判性的分析探讨，如李正升（2010）认为 EKC 存在的缺陷主要表现在经济能自行解决环境污染问题的前提假设，环境与经济之间的关系，不仅仅是简单的单向关系,而且存在双向的动态关联关系[83]。钟茂初和张学刚(2010)认为 EKC 存在不同国家同质性假定的缺陷、没有考虑存量外部性及生态阈值的影响、指标选择存在随意性及计量方法存在问题[84]。

目前对城市化与环境污染之间的研究相对较少,从文献引用量来看,较有影响的有:杜江和刘渝(2008)用中国省际面板数据实证研究了城市化与环境污染关系。其被解释变量为 6 类污染物(分别为工业废水排放量、工业废气排放量、工业粉尘排放量、工业烟尘排放量、工业 SO_2 排放量、工业固体废弃物产生量);解释变量用人口城市化率;控制变量用贸易开放(用进出口额与 GDP 比重表示)、产业结构(分别用农业总产值占 GDP 比重和工业总产值占 GDP 比重表示)、技术水平(用单位 GDP 能耗表示)、经济增长(用 GDP 增长率表示)。结果发现,4 类污染物(工业废水、工业废气、工业 SO_2、工业固体废弃物)与城市化率之间存在倒 U 形关系,另外 2 类(工业烟尘、工业粉尘)存在 U 形关系。加入控制变量后显示贸易开放并不一定造成环境污染,波特假设在中国并不存在。产业结构变动是造成环境污染的主要原因,技术进步减轻环境污染而快速的经济增长加重了环境污染[85]。

孙能浩(2015)采用 68 个地级市面板数据对城市化与环境污染关系及作用机制进行分析,在研究中为了克服共线性及有效度量城市化、工业化、环境污染三者关系,将工业总产值及城市化水平的交互项加入模型中[86],如式(4.19)所示:

$$\ln epl_{it} = \alpha_0 + \alpha_1 \ln^2 urb_{it} + \alpha_2 \ln urb_{it} + \alpha_3 ind_{it} \times \ln urb_{it} + \alpha_4 \ln tec_{it} + \alpha_5 \ln pgdp_{it} + \alpha_6 \ln pgdp_{it} + \mu_i + \delta_t + \varepsilon_{it}, \quad (4.19)$$

式中,μ_i 表示个体差异的虚拟变量;δ_t 表示年度虚拟变量;ε_{it} 表示随机干扰项;epl_{it} 表示用工业 SO_2 代表的环境污染;urb_{it} 表示城市化率;ind_{it} 为用工业总产值表示的工业化水平;tec_{it} 表示技术水平,政府财政用于科学事业的支出表征;$pgdp_{it}$ 表示人均 GDP。

模型结果显示,城市化水平的平方项系数为负且通过显著性检验,城市化与工业化的交互项系数为正且通过检验,说明城市化与工业 SO_2 排放之间存在倒 U 形关系,工业化对环境污染有加强的效应。

邹庆(2015)在研究城市化与碳排放 EKC 时,克服了不同省份同质性的假定。论文首先进行非参数估计,判断 EKC 为倒 N 形,故采用三次型函数形式。在基于面板门限回归的方法基础上,通过城市化水平和工业化水平作为分组变量,将各省分为 7 个组,各组 EKC 均为倒 N 形[87]。

丁镭(2016)在研究中国城市化与空气环境的 EKC 关系时,采用了普通面板模型回归和空间计量模型回归两大类方法。在设立 EKC 模型时,采用了 GEKC(以人均 GDP 为主解释变量)和 UEKC(以人口城市化率为主解释变量)2 种类型,每种类型内又分为二次型和三次型。在解释变量中,除了人均 GDP、人口城市化率外,还包括产业结构、城市交通(城市公共交通工具的数量)、建成区面积、城市绿化(用建成区绿化覆盖率表示)、时间变量(虚拟变量)。被解释变量主要有空气质量指数 IAQI(Individual Air Quality Index)、SO_2、NO_2、PM_{10} 等。结果发现没有出现经典的倒 U 形曲线,其中 SO_2 为倒 N 形,NO_2、PM_{10}、IAQI 为 U 形关系[88]。

4.3.3 其他方程

SEM 结构方程模型（Structural Equation Modeling，SEM）主要包含因子分析、路径分析、回归分析等几种统计分析方法，是近年来比较流行的统计方法，也是社科领域量化研究的主要方法。该模型很好地将"因子分析法"和"回归分析法"这 2 种分析方法相结合，进而来识别、估计验证各变量之间的相关关系和因果关系[67]。

利用结构方程模型的方法来研究城市化与资源环境两者之间文献报道较少，冯霞和刘新平（2016）在对江苏省城镇化与生态环境的关系进行研究时，首先采用熵值法对城镇化和生态环境两大系统进行了综合评价，然后采用结构方程 SEM-PA-OV 模型（即没有包含任何潜变量的结构方程模型）对两大系统的耦合演变从时间和空间两个角度进行路径分析和检验，最后基于因果关系提出了两大系统协同演进的路径[89]。

王丹在 IPAT 的基础上，将城市化率引入 IPAT 方程中建立了 IUPAT 模型：

$$I_t = U_t \times \frac{P_t}{U_t} \times \frac{G_t}{P_t} \times \frac{I_t}{G_t} 。 \tag{4.20}$$

上式可以变形为[90]：

$$\ln\left(\frac{I_t}{P_t}\right) = \ln U_t + \ln\left(\frac{G_t}{P_t}\right) + \ln\left(\frac{I_t}{G_t}\right) + e_t, \tag{4.21}$$

式中，I_t 为资源环境压力；U_t 为城市化率；G_t 为经济总量 GDP 值。

采用幂函数和指数函数叠加而成的复合函数来表示城市化与生态环境的相互关系：

$$Z = m - n(x-p)^2, \tag{4.22}$$

式中，Z 为生态环境恶化程度；x 为人均 GDP 值；m 为生态环境阈值；m、n、p 均大于 0。

式（4.22）中的 x 即人均 GDP 值与城市化率存在一定的关系。中国和美国对此均有一定研究。1981 年，美国通过研究，得出城市化与经济发展之间存在正相关关系的结果。该结论由美国人口咨询局通过统计 151 个国家的城市人口资料，然后对各国的加权城市化水平与其人均国民收入进行比较得出。1982 年，我国周一星教授统计分析了 1977 年世界 157 个国家和地区的资料，发现城市化水平与经济增长之间呈对数曲线关系，该研究中周教授用城镇人口比重表示城镇化水平，人均 GDP 表示经济发展水平。具体公式如下：

$$y = 40.55 \lg x - 74.96, R^2 = 0.9609, \tag{4.23}$$

式中，y 为人口城市化率（%），x 为人均 GNP（美元/人）。更一般的上述经验式转化为：

$$y = a \lg x + b, \tag{4.24}$$

式中，y 为城市化率；x 为人均国民生产总值；a 和 b 为待定系数。

将上述两个公式进行复合得到生态环境与城市化率之间的关系：

$$z = m - n(10^{\frac{y+b}{a}} - p)^2, \tag{4.25}$$

式中，z 为生态环境指标；m 为生态环境阈值；y 为城市化指标；n、a、b、p 是非负参数。根据 y 与 $a \lg p + b$ 的大小，进行城市化与生态环境演化关系分析[91-92]。

此外，基于脱钩理论(Decoupling Theory)的脱钩指数，将经济增长与资源环境之间分为耦合、相对脱钩、绝对脱钩3种状态[93]，灰色关联分析建立的关联度模型和耦合度模型在城市化过程中资源环境效应研究中也得到应用[94]。

4.4 不足及未来展望

目前，城市化与资源环境效应关系在协调机制、耦合机制方面进行了有益的探索，取得了一些进展。但是也存在一些不足：①城市化对城市资源环境效应的研究，首先要界定城市资源环境系统。在目前的研究中，多是若干环境要素的组合，如地理学家关注土地覆被的变化及人地关系。有研究者认为，水资源是城市化过程最大的限制因子，在该研究中仅仅考虑用水定额及万元工业耗水量，但是对外排水质及环境水容量没有考虑。很大的一个疑问是若干有限的环境要素能否代表复杂的资源环境系统。②在目前的研究中，实现城市化的路径及驱动力往往从工业化、产业的空间集聚、产业调整来解释。对科技创新对城市化的促进作用研究薄弱，定量研究及互馈机制没有深入研究。③城市被认为是以人的行为为主导、自然环境为依托、资源流动为命脉、社会体制为经络的社会—经济—自然系统。但是在目前城市化研究中对人文因素和企业微观主体的驱动作用研究不够。④目前系统动力学研究上，对时间尺度的研究较多，对空间尺度研究较为薄弱。在 GIS 和 SD 结合的模型研究中，在何种尺度上建立数据库进行模拟，目前没有统一的结论。⑤研究侧重于城市化对环境的影响，较少关注资源环境对城市化的约束，基于提升城市承载力的研究更少。

城市化进程对资源环境系统的影响是复杂系统的动态过程。未来在以下方面应加强研究：①在我国工业化进程中，如何选择一条科学的适合我国国情的城市化路径，应该深入研究。其中科技创新与城市化的互馈机制及对资源环境系统限制作用的减缓机制应作为研究重点。②城市化进程中资源环境效应及健康风险应该在动态过程中进行评价。在这方面的研究，应该借助系统科学及其他学科的基本原理及技术手段，进行动态仿真模拟。③如何测度城市化对资源环境系统效应的大小，在对城市资源环境系统进行研究时，借鉴人体健康生命体的概念，而不是孤立的要素的简单组合。④在识别城市化敏感因素的基础上，深入研究对城市化可持续发展的调控手段。⑤城市化与生态环境效应 EKC 关系的作用机制依然处于黑箱状态，在不同的城市化发展时期、不同国家国情情况下，解构 EKC 黑箱，对背后的作用机制需要做出新的解释。如在新的发展时期，技术的偏向性，在资源环境存量好的区域，是否技术创新偏向绿色技术？此外，城市化环境效应是叠加了人文因素的复合结果，社会个体的消费偏好与环境偏好这些人文因素是如何影响城市化的资源环境效应的？需要更多地从定量的角度进行计量实证分析。

参 考 文 献

[1] 刘耀彬. 城市化与资源环境相互关系的理论与实证研究[M]. 北京：中国财政经济出版社，2007: 150-151.

[2] MCMICHAEL A J. Will considerations of environmental sustainability revitalise the policy links between the urban environment and health[J]. N S W public health bull, 2007, 18(3-4): 41-45.

[3] 王家庭, 赵丽, 孙哲, 等. 我国区域城市化与环境污染关系的空间计量研究[J]. 城市观察, 2013, 25(3): 5-20.

[4] RAPPORT D J, FRIEND A M. Towards a comprehensive framework for environmental statistics: a stress-response approach[J]. Statistics Canada 11-510, Ottawa.

[5] 高珊, 黄贤金. 基于PSR框架的1953—2008年中国生态建设成效评价[J]. 自然资源学报, 2010, 25(2): 341-350.

[6] OECD. Core set of indicators for environmental performance reviews[M]. Paris: OECD, 1993.

[7] BINIMELIS R, SPANGENBERG J H, MARTINEZ-ALIER J. The DPSIR framework for biodiversity assessment[J]. Ecological economics, 2009, 69 (1) : 12-23.

[8] EHRLICH P R, HOLDREN J P. Impact of population growth.[J]. Science, 1971, 171(3977): 1212-1217.

[9] YORK R, ROSA E A, DIETZ T. STIRPAT, IPAT and ImPACT: analytic tools for unpacking the driving forces of environmental impacts[J]. Ecological economics, 2003, 46(3): 351-365.

[10] DIETZ T, ROSA E A. Effects of population and affluence on CO_2 emissions[J]. Proceedings of the national academy of sciences of the united states of America, 1997, 94(1): 175-179.

[11] SHAFIK N. Economic development and environmental quality: an econometric analysis[J]. Oxford economic papers, 1994, 46(10): 757-773.

[12] GROSSMAN G M, KRUEGER A B. Environmental impacts of a north american free trade agreement[J]. Social science electronic publishing, 1991, 8(2): 223-250.

[13] MILLS J H, WAITE T A. Economic prosperity, biodiversity conservation and the environmental Kuznets curve[J]. Ecological economics, 2009, 68(7): 2087-2095.

[14] 贾俊松. 基于改进生态足迹模型的区域可持续发展研究[D]. 北京: 中国科学院生态环境研究中心, 2009.

[15] ODUM E P, FINN J T, FRANZ E H. Perturbation theory and the subsidy-stress gradient[J]. Bioscience, 1979, 29(6): 349-352.

[16] RAPPORT D J .Ecosystem health[M].Oxford: Blackwell science, 1998.

[17] KARR J R, FAUSCH K D, ANGERMEIER P L. Assessing biological integrity in runningwaters: a method and itsrational[M].Champaign: Illonois natural history survey, 1986.

[18] HASKELL B D, NORTON B G. A new paradigm for environment[C]// COSTANZA R, NORTON B G, HASHELL B D. Ecosystem health: New goals for environmental management. Washington D C: Island press, 1992: 23-41.

[19] COSTANZA R, NORTON B G, HASKELL B D. Ecosystem health: new goals for environmental management[J]. Ecosystem health new goals for environmental management, 1992.

[20] 埃比尼泽·霍华德. 明日的田园城市[M]. 北京: 商务印书馆, 2011.

[21] HIRSCHMAN A O. The strategy of economic development[M]. New Haven: Yale University Press, 1958: 1331-1424.

[22] 豆建民, 张可. 空间依赖性、经济集聚与城市环境污染[J]. 经济管理, 2015(10): 12-21.

[23] 任连海. 环境物理性污染控制工程[M]. 北京: 化学工业出版社, 2008.

[24] 张春梅. 城镇化、产业结构与环境污染[D].南京: 东南大学, 2015.

[25] 王睿.城市大气污染的成因及治理对策[J].价值工程, 2018, 37(7): 17-18.

[26] IPCC. AR5 synthesis report: climate change 2014[EB/OL].[2018-04-20]. http: //www.ipcc.ch/report/ar5/.

[27] 刘耀彬. 城市化与资源环境相互关系的理论与实证研究[M]. 北京: 中国财政经济出版社, 2007: 161.

[28] 董战峰, 郝春旭, 李红祥, 等.2016年全球环境绩效指数报告分析[J]. 环境保护, 2016, 44(20): 52-57.

[29] 2016 Environmental Performance Index (EPI)[EB/OL].[2018-04-20]. https://www.researchgate.net/publication/309417857_2016_Environmental_Performance_Index_EPI.

[30] 赵钧. 联合国环境规划署在京发布全球环境展望第五版[J]. WTO经济导刊, 2012(7): 89.

[31] 姜乃力. 城市化对大气环境的负面影响及其对策[J]. 环境保护与循环经济, 1999(2): 63-66.

[32] 曹琨, 葛朝霞, 薛梅, 等. 上海城区雨岛效应及其变化趋势分析[J]. 水电能源科学, 2009(5): 31-33.

[33] 中国大百科全书《环境科学》编委. 中国大百科全书: 环境科学[M]. 北京: 中国大百科全书出版社, 1983.

[34] 曾晓燕, 牟瑞芳, 许顺国. 城市化对区域水资源的影响[J]. 资源环境与工程, 2005, 19(4): 318-322.

[35] 杨凤.城市化进程中水资源管理研究[J].水利发展研究, 2013, 13(2): 35-38, 42.

[36] 王少剑, 方创琳, 王洋. 京津冀地区城市化与生态环境交互耦合关系定量测度[J]. 生态学报, 2015, 35(7): 2244-2254.

[37] 韩西丽, 李迪华. 城市残存近自然生境研究进展[J]. 自然资源学报, 2009, 24(4): 561-566.

[38] 王献溥, 李文埕. 城市生境的维护和营造[J]. 现代城市研究, 2004, 19(11): 46-52.

[39] 谈留芳. 商品学[M]. 2版. 北京: 科学出版社, 2010.

[40] FAO. FAO forestry paper 163, global forest resources assessment 2010, main report[EB/OL]. [2018-04-20]. http://www.fao.org/docrep/013/i1757e/i1757e00.htm.

[41] 王京歌, 绿色和平. 森林与人: 平衡人类生计下的森林保护[J]. 人与自然, 2017(3): 10-17.

[42] 金岚. 环境生态学[M]. 北京: 高等教育出版社, 1993.

[43] 陈成忠, 葛绪广, 孙琳, 等. 物种急剧丧失·生态严重超载·跨越"地球边界"·区域公平失衡·"一个地球"生活——《地球生命力报告2014》解读[J]. 生态学报, 2016, 36(9): 2779-2785.

[44] 晏华, 袁兴中, 刘文萍, 等. 城市化对蝴蝶多样性的影响: 以重庆市为例[J]. 生物多样性, 2006, 14(3): 216-222.

[45] 王卿, 阮俊杰, 沙晨燕, 等. 人类活动对上海市生物多样性空间格局的影响[J]. 生态环境学报, 2012, 21(2): 279-285.

[46] COLLEN B, MCRAE L, LOH J, et al. Tracking change in abundance: the living planet index[M]// Biodiversity monitoring and conservation: bridging the gap between global commitment and local action. New Jersey: Wiley‐Blackwell, 2011: 71-94.

[47] 刘仝保. 中国生态赤字持续扩大[J]. 经济, 2014(10): 110-111.

[48] 张天娇. 吉林省城镇化与生态环境协调发展研究[D]. 吉林: 吉林大学, 2013.

[49] 鲍超, 方创琳. 城市化与水资源开发利用的互动机理及调控模式[J]. 城市发展研究, 2010, 17(12): 19-23.

[50] 佚名. 全世界有一半河流走向死亡二千五百万人沦为"生态难民"[J]. 西北民族研究, 2000(2): 126.

[51] 龚静怡. 水安全的研究进展及中国水安全问题[J]. 江苏水利, 2005(1): 28-29.

[52] 翟释晓. 丹江口库区水资源管理模式研究[D]. 武汉: 中国地质大学, 2011.

[53] 水杞人. 中国的城市"缺"水吗[J]. 环境保护, 2011(7): 50.

[54] 冯伟, 王长青, 穆大鹏, 等. 基于 GRACE 的空间约束方法监测华北平原地下水储量变化[J]. 地球物理学报, 2017, 60(5): 1630-1642.

[55] 赵渺希, 李欣建, 王慧芹. 中国城镇化进程与建设用地消耗的趋势初探[J]. 中国人口·资源与环境, 2016(S1): 405-409.

[56] 张卫. 全国土地变更调查结果发布 2015 年全国耕地减少 20.25 亿亩[J]. 中国食品, 2016(17): 152.

[57] 佚名. 《全国矿产资源规划(2016—2020 年)》正式实施[J]. 资源导刊, 2016(18): 4.

[58] 蒙吉军, 张彦儒, 周平. 中国北方农牧交错带生态脆弱性评价: 以鄂尔多斯市为例[J]. 中国沙漠, 2010, 30(4): 850-856.

[59] 佚名. 国土资源部发布《2017 中国矿产资源报告》[J]. 地质装备, 2017(6): 3-5.

[60] 阎斌, 曹旭峥. 浅析基于约束理论(TOC)的项目管理创新[J]. 现代经济信息, 2015(12): 68-69.

[61] 陶建格, 何利. 环境经济系统动力学仿真与预警管理研究[M]. 北京: 中国环境出版社, 2016.

[62] 王海建. 资源环境约束之下的一类内生经济增长模型[J]. 预测, 1999 (4): 36-38.

[63] 罗媞, 刘艳芳, 孔雪松. 中国城市化与生态环境系统耦合研究进展[J]. 热带地理, 2014, 34(2): 266-274.

[64] 刘耀彬, 杨新梅. 基于内生经济增长理论的城市化进程中资源环境"尾效"分析[J]. 中国人口·资源与环境, 2011, 21(2): 24-30.

[65] 石峰, 秦书生. 绿色技术对发展绿色生产力的支撑[J]. 东北大学学报(社会科学版), 2012, 14(6): 477-481.

[66] COPELAND B R, TAYLOR M S. North-south trade and the environment[J]. Quarterly journal of economics, 1994, 109(3): 755-787.

[67] 张秦. 基于结构方程的中国内生经济增长问题的研究[D]. 沈阳: 辽宁大学, 2013.

[68] 刘耀彬, 李仁东. 江苏省城市化与生态环境的耦合规律分析[J]. 中国人口·资源与环境, 2006, 16(1): 47-51.

[69] 黄俊芳. 干旱区 MODS 耦合机制及其界面过程研究动态[J]. 中国科学院新疆生态与地理研究所, 2010.

[70] 帕孜丽娅木·木力提江, 孜比布拉·司马义, 颉渊, 等. 新疆城镇化与生态环境耦合协调发展时空区域差异评价研究[J]. 环境污染与防治, 2017, 39(9): 1043-1047.

[71] 王国霞, 刘婷. 中部地区资源型城市城市化与生态环境动态耦合关系[J]. 中国人口·资源与环境, 2017, 27(7): 80-88.

[72] 方创琳, 杨玉梅. 城市化与生态环境交互耦合系统的基本定律[J]. 干旱区地理, 2006, 29(1): 1-8.

[73] 贝塔兰菲. 一般系统论: 基础·发展·应用[M]. 秋同, 袁嘉新, 译. 北京: 社会科学文献出版社, 1987.

[74] 谢书玲, 王铮, 薛俊波. 中国经济发展中水土资源的"增长尾效"分析[J]. 管理世界, 2005(7): 22-25.

[75] 杨杨, 吴次芳, 罗罡辉, 等. 中国水土资源对经济的"增长阻尼"研究[J]. 经济地理, 2007, 27(4): 529-532.

[76] 秦腾, 章恒全, 佟金萍, 等. 长江经济带城镇化进程中的水资源约束效应分析[J]. 中国人口·资源与环境, 2018(3): 39-45.

[77] ROMER D. Advanced macroeconomics [M]. New York: McGraw-Hill, 2001.

[78] NORDHAUS W D.Lethal model 2: the limits to growth revisited[J].Brookings papers on economic activity, 1992, 23(2): 1-59.

[79] BRUVOLL A, GLOMSRØD S, VENNEMO H. Environmental drag: evidence from Norway[J]. Ecological economics, 1999, 30(2): 235-249.

[80] 李磊, 张换兆, 朱彤. 土地"尾效"、泡沫与日本经济增长[J]. 日本研究, 2008(3): 31-35.

[81] 张晓. 中国环境政策的总体评价[J]. 中国社会科学, 1999(3): 88-99.

[82] 虞依娜, 陈丽丽. 中国环境库兹涅茨曲线研究进展[J]. 生态环境学报, 2012(12): 2018-2023.

[83] 李正升. 对环境库兹涅茨曲线的质疑与思考[J]. 生态经济, 2010(11): 55-58.

[84] 钟茂初, 张学刚. 环境库兹涅茨曲线理论及研究的批评综论[J]. 中国人口·资源与环境, 2010, 20(2): 62-67.

[85] 杜江, 刘渝. 城市化与环境污染: 中国省际面板数据的实证研究[J]. 长江流域资源与环境, 2008, 17(6): 825-830.

[86] 孙能浩. 城市化对环境污染的影响机制分析[D]. 天津: 南开大学, 2015.

[87] 邹庆. 基于面板门限回归的中国碳排放 EKC 研究[J]. 中国经济问题, 2015(4): 86-99.

[88] 丁镭. 中国城市化与空气环境的相互作用关系及 EKC 检验[D]. 武汉: 中国地质大学, 2016.

[89] 冯霞, 刘新平. 江苏省城镇化与生态环境系统耦合协同发展的路径选择[J]. 干旱区地理, 2016, 39(2): 420-427.

[90] 王丹. 资源环境在江西省城市化进程中效应的实证检验[J]. 决策与信息旬刊, 2010(9): 3-4.

[91] 方创琳, 鲍超, 乔标. 城市化过程与生态环境效应[M]. 北京: 科学出版社, 2008.

[92] 郝汉舟, 钟学斌, 陈锐凯. 城市化过程中生态环境响应研究进展[J]. 国土与自然资源研究, 2014(5): 62-65.

[93] RU X, CHEN S, DONG H. An empirical study on relationship between economic growth and carbon emissions based on decoupling theory[J]. Journal of sustainable development, 2012, 5(8): 43-51.

[94] TIAN L, CHEN J, YU S X. Coupled dynamics of urban landscape pattern and socioeconomic drivers in Shenzhen, China[J]. Landscape ecology, 2014, 29(4): 715-727.

第五章
技术创新与城市化——反馈和加强

城市是技术创新天然的"温床",城市既是集聚经济的产物,同时在城市集聚的过程中,创新要素在城市集聚。从科技创新与城市化的历史与逻辑来看,城市发展的历史就是科技进步的历史,城市化的本质就是科技化。技术范式决定了城市化外在形态,有什么样的技术创新,就出现什么样的城市化。一般认为,技术创新与城市化存在互为因果的关系,两者之间存在反馈和加强的关系。本章分析了城市化在促进创新要素集聚、推动城市科技创新方面的机制;同时对于科技创新在推动城市化方面,从机制及外在形式方面进行了归纳,并总结了目前研究两者之间关系的方法及模型类型。

5.1 城市化促进科技创新

城市是生产力高度发展的人类文明的"物化结晶",在现代社会表现在它既是人口高度集中的区域,同时也是科技和经济的重要载体。城市化本质上是科技化,城市就是在创新不断迭出的同时,繁荣兴旺起来的[1]。城市化促进科技创新,其中一个外在的表现是专利申请和专利发明,尽管专利申请和专利发明的数量能否作为科技创新的一个直接证据值得商榷[2],但是城市化率与专利发明之间的相关性多有报道。

5.1.1 城市促进科技创新的证据

城市是国家科技创新的中心和主体区域,一个国家的科技创新水平,往往体现在城市区域的科技创新水平。城市能够促进科技创新,在诸多方面可以找到证据。

基于科技创新的评价,科技创新与城市化两者存在天然的联系。纵观国际上主流的技术创新评价指标体系,一般在城市化高的区域得分要高。如彭博社全球创新指数,其指标体系包括研发、制造、高科技公司、教育、研究人员和专利。经过评估发现,科技创新高的国家或区域,创新基础设施(信息交流技术)、商业成熟度、创新输出(创新产品服务)等得分较高。而这些分指标得分在高度发达的城市区域显然具有更大的优势[3]。国家统计局发布的中国创新指数,分析其指标体系,包括4个一级指标体系,21个二级指标体系,其指标体系如表 5.1 所示。

表 5.1 中国创新指标体系

一级指标	分指标	单位	权重
创新环境 （1/4）	经济活动人口中大专及以上学历人数指数	人/万人	1/5
	人均 GDP 指数	元	1/5
	信息化指数	%	1/5
	科技拨款占财政拨款的比重指数	%	1/5
	享受加计扣除减免税企业所占比重指数	%	1/5
创新投入 （1/4）	每万人 R&D 人员全时当量指数	人年	1/6
	R&D 经费占 GDP 比重指数	%	1/6
	基础研究人员人均经费指数	万元/人年	1/6
	R&D 经费占主营业务收入比重指数	%	1/6
	有研发机构的企业所占比重指数	%	1/6
	开展产学研合作的企业所占比重指数	%	1/6
创新产出 （1/4）	每万人科技论文数指数	篇	1/5
	每万名 R&D 人员专利授权数指数	件	1/5
	发明专利数授权数占专利授权数的比重指数	%	1/5
	每百家企业商标拥有量指数	件	1/5
	每万名科技活动人员技术市场成交额指数	亿元	1/5
创新成效 （1/4）	新产品销售收入占主营业务收入的比重指数	%	1/5
	高技术产品出口额占货物出口额的比重指数	%	1/5
	单位 GDP 能耗指数	吨标准煤/万元	1/5
	劳动生产率指数	万元/人	1/5
	科技进步贡献率指数	%	1/5

其他的指标体系,无论是科技部的国家创新指数还是国外 OECD 的奥斯陆手册、欧盟的创新计分板等,在其指标体系中较多地关注了创新环境、创新资源。而创新环境、创新资源等,相较于非城市区域,在城市区域往往具有更高的水平。

城市促进科技创新的另外一个证据,不得不提到专利发明。专利的数量和质量往往被用作衡量一个国家或者区域的科技创新水平的最方便的指标。城市就像是人类发明的大火炉,创新总会在这里发源,从专利发明来源的地理布局来看,专利发明基本就是城市现象[4]。用专利发明的数量作为创新的指标,影响较大的是 Griliches,他发现单位 R&D 专利产出长期下降趋势并不表示收益递减。文章最后说尽管存在诸多不足,但专利数据仍然是研究技术变革的独特资源[2]。Crosby 用专利数量代替科技创新水平,衡量科技创新对澳大利亚经济增长所做的贡献[5]。Nagaoka 等认为日益全球化的专利数据的可用性,以及伴随而来的全球专利数据研究的传播，这些专利数据的基本特征使专利可以作为创新的指标[6]。在国内研究 R&D 溢出效应时，一般将专利申请和专利授权作为科技创新的外显指标[7-8]。

城市作为科技创新的熔炉和高地，与专利存在着天然联系，这种联系表现在专利的地理空间布局上，即专利往往产生在城市区域。Higgs 通过多元回归的方法实证发现，美国在 1870—1920 年，美国各州的人口在城市地区的比例和人均发明数量密切相关[9]，Feldmanand 和 Audretsch 在研究经济活动的多样化还是专业化能够更好地促进技术变革时，发现专利活动在大都市区更为突出[10]。Glaeser 将马歇尔的外部性理论概念化为一个模型，在这个模型中个人通过彼此相互作用来获取技能，而密集的城市地区则增加了相互作用的速度，从而加快知识溢出[11]。Carlino 和 Chatterjee 在用地方密度代替城市规模来研究知识溢出时，用人均专利作为创新的衡量标准，发现专利率与大都市区（Metropolitan Statistical Areas，MSA）的就业密度呈正相关。一个 MSA 经济密度比其他 MSA 高一倍，则专利率高出 20%~30%，由城市密度造成的人均专利暗示收益很大[12]。

林宇在用探索性空间数据分析方法对美国专利产出的时空分异及影响机制进行研究时发现，美国专利产生的地理空间差异十分明显，主要集中在西部太平洋沿岸、东部的大西洋沿岸及五大湖沿岸地区为数不多的几个城市或地区，呈现倾向于集聚在人口稠密、经济发展水平高的地区及倾向于集聚在高校及科研院所聚集区这两大分布规律[13]。杨中楷等借助 Geoda 和 Arcgis 空间分析方法对我国万人发明专利拥有量的空间分布进行研究，发现专利空间分异特征是：北京、天津、江苏、上海、浙江 5 个地区呈现高高特征，且上海是高高聚集的中心，城市化率高的区域专利产出要高[14]。

5.1.2 城市促进创新的机制

城市促进创新的机制主要体现在城市促进创新要素集聚、城市使科技创新生态相对优化、城市产生科技创新的需求。

5.1.2.1 城市促进创新要素集聚

城市本身就是集聚经济的产物。集聚效应最早由德国经济学家韦伯（Alfred Weber）在分析工业区位时提出该概念[15]。应该来说，集聚效应是集聚经济和集聚不经济的总称。集聚经济可以带来经济利益和向心力；集聚不经济可以带来集聚成本和分散力。集聚效应（Agglomerative Effect/Combined Effect）在经济学上的定义是各种生产要素和产业要素在地理空间上的集中，从而产生规模经济效应，吸引各类经济要素和产业活动向一定区域集聚，集聚效应产生的向心力是导致城市形成的主要力量。

在研究城市中的科技创新时，学者开始更加关注在科技创新过程中的要素投入。有的学者认为，创新主体是创新要素的主要构成单元，包括企业、科技机构、高等院校、政府部门及中介机构[16]。有的学者认为创新要素是由创新要素的支持系统即支持创新的人、财、物组成[17]。有的学者认为创新要素包括直接因素和间接因素。直接因素是指技术、人力、资金等，间接因素包括基础设施、社会环境、宏观政策。创新要素伴随着经济活动的聚集，在一定区域的空间地理上集中，呈现创新要素的聚集，这种创新要素的聚集在城市区域表现得更加明显。

集聚效应可以从外部性理论来解释。外部性理论中，马歇尔（1890）的地方化经济强调3种效应：共享中间品（Input Sharing）、劳动力蓄水池（Labor Market Pooling）、技术外溢（Knowledge Spillover）[18]。雅各布斯（1969）的城市化经济强调市场、工作机会、企业移植、资本、技术的作用[1]。可以看到，两者都将知识外溢作为关键因素。具体来讲，城市促进创新要素主要体现在以下方面。

（1）多样化和专业化行业企业的集聚，从而形成城市多样化、专业化的优势

在大城市当中，多种专业化程度很高的产业与企业集中分布在限定的范围内，企业与产业能共同使用基本的信息资源和劳动力市场中的内部与外部相联系的资源，并会产生MAR外部性特点[19]。由于大城市的各方面的优势资源，可以有更大的发展空间和发展潜力，大城市的多样性和专业化促使各种企业之间的竞争加剧，对于企业的发展来说，创新显得至关重要。虽然在大城市里有较高的拥挤成本，但是多样性也能够让企业减少因为错误常识而引起的企业迁移，这对于处于创新过程中的企业来说是不容错过的绝对优势。

与MAR外部性不同，Jacbos外部性强调异质性企业集聚多样性的影响。该类型的外部性机制可以理解为异质性企业相互作用促进了个别企业（产业）的研发范围和研发绩效。众多企业的集中分布比单个的企业散布更有优势。各种各样的企业在大城市中集聚，不同的创新环境，侧重各异的行业，不同的人才和不同的科技领域之间的交流也更加便利和频繁，从而促使了知识、技术和行业的创新。Feldman和Audretsch（1996）在实证研究美国Jacbos外部性时认为产业多样化提高了区域创新水平[20]。企业集聚对技术创新促进作用如图5.1所示。

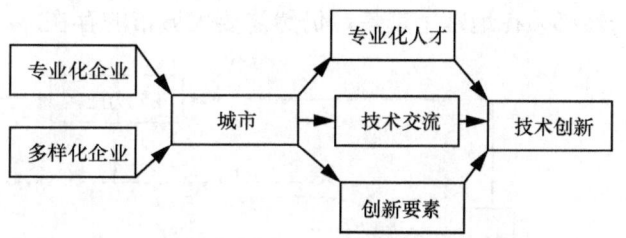

图5.1 企业集聚对于技术创新的促进作用

（2）集聚效应使人才资源集中

在城市的发展过程中，伴随着城市化水平的不断提高，城市的教育系统逐渐完善，人才的培养能力和对于人才的吸引和容纳能力也在增强。人力资本也正在成为创新型城市发展的重要引擎。一定数量的人才集聚会带来技术的合作和创新，尤其在信息、资源等方面的合作与交流共享，并且彼此之间进行整合（图5.2）。

人才资源在城市集聚，往往对高新技术产业有着重要作用，成为高新技术产业发展的智力支撑。高校和科研院所与产业集聚区形成双向互动关系。一方面高校和科研院所为产业提供大量的具有科技创新技能的人才和科技创新成果；另一方面企业对人才的雇用，也为高校和科研院所在人才培养、研究课题方面提供了现实需求。丰富的人力资源，降低了企业的人才搜索成本，并享受人员流动带来的便利。

在实证方面，Bertinelli和Black认为城市的受教育机会及教育基础设施明显好于农村，城市环境更有利于人力资本的形成和积累[21]。Bertinelli和Zou实证发现当城市化率高于40%时会促进人力资本积累。在该研究中强调了城市化对人力资本集聚的重要影响。认为即便发展水平受到不同的控制，但是其产生的影响还是非常明显的。对于城市来说，那些对于知识流动所造成的不良影响也变得不甚显著，人类个体间的较短距离使他们之间的交往得以加强。人力资本的充分外溢，反过来又使得对于有关教育的人力资本投资增加[22]。Henderson

和 Black 认为在城市化进程中,随着城市规模的扩大往往伴随着人力资本的积累和知识溢出[23]。Fu(2007)用 1990 年的马萨诸塞州人口普查数据研究知识溢出时,认为劳动者可以通过人力资本存量的深度、雅各布斯劳动力市场的外部性、劳动力市场本身的厚度、马歇尔劳动力市场的外部性 4 个途径,在地方劳动力市场当中习得有关的专业职业知识,从而有助于区域科技创新水平[24]。

显性知识可以依靠书籍、出版物等形式和渠道进行对外传播,而内隐性知识则无法进行远距离外溢,而内隐性知识又是技术创新当中的关键要素,只能通过同一区域内的人际相互关联交际,才有可能实现内隐性知识互通。城市为人才的集聚提供了开放的场所,人才的集中加强了各种资源的流通性,社会交流网络的完善,交流机会更多,同时也就增加了技术创新的概率。城市作为高新技术、人才、信息的中心,可以建构成为一个大型的网络系统。在大型的网络系统当中,地域相近的企业或人才可以进行频繁的联系和交流,同时彼此之间的了解和信任也会增加技术创新的可能性。

社会当中的各创新主体通过一些研讨会、产学研交流合作、校企合作等方式为企业产业、人才间的交流与对话提供了机会,从而推动信息的流通与交换。人员在各个企业机构间的正常流动也会带来多样的、异质的创新思维与知识信息,从而为科技创新注入新鲜的血液。随着城市化的进一步推进,众多要素能够顺畅地交流。创新和知识还是需要近距离的当面接触,仍然必须在地理上聚集,仍然需要大城市的存在。

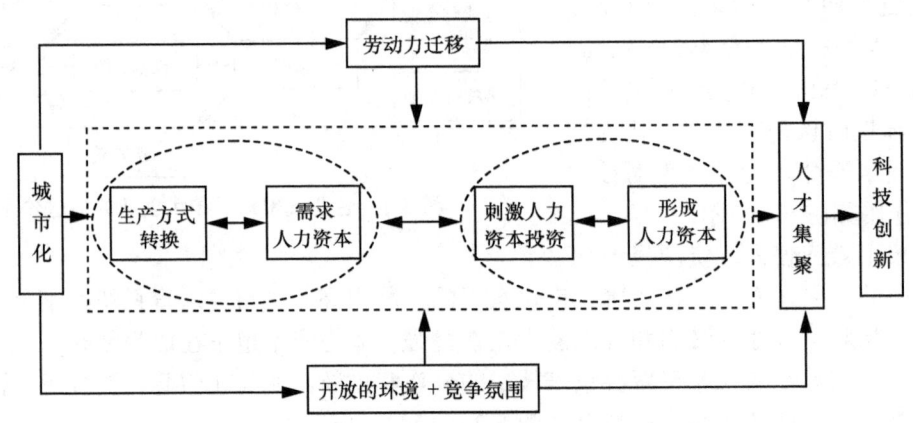

图 5.2 城市—人才集聚—科技创新的促进作用

5.1.2.2 城市的分工效应促进了科技创新

分工是生产力提高而出现的专业化生产现象。亚当·斯密在《国富论》中说"分工受市场范围的限制"。市场范围的扩大导致对某一产品和服务的需求增加,从而出现专业化的生产者。随着市场范围的进一步扩大,分工和专业化的程度也进一步提高。在城市区域形成的不同类型的企业实际上是一个产业分工体系。这种人口和产业集聚在一起,形成了稳定的合作关系,分工带来了生产效率的提高。在城市区域产业集聚、分工带来了竞争。这种竞争不仅仅表现在对市场的竞争,也表现在科技创新方面的竞争。在城市区域的竞争要求企业通过技术进步来降低成本,提高产品的科技含量从而提高竞争力。这种微观的企业间的竞争进而也提高了产业、区域的整体科技创新水平。

5.1.2.3 城市使科技创新生态系统相对优化进而促进技术创新

将生态系统的理论引入区域科技创新系统中，形成区域技术创新生态系统（Innovation Ecosystem）概念，是从新的视角来观察理解区域科技创新的机制，这对于城市区域的科技创新研究是非要有必要的。所谓的区域科技创新是指在一定的空间范围内科技创新复合组织与技术创新复合环境，通过创新物质、能量和信息流动而相互作用、相互依存形成的系统[25]。在城市区域中，能够使科技创新复合环境更加优化。这种复合环境由科技创新物质条件、人文环境、自然环境组成。城市区域对科技创新的支持主要体现在技术创新物质条件优化，如基础设施（图书馆、大型科学研究平台、互联网）、创新网络、风险资金、创新人才等相对完备。在城市区域的人文环境也更加有利于科技创新，如创新制度、政策支持、创新观念、社会氛围。一个开放的环境更加有利于科技创新，这些人文环境在城市区域更加有利。参考曾国屏等[26]科技创新系统的概念，其城市科技创新生态系统如图 5.3 所示。

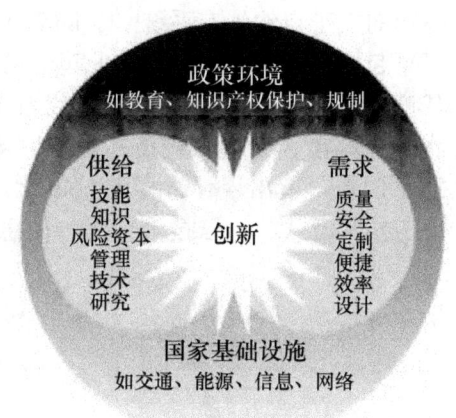

图 5.3 城市科技创新生态系统

5.2 科技创新促进城市化发展

自美国经济学家迈克尔·波特（Michael E. Porter）于 1990 年在他的著作 *The Competitive Advantage of Nations*（《国家竞争优势》）中论述国家竞争优势钻石理论时提到创新驱动，并认为一个国家经济现代化的四阶段理论为：生产要素驱动发展阶段→投资驱动发展阶段→创新驱动发展阶段→财富驱动发展阶段[27]。从历史视野来看，世界上许多知名城市，在以科技发展带动相关产业进而围绕这些产业集聚人口形成城市如波士顿和旧金山，就是此类具有科技驱动背景的城市。美国硅谷则依赖于当时的计算机科学和物理电子技术的支撑，从而成为 20 世纪美国的重要产业基地，也是名副其实的科技兴城。

城市作为创新要素的聚集地和经济社会发展的主要载体，以创新驱动来实施我国的城市化是我国城市化的战略要求。科学技术是第一生产力。城市化是生产力发展的情况下乡村人口向城市人口迁移集聚的过程，城市化的本质是技术化。科技创新促进城市化发展，体现在科技创新促进产业转型升级、改变人口的空间分布与生活方式、提升城市竞争力、推动城市化进程等方面。

5.2.1 科技创新与城市化的历史与逻辑

技术创新从宏观的历史进程来讲，是一个动态的过程。审视科技创新的历史，观察与之关联的城市化进程，可以发现两者之间存在客观联系。每一次的技术变革，引起了产业结构和人类社会定居模式的改变。与古代农业技术相对应的是乡村社会。以采集—狩猎为标志的生产力技术，决定了以部落为单元的随食物源而迁徙的生活方式。古代农业技术的发展，人类社会才定居下来，形成了乡村社会。乡村是人工自然集中和人口集聚的产物，是集居住、生产、生活等于一体的人工自然系统，由于它具备了比较复杂的结构和功能，因而是一个比较稳定的人工自然生态系统[28]。随着古代农业技术的发展，出现了手工技术的革命，进而促进了早起城镇的发展。近代工业革命的机器技术体系取代了手工业技术，工业革命形成了近现代产业基础，进而促进了近现代城市的形成。而高技术产业的出现伴随着现代的信息城市、智慧城市、创新性城市的出现。上述说明技术范式决定了城市化外在形态，有什么样的技术创新，就出现什么样的城市化。早期城镇、工业化城市化、信息化城市化分别对应于手工技术范式、机器技术范式、信息技术范式（图5.4）。

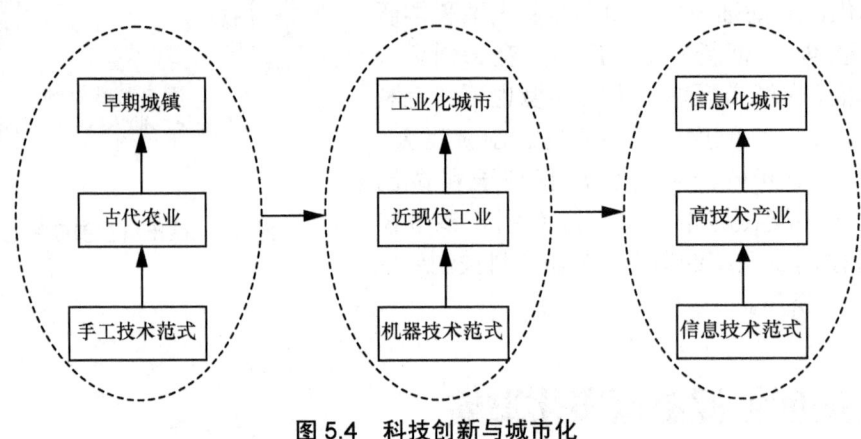

图 5.4 科技创新与城市化

5.2.2 科技创新促使产业转型升级

科技创新对产业升级、区域发展起着促进作用，也成为城市化发展的一个重要的增长核心。使产业由主要依靠第二产业带动向依赖于第一、第二、第三产业协同带动转变，由主要依靠增加物质资源消耗向主要依靠劳动者素质提高、科技进步、管理创新转变。而这些相关转变也就是需求结构、要素结构、产业结构的转变[29]，可以提高传统产业的集约化、规模化、现代化水平，从而进一步影响到经济活动，增强经济影响力。技术创新可以及时淘汰落后的不适合时代发展的产业，实现产业组织结构、产品结构、技术结构和区域结构的优化和升级，提升产业竞争力，提高城市的经济集聚和辐散能力，从而提高城市竞争力[30]。技术创新促使企业产业的转型升级在城市化当中占据有利优势，企业间为了提高综合竞争力也会加大对于技术创新的投入，这样会普遍提高城市的城市化水平。

科技创新对产业结构的作用，主要表现在3个方面：第一，发展绿色新型产业（如文化创意产业、电子商务、现代服务业、生物医药等），提高资源、能源的利用效率，减少"三废"的排放。这些产业主要依靠技术、知识的投入，对资源的消耗相对较少。第二，二次产业替代和升级，培养新产业新动能新业态。在传统的二次产业基础上转向知识技术密集型高附加值的产业。当前工业机器人、新能源汽车、数字经济、共享经济、跨境电商等新产业驱动城市化发展。第三，传统产业的升级换代。对传统的第二产业实施专业化分离，发展诸如物流、工业设计、咨询等生产性服务业。

5.2.3 改变人口的空间分布与生活方式

改变人口的空间分布与生活方式。技术创新必然会导致人口的集中。人口的集中是一种全方位的人口集中，分为人才的集中和普通的民众集中。由于城市的生活环境要比农村更加优越，城市有农村没有的工作岗位，更多的人口为了追求更佳的经济效益和生活质量，从而离开土地，改变工作岗位，改变收入方式，从事于第二、第三产业，形成了农业的现代化增长。农业的土地不断集中，经营企业不断壮大，城市的发展也对农产品的需求进一步加大。农村人口进入城市，而技术创新延伸到产业的革新，会形成新的高素质要求的职业岗位，提供更多的就业岗位，形成良性的循环。科技创新所引起的城市基本功能的完善，为人口居住提供了更加优越的条件和环境，也吸引了大量的人口流入城市，为城市提供了劳动力和城市人口。为了能够容纳更多人口和产业的存在，城市的地域范围也会不断扩大，城市化水平也会不断地提高。城市生活，由于城市多样性，可以进入良性和建设性运转，城市中的人也因此可以保持并推进社会和文明的进程[31]。

5.2.4 提升城市竞争力，推动城市化进程

城市的发展不仅仅依靠经济的数值增长，衡量城市发展水平的一个必不可少的指标就是城市化率，城市的综合实力与城市化密切相关。随着科技创新要素在城市的集聚发展，城市内部的研发、加工、销售、售后等各个环节的不断完善，也会使效率大幅提高。信息技术、通信网络使得社会的经济活动能够进一步摆脱空间上的限制，城市的承载能力也会进一步的提升[32]。相对于同等城市而言，就会有更强的竞争力。从本质上来说，科学技术的进步将会是城市发展的永久内在动力，也会是城市的第一推动力量[33]。

5.2.5 科技创新与城市管理和城市转型

在新的科技革命和城市转型过程中，城市管理者可以把新兴技术与新商业模式积极融入城市公共服务中，为城市转型提供新思路。城市化的"化"，是一个动态过程，其中包含了科学技术对市民的生活方式，以及政治、经济、文化的深层次影响和塑造。

在世界经济论坛与普华永道（PwC）发表的《Inspiring Future Cities & Urban Services: Shaping the Future of Urban Development & Services Initiative》中提到了驱动城市转型的十大技术[34]，包括：①政府的开放数据；②物联网；③基于感应的移动设备；④智能交通；⑤智能电网；⑥位置与条件传感技术；⑦公民电子身份证；⑧移动健康监测；⑨大数据；⑩数据分析预测与说明。报告指出，科技创新已经成为城市转型的重要动力（图5.5）。

图 5.5 技术创新与现代城市管理与服务

随着科技创新的进展，城市管理者逐渐采用下列技术进行城市遇到的各种挑战。

①传感器状态感知。包括：a.物联网。依靠于互联网的传感器部署与先进的计算方法让公共事业网络中的实体资产变得更加智能，更能灵活应对运行环境的变化。物联网正在资产绩效、维护及资产性能可见性方面发挥着重要作用，并通过一贯化作业和客户计量影响公共事业的整个链条。b.基于移动的传感技术。c.位置与条件传感技术。

②通过数据分析提高决策制定能力。数据市场涉及大数据、数据分析、开放数据。大数据在新的时代被誉为是新的石油产品，是 21 世纪最为珍贵的产品。一些学者认为在 20 世纪，谁掌握了大数据谁就掌握了未来。当社会信息化进入了大数据时代，充分挖掘大数据，利用大数据技术科学应对城市管理中的各种问题，如环境污染、城市交通拥堵、能耗增加等。例如，智能交通系统（ITS）有助于不同的用户能够更好地了解智能交通网络，并做出更安全、更协调及更"聪明"的出行方案选择。

5.3 城市化与科技创新的关联性数学模型

在实证层面，研究者一般进行专利的空间地理分布探索性分析或者将专利数据与城市化率进行相关分析。Carilino、Chatterjee 和 Hunt(2007)对专利的地理分布进行了研究考察，发现创新的空间分布大多是在城市区域，分析得到的结论是：人均专利创新数目与城市地区劳动者密度具有明显的正相关，当劳动者密度增加一倍时，人均专利数量增加 20%[35]。其他研究学者也提出了对于两者相关性的观点，罗斯（1948）和邓肯（1964）得出结论：城市越大，人均专利申请数就越多[36]。在进行对于城市化与科技创新的关联性分析时，城市化采用的是城镇人口占总人口的比例，因为专利申请量受到人为因素的影响较小，所以科技创新的数据采用的大多是专利申请量。费尔德曼认为，区域对私人部门和大学研究发展（R&D）投入会溢出到第三方[37]。在衡量科技创新的投入和产出时多使用的是国家财政科技拨款、科技活动经费、R&D 经费、参与的工程师数量的数据指标。在计算城市化水平与 R&D 经费、专利申请量、国家财政科技拨款、科技活动经费、参与的工程师数量各项数据之间关系时常常使用皮尔逊相关系数。

在讨论城市化和专利之间的关系时，格兰杰因果检验也得到了应用。如程开明等在研究城市化和科技创新的关联性进行动态分析研究时，采用 VAR 模型，然后经常采用格兰杰因果检验和脉冲分析。具体模型如下[36]：

$$\ln UR_t = \alpha_{10} + \sum_{i=1}^{k} a_{11} \ln UR_{t-i} + \sum_{i=1}^{k} a_{12} \ln CX_{t-i} + \varepsilon_{1t}, \tag{5.1}$$

$$\ln CX_t = \alpha_{20} + \sum_{i=1}^{k} a_{21} \ln UR_{t-i} + \sum_{i=1}^{k} a_{22} \ln CX_{t-i} + \varepsilon_{2t}, \tag{5.2}$$

式中，UR 为城市化率，CX 为专利申请量，i 为滞后期，ε 是随机扰动项。

在脉冲分析和方差分析的基础上，城市化和科技创新在应对自身的冲击时刚开始会有较大且明显的反应，随后程度会减小。从长远来看，城市化对于科技创新有着极为明显的正向冲击效应，城市化水平上升有利于技术创新能力增强。

对于城市化、技术创新与经济增长的计量分析，选用 Cobb—Douglas（柯布－道格拉斯）生产函数的扩展形式——有效劳动模型，包含物质资本、人力资源、城市化水平、技术创新能力等影响因素的经济增长模型，如式（5.3）所示[38]：

$$Y = A^\delta K^\alpha H^\beta U^\gamma e^\xi, \tag{5.3}$$

式中，Y 代表各市的国内生产总值(GDP)，A 代表技术创新能力，K 代表地区的物质资本存量，H 代表地区人力资本存量，U 代表城市化水平，δ 为技术创新能力指数，α 为物质资本存量的产出弹性，β 为人力资本存量的产出弹性，γ 代表城市化影响指数，ξ 为随机扰动项。对式（5.3）两边取对数得到模型的线性化形式如式（5.4）所示：

$$\ln Y_t = \delta \ln A_t + \alpha \ln K_t + \beta \ln H_t + \gamma \ln U_t + \xi_t, \tag{5.4}$$

式中，A 可以用国内 3 种专利授权总量来代表，K 可以用历年固定资产及折旧率计算，H 用消除物价因素的教育支出表示，U 可以采用复合指标（城镇人口比率、市区生产总值占全市比值、市区面积占全区面积比值）来衡量。

赵永平和徐盈之在研究新型城镇化、技术进步与产业结构升级的关系时，采用分位数回归的方法，结果表明城镇化率对产业结构升级的作用程度为东部>西部>中部。技术进步对东部地区的产业结构升级的作用显著。其建立的模型如式（5.5）所示[39]：

$$\begin{aligned}\ln STRU_{it} &= c + a \ln NURB_{it} + \beta_1 \ln TECH_{it} + \beta_2 \ln MARK_{it} + \beta_3 \ln GOVE_{it} + \\ &\quad \beta_4 \ln FDI_{it} + \beta_5 \ln HC_{it} + \mu_{it},\end{aligned} \tag{5.5}$$

式中，$STRU$ 为按照周昌林方法计算的产业结构升级系数，$NURB$ 为采用熵权法计算的城镇化率，$TECH$ 为非参数 Malmquist 生产率指数获取的技术进步指数，$MARK$ 为非国有企业职工数与国有企业职工数之比表示的市场化程度，$GOVE$ 为财政支出占 GDP 比重表示的政府行为，FDI 为实际 FDI 与 GDP 之比表示的外商直接投资强度，HC 为用幂指数计算出的人力资本。

胡子玉在研究城市化对技术创新的影响时采用 FGLS 模型，结果表明城市化水平对科技创新具有显著的推动作用。在西部城市化水平对科技创新的产出弹性是中部的 2 倍。城市就业密度、人力资本、研发投入 R&D 对城市创新产出具有显著的正向作用。其采用的模型如式(5.6)所示[40]：

$$\ln PAT_i = c + a_1 \ln URB_i + \alpha_2 \ln DEN_i + \alpha_3 \ln R\&D_i + \alpha_4 \ln FDI_i + \\ \alpha_5 \ln POP_i + \alpha_6 \ln H_i + \alpha_7 \ln COMP_i + \varepsilon_i, \tag{5.6}$$

式中，PAT 为专利申请量表示的地区创新能力，URB 为城市化率，DEN 为城市就业密度（就业人员数量/城市建成区面积）表达的城市密度，R&D 为研发投入，FDI 为外商直接投资额，POP 为用地区人口数表示的地区规模，H 为用从事科技活动人员数表示的人力资本，COMP 为工业企业数。

王海侠在研究城镇化对技术创新影响时，东部、中部、西部申请专利数量存在同阶单整的，格兰杰因果检验显示东部和中部，东部和西部互为格兰杰因果关系，中西部之间只存在单向的格兰杰因果关系。其以专利申请量为因变量，科技人员数、研究投入、城镇化率为自变量建立的 VAR 模型如式（5.7）所示[41]：

$$\ln PAT_t = -10.63 + 0.55 \ln PAT_{t-1} - 0.42 \ln PAT_{t-2} + 1.26 \ln R\&D_{t-1} + \\ 0.45 \ln R\&D_{t-2} - 0.63 HR_{t-1} - 0.07 \ln HR_{t-2} + 3 \ln URB_{t-1} - 6.29 \ln URB_{t-2} + \varepsilon_t, \tag{5.7}$$

式中，PAT 为专利申请量，R&D 为研发投入，HR 为科技人员数，URB 为城市化率。在该模型中滞后一期城市化率对专利申请量影响最大。格兰杰因果检验显示城市化率是专利申请量的格兰杰原因，专利申请量不是城市化率变化的格兰杰原因。在建立面板模型中采用交互项，证明了城市化的人力资本集聚和资本集聚效应，其模型如式（5.8）所示：

$$\ln PAT_{it} = -14.05 + 0.24 \ln R\&D_{it} \cdot URB_{it} + 0.34 \ln HR_{it} \cdot URB_{it} + 3.76 \ln URB_{it} 。 \tag{5.8}$$

王涵和邓玲在研究人力资本积累对我国新型城镇化发展的影响时，采用结构方程模型（SEM）。该模型中内生潜变量（Latent Variable，LV）为城市化率，外生潜变量为人力资本。该模型的假设为：①"教育培训""医疗卫生""贸易交流"分别对"人力资本"存在路径影响。②"人力资本"对"新型城镇化"存在路径影响。其 SEM 路径如图 5.6 所示[42]。

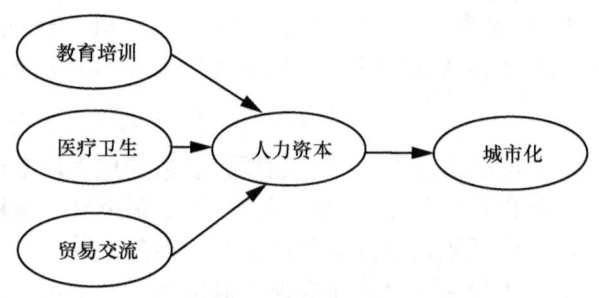

图 5.6　城市化的 SEM 路径

在整个 SEM 中构建了 23 个显变量（Manifest Variable，MV）。在 AMOS 软件支持下通过 CFI、RMSEA、AGFI 等指标判定 SEM 的拟合效果。结果显示，人力资本积累的提升与新型城镇化之间存在着双向促进关系。

陈诗波等运用 SEM 方法研究创新能力影响城市发展时，认为城市化效率包含经济效率、生态效率、社会效率 3 个方面。模型设立了 5 个潜变量，分别是人员投入、经费投入、物质投入、科技投入、城市化效率。模型假设存在：人员投入、经费投入、物质投入、科技投入对城市化效率有直接的正向影响。其 SEM 模型如图 5.7 所示[43]。

SEM 模型选择用 Chi-square、RMR、GFI、NFI、RFI、IFI、TLI、CFI 等作为模型拟合优度的判别标准。根据路径 CR 的相伴概率，验证了城市创新能力对城市化效率具有正向影响的假设。该模型中将城市创新能力分解为 4 个潜变量（人员、经费投入、物质投入、科技投入），结果显示 7 个指标对这 4 个潜变量影响非常显著。

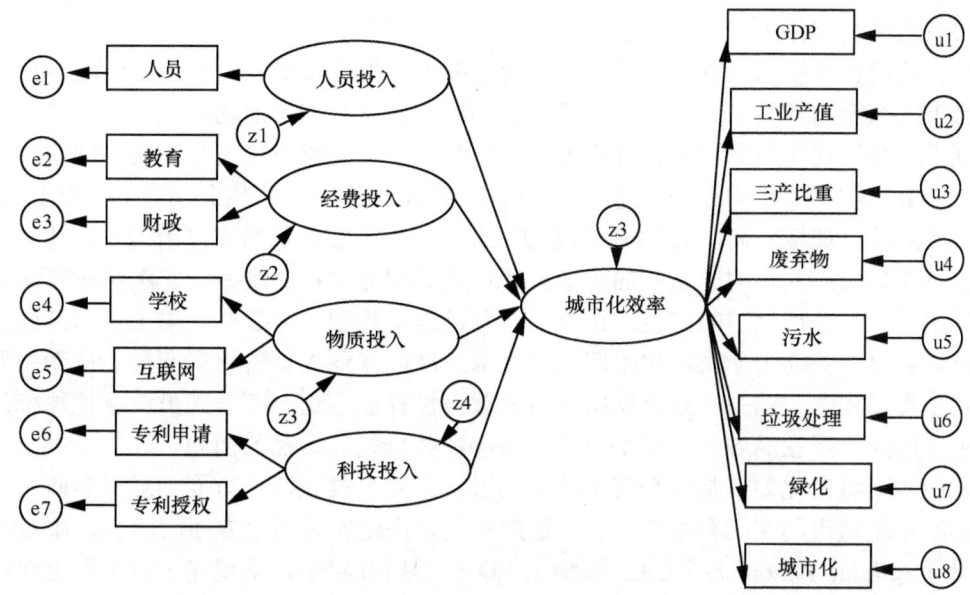

图 5.7　城市科技投入与城市化效之间的 SEM 结构

采用系统动力学方法研究城市与科技投入之间的关系也已经得到广泛应用。陈书忠等在城市环境影响模拟的系统动力学研究中，认为城市环境是属于复杂的动态系统，传统的研究方法不能进行有效的参数调控。将基于信息系统反馈控制理论的系统动力学方法引入城市复杂系统中。在该模型中通过调节环保投入、科技投入、经济增长速度及单位能耗等系统变量进行了城市污染物排放的情景仿真。在环保和科技投入强度分别为 3% 和 4%、万元 GDP 能耗为 0.9 吨标准煤、万元 GDP 废水排放量降低 50% 的情况下，仿真结果显示 GDP 年均增长率为 10.6%，污染物排放处于最低水平[44]。

5.4　研究展望

技术创新促进需求结构、产业结构、要素结构调整。转型、升级、发展、创新是中国步入新时代的主要潮流与大的发展趋势，同时也是建设社会主义现代化国家的必然要求。总结目前我国在技术创新和城市化的研究中具有以下特点。

① 从外部性理论、内生城市化理论角度解释了技术创新与城市化的作用。诸多作者从不同的角度解释了技术创新对城市化的促进作用，也有学者从新经济地理的角度解释技术创新的作用。

② 从集聚效应、技术溢出效应等角度解释了城市化对技术创新的促进作用。大量的研究者基于不同尺度的样本进行动态计量分析，一般是建立 VAR 模型，然后进行格兰杰因果检验。此外，灰色关联度方法、SEM 方法、SD 方法也在研究两者关系中得到应用。

但是，目前技术创新与城市化也存在若干不足，主要表现在以下方面。

① 目前研究已经表明，技术创新与城市化之间有双向反馈作用。但是目前的研究实证研究较多，从机制及模型来讲研究不够深入。在目前的研究中，城市化过程中科技创新对资源

环境束缚效应的缓解作用的深入分析不够。

②从目前的仿真模拟来讲，基于系统动力学的 SD 模拟较多、以时间维度的研究较多。但是对城市区域空间在技术创新驱动下的生态环境效应研究较为薄弱。

③城市化与工业化协调问题。目前国际上判断一个地区城市化与工业化协调的一个标准是看 IU 和 NU 值[45]。当 IU 和 NU 值接近国际标准值（IU 和 NU 值分别为 0.5 和 1.2）时，表明两者之间的协调度越高。IU 表示劳动力工业化率（工业劳动力占总劳动力比重）与城市化率（城镇人口占总人口的比重）的比值。NU 是劳动力非农化比率（非农产业劳动力占总劳动力的比重）与城市化率的比值。传统的计算过程中将劳动力工业化率用第二产业就业人口的比例来衡量、劳动力非农业化率用第二、第三产业就业人口占比来衡量。在新的发展时期，产业分离过程中，第二产业分离出大量的服务性行业，这一部分人员就业往往统计在第三产业中，因此，现在的城市化与工业化协调存在数据统计口径的问题。

技术创新对城市化效应是一个复杂动态的过程。未来要在以下方面加强科学研究：①加强技术创新作用城市的空间自组织、复杂适应系统、进化计算理论方面的研究。如 GIS 与元胞自动机（Cellular Automata，CA）模型及 SD 模型结合起来，实现在区域空间上研究技术创新的资源环境效应。同时也包括 GEOCA-URBAN 等模型的应用，城市人工神经网络模型（Artificial Neural Network，ANN）、基于主体建模模型（Agent-Base Modeling，ABM）。②技术创新在城市化过程中的水资源束缚缓解效应、生态环境压力缓解效应上需要分析不同的反馈路径，以自然—社会—经济的宏观视角分析技术创新的作用。③在城市化理论古典主义学派的经济专业化和劳动力经济分工的基础上，深刻分析技术创新对城市化的驱动机制。在城市化与技术创新双向互馈的机制研究及模型建立上要深入研究。

参 考 文 献

[1] JACOBS J. The economy of cities[M]. New York: Random House, 1969.

[2] GRILICHES Z. patent statistics as economic indicators: a survey[J]. Nber working papers, 1990, 28(4): 1661-1707.

[3] 周天勇, 旷建伟. 中国城市创新报告(2015)[M]. 北京: 社会科学文献出版社, 2015.

[4] CARLINO G A. Knowledge spillovers: cities' role in the new economy [J]. Business review, 2001, 7(Q4): 17-26.

[5] CROSBY M. Patents, innovation and growth[J]. Economic record, 2000, 76(234): 255-262.

[6] NAGAOKA S, MOTOHASHI K, GOTO A. Chapter 25 – patent statistics as an innovation indicator[J]. Handbook of the economics of innovation, 2010, 2: 1083-1127.

[7] 李国平, 王春杨. 我国省域创新产出的空间特征和时空演化: 基于探索性空间数据分析的实证[J]. 地理研究, 2012, 31(1): 95-106.

[8] 李新忠, 汪同三. 空间计量经济学的理论与实践[M]. 北京: 社会科学文献出版社, 2015.

[9] HIGGS R. American Inventiveness（1870—1920）[J]. Journal of political economy, 1971, 79(3): 661-667.

[10] FELDMAN M P, AUDRETSCH D B. Innovation in cities: science-based diversity, specialization and localized competition[J]. European economic review, 1998, 43(2): 409-429.

[11] GLAESER E L. Learning in Cities[J]. Journal of urban economics, 1997, 46(46): 254-277.
[12] CARLINO G A, CHATTERJEE S, HUNT R. Knowledge spillovers and the new economy of cities[J]. Working papers, 2001.
[13] 林宇. 美国专利产出的时空分异及影响机制研究[D]. 上海: 华东师范大学, 2016.
[14] 杨中楷, 黄颖, 徐梦真. 我国万人发明专利拥有量的空间分布[J]. 科学与管理, 2014(2): 65-68.
[15] 王玮. 集聚视角下中国服务业FDI区位选择研究: 基于省级面板数据的分析[D]. 济南: 山东大学, 2015.
[16] 方远平, 谢蔓. 创新要素的空间分布及其对区域创新产出的影响: 基于中国省域的ESDA-GWR分析[J]. 经济地理, 2012, 32(9): 8-14.
[17] 孙凤鹏. 区域创新资源配置系统的差异性研究[D]. 镇江: 江苏大学, 2016.
[18] MARSHALL A. Principles of political economy[J]. New York: Maxmillan, 1890.
[19] 成德宁. 城市化与经济发展: 理论、模式与政策[M]. 北京: 科学出版社, 2004.
[20] FELDMAN M P, AUDRETSCH D B. Location, location, location: the geography of innovation and knowledge spillovers[J]. Discussion papers various research units, 1996.
[21] BERTINELLI L, BLACK D. Urbanization and growth[J]. Journal of urban economics, 2004, 56(1): 80-96.
[22] BERTINELLI L, ZOU B. Does urbanization foster human capital accumulation[J]. Journal of developing areas, 2008, 41(2): 171-184.
[23] HENDERSON J V, BLACK D. A theory of urban growth[J]. Journal of political economy, 1999, 107(2): 252-284.
[24] FU S. Smart café cities: testing human capital externalities in the Boston metropolitan area[J]. Journal of urban economics, 2007, 61(1): 86-111.
[25] 黄鲁成. 区域技术创新生态系统的特征[J]. 中国科技论坛, 2003(1): 23-26.
[26] 曾国屏, 苟尤钊, 刘磊. 从"创新系统"到"创新生态系统"[J]. 科学学研究, 2013, 31(1): 4-12.
[27] 迈克尔·波特. 国家竞争优势[M]. 李明轩, 邱如美, 译. 北京: 华夏出版社, 2002.
[28] 姜军. 产业技术与城市化[M]. 沈阳: 辽宁人民出版社, 2003.
[29] 郝汉舟, 魏华, 陈锐凯, 等. 科技创新与新型城市化互馈关系研究进展[J]. 价值工程, 2015(5): 4-8.
[30] 刘慧. 高新技术产业集群与城市化关系研究[D]. 成都: 西南交通大学, 2005.
[31] 简·雅各布斯. 美国大城市的死与生[M]. 金衡山, 译. 北京: 译林出版社, 2006.
[32] 金雪军, 章融, 章华. 城市化与高新技术产业发展的关系研究: 以杭州市为例[J]. 中国软科学, 2003(7): 102-106.
[33] 王骏. 动力之源: 论科技创新对城市化的推动[J]. 自然辩证法研究, 2005, 20(11): 74-78.
[34] 世界经济论坛城市转型报告解读（一）: 技术成为城市转型的趋动力之一[EB/OL]. （2016-11-29）[2018-04-20]. http://www.istis.sh.cn/list/list.aspx?id=10380.
[35] CARLINO G A, CHATTERJEE S, HUNT R M. Urban density and rate of inventions[J]. Journal of urban economics, 2007, 61(3): 389-419.
[36] 程开明, 李金昌. 中国城市化与技术创新关联性的动态分析[J]. 科学学研究, 2008, 26(3): 666-672.
[37] 董晓辉, 傅婉娟. 关于科技创新驱动经济发展方式转变的再思考[J]. 甘肃理论学刊, 2014(2): 161-165.
[38] 郝寿义, 范晓莉. 城市化水平、技术创新与城市经济增长: 基于我国25个城市面板数据的实证研究[J]. 现代管理科学, 2012(1): 74-76.
[39] 赵永平, 徐盈之. 新型城镇化、技术进步与产业结构升级: 基于分位数回归的实证研究[J]. 大连理工大

学学报(社会科学版), 2016, 37(2): 56-64.

[40] 胡子玉. 城市化对技术创新的影响研究: 以创新型城市为例[D]. 合肥: 中国科学技术大学, 2015.

[41] 王海侠. 城镇化对技术创新影响的实证研究[D]. 合肥: 安徽财经大学, 2016.

[42] 王涵, 邓玲. 人力资本积累对我国新型城镇化发展的影响分析: 基于结构方程模型和 214 个城市的实证研究[J]. 四川大学学报(哲学社会科学版), 2017(1): 127-133.

[43] 陈诗波, 王书华, 王晓颖. 创新能力影响城市发展的结构方程模型分析[J]. 中国科技资源导刊, 2016, 48(3): 14-20.

[44] 陈书忠, 周敬宣, 李湘梅, 等. 城市环境影响模拟的系统动力学研究[J]. 生态环境学报, 2010, 19(8): 1822-1827.

[45] 肖国东. 科技创新引领新型城镇化发展的路径探析: 以吉林省为例[J]. 甘肃理论学刊, 2016(3): 124-127.

第六章

技术创新与环境污染——双刃剑的辩思

技术创新既具有中立性，又具有价值性；既具有自然属性，又具有社会属性。在我国经济发展进入速度变化、结构优化和动力转换的新常态下，技术创新对城市化、信息化、农业现代化、新型工业化、建设生态文明有重要意义，迫切需要依靠科技创新突破资源环境瓶颈制约。本章在分析了技术创新与环境污染之间的关系基础上，指出技术创新的初期可能依靠消耗资源提高生产率，从而表现为"生产型技术创新"。分析技术创新的演变，经历从技术创新的生产函数内生化，到关注末端治理的绿色技术，再到低碳技术的逐步演进。追求利润最大化的企业技术创新不一定就是社会的最优，而且新技术的引入初始阶段环境问题引起的负外部性往往没有暴露，因此，技术创新不一定自动导致环境的改善。破解技术创新的负外部性，需要植入人文精神、需要增加技术创新的绿色度，加强对技术创新的绿色度审计，从全生命周期评估技术创新的负外部性。

6.1 技术创新与环境污染关系

许多科学研究的重点往往是关注技术进步对环境污染的改善作用，但却忽视了其亦是造成环境污染的重要原因[1]。技术创新与环境污染，既相互区别，又相互联系，二者是同一矛盾过程的两个方面。自然辩证法认为：一切技术不仅具有正面价值也具有负面价值；技术的二重属性即技术的自然属性和社会属性。技术的价值性认为，人作为主体同满足其需要的技术的属性之间是一种统一关系；技术的中立性是指技术在政治、经济、文化、伦理上并没有善恶对错之分，只是方法论意义上的一种手段和工具，技术不含任何价值的判断[2]。

美国未来学家将人类文明史划分为3个时期：农业时期、工业时期和正在进行的信息时期。从技术史的发展角度看，又可分为古近代农业技术时期、工业革命技术时期和信息技术时期。历史研究表明，技术对生态环境的影响贯穿这3个时期的始终，并体现在这3个时期的各个方面，其中，在工业技术时期，技术对生态环境产生重大影响[1]。

技术的发展过程往往需要经历一个由简单到复杂、由低级到高级、由以经验为基础到以科学为基础的发展过程。从技术史发展的 3 个时期来说，火的发现和使用的确是人类历史发展的一个重大进步。但是它对自然生态环境的影响也很大，如一把火可以使大量动物绝迹和大片森林消亡。

在工业革命时期，就第一次工业革命来说，是人类历史上的一次重大突破和进步。以瓦特改良蒸汽机为标志，人类社会进入了一个新时代，即从以古近代技术占主导地位的农业社会进入以工业技术占主导地位的工业社会。在这个阶段中生产工具发生大规模改进，人类活动对自然环境的影响越来越大。煤的大量使用使环境污染加剧，早期的环境污染主要是煤的燃烧所致。

第二次工业革命时期，人类进入"电气时代"，电的发明和使用及内燃机的发明极大地推动了社会生产力的发展。与此同时，石油等矿产资源也被大规模地开采和应用，增加了碳排放，加剧了环境污染。这些资源的大规模使用使空气污染物结构发生了新的变化，如粉尘主要来自煤的燃烧和排放、SO_2 主要来自工业和供电用煤、一氧化碳主要来自汽车等。

历史上曾因此产生许多重大的公害事件。著名的有多诺拉事件、伦敦烟雾事件、马斯河谷事件、苏联切尔诺贝利事件，以及 2011 年日本福岛核泄漏事件等，皆是由于工业应用不当而产生的严重的环境污染灾害，都是工业革命新技术带来的副作用，不仅给人类自身带来巨大灾难，也给自然生态环境带来了极大的破坏。

6.1.1 技术创新与环境污染关系：基于正外部性视界

技术创新，一方面能够提高环境质量，减少环境污染。影响之一表现在技术创新对于环境污染的改善具有很强的促进作用，表现之一就是技术创新能够提供清洁的生产技术，以减轻环境污染。如现代通信技术的发展使人们对于传统书信的需求大大减弱，使人们对于纸张的需求大为降低，从而在一定程度上减轻了造纸业对于环境污染的影响。影响之二表现在技术创新能够提高资源的利用效率，降低单位生产能耗，减少对燃料和能源的使用，从而在源头上减少了污染物的排放。

另一方面，技术创新虽然能够提高资源利用效率，降低单位生产能耗，刺激能源需求，但是增加了对污染物的排放[3]。由于能源利用效率的提高能够降低对能源的使用成本，会刺激对于该能源的消费需求，有可能会引起能源消费需求量的大大增加，从而使环境污染加剧，即出现了所谓的"反弹效应"[4]。

技术进步、经济增长与生态环境三者之间是既对立又统一的关系。技术进步有利于经济增长，但同时技术进步与经济增长都对生态环境产生影响。另外，人们重视经济增长，但忽视了保护环境，加上技术水平发展受限制，使生态破坏、环境污染加剧。因此，环境污染问题一时难以避免。

世界各国各地区的基本产业结构的发展变化具有较强的规律性，主要有以下 3 个方面的特征。

①产业结构是不断由低级到高级、由简单到复杂发展的。无论世界上哪一个国家或地区的产业结构的发展都不会停滞。"最优化"的产业结构是一个相对的概念，今天"最优化"的产业结构在将来很可能成为落后的经济发展模式。

②产业结构呈现出明显的地区差异性。在生产力水平相似的条件下，由于历史文化背景、

自然环境、风俗习惯等的差异，产业结构呈现出多样性特征。尽管一些国家和地区可能存在相似的专门化部门，却也很少有相似的产业结构[5]。

③在工业化进程中，第一产业比重下降，第二产业比重上升；到工业化后期，第二产业比重下降，第三产业比重上升；在第三产业中，信息行业、服务业、发展迅速。

技术的经济结构效应随着社会生产力的发展而不断做出调整。例如，在工业化进程早期阶段，第一产业比重下降，第二产业比重上升，会导致能源需求量和排放量的不断增加，进而使环境不断恶化。技术的进步也会改善环境，如在工业化后期阶段，第二产业比重下降，第三产业比重上升，信息行业、服务业发展更快。此阶段由于技术的经济结构得到了优化升级，使高污染、高排放、高能耗的产业相对减少，会在一定程度上减缓环境污染。随着人们环境保护意识的提高、政府对环保产业的重视，那些高污产业将逐渐被新的产业所取代。

6.1.2　技术创新与环境污染关系：基于负外部性视角

经济增长的驱动力可以划分为创新驱动、财富驱动、投资驱动及要素驱动[6]。技术创新、经济增长、生态环境三者之间存在一定的连锁效应，技术创新促进经济增长，经济的增长又对生态环境有重要影响，其影响有利有弊。主要表现为：一方面，由于世界人口的不断增长会加剧环境的压力，因为人口数量的不断增加会加强人类对自然资源的索取程度。而且在发达国家、发展中国家及落后国家中，人口对自然资源的索取程度各不一样。例如，在非洲，为了获取燃料和耕地，大片热带雨林遭到砍伐和不同程度的破坏。另一方面，产业结构的变化对生态环境产生不同程度的影响。经济增长对生态环境的影响主要是通过产业结构的变化而产生的。例如，当农业社会向工业社会转变时，农业产值占国民生产总值的份额会急剧下降，工业产值的比重急剧上升。在工业结构中，首先传统工业像化学工业、纺织工业对生态环境的不利影响十分明显，工业类型由简单向复杂转化，这会导致工业发展对生态环境的影响变得更加复杂。因此，高新技术产业，也对生态环境或多或少存在不利影响。

自工业诞生之初，环境污染问题便伴随着人类社会的发展。虽然工业革命带来了技术的进步，但是也诱发了环境污染，由此导致了一系列的环境问题[7]。从人类工业的发展历史进程上来看，无论是第一次工业革命蒸汽机的大量使用，还是第二次工业革命电的广泛应用，又或是第三次科技革命，都伴随着众多严峻的环境污染问题。

环境污染对技术创新的影响：一方面为了能够对已产生的环境污染问题进行治理、为了减少污染物的排放，从而催生出一系列的环保技术、绿色技术、低碳技术等，这一系列技术其实是由于环境污染压力而创造的。从这一角度来看，环境污染对于技术创新是具有积极的促进作用的。

另一方面，随着社会经济的发展，环境污染问题也越来越严重，有些严重的环境污染问题在很大程度上给环保技术创新带来很大压力和挑战，有时甚至会阻碍了技术创新的发展。但总地来说，有压力才会有动力，但压力过大也会适得其反。所以环境污染对于技术创新有促进的一面，也有阻碍的一面。

如何厘清两者之间的关系，使环境污染问题得到有效解决，是我们思考这些问题初衷，这样我们的思考与研究才会有意义。只有在厘清了环境污染与技术创新两者之间的关系之后，我们才能寻找到更好的办法，衍生出更先进的环保技术来改善我们的自然和社会环境。

6.1.3 技术创新与资源环境关系：基于人文视界

在处理技术创新与资源环境关系时，离不开人文精神。虽然人类文明在发展、生产力水平日益提高、人类的物质条件不断改善，但是人类的生存环境也在日益恶化、人与自然界的冲突日益显现。目前，有一种狭隘的观点，认为技术创新与人文精神的关系对立起来，其后果是导致人与自然的割裂、人地关系日益对立、人被物欲所支配。随着科学精神的日益发展。科学精神本身就是一种人文精神，在处理科技创新与资源环境关系时、在面对科技创新"双刃剑"效果时，需要弘扬科学精神在内的人文精神[8]。

"人文"这个词最早出现在《周易》中，并且和"天文"一词相对应。"观乎天文以察时变，观乎人文以化成天下"，可见人文对人教化的重要性。人文精神是以人为中心的，尊重人类。与动物不同的是，人类具有自己的精神文化，这使得人类成为万物之灵，因此，人文精神阐述了人的思想意识、精神态度和观点等，而且人文精神还表现在人类珍视历史遗留的精神文化，追求自身的价值、维护人类的尊严、关切人类自身等几个方面。作为精神文明主要内容的人文精神还对物质文明建设具有重大影响，人文精神是地区文化核心内容及衡量民族文化的重要尺度。

科学理性和人文精神，在协调技术创新与资源环境关系时需要完整地统一起来。那种认为两者在研究方法、研究对象迥异，进而把科学理性和人文精神割裂开来的思潮，是技术创新异化的社会文化基础。科技创新在推动生产力发展的同时其社会功能日趋强大。科技创新产生于人的动机和需求，但是科技创新本身很难摆脱"人化"的处境。科技创新的异化、科技创新对于资源环境的负外部性，从表象上来看是人与环境的对立矛盾，实际上也涉及人与人之间的关系问题。处理环境问题，不仅仅依靠技术，更重要的是处理好人与人之间的利益分配原则问题，此时就突出了人文精神在协调科技创新与资源环境关系中的关键作用[9]。

人与环境的不和谐，表现在诸多层面的人文精神的缺失，如道德的缺失表现在科学伦理的缺失。曹南燕指出"科学伦理道德要求科技创新主体有责任性，即有责任思考、预测、评估科技创新可能造成的不利社会后果。在科学伦理道德要求下，人们在进行科技创新活动时，会将社会、自然关系的思想与行为准则考虑进去，这些行为准则规定了科学家及其共同体所应遵循的价值观念"[10]。科学是解决"是"的问题，即隐藏在各种表象之下的客观世界的真理和规律，而科学伦理解决的是"应当"的问题，解决的是事物的价值和善恶的问题。科学伦理规范人类的主体行为规范，而不仅仅是把科技作为工具。

科技观上的人文缺失，表现在科技正成为失去人文情怀的工具。科技工具论，其本质是把科技作为一个装着精巧戏法的盒子，只关心科技给我们带来的利益，而不去考虑科技给生态环境带来的负面影响。在科技地位上，科技中心主义过分地强调科技对于人类社会的作用，认为科技可以解决所有人类问题。但科技的发展忽视了价值和人性的作用，导致科技与人文发展失衡，具体说，就是科技与人性发展脱节。因此，发展和运用科技的同时，人类必须增强责任意识，避免成为进化的牺牲品，使科技的发展和运用从认识范围延伸到社会责任、人文精神和环境意识。

消费观上的人文精神缺失，主要表现在人类的功利主义消费观，崇尚物质主义和享乐主义，认为高消费是个人生活"现代化"的标志，拥有不断增多的物品和服务是最通向个人幸福、取得更高社会地位的道路，逐渐减少了对自然环境、他人和自己所承担的责任感，在消费中也失去了伦理规范，或严重背离了"节制"的传统文化精神，在这种情况下，如何保持人的理性、智慧就显得尤为重要。

6.2 技术创新异质性与环境污染

技术创新作用于环境污染，可以表现为不同类别的技术。这些技术在概念内涵上有相似之处。在这里主要分析环保技术、绿色技术、低碳技术、互联网技术的概念及其与环境污染之间的关系。

6.2.1 环保技术

环保技术通过环境治理来改善生态环境、建立宜居环境，最终建立人与自然和谐相处的生态环境[11]。同时，环保技术是改善环境污染，提高环境质量的有效手段。随着环境污染问题的日益加剧，人们的环保观念也在悄然发生变化，对于环保技术的需求也越来越高。而环保技术作为整个改善环境污染过程中非常重要的一环，影响也越来越深刻。

改革开放后，我国的经济发展进入了一个飞速发展的阶段，但在经济发展的背后，大多是以牺牲环境为代价的。大量使用化石能源等不可再生资源和排放有害气体，使得环境问题日益严峻。面对我国当前的发展现状，在提高各种资源利用效率的同时，创新和发展环保技术在一定程度上能够有效解决我国当前发展面临的环境问题[12]。但是由于自身发展的限制，我国的一些环保技术还不够成熟，有些技术甚至需要从国外引进。

现阶段我国的环保技术作为一个朝阳产业正在蓬勃发展，无论社会怎样发展，走怎样的经济发展道路都离不开环保这一技术。我国大力发展环保技术，不仅是提高人民生活水平、转变经济发展方式的重要措施，也是提升我国综合国际竞争力重要途径。

环保技术作为社会公益技术的一个重要环节，主要是通过对相关设备和技术的应用来对环境、资源等进行保护，以达到减少环境污染、提高资源利用效率、减少因人为因素而破坏环境的目的[13]。通常，人们将环保计划和环保设备统称为环保技术。

通过对环保技术的应用，不仅能够对环境污染进行有效的控制，进而解决环境污染问题，给人们一个健康、安全、舒适、协调的生活环境；而且，还有助于解决当前经济社会发展与环境污染之间的矛盾，协调经济关系，促进我国经济发展。[7]随着公众环保意识的增强，不仅会促使其加强对自身行为的约束，而且会加强其对环境的监督、激发其主人翁意识。

6.2.2 绿色技术及其绿色度评估

绿色技术（Green Technology，Greentech），在我国有时也被称为环境友好技术（Environmental Sound Technology，EST）、生态技术（Ecological Technology）。绿色技术与环境技术（Environmental Technology，Envirotech）、清洁技术（Clean Technology，Cleantech），在有些作者文献中存在通用现象。绿色技术是指能减少污染、降低消耗、治理污染或改善生

态的技术体系。

绿色技术产生的背景是20世纪40年代以来发达国家日益严重环境公害事件（Pollution Incidents）。①1930年的比利时马斯河谷烟雾事件是20世纪最早记录的公害事件，一周内有60多人丧生，其中心脏病、肺病患者死亡率最高，牲畜大量死亡。②1943年美国洛杉矶光化学烟雾事件使全市3/4的人患病。③1948年美国多诺拉烟雾事件，全城14 000人中有6000人眼痛、喉咙痛、头痛胸闷、呕吐、腹泻，17人死亡。④1952年英国伦敦烟雾事件。在1952年12月，5天内有4000多人死亡，2个月内又有8000多人死去。⑤1953—1956年日本水俣病事件，1991年日本环境厅公布的中毒病人仍有2248人，其中1004人死亡。⑥1955—1972年日本富山骨痛病事件。⑦1968年日本米糠油事件。⑧1984年印度博帕尔事件，死亡近2万人。

上述环境公害事件，是技术的经济价值与生态价值、人性与物性的分离，显示出了巨大的生态危机。这种危机背后实际上是人类中心主义价值观念的必然结果，也是技术异化的直接后果。

"文明若是自发地发展，而不是在自觉地发展，则留给自己的是荒漠。"这是马克思在100多年前对人类突飞猛进的工业文明发出的忠告。危机需要反思，绿色技术来源于对环境公害等生态危机的反思。绿色技术的理论母体则是绿色观念。绿色观念作为绿色技术的理论基础和思想内核，深化了社会公众对生态文明的认识，从而将绿色观念植根于社会生活和生产活动中。

20世纪60年代在西方工业国家中盛行的生态运动（Ecology Movement），开启了绿色运动的大幕。这种群众性的环保运动以1968年美国加利福尼亚大学学生发起的生态运动影响较大。绿色运动主张的生态主义（Ecologism）通过变革生产、消费、生活方式，达到调整生态系统平衡的目的，强调在维护生态平衡的基层上促进社会发展。在民间绿色运动的基层上，各种民间环保组织、各种以环境保护和维护生态平衡为纲领的政党组织纷纷出现，其中影响较大的为绿党和绿色和平组织。

绿党，在英语中称为Green party（区别于green party，后者green是一个标签性的形容词），遵循的是基本相似一致的意识形态，其中不仅包括环保主义，还包括其他问题，如社会正义、共识决策和非暴力。"全球绿色宪章"（the Global Greens Charter）列出了生态智慧（Ecological Wisdom）、社会正义（Social Justice）、参与民主（Participatory Democracy）、非暴力（Nonviolence）、可持续性（Sustainability）和尊重多样性（Respect for Diversity）6项指导原则。20世纪70年代初，绿党组织开始通过竞选活跃在各国政坛上。世界上最早的绿党是联合塔斯马尼亚集团（the United Tasmania Group），该绿党1972年4月在澳大利亚塔斯马尼亚参加了州选举。另外，新西兰惠灵顿价值党（the Values Party of New Zealand）参加1972年11月新西兰大选。绿色运动从呼吁关注生态环境、关注具体污染事件、组织抗议、游行集会到关注通过技术改进环境问题，体现了人类认识思想上的进步，由此绿色技术应运而生。

产生于上述背景下的绿色技术，作为技术的一种，具有技术的一些共性和本质，但绿色技术作为对现代技术的扬弃，也具有现代技术所不具有的特质。绿色技术在生态文明理念下，在协调人文、社会和自然之间的关系时发挥了不可替代的重要作用。辨析绿色技术的概念，是分析绿色技术与资源环境关系的起点。

绿色技术的前身可以追溯到19世纪60年代，欧美一些发达国家制定了控制环境污染的法规，推动了末端技术(End-of-pipe Technology)的创新与发展[14]。随后E. Braun和D. Wield

于 1994 年提出了 Environment ally Sound Technology（环境友好技术，EST）[15]。对 EST 比较完整的阐述是 1992 年 6 月在巴西里约热内卢举行的"联合国环境与发展大会"（United Nations Conference on Environment and Development，UNCED），会议通过了关于环境与发展的《里约热内卢宣言》（*Rio Declaration*）和《21 世纪行动议程》（*Agenda 21*）。值得注意的是，在此次国际峰会上的行动纲领《21 世纪行动议程》中提出了环境友好型技术 EST，EST 被认为是环境保护性的技术和工艺，EST 是独立于现代技术的技术。*Agenda 21* 第 34 章 "Transfer of Environmentally Sound Technology, Cooperation and Capacity-Building"中用 3 个小段介绍了 EST。EST 主要包括对生活的少废或无废方面的工艺技术和产品技术，同时也包括治理污染的末端技术、能效技术、减碳技术、碳封存技术、碳捕获技术、碳汇技术等在内的能够减少或消除环境污染、有效减排温室气体的技术。环境友好技术的特征是高效利用、合理开发和节约资源和能源，污染排放量少，更多地回收废物和产品。产品从生产、销售、使用、回收处理直至废弃的各个环节都对环境无害或危害最小。

通用电气公司（GE）董事长兼首席执行官杰夫·伊梅尔特（Jeffrey R. Immelt）在 2005 年提出了通用电气公司的绿色科技主张（Ecomagination）。该主张以环保概念为主导，用创造性的科技更好地管理和利用地球上的稀缺资源，研发最新的高效节能产品，降低温室气体排放量，提高能源利用率[16-17]。

1995 年，中国科学院前院长周光召认为绿色科技是指能够促进人类生存与发展的生产体系和生活方式及相应的科学技术[18]。1998 年中国学者杨发明和吕燕将 Krabbe（1992）[19]的绿色技术概念引进国内，认为绿色技术是一种节约资源、避免或者减少环境污染的技术。绿色技术从根本上改变了物质流的过程，实现了资源和废弃物的循环再利用[20]。

此外，浙江大学的徐庆瑞教授、中国人民大学的王伯鲁教授对绿色技术的定义较有影响力。许庆瑞教授从经济学的角度，以产品生命周期为视角，即从产品设计、原材料的采集、产品生产、使用、废弃处理等过程，从短期利益看，绿色技术是使产品生命周期总的外部成本最小化的技术；从长期利益看，绿色技术是使产品生命周期总成本最小化的技术，即绿色技术是实现产品生命周期内，内部成本和外部成本总和最少化的技术[21]。

王伯鲁等则从绿色技术的外延及绿色技术的分类方面加以阐述，认为绿色技术包含 3 个类型：①生产绿色化的技术。主要是指在生产过程中无污染物排放、实现清洁生产的绿色技术。②产品绿色化的技术。主要是指生产的产品尽可能回收利用，终端产品废弃物可以循环再次利用的绿色技术。③单元绿色化技术。主要是指在生产、消费、分配、交换过程中体现出绿色理念，减轻或消除原来技术的生态负效应[22]。

分析目前国内外绿色技术的概念，一般来讲绿色技术具有下列一些共同特点：①绿色技术是一个技术群。包括清洁生产技术、污染治理技术、环境监测技术。②绿色技术具有高度战略性。与可持续发展战略密不可分，体现了绿色发展的理念。③绿色技术是一个相对动态的概念。随着绿色发展理念的深入，绿色技术的内涵与外延也在变化。如绿色技术从单纯的污染防治到生产工艺中资源节约，消费过程中、产品废弃处置过程中的环境友好等。④绿色技术与高技术关系紧密。绿色技术创新是一种重大的科技创新（Radical Innovation）（A. Geffen, 1995）[23]。⑤不确定性。绿色技术的不确定性主要变现在两个方面，第一个是绿色技术研发的风险高、收益回报时间长、成本回收的不确定性。由于存在前期市场的开拓及技术的竞争，绿色技术也存在市场的不确定性。第二个是绿色技术产品的最终作用具有不确定性，往往长期的潜在风险没有暴露，如 DDT 在使用初期表现为除虫消灭传染病作物增产。但是由于 DDT 进入食物链在动物脂肪蓄积其毒性对生态环境造成持久性危害。⑥外部性。绿色技术在对企业本身能够经济收益的同时，还具有正外部性，表现在改善环境、减少社会成本、增加社会收益。

绿色技术内容包括清洁生产技术、治理污染技术和改善生态技术，根据绿色技术的概念和内涵，绿色技术可以分为下列层次：①末端治理的绿色技术（End-of-Pipe Treatment）。指在生产过程的末端进行环境污染治理，有些文献中称这种污染治理的绿色技术为深绿色技术。②绿色工艺创新的绿色技术。主要是在生产过程中进行工艺改造，使污染物排放最少。这种建设污染物产生的绿色技术也被称为浅绿色技术。③绿色产品的绿色技术。主要是从全生命周期的视角，在产品的设计、生产、销售、消费、报废、处理等全过程预防和减少污染物排放等。从上面可以看出，清洁技术、环境技术、低碳技术都是绿色技术的一部分，两者之间不能混淆。

通过本次研究来看，绿色技术概念在内涵上等同于环境友好技术 EST，遵循生态系统原理和可持续发展的原理，是一种按照 3R 原则（节约 Reduce、回用 Reuse、循环 Recycle）节约资源和能源，在产品全生命周期（Product Life-Cycle）内减轻、消除或者避免生态环境的破坏和污染，使生态环境负效应最小的无公害化或少无公害化的技术、工艺、产品的总称。

技术绿色度评价

任何科技创新的出现都不能危及人类、自然、环境和生态，因此，对技术创新应该加以前瞻性技术评估（Technology Assessment，TA），做好对技术的性能、前沿性创新性、经济效益、生态环境效益及对社会、经济、政治、文化和心理可能产生现实的和潜在的各种影响。作为技术创新评估，要有批判性思维和多维视角，要善于发现潜在的、间接的、高层次的、非容忍性的负外部效应。从上述技术评估的角度看，技术创新评估涉及多个学科、涉及多重价值观，能够科学预测该项技术可能带来的不同方面的影响。

技术评估源起在产品方案选择中，对新产品进行技术水平和经济效益水平方面的损益分析评估。随着科学技术的突飞猛进，对经济社会的影响力日益扩大，各种负面的环境问题引发社会公众关注，如环境污染、能源危机、资源短缺、粮食危机等全球性问题。以政治、经济系统为主导的技术进步是一种按照线性进步理性的逻辑，科学技术沦为人类的工具所造成的反噬人类的生态环境灾难，对整个社会来讲已经成为巨大的风险。因此，对技术后果进行全面分析，对引入技术、发展技术可能给经济社会、生态环境带来的不利影响进行预测预见。

20 世纪 60 年代技术评估（TA）在美国兴起。1973 年美国成立了技术评估办公室（U.S. Office of Technology Assessment，OTA）。我国也成立了国家科技评估中心（National Center for Science & Technology Evaluation，NCSTE）。尽管 1995 年美国国会由于财政经费预算紧缩的原因关闭了 OTA，但国内外无论是政府官员还是学者，依然对 TA 给予高度关注。

不同的学者或者机构对技术评估的定义不同。如美国技术评估办公室第一任主任达达里奥（E. Daddarmo）认为技术评估就是对某一技术规划的性质、意义、状态、优缺点和不确定性进行分析的一种方法，用来鉴定技术的 3 种后果：合意的、不合意的、不确定性的，其中特别关注非容忍性影响（Non-Tolerant Influence）[24]。

日本科学技术厅认为技术评估在对技术开发、试验、应用过程中综合检查、评价技术的直接效果、副效果和潜在的可能性，将技术控制在整个社会希望的方向。技术评价除了要评价技术的可行性和经济效果外，还要评价技术应用对人、社会、自然等人类生存环境带来的好的和不好的影响。提出必要的对策，使它的不利影响降至最低，使它的正效果达到最大[25]。

从绿色技术的角度来评价技术创新对环境污染、能源危机、资源短缺等方面造成的影响，评价技术创新的绿色度，是目前学界研究的热点。在国内目前主要是针对产品、工艺、企业进行绿色度评价。

技术绿色度评价是属于技术评估（Technology Assessment，TA）的一部分。与技术绿色度评价相关的表述还有：环境技术验证（Environmental Technology Verification，ETV）[26]、环境技术评估（Environmental Technology Assessment，EnTA）[27]、技术绿色偏向度（Measurement of Green Bias in Technology）[28]、绿色技术创新审计（Green Technology Audit）等。

陈劲等对绿色技术创新进行了审计实证，其对绿色技术创新绩效分为绿色产品创新绩效、绿色工艺创新绩效、末端技术创新绩效，反映了技术的绿色化程度[29]。李婉红等研究环境规制强度对污染密集行业绿色技术创新的影响时，依据 OECD 对绿色技术的分类，将绿色技术分为绿色工艺创新和绿色产品创新。绿色产品创新更加注重能源消耗，用能源消耗量与新产品产量的比值来表示；绿色工艺创新主要体现在工艺技术改造、工艺设备更新、废物回收利用等，用 R&D 内部经费支出与技术改造经费之比来衡量[30]。从绿色技术的内涵看，一般认为应从下列角度加以考察。

①资源方面，能否充分合理地利用我国自然资源，降低原材料消耗。②能源方面，能否显著地节约能源或充分利用再生资源。③产品问题，能否大大地改善产品结构，提高产品质量，并有利于新产业的发展和创新产品的开发。④劳动生产率方面，能否大幅提高劳动生产率。⑤资金方面，能否相对地节约资金。⑥生态平衡方面，能否明显地减少和避免环境污染与生态破坏。

从方法角度来看，能值分析法[31]、绿色投入产出模型[32]、生态足迹法[33]等方法已经在绿色技术评估方面得到应用。

可以发现，产品是技术的体现，在实际评估技术绿色度时，往往更多地从产品的绿色度来评价，或者评价产品的绿色度时考虑技术创新的程度。技术评估，从微观层面扩展，就是考虑区域的绿色效率。

国外期刊 *Technological Forecasting and Social Change* 经常刊载技术评估方面的文章。Assefa 等采用 ORWARE 方法对环境技术链进行评估，其认为技术发明的驱动力一直在提高生活质量。但是消极技术的影响也引人关注。TA 的趋势是主要关注环境影响，正如美国环境署所倡导的那样称为环境技术评估（EnTA）。EnTA 方法可以被 TA 借鉴，如环境影响评价（Environmental Impact Assessment，EIA）、生命周期评估（Life Cycle Assessment，LCA）和风险评估（Risk Assessment，RA）及环境管理审计方法（Environmental Management and Audit Scheme，EMAS）和生态平衡（Ecobalance，EB）。1993 年，一个用于系统分析的计算机模型废物管理系统（ORWARE）在瑞典被开发。它的特点是：①该技术的材料和物质采用流动建模系统；②采用生命周期视角；③可以分析潜在的环境和经济影响[34]。

联合国环境规划署（United Nations Environment Programme，UNEP）发布的 *Anticipating the Environmental Effects of Technology*（《技术的环境影响预测》）报告中，汽车电池回收用作案例研究系统介绍了 EnTA 流程及其方法。UNEP 认为 EnTA 采用与 TA 相同的原则和方法，但主要侧重于对特定技术选项的环境影响进行初步范围的界定和评估。环境署开发和推广 EnTA 作为一种工具，为理解技术选择的影响提供一种直接的方法，供各种不同利益相关者使用[35]。

EnTA 的关键特征是：①EnTA 是一个基本上定性的工具，可以最大限度地减少对详细技术数据的需求；②EnTA 旨在促进多利益相关方的对话，从而达成共识决策；③EnTA 旨在用于防止出现环境问题，而不是在问题出现后去解决它们；④EnTA 是多学科的，包括技术、经济、环境科学，因此在汇编、组合、解释和交流信息时需要许多不同的技能；⑤EnTA 在技术的整个生命周期中检查整个技术系统的环境影响，包括所使用的资源和产生的废物（表6.1）。

表 6.1　与 EnTA 概念类似术语的比较

	环境技术评估（EnTA）	环境影响评价（EIA）	环境分析评价（ERA）	生命周期评估（LCA）
目的	评估技术的含义并指导技术选择	识别并预测项目，政策或类似举措的环境影响；为决定可能影响的可接受性提供了基础	估计和比较环境风险和公共健康，以确定环境后果	在整个生命周期中明确评估与产品、流程或活动相关的环境负担
范围	对人类健康、安全和福祉及对自然资源和生态系统的影响；技术干预的成本和货币收益	对自然资源、生态系统、人类健康、安全和福祉的影响	评估对环境和人类健康的风险	对人类健康、安全和福祉及自然资源和生态系统的影响
发起者	技术的倡导者；投资者；可能会受到影响的利益相关者	申请监管部门批准	项目倡议者或其他倡议者；投资者；可能会受到影响的利益相关者	项目倡议者或其他倡议者；投资者；可能会受到影响的利益相关者
方法	对环境压力和由此产生的影响进行系统，全面和定性的比较	监管部门强制规定的要求，包括确定影响、减缓影响和监测措施等	危害识别，剂量反应和暴露评估，风险特征描述	能源和材料需求及生产废物的生命周期清单；影响分析和改进分析
时间段	在制定正式/完整提案之前的创意想法阶段	在决定是否应该进行主动性之前	在任何时候，由发起人确定	在任何时候，由发起人确定
监管状态	没有–通常用于在进行更详细的评估之前筛选选项	通常在环境保护立法中要求，特别是对于大型项目或环境敏感地区的拟议项目	没有–用来支持法律要求的评估结论	没有–通常由生产者或消费者用来评估产品、过程或活动的环境价值

EnTA 一共包括 5 个步骤，即技术描述、资源和其他要求及其压力、初步判断、替代技术的比较评估、决定是否可以达成共识。其中，最为关键的是第 2 个步骤，即识别技术对资源和其他要求及其压力。在这一步中需要确定技术运行所需的原材料、土地、能源、劳动力、基础设施和支持技术及技术产生的废物和任何有害产品。与这些组件相关的潜在环境和相关压力也在此步骤中表征。投入和产出还需要在技术的生命周期中被考虑，包括产品废弃等。

6.2.3　低碳技术

低碳技术创新作为创新技术的一种，主要是减少 CO_2 排放、节能减排的一种技术创新，

是一种低 CO_2 排放技术[35]。能源结构单一、研发能力较低、技术落后、国家政策缺陷等诸多问题是我国当前低碳技术创新面临的主要问题[36]。总结起来有以下几点。

第一，现阶段我国低碳技术创新发展缓慢，研发能力薄弱。我国在低碳技术创新技术方面的研发人员极度欠缺，严重阻碍了我国低碳技术的进一步研发；我国低碳技术创新能力和整体发展水平与国际水平相比比较落后，而且缺乏相关的技术和政策支撑。

第二，我国低碳技术创新意识薄弱。企业在壮大自身力量的同时，过分地追求经济利益而忽视了环境保护，这和我国有关环保政策息息相关。如果严格污染物排放标准或者增强对污染环境企业的惩罚力度，这种现象应该会少很多。这就会促进企业重视低碳技术的开发和应用，增强经济可持续发展与生态环境的协调统一的意识。

第三，低碳技术转移受到有关发达国家的严格限制。由于我国是发展中国家，低碳技术研发和创新能力有限。掌握低碳核心技术的国家往往出于国家利益的考虑，以保护自主知识产权为由而拒绝有关低碳技术的出口。

一方面，由于粗放型经济的发展导致了一系列的环境问题，致使环境污染加剧，但也促进了低碳经济的发展和创新。要实现经济的低碳发展，不仅要改良传统的高能耗产业，还要鼓励低碳技术的创新和发明，大力发展新型清洁能源和可再生能源。另一方面，随着低碳技术的发展，对环境的改善作用日益凸显，低碳技术对于环境污染的改善成效显著（表6.2）。

表 6.2 IEA 识别的 17 项关键低碳技术

供应侧	需求侧
CCS 化石燃料发电	建筑物和电器的能效
核电厂	热泵
向岸风能及离岸风能利用	太阳能室内和热水供应
生物质能高度气化发电（BGCC）和共同燃烧	运输中的能效
光伏系统	电动汽车和插电式汽车
太阳能热电厂	氢（H_2）燃料电池汽车
煤炭-GCC（整体煤气化联合循环发电系统）	CCS 工业、氢与燃料转化
煤炭-USCSC（超临界发电）	工业马达系统
第二代生物燃料	

科技的发展制约着经济社会的发展，科技对于低碳社会发展的作用是显而易见的。低碳经济发展的关键是低碳技术创新，但中国在低碳技术创新中存在一系列瓶颈，处于不利地位[37]。科技政策是低碳技术发展的导航器，制定一个利于低碳技术创新发展的科技政策是我国低碳经济革命中抢占战略制高点的关键[38]。

6.2.4 互联网技术

随着信息技术的日益发展及其与环境保护领域之间的结合不断密切，使得互联网在环保工作中发挥着越来越重要的作用。制约着环境管理工作进行的一个重要原因就是信息的不及时和不对称。这不但使环境管理工作的运行成本增加，还让环境政策的权威性和有效性大打折扣，打击公众参与积极性，造成环保信息延迟或来源渠道单一[39]。而互联网可以很好地解决这方面问题，互联网的实时性、开放性和交互性可以在很大程度上保证信息的准确和准时，让环保管理工作有效进行。如今，"互联网+环保"的新模式已是推动环境管理转型与环境治理现代化的一个重要手段。

（1）环境监管信息化

环境监管是环境保护事业发展的着力点[40]。在环境监管过程中，政府在环境保护的监管和保护工作中发挥着重大作用。"互联网+环保"技术应用的不断发展，提高了环境监管的信息化水平。实现了各部门之间环境信息的交流及各种资源的合理调度与资源共享，针对性地解决了传统监管工具带来的问题，极大丰富了环境监管手段，为提高环境监管执法的效果和效率提供了信息支持。

（2）环境监测动态化

云计算、大数据等互联网技术应用于具体领域的不断成熟，利用这些手段对土壤时空变化、河流污染物情况、空气质量等环境信息实施动态监测，并对环境监测获得的数据进行整合，分析区域污染空间分布特征及发展现状，同时综合分析污染数据与环境质量的关联性及其变化规律。对未来环境污染的发展趋势进行预测，深入认识环境问题及治理环境污染可行的方案，为政府制定节能减排决策提供理论依据和技术支撑。

（3）环保产业智能化

互联网产业的迅速发展及互联网技术的日益成熟对环保产业的发展产生了重大变革。互联网平台的优势，给企业寻求绿色低碳发展、实现产品创新带来了新的机遇。互联网将政府监管执法与公众环境污染实时监督结合在一起，迫使企业改进生产工艺，从而在整体上带动了环保产业发展。

6.2.5 技术创新改善环境污染的实践——基于我国经验

在我国技术创新过程中，出现了一些在实践中发挥作用的技术方式，如绿色能源技术、节能减排技术。

6.2.5.1 绿色能源技术

随着传统能源的耗竭及污染物的不断排放，寻找绿色能源成为当今能源研究领域的重点。能源的不清洁性和不可持续性在一定程度上引发了环境危机、生态危机和能源危机等[41]。绿色能源技术作为当今全球普遍关注的问题，在未来的发展过程中的作用举足轻重，蕴藏着无限的机遇与挑战。

中国作为世界上第一大能源消费国，环境问题和能源问题越来越成为制约我国经济社会发展的瓶颈[42]。一般来说，有2种途径可以用来解决当前的能源问题：一是节能减排，但是这种途径只能用来减少污染物的排放，在一定程度上可以缓解环境压力；二是提高资源利用效率，而资源利用效率的提高需要相关技术的支撑，这就激发了绿色能源技术的发展。而提高资源利用效率是解决能源问题的关键。

目前中国的清洁技术发展与绿色能源技术创新的发展水平都比较低，与全球顶尖绿色能源创新技术国家相比仍然存在不小差距[43]。所以，实现能源技术创新成为目前我国亟待解决的事情。21世纪以来，如在电动力汽车、低碳技术、环保技术、清洁能源等方面也取得了明显的成绩，这对推动绿色能源技术创新至关重要。

6.2.5.2 节能减排技术

技术创新是否能够减少污染物的排放，进而达到节能减排的目标，关于这个问题在学术界尚无定论[44]。但是有一点可以肯定的是节能环保技术的创新与发展必然会减少污染物的排放，进而改善生态环境。

21世纪以来，我国汽车数量增长态势迅猛，随之而来的是碳排放量的严重超标。不只是汽车尾气，还有工厂排放、燃烧秸秆等导致了温室效应、全球气候变暖、冰川融化、海平面上升等一系列的环境问题。汽车尾气排放作为一个重要的碳排放源头，实现节能减排，加快新能源汽车的研究刻不容缓[45]。加快发展新能源汽车，实现节能减排，不仅是我国控制污染物排放、应对全球气候变化的重要举措；也是我国加快能源结构调整，提升产业综合竞争力的重要内容和重点领域。

不仅在大气污染领域，在水污染、固体废弃物污染等方面，节能减排技术的应用也越来越广泛[46]。随着我国环保意识的加强，有关环保法律制度也越来越完善和严苛，这在一定程度上增加了企业的生产成本，促使企业在生产过程中注重节能减排技术的发明和创新，也在一定程度上促进了节能减排技术的发展。

6.2.5.3 交通运输在改善环境中所应用的技术

除了上述的新能源汽车之外，交通运输对于环境的改善所应用到的技术也很广泛。据统计，每天我国在路上行驶的机动车辆，在运输过程中就消耗了大量的能源。来源于交通工具的碳排放增长率高达25%[47]。所以构建低能耗、低排放、低污染的交通运输体系显得尤为重要。

21世纪以来，交通拥堵成为社会的重要议题。特别是在一些大城市，如北上广深等特大城市中，由于人口的过度集中所造成的交通拥堵问题越来越严重。交通堵塞不仅浪费时间，而且会使运输成本增加、汽油浪费、资源浪费现象更加严重。汽车尾气的排放量增加还会导致温室效应、雾霾等一系列的环境问题[48]。由这些环境问题而催生出来一些技术，诸如新能源汽车、电动公交、高铁技术等，改变了以往燃烧化石能源的方式，在很大程度上有助于改善当前碳排放严重超标的问题，对于城市雾霾和城市环境的改善也有很大的促进作用。

6.3 技术创新与环境污染的作用机制

环境污染长期以来被看作经济增长过程中产生的副产品，从经济学上对环境污染问题的研究主要可以概括为3个阶段：罗马俱乐部提出的"增长极限说""环境库兹涅茨曲线（EKC）假说"及对"环境库兹涅茨曲线假说"的质疑[7]。其中"环境库兹涅茨曲线假说"认为，"增长极限说"是基于环境支出静止不变和技术作为假设的前提条件。在经济发展的早期阶段，经济在增长的同时常会导致环境的不断恶化，但随着经济结构的优化、环境管制的加强、环境投入和环境意识的提高，以及更先进的环境技术的投入使用，环境污染将得到很大改善。

与发达国家相比,发展中国家的环境准入门槛相对较低,跨国公司为了追求更高的利润,降低自身的环境成本,将污染型产业转移到发展中国家,进而对发展中国家当地的生态环境造成极大破坏[49]。这一理论也被称为"污染避难所假说"。

另外,一部分学者从财政分权的角度对目前中国环境污染加重的原因展开了深入研究:由于财政分权制度的影响,中央对地方官员考核的主要指标多是 GDP 总量和增长率,但却忽视了一味地追求 GDP 的体量和增长速度可能带来的环境污染问题。一些地方政府为了能让区域经济快速发展,不惜代价地大力投资重化工型产业,以期在短时间内提高区域 GDP 指标,以此来提升自身政绩。这在一定程度恶化了当地的环境;还有一些学者则从产业集聚的角度考察了这一问题:产业集聚能够对生产产生正外部性,这会促使产业集聚[50]。随着区域内工业企业生产规模的不断扩张,企业的能源需求量与污染物排放量也会随之增加。此外,产业集聚区往往也是 FDI 的集中区域,根据"污染避难所假说"及"向底线赛跑假说",FDI 的进入会加剧集聚区内的环境污染[51]。

事实上,无论是理论还是现实上,都没有充分的证据表明环境污染在全球范围内有降低的迹象。随着越来越多的国家逐渐进入现代化阶段,环境污染甚至还有不断加剧的迹象。迄今为止,国内外对诸如如何降低环境污染、为什么会导致环境污染、环境污染为何持续不断、技术进步模式是怎样形成的等的研究还比较少。笔者认为对于这些问题的回答有助于我们进一步理解环境污染与技术创新之间的作用机制。

6.3.1 技术进步的来源与环境污染的形成机制

根据价值规律,在市场经济发展过程中,企业要想获得生存和发展,只有不断地进行技术创新才能够使企业在激烈的市场竞争中立于不败之地。就其本质来说,技术创新是企业在其生产经营过程中,出现的一种自发的竞争行为。关于技术创新能力形成原因方面的研究主要是从以下两个角度来展开:一是"需求拉动",二是"供给推动"。"需求拉动"假说认为,由于受市场需求的制约和引导,企业为了追求利润而研发新技术,是一种自发的经济活动。"供给推动"假说认为,来自于影响供给方面的因素推动技术创新活动的开展,如科学理论知识的进步、大规模推广创新技术的成本、研发人员和研发机构的工作效率等因素[52]。

企业的技术创新是以利润最大化为目标的,考虑更多的是自身营利状况而不是其技术创新给社会带来的负面影响。因此,这种模式的技术创新更多的是给企业内部带来利润等积极因素,至于给社会带来的是积极的抑或是消极的影响还未可知。但发达国家在环境质量方面的改善是一个没有争议的事实。这当中一个十分重要的原因就在于政府对环境质量的管理和规制,这种管制的方法在学术上被称为末端治理模式。但是,用这种方式来改善环境质量很可能只是一种假象或暂时现象。

从宏观上来说,环境质量的改善是由于技术限制(随后叠加环境管制)所引起的现象[53]。这种现象总体来说是一种技术的周期性跳跃替换。一开始引进新的技术,毫无疑问这种新的技术能够显著提高劳动生产率,表现为"生产型技术",但是新技术的引用也可能对社会造成了一定程度上的潜在危害,如新的有害废弃物、环境污染的跨境转移、化学定时炸弹、生态破坏等。在新技术引用的初期,由于环境污染的累积性、隐蔽性、非因果直接显现性,技术的环境污染效应还没有充分暴露，因此，往往过于关注技术的正外部性，其负外部性往往没有得到重视。随着时间的推移，污染的外部性特征不断凸显，其带来的环境问题会越发严重。此时政府将会对这些环境问题进行管制，这项技术最终也会被更新的技术所替代。从人类工业文明发展史来看，工业革命虽然对科技创新起到了显著的推进作用，促进了技术进步。但也应该看到伴随科技进步，也出现了对公众影响巨大的环境公害、生态破坏等问题。如果一项新技术的引用，最终出现了新的污染源、对环境导致新的污染，那么在这种情况下，技术创新对 EKC 的技术效应就会十分有限。

6.3.2 环境库兹涅茨曲线的平移

作为数据自身规律的体现，EKC 背后的作用机制主要是在经济增长的过程中，存在"规模效应"和"质量效应"两种相互冲击的力量对环境产生影响[54]。一般在城市化的早期阶段，大量非农人口向城市集聚，表现为集聚效应和规模效应，在此过程中以城市病为主要特征的规模效应的负外部性表现较为充分；当城市化发展的较高阶段，城市文化中会出现"环保""低碳""绿色"等思潮，在此阶段城市从规模的负面效应转向质量效应。环境质量作为一种高级需求，与民生、获得感紧密联系，这时 EKC 就会出现拐点，即我们所说的 EKC 的平移。

由于规模效应引起的负面影响因素中，主要有以下几点：第一，传统的粗放式的经营模式导致资源与环境问题越来越突出。我国的工业化进程最初也是以牺牲环境为代价的发展模式，大量的高污染、高能耗的企业出现。企业过分追求经济发展而忽视了环境污染的问题，导致我国环境问题加剧单位 GDP 能耗偏高。第二，随着我国经济水平的日益提高，城市化进程的不断加快及人们收入水平的提高势必也会加重环境的负担。一般来说城市越密集，人口密度较大的地区环境问题也更为突出。第三，城市化的空间扩张和机动车的急剧增长，导致城区面积不断扩大，大量出现的私家车排放了大量温室气体等，这些都在不同程度上加剧了环境负担。上述因素会导致我国城市化进程向着 EKC 的左半段上升。

随着环境污染问题的加剧，人们越来越重视环保问题，也会带来一些可喜的变化，也可以说是质量效应中的积极因素。也可以总结为以下几点：第一，低碳技术、环保技术、绿色技术等的研发与应用能为环境的改善提供技术支撑。随着生产技术的不断改进和各种绿色环保技术的应用，绿色产品成为人们追求的新时尚。第二，产业结构的转型升级会带来改善环境的结构效应。21 世纪以来，我国不断实行改革，其中非常重要的方面便是产业结构的转型升级，这会使得我国的产业结构不断优化，最终会使第二产业的结构优势逐渐被第三产业所取代。第三，倡导绿色环保的消费方式和生活方式成为当今城市绿色发展的内在动力。为了满足消费者对于绿色生活的需求，绿色环保产业将会越来越具有发展优势，从而使整体环境得到改善，城市环境也会越来越好。经过时间的积累，这些可喜的因素将会带领中国经济社会发展跨过 EKC 的拐点，进入右半段，从而完成 EKC 的平移。

6.3.3 技术进步与环境库兹涅茨曲线

从环境质量需求的角度看，环境库兹涅茨曲线（Environmental Kuznets Curve，EKC）假说成立的前提是：收入水平低的群体，生存是第一需要，此时的最大需求是满足自身最基本的生活，此阶段最为关心的是衣和食，很少产生环境质量的需求，或者说对环境污染的容忍程度高，因此在此阶段，贫穷会加剧环境恶化。而随着人们收入水平的提高及文化素质的提升，群体的需求更为高级，主要表现在更加重视精神层面的满足、更加注重健康保障、人身安全。因此，在此阶段对环境质量方面的需求十分迫切。

如果说 EKC 假说成立的前提条件是环境质量需求大于 1 的收入弹性，那么技术进步则是 EKC 出现拐点的必要条件。在对 EKC 的解释中，规模效应、结构效应、技术效应是 3 个不同方向的作用力作用于 EKC，其中技术进步所导致的技术效应是解决环境问题的必要途径。既然低污染水平和低经济发展水平的 "双低模式"并不是我们所期望的，即零发展也是一种污染，那么在较高的经济发展水平下，依靠技术进步出现最终向下倾斜的 EKC 也就成为可能。

从历史经验来看高收入水平下，在技术的选择上或者说在技术的偏向性上往往会与绿色技术、环保技术、低碳技术等紧密相联。随着经济的增长，像研发支出无论是强度还是总量总会呈现上升趋势，创新要素投入进一步增加，科技创新效率进一步提高，由此会在以下两个方面产生影响：一方面，是在其他要素投入不变时，技术会不断进步从而提高劳动生产率，改善资源和能源的利用率，降低单位产出的各种要素投入，减少对自然资源的消耗和对环境的破坏；另一方面，是清洁技术（Cleaner Technologies）、绿色技术、环保技术不断开发应用和取代肮脏技术（Dirty Technologies），并有效地在3R 即原料减量化（Reduce）、资源再利用（Reuse）、物品再循环（Recyle）方面有所突破，末端污染治理技术也得到开发利用，从而降低了单位产出的污染排放。

在现实中，充分发挥政府的作用，正如林肯总统所说"政府应当为人们做那些他们想做，但仅凭个人力量根本无法做到或做好的事情"。政府在市场机制滞后的情况下，通常采用的是污染税、绿色信贷、地方环境质量标准、排污权制度安排等环境管制手段治理环境污染。但要看到这些并不能从根本上治理环境污染。保护环境行之有效或许是唯一的方法就是变得富裕起来，但在追求经济发展的同时势必会造成不同程度的污染。在环境污染和再生自然资源的双重约束下，解决环境问题必不可少的方式是促使技术进步和创新，因为环境库兹涅茨曲线出现拐点的一个必要条件是技术进步[55]。

6.3.4　环境规制对环境污染的作用

环境规制（Environmental Regulation）主要是针对环境污染而提出来的。环境规制的环境经济学理论依据在于：资源的稀缺性和环境功能的稀缺性，即所谓的新稀缺（New Scarcity）、环境的负外部性（Negative Externality）、公地悲剧(Tragedy of the Commons)。环境规制主要是依靠现有的制度，如以命令—控制为特征的第一代环境规制、经济激励为特征的第二代环境规制等制度设计来减少环境污染[56]。结合环境库兹涅茨曲线，可以发现：在低收入水平下，环境规制能够明显缓解环境恶化；而在高收入水平下，环境规制可以加快环境的改善。这就使得收入水平与环境污染的 EKC 变得扁平，也就意味着经济增长牺牲的环境代价得到降低。

但是，政府在制定环境规制强度时不仅要更加注重动态调整，要针对不同的地区或企业制定不同的环境规制来约束其行为，以此达到减少环境污染的目的[57]。还要在利用环境规制发挥效用的过程中，也应注重多种环境规制工具之间的组合使用，同时推广第三代环境规制即在绿色发展理念指导下，加强法律法规的自我限制，加强企业环境信息的披露，加强企业内部环境审计、环境监测等，以确保企业在他律的环境规制下向自律的绿色发展转向。

6.4 颠覆性技术与环境污染

颠覆性技术（Disruptive Technology）是由美国学者克莱顿·克里斯滕森（Clayton M. Christensen）及其合作者于1995年提出的[58]。1997年克里斯滕森（Christensen）在他的著作 *The Innovator's Dilemma: When New Technologies Cause Great Firms to Fail*（《创新者的困境：新技术导致大公司倒闭》）中，再次对颠覆性技术进行了较为系统的阐述。克里斯滕森从商业创新背景下定义颠覆性技术，它指的是创造一种创新的市场和价值网络，最终破坏现有的市场和价值网络，取代已建立的市场领先企业、产品和联盟[59]。

颠覆性技术具有前瞻性、超越性、突变性、不确定性、时效性等特点。颠覆性技术常常可以从技术突变性及技术跳跃性、技术的影响的广度、产生的经济价值量、技术影响经济社会的深度等方面加以判断。

颠覆性技术能够给经济带来的"革命性"的变化，创造出巨大的价值。其常常通过一个非常具有破坏性的过程，它将摧毁旧的产业，让新的产业有崛起的空间，因而颠覆性技术能够带来产业结构调整。《国家创新驱动发展战略纲要》提出"发展引领产业变革的颠覆性技术，不断催生新产业、创造新就业"。在资源高效利用、生态环境保护方面，颠覆性技术将通过改变改变人们的生活方式、工作方式，重塑行业秩序从而发挥显著的作用。

工业革命以来，在一系列技术进步的推动下，全球经济进入急速增长轨迹。蒸汽机、电力、电话、汽车、飞机、晶体管、计算机、互联网等技术的迭代，每一次技术的突破，深刻改变了世界经济社会秩序和国家实力版图。综合利用卫星跟踪定位、车辆导航、用户信息管理、线上结算等新技术的中国共享自行车，颠覆性地改造传统的有桩自行车租赁行业，在中国居民出行方面是一个颠覆性技术创造，从而在城市的低碳、环保、减少交通拥堵方面提供了中国方案。

麦肯锡公司从技术的发展速度、潜在的影响范围、可创造的经济价值、经济上是否产生颠覆性影响4个方面，筛选出未来可能的12项颠覆性技术，其中直接涉及资源环保领域的有蓄能技术和可再生能源技术2项。蓄能技术能够改变我国目前新能源的发展瓶颈，削峰填谷合理利用能源。可再生能源对于减少化石燃料的依赖和缓解气候变化都具有战略意义。

6.5 技术锁定与资源环境

技术锁定（Technological Lock-in）是由阿瑟（Arthur W. Brain）在其著作 *Increasing Returns and Lock-in by Historical Events*（《历史事件中的收益递增与锁定》）[60]和Paul A. David（保罗·A. 戴维）在其著作 *Clio and the Economics of QWERTY*（《克利俄与键盘经济学》）中提出的[61]。技术锁定效应是指客户只能使用原始设备制造商生产的售后产品的情况或者是某一种技术产品在市场占有率达到一定规模后成为事实上的行业标准，形成垄断优势，直接或间接规定了其产品上下游配套产品，形成了强大的市场产品市场话语权。技术锁定本质上是一种低端技术锁定或者是一种路径依赖（Path Dependence）。按照演化经济学的观点，市场不一定选择最优的技术，还有可能锁定低端技术或者次优技术。

关于技术锁定的原因，一般认为路径依赖说、市场竞争说和NIH说。路径依赖说认为，最早进入市场的技术利用其市场份额优势，采用规模效应、模仿学习效应、协作效应、适应性预期等自我强化机制，获得报酬递增。市场竞争说认为，先入技术如果需要解锁，需要更高的机会成本和学习成本。市场上技术产品的兼容性等导致市场对其依赖越来越大[62]。NIH说（Not-invented Here）即非此处发明。该假设认为，在一个稳定的研发团队内部，存在一种"非此处发明"的偏见和企业文化，他们认为自己企业研究出来的理论或方法比别人的好，任何外来的新思想、新技术都是不可接受的，别人的解决方案不可信，从而导致该研发团队丧失创新积极性、出现创新惰性和自我封闭，从而导致整个研发组织绩效降低的现象[63]。

技术锁定对于资源环境方面而言，在我国主要表现为低碳技术锁定现象。对于低碳技术，国际上基本共识是通过节能和减排2个维度，通过技术创新、制度创新等手段，减少煤炭和石油等高含碳能源的开采和消耗，减少温室气体排放。从我国目前的实际情况来看，存在依靠高碳排放的依靠传统工业化路径依赖现象。从能源消耗的种类来看，主要还是依赖煤炭、石油、天然气等化石燃料。深埋地下几百万年形成的矿物燃料，在工业革命技术驱动下，只要几百年的时间就将开采殆尽，自然界的 CO_2/O_2 平衡将被破坏。我国一次能源结构中煤炭占 2/3，单位 GDP 排放 CO_2 是发达国家的4倍，呈现高碳排放特征[64]。我国低碳技术锁定主要是由于产业结构不合理、科技创新能力不足、投资风险巨大、国际低碳技术转移壁垒及全社会低碳消费观念还不深入等诸多原因。在资源能源丰富地区，存在对技术创新的挤出效应（Crowding-out Effect）[65]和资源诅咒现象（Curse of Resources）[66]。

6.6 技术创新与环境污染之间的模型

本书收集了目前文献报道的技术创新与环境污染之间的模型，如表6.3所示。

表6.3 技术创新与环境污染之间的模型

类型	计算说明	变量说明	参考文献
环境规制和FDI对技术创新的模型分析	$Y = A \cdot K^\alpha \cdot L^\beta$	Y 表示的是技术创新的产出，K 表示技术创新活动的资金投入，α 表示 K 的弹性，L 表示技术创新活动的人员投入，β 表示 L 的弹性，A 表示其他影响技术创新的因素	姬晓辉，魏婵[67]
环境污染与企业产业结构和技术创新的函数关系模型分析	$Z_{pollution} = \alpha PI_i + \beta IS_i + \gamma RD_i + \varepsilon_i$ $(i=1,2,\cdots,7)$	$Z_{pollution}$ 代表环境污染综合指数，PI 代表工业污染治理投资额，IS 代表产业结构，RD 代表大中型工业企业 R&D 经费支出，且所有的指标数据均采用经标准化之后的数值。ε 为误差项。"α、β、γ 分别表示工业污染治理投资、产业结构及大中型工业企业 R&D 经费支出的系数	刘欣[68]

续表

类型	计算说明	变量说明	参考文献
EKC	$\ln AP = \alpha_1 \ln Urban + \alpha_2 \ln Urban + \ln X + \gamma_i + \mu t + \varepsilon$	AP 是环境污染指标；$Urban$ 是城市化率；P 是人均国内生产总值；X 是指单位国内生产总值能耗、化石能源消耗比重、服务业增加值比重等控制变量	穆怀中[69]
结构方程模型	基于偏最小二乘估计的结构方程模型构建区域环境绩效与区域技术创新能力的影响模型		李怡玲[70]
绿色技术创新与原有非环保技术演化仿生模型	$\dfrac{dT_n}{dt}(t) = r_1 T_n \left(1 - \dfrac{T_n}{K_n} - \dfrac{T_0}{K_n} \sigma_{n0}\right)$ $\dfrac{dT_0}{dt}(t) = r_2 T_0 \left(1 - \dfrac{T_0}{K_0} - \dfrac{T_n}{K_0} \sigma_{0n}\right)$	T_n 表示市场中选择绿色创新技术的主体数量；T_0 表示市场中选择非环保技术的主体数量；r_1、r_2 分别表示政府对绿色技术的推广及对非环保技术的监督力度；$\sigma_{n0} = \dfrac{K_n}{K_0}$ 表示非环保技术对绿色创新技术的抑制系数，主要表现为公众消费者对于非环保技术的适应能力；$\sigma_{0n} = \dfrac{K_0}{K_n}$ 表示绿色创新技术对非环保技术的替代系数，主要表现为公众消费者对于绿色创新技术的支持力度	曹霞，张路蓬[71]
动态面板模型	通过动态面板模型分析经济发展水平、产业集聚、人口规模和技术创新水平对碳排放的影响程度，同时检验技术创新的内在驱动力		唐华一[72]
环境规制强度与绿色技术创新的计量模型	采用二次曲线分析方法，对数据进行的似然比检验，采用混合效应模型		许启琪[73]
门槛回归模型	对环境规制强度与生产技术进步进行实证分析		纪越[74]

6.7 研究展望

随着经济社会的发展，技术创新在环境保护中的作用会越来越显著，而随着环境问题的加重，技术创新就显得越来越重要。关于技术创新与资源环境之间的关系，尚需要在以下方面开展进一步的研究：①技术的偏向性问题。要看到对于技术的选择，是环境规制、当地资源环境质量现状、人文环境等共同作用的结果，在一个生态环境禀赋较好的区域，是否会趋向于选择绿色技术？人文环境通过何种变量来影响技术的选择？上述的问题可以衍生为另外一个问题，技术的偏向性是如何测度的及其主要影响因素。目前，Sato 和 Morita（2009）开发的指数测度方法[75]，以及张月玲和叶阿忠（2014）基于超越对数生产函数的测算方法测算技术偏向[76]。②绿色技术测度方法研究。目前借鉴 EnTA 方法，从微观层面开展单个技术的资源环境及社会影响，以及宏观层面评价区域绿色技术进步，都需要进一步深入分析探索。EnTA 总体来说还是一个定性的评估技术，如何结合技术的经济效益及环境损益来定量评估，如碳足迹（Carbon Footprint）、灰水足迹（Grey Water Footprint）、能值分析（Emergy Analysis）、全生命周期评价（Life Cycle Assessment，LCA）来评价技术的绿色度。③关于 EKC 形成的原因，一般有规模效应（Scale Effect）、技术效应（Technological Effect）、环境规制、市场机制（经济自由化）、经济增长过程中替代弹性和边际效应的变化。但是，目前对 EKC 机制来说整体还处于黑箱状态，需要探讨人文作用影响及绿色技术在其中的作用机制。

参 考 文 献

[1] 白俊红, 聂亮. 技术进步与环境污染的关系：一个倒 U 形假说[J]. 研究与发展管理, 2017, 29(3): 131-140.

[2] 孙振伟. 用正确的技术观认识环境污染问题[J]. 科技与企业, 2010(5): 59-60.

[3] 夏薪淳. 技术创新、环境污染与经济增长的关系研究[J]. 中国科技论文在线, 2010: 1-7.

[4] 王颖婕, 廖茂林. 基于杰文斯悖论的我国节能减排问题分析[J]. 生态经济(中文版), 2017, 33(10): 53-57.

[5] 胡兆量. 技术在人地关系中的媒介作用[J]. 中国人口·资源与环境, 1991(1): 39-43.

[6] 郝汉舟, 魏华, 陈锐凯, 等. 科技创新与新型城市化互馈关系研究进展[J]. 价值工程, 2015(5): 4-8.

[7] 孙军, 高彦彦. 技术进步、环境污染及其困境摆脱研究[J]. 经济学家, 2014(8): 52-58.

[8] 孟建伟. 科学与人文精神[J]. 哲学研究, 1996(8): 18-25.

[9] 陈清硕. 环境科学的人文精神[J]. 自然辩证法研究, 1998(5): 42-43.

[10] 曹南燕. 科学与伦理[J]. 科学与社会, 2000(2): 57-58.

[11] 余振棠. 分析以技术创新推动环保产业发展的思路与建议[J]. 资源节约与环保, 2017(7): 97-98.

[12] 武秀斌. 环保技术自主创新研究[J]. 现代工业经济和信息化, 2013(10): 62-63.

[13] 陈琪瑞. 环保技术自主创新模式分析[J]. 经营管理者, 2017(23).

[14] 许庆瑞, 王毅, 黄岳元, 等. 中小企业可持续发展的技术战略研究[J]. 科学管理研究, 1998(1): 5-9.

[15] ERNEST BRAUN, DAVID WIELD. Regulation as a means for the social control of technology[J]. Technology analysis & strategic management, 1994, 6(3): 259-272.

[16] Ecomagination, GE[EB/OL].[2018-04-20].https://www.ge.com/about-us/ecomagination.

[17] 刘爱玲. 绿色科学技术与可持续发展[M]. 北京：科学出版社, 2006.

[18] 周光召. 将绿色科技纳入我国科技发展总体规划[J]. 环境导报, 1995(2): 25-26.

[19] KRABBE J J, HEIJMAN W J M. National income and nature: externalities, growth and steady state[J]. Kluer acdemic publishers, 1992, 5(2): 214-216.

[20] 杨发明, 吕燕. 绿色技术创新的组合激励研究[J]. 科研管理, 1998(1): 40-44.

[21] 杨发明, 许庆瑞. 绿色技术扩散初探[J]. 环境导报, 1996(2): 28-30.

[22] 王伯鲁, 王筱平. "绿色技术"概念析[J]. 环境导报, 1996(4): 29-30.

[23] GEFFEN C A. Radical innovation in environmental technologies: the influence of federal policy[J]. Science

& public policy, 1995, 22(5): 313-323.

[24] DADDARIO E Q. Technology assessment, the Congress and health[J]. Connecticut medicine, 1977, 41(1): 23-25.

[25] 邱仁宗. 技术评估: 影响分析和政策分析[J]. 中国软科学, 1996(10): 32-38.

[26] 许春莲, 宋乾武, 黄海明, 等. 我国环境技术验证(ETV)评估体系建设研究[J]. 环境工程技术学报, 2011, 1(5): 396-402.

[27] United nations environment programme anticipating the environmental effects of technology[EB/OL]. [2018-04-20].http://www.unep.or.jp/ietc/Publications/ Integrative/EnTA/AEET/index.asp.

[28] 修静. 工业技术进步的绿色偏向性测度: 资本与劳动[J]. 改革, 2016(9): 68-78.

[29] 陈劲, 刘景江, 杨发明. 绿色技术创新审计实证研究[J]. 科学学研究, 2002, 20(1): 107-112.

[30] 李婉红, 毕克新, 孙冰. 环境规制强度对污染密集行业绿色技术创新的影响研究: 基于2003—2010年面板数据的实证检验[J]. 研究与发展管理, 2013, 25(6): 72-81.

[31] 晋建勇, 孟宪民, 刘静. 腐殖酸农用资材的环境、经济效应能值评价模型及应用前景[C]// 全国绿色环保肥料新技术、新产品交流会, 2006.

[32] 任泽平. 宏观经济模型与技术评估研究: 基于投入产出及其扩展技术[D]. 北京: 中国人民大学, 2007.

[33] 王志平, 陶长琪, 沈鹏熠. 基于生态足迹的区域绿色技术效率及其影响因素研究[J]. 中国人口·资源与环境, 2014, 24(1): 35-40.

[34] ASSEFA G, BJÖRKLUND A, ERIKSSON O, et al. ORWARE: an aid to environmental technology chain assessment[J]. Journal of cleaner production, 2005, 13(3): 265-274.

[35] 刘建鹏. 环境规制对低碳技术创新的影响研究[D]. 长沙: 湖南大学, 2014.

[36] 宋刚. 发展低碳经济的技术创新问题与对策[J]. 湖北经济学院学报(人文社会科学版), 2016, 13(2): 23-24.

[37] 王可达. 低碳技术创新的意义及路径选择[J]. 探求, 2011(2): 68-73.

[38] 廖晓玲. 我国低碳技术创新的科技政策支持研究[D]. 长沙: 湖南大学, 2015.

[39] 管宏友, 毕春伟. 环境管理中信息不对称问题研究[J]. 资源与产业, 2010, 12(3): 137-142.

[40] 解春艳, 丰景春, 张可. 互联网技术进步对区域环境质量的影响及空间效应[J]. 科技进步与对策, 2017, 34(12): 35-42.

[41] 赵一宇. 绿色能源技术可持续发展核心动力[J]. 中国科技财富, 2009(7): 82-84.

[42] 姚小剑, 杨光磊, 高丛. 绿色技术进步对全要素绿色能源效率的影响研究[J]. 科技管理研究, 2016, 36(22): 248-254.

[43] 黄王麗, 张博茹, 张瀚月. 硅谷绿色能源经济发展及启示[J]. 科技进步与对策, 2017, 34(3): 37-43.

[44] 马冬玲, 李明. 官员政绩考核制度、企业技术创新与节能减排[J]. 企业经济, 2017(4): 18-24.

[45] 朱跃中. 新能源汽车能否成为交通节能减排的主力军[J]. 人民论坛, 2017(28).

[46] 麋相武. 环境工程技术规范在节能减排中的作用及影响探析[J]. 环渤海经济瞭望, 2017(8): 199.

[47] 余霞. 低碳经济下公共交通运输管理研究[J]. 企业经济, 2011(10): 49-52.

[48] 罗辉. 基于低碳经济的公共交通运输管理研究[J]. 科技风, 2016(12): 78.

[49] 刘渝琳, 温怀德. 经济增长下的FDI、环境污染损失与人力资本[J]. 世界经济研究, 2007(11): 48-55.

[50] VIRKANEN J. Effect of urbanization on metal deposition in the Bay of Töölönlahti, Southern Finland[J]. Marine pollution bulletin, 1998, 36(9): 729-738.

[51] 孙浦阳, 韩帅, 靳舒晶. 产业集聚对外商直接投资的影响分析: 基于服务业与制造业的比较研究[J]. 数量经济技术经济研究, 2012(9): 40-57.

[52] ROSENBERG N. Science, invention and economic growth[J]. Economic journal, 1974, 84(333): 90-108.

[53] DINDA S, COONDOO D, PAL M. Air quality and economic growth: an empirical study[J]. Ecological economics, 2000, 34(3): 409-423.

[54] 郑思齐, 孙聪. 中国环境库兹涅茨曲线的平移机会[J]. 探索与争鸣, 2012(10): 53-56.

[55] 何立华, 金江. 自然资源、技术进步与环境库兹涅茨曲线[J]. 中国人口•资源与环境, 2010, 20(2): 56-61.

[56] 高宏建. 环境规制、影子经济与环境污染[D]. 厦门: 厦门大学, 2014.

[57] 张博, 韩复龄. 环境规制、隐性经济与环境污染[J]. 财经问题研究, 2017(6): 22-29.

[58] BOWER J L, CHRISTENSEN C M. Disruptive technologies: catching the wave[J]. Harvard business review, 1995(1-2): 43-53.

[59] CHRISTENSEN C M. The innovator's dilemma : when new technologies cause great firms to fail[M]. Boston: Harvard Business Review Press, 2016.

[60] ARTHUR W B. Increasing returns and lock-in by historical events[J]. Equilibrium & efficiency in production economies, 1986, 99(394): 116-131.

[61] DAVID P A. Clio and the economics of QWERTY[J]. American economic review, 1985, 75(2): 332-337.

[62] ARTHUR W B. Comment on Neil Kay's paper—'Rerun the tape of history and QWERTY always wins'[J]. Research policy, 2013, 42(6-7): 1186-1187.

[63] 赵莉, 王华清. 技术锁定的研究述评与未来展望[J]. 华东经济管理, 2014(8): 149-153.

[64] 张莎莎, 张建华. 低碳经济技术锁定突破研究[J]. 技术经济与管理研究, 2011(10): 67-70.

[65] 李丽. 资源依赖对区域创新的挤出效应及传导机制: 企业创新需求实证研究[J]. 科技进步与对策, 2017, 34(15): 42-48.

[66] 邵帅, 齐中英. 资源输出型地区的技术创新与经济增长: 对"资源诅咒"现象的解释[J]. 管理科学学报, 2009, 12(6): 23-33.

[67] 姬晓辉, 魏婵. FDI 和环境规制对技术创新的影响: 基于中国省际面板数据分析[J]. 科技管理研究, 2017, 37(3): 35-41.

[68] 刘欣. 产业结构、企业技术创新与环境污染关系的研究[D]. 兰州: 兰州大学, 2016.

[69] 穆怀中, 范洪敏. 城市化对环境质量的影响: 基于 27 个国家面板数据的分析 [J]. 城市问题, 2016(9): 73-79.

[70] 李怡玲. 区域技术创新能力对区域环境绩效影响研究[D]. 合肥: 合肥工业大学, 2016.

[71] 曹霞, 张路蓬. 企业绿色技术创新扩散的演化博弈分析[J]. 中国人口•资源与环境, 2015, 25(7): 68-76.

[72] 唐华一. 技术创新对我国低碳经济发展的影响机制研究[D]. 南京: 南京邮电大学, 2016.

[73] 许启琪. 环境规制下绿色技术创新数理模型构建与实证检验[D]. 吉林: 吉林大学, 2015.

[74] 纪越. 环境规制强度与工业企业生产技术创新[D]. 南京: 南京师范大学, 2015.

[75] SATO R, MORITA T. Quantity or quality: the impact of labour saving innovation on us and Japanese growth rates, 1960—2004[J]. Japanese economic review, 2009, 60(4): 407-434.

[76] 张月玲, 叶阿忠. 中国的技术进步方向与技术选择: 基于要素替代弹性分析的经验研究[J]. 产业经济研究, 2014(1): 92-102.

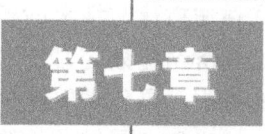

文献分析及述评

在前面六章里,分析了城市化和技术创新的概念。从不同的侧面分析城市化与资源环境、技术创新与城市化、技术创新与环境污染之间的关系。可以发现,在现有的知识体系中,地理学被钱学森称为连接自然科学与社会科学的桥梁,地理学就是研究自然和人文学科交叉界面的科学。城市,作为自然—人文—社会—经济耦合体,天然地给地理科学工作者提供了绝佳的研究样本,因此,技术创新—城市化—资源环境成果较丰硕,下面对上述文献进行综合分析及评述。

7.1 现有研究的特点及其成果

①目前的研究中,对城市化驱动力及城市化机制进行了较深入的研究。具有中国特色的城市化驱动理论初步建成。我国相关学者立足我国国情,充分吸收我国城市化进程中的经验及历史教训,总结世界上发达国家和发展中国家城市化道路的得失,形成了具有中国特色的城市化理论。首先城市化的道路在各国是不尽相同的,这涉及文化背景、发展阶段、城乡差别等。人口迁移理论、经济学解释、交通通信理论、政策与制度被视为我国城市化动力机制的基本理论。一般认为,我国城市化的动力机制有产业结构转换推动城市化、就业结构转换人口迁移、产业集聚与城市化互动促进,政府主导下的制度变迁。此外,在交通通信发展及基础设施建设、对外开放经济、全球化及我国城市化建设的推动作用下,多元城市化、科技创新驱动城市化、文化推动城市化等也成为研究的热点。

②城市化的综合效应得到了深入研究,其中在资源环境效应方面取得了较大的研究进展。一般认为,城市化的综合效应包括要素集聚效应、城市化对经济的增长效应、城市化对产业的演进效应、城市化对科技创新的刺激效应。在城市化的资源环境效应方面,从理论角度,用区域可持续发展理论、人地关系理论、协调度理论、城市化与资源环境交互耦合理论、城市复合生态系统理论加以解释。在实证方面,从一般系统的理论下建模分析城市化与资源

环境交互胁迫的过程、用熵变视角对城市化和资源环境耦合关系进行判别；EKC 在全国和省级不同尺度不同污染物进行验证；从压力—状态—响应（Pressure State Response，PSR）框架定量化资源环境对城市化的压力。

③在城市化与技术创新关系方面，从两者互动的机利方面进行有益探索。一般认为技术创新的经济结构效应、技术创新的社会结构效应、技术创新的地域结构效应等方面加快了城市化的进程。具体表现在技术创新推动经济增长，促进产业结构、经济活动在空间组织发生变化。技术创新是城市化的内在动力，其作用表现在需求结构、产业结构、要素结构调整。从另一个角度来讲，城市化促进了技术创新。其机制包括创新扩散、人力资源集聚、信息交流。技术创新具有地理集聚性，其天然特性适合在城市这一集聚之地存在并不断发展。城市具有诸多特点有利于技术创新，其表现为：城市的专业化、多样化特点，城市的人力资本优势，城市信息交流网络的优势促进了技术创新。在技术创新与城市化关系的实证方面主要是采用 VAR 模型进行格兰杰因果检验。

④技术创新与环境污染关系在理论方面从以下角度研究：从波特假说的角度研究技术创新与环境污染的关系，企业通过技术创新激发企业的创新补偿，从而实现污染减排和企业竞争力增强。从环境污染影响因素分解的角度研究技术创新对环境污染的作用，将环境污染影响因素分解为规模效应、结构效应和技术效应。从 IPAT 模型、STIRPAT 模型角度研究技术创新与环境污染的关系，这些模型中将环境污染与人口规模、人均财富程度、技术水平相联系。此外，从资源诅咒的角度，自然资源对技术创新的"挤出效应"，从基于 C-D 生产函数或者 CGE 函数，揭示技术创新对资源环境阻尼系数的影响均是该研究领域的亮点。

不得不提的是，从技术创新负外部性和技术创新的异化角度，分析技术创新不一定自动导致环境的改善；经济发展的阶段性、环境规制、产业结构等因素影响技术创新对环境污染的作用表现。由此延伸出绿色技术创新、浅绿色技术创新。一般认为，绿色技术既包括减少环境污染、改善生态的技术，也包括资源节约技术。绿色技术创新包含末端治理技术创新、绿色工艺创新和绿色产品创新。科技创新在资源环境改善中的作用，主要表现在产业技术创新从而表现在前端的结构调整方面的减排效应、清洁生产技术从而表现在中端的减排效应、末端治理技术从而表现在末端治理的污染减排效应。在实证方面评估科技创新的绿色度，进行科技创新的绿色审计，从科技创新的角度研究环境效率均是研究的亮点。因此，从绿色技术的角度研究科技创新与环境污染的关系，拓展了研究的范围和深度。

⑤从研究方法看，主要是从理论演绎推导和机制分析，总体上来看是理论—假设—实证—理论的研究范式。从方法上看，从 20 世纪 80 年代的相关分析、因子分析、聚类分析、重力模型等简单的计量分析，转向分析生态足迹、神经网络、基于主体建模（ABM）、系统动力学（SD）、向量自回归（VAR）、门槛回归（Threshold Regression）、空间计量模型（Spatial Econometric Model）等方法。

⑥研究内容的社会化。城市地理与社会性、人文科学交融，即城市地理学与城市社会性融合。注重从微观个体的社会行为去观测城市宏观的变化。如从城市失地农民的可持续生计评估（Sustainable Livelihoolds Evaluation）、福祉（Well-Being）、社会服务（Social Service）。

7.2 现有研究的不足及其缺陷

①较多关注城市化对资源环境的影响，对于资源环境对城市化的约束定量化研究还不足。技术创新与城市化之间有双向反馈作用。目前的实证研究较多，从机制及模型来讲，研究不够深入。在目前的研究中，城市化过程中科技创新对资源环境束缚效应的缓解作用的分析还不够深入。

②在总体研究的思路和方法上，主要存在两个不足之处：一是重现象描述轻理论归纳。目前尚没有形成较统一的有影响力的体系完整的理论；二是实证数据的权威性、地域性。往往采用局部的数据来实证，其结论对不同尺度、不同地域的实际情况是否吻合值得商榷，其结论往往具有偶然性。

③较多关注静态研究，动态研究不足。从目前的仿真模拟来讲，基于系统动力学的 SD 模拟较多、以时间维度的研究较多。但是对城市区域空间在技术创新驱动下的生态环境效应研究较为薄弱。

④对低碳城市、生态城市、智慧城市等新型城市化发展模式的研究尚不够深入，不同资源禀赋下，各种范式的城市化的驱动路径、评价标准等需要进一步深入研究。

⑤城市人文过程与机制研究。城市地理的社会转向、文化转向，从微观个体的社会行为观察宏观的资源环境变化，可能更真实、更有说服力。城市行为地理学受到越来越多的研究者的青睐。大数据给城市行为地理学提供了丰富的研究素材，个人、家庭、社区微观主体的交通出行、购物行为、休闲行为等，在基于主体建模（ABM）技术的支撑下，可以更好地解释区域环境差异及人地关系的微观机制。

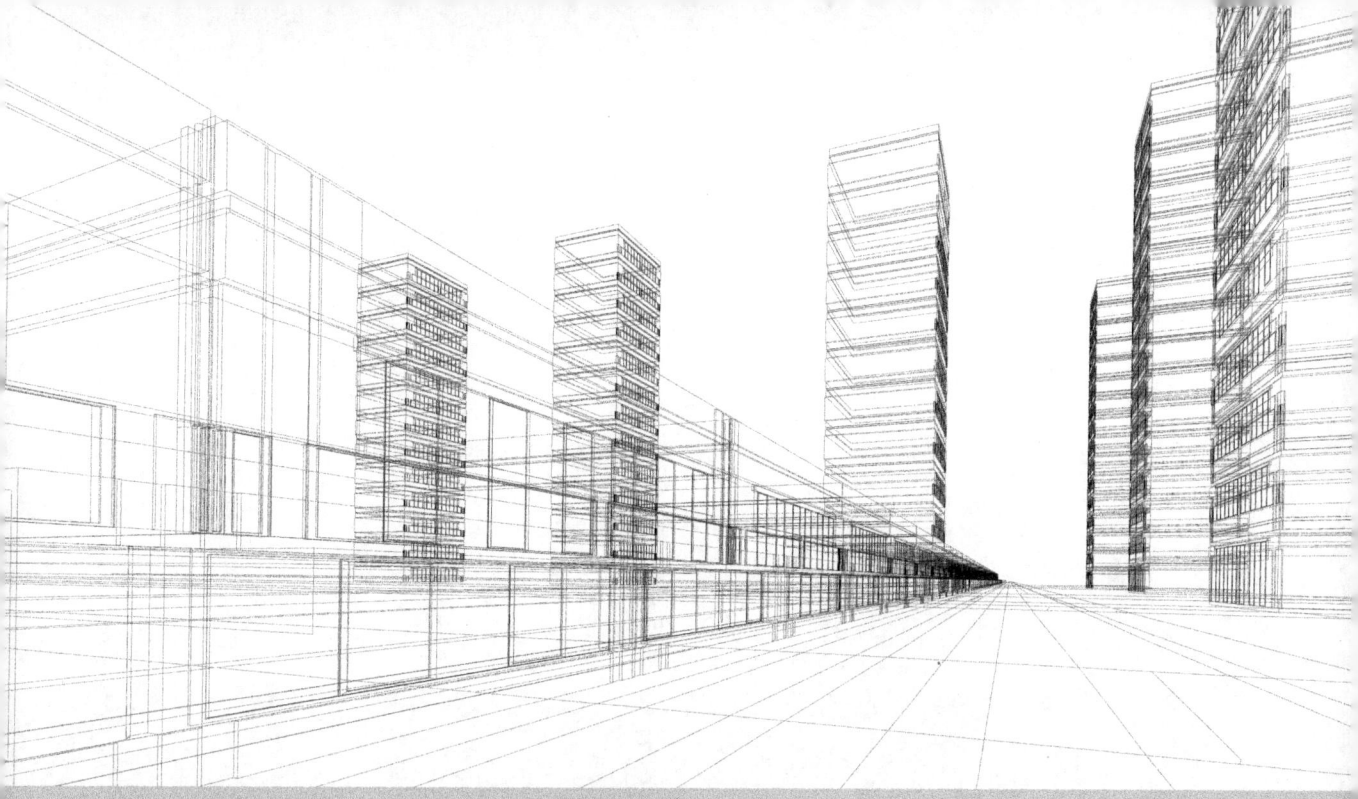

第三篇

技术创新—城市化—环境污染实证分析

第八章

城市化过程中资源环境压力测度与分析

城市是在一定承载力的约束下的人口—资源—环境—经济系统。城市是人口高度集中、资源消耗强度大、环境污染负荷高的区域。城市承载力（Urban Carrying Capacity）体现了土地资源、水资源等自然资源对城市的约束和支撑。从城市化的概念出发，社会城市化往往包含了城市生活的便捷、舒适，因此，城市承载力也包含了社会资源承载力。开展城市区域资源环境承载能力监测预警、测度城市区域资源环境压力，是有效管控城市区域开发强度、走健康城市化、绿色城市化的前提和保障。

本章在构建城市化与资源环境综合评价指标体系基础上，采用突变级数获得武汉市城市化综合指数，通过熵权法获得武汉市资源环境指数，并在环境承载量的概念上，计算武汉市城市化过程中的资源环境压力指数。通过灰色关联度模型和基于系统理论的动态耦合模型分析城市化和资源环境压力指数间的关系。

8.1 城市化过程中资源环境压力测度研究综述

党的十八大以后，区域（特别是城市区域）资源环境承载能力受到了从政府管理部门到学者的广泛关注。2016 年 9 月，发展改革委、中国科学院等 13 部委联合下发"关于印发《资源环境承载能力监测预警技术方法(试行)》的通知"(发改规划〔2016〕2043 号)[1]，在该文件中，明确了资源环境承载能力等基本概念，提出了资源环境承载能力监测预警的指标体系、指标算法与参考阈值、超载成因解析等具体的技术方法。2017 年 9 月，中共中央办公厅、国务院办公厅印发了《关于建立资源环境承载能力监测预警长效机制的若干意见》[2]，明确将资源环境承载能力分为超载、临界超载、不超载 3 个等级。

目前测度城市化过程中资源环境压力主要有 5 种方法[3]：即生态足迹分析法（Ecological Footprint，EF）、能值分析法（Emergy Analysis，EMA）、压力—状态—响应框架体系（Pressure State Response，PSR）、投入产出法（Input-output Method）、资源环境压力指数法（Resources and Environment Pressure Index，REPI）。由于投入产出法在城市化过程中资源环境压力方面应用减少，下面主要介绍以下 4 种方法。

①生态足迹的目的，就是计算城市区域在满足一定生活质量的人口前提下，需要多少具有生物生产力的地域空间（生态系统）。生态系统一方面提供资源；另一方面可以消纳废物。生态足迹通过生态占用将人口与生态系统联系起来，从而建立适当的承载力（Appropriated Carrying Capacity）。自加拿大生态经济学家 W. E. Rees 于 1992 年提出生态足迹概念后，该方法已经得到广泛的应用[4]。国内郗希等采用发达国家及发展中国家的生态足迹、生态承载力、城市化率等面板数据，通过计量分析显示人口规模不同，人均生态足迹不同[5]。李炳意等采用生态足迹综合法账户方法，引入万元 GDP 生态足迹指标，对典型资源型城市——晋城市的可持续发展进行研究[6]。

②能值分析法是美国著名系统生态学家 H. T. Odum 在能值（Emergy）概念基础上发展起来的[7]。该方法将能量的值统一转换为太阳能值（Solar Emergy），其单位为太阳能焦耳（Solar Emjoules，SEJ）。隋春花等将城市自然—经济—社会作为复合生态系统，介绍了能值方法（EMA）在城市生态系统定量研究的原理和步骤[8]。刘耕源等从生物物理的视角，从对污染物自净和污染物对生态系统和经济系统损害定量化两个方面，对城市生态系统代谢进行了系统研究[9-10]。

③压力—状态—响应框架体系（PSR），是评价生态系统健康质量的常用方法。最初是由加拿大统计学家 Rapport 和 Friend 于 1979 年提出的[11]，后由 OECD 作为规范文件发布[12]。除此之外 DSR（Driving force-State-Response）、DPSIR（Driver-Pressure-State-Impact-Response）等分析框架也得到了发展[13]。张晓琴等采用 PSR 方法对兰州城市生态系统健康进行研究[14]，肖贵蓉等采用 DPSIR 方法，结合熵权法与 TOPSIS 法确定指标权重，对太原市绿色转型发展进行评价[15]。

④资源环境压力指数法一般由资源能源消耗分指数和环境污染分指数，通过赋权复合而成[3]。也有研究者将资源环境压力指数称为生态环境压力指数[16-17]。白俊燕等采用因子分析法从人口、经济、生活方式、空间 4 个方面评价渭南市城市化水平，采用环境污染指数（具体包含工业废水排放量、工业 SO_2 排放量、工业烟尘排放量）和资源能源消耗指标（水资源消耗量、电资源消耗量、煤气消耗量、液化石油气消耗量）组成生态环境压力指数[18]。张雅洁等安徽省资源环境压力评价指标时，其资源压力由人口密度、人均用水量、人均用电量等 6 个子做指标构成，环境压力由工业废水排放量、工业废气排放量、碳排放量等 6 个子指标构成[19]。

分析国内外城市资源环境压力测度方法，目前主要存在以下主要问题：①生态足迹方法主要是转换为陆地和水域面积，但是真实的生态系统也包含一定大气圈，因此，生态足迹方法没有考虑大气污染物的影响。②在采用综合指数法时，主要存在主观赋权的问题。不同环境要素的权重如何确定，存在一定的主观性。③总地来说，对一定的区域来讲，如果不从区域环境容量（承载力）来计算环境压力，则计算出来的结果难以综合反映区域真实的环境压力，而且也是静态的时点数据，不能从动态的角度反映城市生态系统的健康状况。

8.2 城市化过程中资源环境压力测度与分析

城市化过程中与资源环境对立统一关系日益引起了学界广泛关注。国际全球环境变化人文因素计划（IHDP）的核心研究内容是城市化与全球环境变化（UGEC）的相互关系[20]。我国"十三五"规划提出，到 2020 年内地常住人口城镇化率、户籍人口城镇化率分别要达到 60%和 45%左右。但在推进城镇化过程中也暴露出了诸多问题，如城市化往往导致资源过度损耗、生态环境恶化，另外，资源环境对城市化过程的约束进一步加强。

从研究视野来看，城市化过程中环境质量效应[21]、快速城市化进程中的碳排放管理[22]、城市扩张驱动机理与模拟预测[23]、基于大数据的数字城市手段分析城市化格局动态[24]、城市脆弱性评价方法[25]等引起了学者的重点关注。

在理论探索上，美国经济学家 Grossman 与 Krueger 证明了城市生态环境的质量随城市化的增长呈现倒 U 形的变化规律，认为城市化水平与城市生态环境遵循环境库兹涅茨曲线（EKC）[26]；基于脱钩理论(Decoupling Theory)的脱钩指数，将经济增长与资源环境之间分为耦合、相对脱钩、绝对脱钩 3 种状态[27]；方创琳等认为城市化与环境的耦合度函数是 EKC 和对数曲线的逻辑复合，由此计算出城市化过程中水资源约束强度[28]。此外，灰色关联分析建立的关联度模型和耦合度模型[29]、结构方程模型（Structural Equation Modeling, SEM）[30]、投入产出模型也被用来研究城市化与资源环境之间的互馈关系。

综上文献所述，目前城市化与资源环境间的相互关系研究存在以下问题：①研究快速城市化对资源环境的影响较多，但研究资源环境对城市化的胁迫效应及制动效应较少。②从研究方法上较多注重指标的框架体系建立，非线性的动态评估模型较少。基于主体建模的仿真系统分析城市化和资源环境交互作用的文献报道较少。③资源环境压力测度方面，资源环境压力指标与城市化之间缺乏内在逻辑证据和因果链条，指标设立随意性较大，缺乏一致的、科学的、合理的综合测度指标体系。

武汉市是中部核心城市，是湖北省经济发展的增长极，也是我国中部崛起的重要战略支点。在资源环境对城市化约束进一步加大的背景下，本研究的主要内容是：①从人口、经济、土地、社会城市化 4 个方面构建指标体系，运用突变级数法对武汉市城市化进行分析；②从城市是资源—环境—经济—社会系统出发，构建了武汉市资源环境评价体系；③在上述基础上用灰色关联方法及动态耦合模型，研究武汉市城市化与资源环境之间的胁迫耦合关系。

8.2.1 研究方法和数据来源

8.2.1.1 城市化综合指标体系的构建

城市化既包括城乡地域和人口比重的变化，也包括社会关系、经济结构、生活方式、价值观念的变化[12]。根据武汉市城市化的实际情况，构建了武汉市城市化指标体系如表 8.1 所示。

陈明星等[31]以人口、经济、社会、土地 4 个方面，构建中国城市化水平的综合评价指标体系；王洋等以人口城镇化、经济城镇化、社会城镇化为指标体系探索城镇化的综合发展水平[32]。在本研究中，认为人口城市化是城市化的核心，体现了城市化的人口迁移和聚集；经济城市化是城市化的支撑，体现了城市化的动力；土地城市化是城市化的载体，体现了城市化空间效应；社会城市化是生活方式的转变，体现了城市化的高级属性。

表 8.1 武汉市城市化综合指标体系

系统层 U	因素层 B	指标层 C	
城市化水平综合指标	人口城市化 B_1	城镇人口比重（%）	$x1$
		城镇人口规模（万人）	$x2$
		第二和第三产业就业人口（万人）	$x3$
		建成区人口密度（人/km²）	$x4$
	经济城市化 B_2	人均 GDP（元）	$x5$
		第二和第三产业 GDP 比重（%）	$x6$
		第二和第三产业增加值（亿元）	$x7$
		工业总产值（亿元）	$x8$
	土地城市化 B_3	建成区面积（km²）	$x9$
		人均建成区面积（km²/万人）	$x10$
		人均绿地面积（m²）	$x11$
		人均铺装道路面积（m²）	$x12$
	社会城市化 B_4	人均用电量（千瓦时/人）	$x13$
		每万人在校大学生（人）	$x14$
		每万人口医生数（人）	$x15$
		每万人口医院床位数（张）	$x16$

8.2.1.2 运用突变级数法求城市化综合指数

突变级数法是在法国数学家雷内托姆（R. Thom）突变论的基础上，对评价目标进行综合排序的一种综合评价的方法。该方法有状态变量和控制变量组成，一般控制变量不超过4个。在形成突变模糊隶属函数后进行综合评价[33]。突变级数法的特点是不对指标的权重主观赋权，按照内在的逻辑关系对各评价指标的相对重要性进行排序，从而减少了评价过程中的主观性[34]。

为了消除指标的取值大小和量纲不一致的影响，在用突变级数法之前，采用百分比标准化方法对数据做标准化处理。对正向指标的计算如式（8.1）所示：

$$x' = \frac{x}{\max} ; \tag{8.1}$$

对负向指标的计算如式（8.2）所示：

$$x' = 1 - \frac{x}{\max} , \tag{8.2}$$

式中，max 为指标的最大值。多目标决策所涉及突变类型一般有 7 种，常见的突变模型主要有 3 种：尖点突变系统、燕尾突变系统、蝴蝶突变系统。因为本研究中城市化指标体系均有4 个子指标，故评价系统为蝴蝶突变模型，如式（8.3）所示：

$$f(x) = \frac{1}{6}x^6 + \frac{1}{4}ux^4 + \frac{1}{3}vx^3 + \frac{1}{2}wx^2 + tx , \tag{8.3}$$

式中，$f(x)$ 为势函数；x 为状态变量；u、v、w、t 为该状态变量 x 的控制变量。

对势函数先进行一阶求导，再进行二阶求导消去 x，即由 $f'(x)=0$ 和 $f''(x)=0$ 联立方程消去 x，得到突变系统的分歧点集方程。蝴蝶突变分歧点集方程：$u=-10x^2$，$v=20x^3$，

$w = -15x^4$，$t = 4x^5$，则归一方程如式（8.4）所示：

$$x_u = u^{1/2}, \ x_v = v^{1/3}, \ x_w = w^{1/4}, \ x_t = t^{1/5} 。 \tag{8.4}$$

8.2.1.3 资源环境指标体系的构建

资源环境对城市化的约束主要集中在土地资源、水资源和生态环境质量方面。在资源环境指标体系构建上，付云鹏等用资源供给、环境污染、环境治理构建资源环境指标体系[35]；冯东海等用大气环境、水环境、废弃物处理、绿化水平构建生态环境指标体系[36]。借鉴《资源环境承载能力监测预警技术方法（试行）》中的关键指标体系，结合武汉市资源环境压力的实际情况，构建资源环境指数 R，总共包括 6 个分指标，分别是土地资源指数、水资源指数、生态环境综合指数、医疗资源指数、教育资源指数、交通资源指数[37]（表 8.2）。

表 8.2　武汉市资源环境指标体系

资源环境压力指数	代码	对应评价指标
土地资源指数	LRI	人均拥有土地面积
水资源指数	WRI	人均水资源量
生态环境综合指数	ECI	反映工业、交通、生活污染排放情况（含 4 项指标）
医疗资源指数	MRI	万人医生数
教育资源指数	ERI	生师比
交通资源指数	TRI	万人拥有公交车数

8.2.1.4 运用熵权法计算资源环境指数

熵权法是在香农（C. E. Shannon）信息熵理论基础上发展起来的确定指标权重的一种方法[38]。其主要过程为：①指标数据[0，1]标准化。对正向指标：$X_{ij} = (x_{ij} - \min) / (\max - \min)$，对负向指标 $X_{ij} = (\max - x_{ij}) / (\max - \min)$。式中，$X_{ij}$ 表示第 i 年第 j 项指标的标准化值；x_{ij} 表示第 i 年第 j 项指标的原始值。max、min 分别是第 j 项指标的最大值、最小值。②计算第 i 年第 j 项指标值的比重：$p_{ij} = X_{ij} \Big/ \sum\limits_{i=1}^{m} X_{ij}$。③计算第 j 个指标信息熵：$e_j = -(\ln m)^{-1} \sum\limits_{t=1}^{m} p_{ij} \ln p_{ij}$。如 $p_{ij}=0$，则令 $p_{ij} \ln p_{ij} = 0$。④计算第 j 个指标的熵权重：$w_j = (1 - e_j) \Big/ \sum\limits_{j=1}^{n} (1 - e_j)$。⑤计算综合得分：$S_{ij} = X_{ij} \times \sum\limits_{i=1}^{m} w_j$。

8.2.1.5 数据来源和数据处理软件

本研究数据主要来源于武汉市统计年鉴（2004—2013 年）、湖北省统计年鉴（2004—2013 年）、武汉市国民经济和社会发展统计公报（2004—2013 年）、武汉市环境状况公报（2004—2013 年）。城市化综合指标 U 与资源环境指数 R 的关联度用 DPS 数据处理系统 V15.10 计算。

8.2.2 结果分析与讨论

8.2.2.1 武汉市城市化综合指数

武汉市城市化指标体系中 2004—2013 年的原始数据经过[0，1]标准化后，利用归一公式，计算各层指标，并进行综合计算。在进行综合计算评价时应注意"互补"和"非互补"原则，如果在同一个对象的控制变量之间关联度较为明显，就将这种控制变量叫作"互补"型，否则就称为"非互补"型。计算互补型指标，则按平均值法取值；在计算非互补型指标时，应按照"大中取小"的原则。

以 2004 年为例，详细计算过程如下：C_1，C_2，C_3，C_4 构成蝴蝶突变模型，按照互补原则：

$$x_{B_1} = (x_{C_1}^{1/2} + x_{C_2}^{1/3} + x_{C_3}^{1/4} + x_{C_4}^{1/5})/4 = (0.8760^{1/2} + 0.6486^{1/3} + 0.8294^{1/4} + 0.4594^{1/5})/4 = 0.9030 。 \tag{8.5}$$

按照蝴蝶突变模型及互补原则，同理可以计算出：

$$x_{B_2} = 0.7205, \quad x_{B_3} = 0.7075, \quad x_{B_4} = 0.8601， \tag{8.6}$$

B_1，B_2，B_3，B_4 构成蝴蝶突变模型，继续按互补原则：

$$U = (x_{B_1}^{1/2} + x_{B_2}^{1/3} + x_{B_3}^{1/4} + x_{B_4}^{1/5})/4 = (0.9030^{1/2} + 0.7205^{1/3} + 0.7075^{1/4} + 0.8601^{1/5})/4 = 0.9335 。 \tag{8.7}$$

用同样的方法计算出其他年份的城市化综合指数 U，最终结果如图 8.1 所示。

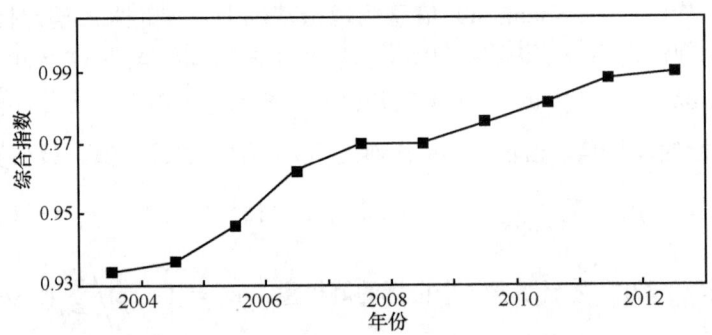

图 8.1　2004—2013 年武汉市城市化综合指数

由图 8.1 可以看出，武汉市的城市化综合指数逐年增高，尤其是 2005—2007 年城市化水平的增速相对较快。在本研究中，采用突变级数法得到的是武汉市城市化综合指数，其值与统计标准的我国城镇化率有较大差别。突变级数法是按内在逻辑关系对评价体系中指标间的重要程度进行排序，并给出最下层指标的模糊隶属度值。而上一层的模糊隶属度值是由从底层逐级计算得出的。已见报道的用突变级数法评价城市化水平的文献中，康江江等对太原经济圈城镇化水平研究中，经济圈中娄烦县该值最小为 0.8093，太原市该值最大为 0.9868[39]。范斐用该方法对辽宁沿海经济带城市化水平进行评价，其值范围在 0.134~0.822[40]。李艳等用突变级数法评价广东省生态系统健康时,尽管突变级数法得分均大于加权平均分得分,但是由突变级数法得出的健康排序与真实情况一致,这说明了突变级数法评价的客观性[41]。

8.2.2.2 武汉市资源环境指数

按照熵权法的计算公式,得到武汉市资源环境各指标的信息熵、冗余度及权重(表 8.3)。按照表 8.3 的权重及各对应评价指标归一化的值,得到可以得到 2004—2013 年武汉市不同年份的资源环境指数及土地、水资源、生态环境、医疗资源、教育资源、交通资源指数(表 8.4)。

表 8.3 权重计算

资源环境压力指数	代码	对应评价指标		信息熵	冗余度	权重
土地资源指数	LRI	人均拥有土地面积	$y1$	0.781	0.219	0.232
水资源指数	WRI	人均水资源量	$y2$	0.894	0.106	0.113
生态环境指数	ECI	废水排放总量	$y3$	0.925	0.075	0.080
		烟尘排放总量	$y4$	0.911	0.089	0.095
		SO_2 排放总量	$y5$	0.901	0.099	0.105
		生态环境指数组成	$y6$	0.924	0.076	0.080
医疗资源指数	MRI	万人医生数	$y7$	0.912	0.088	0.094
教育资源指数	ERI	基础教育生师比	$y8$	0.891	0.109	0.116
交通资源指数	TRI	万人拥有公交车数	$y9$	0.921	0.079	0.084

表 8.4 2004—2013 年武汉市资源环境指数

年份	资源环境综合指数	土地资源指数	水资源指数	生态环境指数	医疗资源指数	教育资源指数	交通资源指数
2004 年	0.813	0.224	0.100	0.187	0.141	0.078	0.083
2005 年	0.898	0.221	0.110	0.237	0.14	0.104	0.083
2006 年	0.760	0.218	0.056	0.192	0.128	0.075	0.063
2007 年	0.821	0.215	0.124	0.208	0.125	0.074	0.042
2008 年	0.878	0.214	0.128	0.309	0.108	0.072	0.080
2009 年	0.786	0.208	0.090	0.279	0.106	0.07	0.076
2010 年	0.853	0.204	0.169	0.356	0.076	0.062	0.074
2011 年	0.706	0.201	0.077	0.282	0.068	0.059	0.083
2012 年	0.624	0.200	0.056	0.213	0.057	0.058	0.116
2013 年	0.997	0.200	0.081	0.344	0.047	0.174	0.127

资源环境能否为城市化提供支撑,城市化对资源环境的胁迫,可以用资源环境压力指数来表示。一般可以用资源环境压力方程 IPAT 来进行分析。在本研究中从环境承载量的概念出发,用式(8.8)定义资源环境压力:

$$P=1-R, \tag{8.8}$$

式中，P 为资源环境压力指数，R 为资源环境指数。

从表 8.3 可以看出，人均拥有土地面积、基础教育生师比、人均水资源量对资源环境影响的权重较大，分别为 0.232、0.116、0.113，其权重总共占到了 46.1%。从表 8.4 来看，资源环境指数在研究期内呈现波动中上升的趋势。最小值出现在 2012 年，最大值出现在 2013 年。2006—2010 年资源环境指数上升较快，2010—2012 年出现资源环境指数下降较快，2012 年以后呈现上升的趋势。在分指标中，环境指数、教育指数、交通指数得到改善；医疗资源指数呈现下降；土地资源指数与起始年份 2004 年保持不变。

分析 2010—2012 年资源环境指数下降的原因，2013 年资源环境指数上升的原因，主要是权重相对较大的分指标的变化引起的。从表 8.3 各分指标的权重列，可以看出人均拥有土地面积、基础教育生师比、人均水资源量对资源环境影响的权重较大。从表 8.4 中环境指数这一列可以看出，2013 年环境质量得到改善。2013 年，武汉市工业 SO_2 排放 9.62 万吨，较 2012 年下降 3.90%；工业废水排放量 1.88 亿吨，较上年下降 10.1%；工业烟（粉）尘排放总量 1.98 万吨，较上年下降 2.46%；一般工业固体废物产生量 1381.55 万吨，较上年下降 0.1%；武汉市工业废气排放总量 5632.42 亿标立方米，较上年下降 6.48%，体现了污染物减排、环境治理的成效。

8.2.2.3 灰色关联度模型分析

设反映各要素变化特征的数据序列分别为 $\{x_1(t), x_2(t), \cdots, x_m(t)\}$，因素 x_i 对 x_j 在 t 时刻关联系数 $\xi_{ij}(t)$ 定义如式（8.9）所示：

$$\xi_{ij}(t) = \frac{\min_i \min_j |x_i(t) - x_j(t)| + \rho \max_i \max_j |x_i(t) - x_j(t)|}{|x_i(t) - x_j(t)| + \rho \max_i \max_j |x_i(t) - x_j(t)|}, \tag{8.9}$$

式中，ρ 为 [0, 1] 区间上的分辨系数，在本研究中该值为 0.5。

关联系数 ξ_{ij} 对样本总数 k 求平均值，计算出来的是相关的关联度矩阵 μ，μ_{ij} 计算如式（8.10）所示：

$$\mu_{ij} = \frac{1}{k} \sum_{i=1}^{k} \xi_{ij}(t) 。 \tag{8.10}$$

对关联度排序，可以得到对某一对象的影响程度大小，关联度越小，指标间耦合度就越低。当 $0 < \mu_{ij} \leq 0.35$ 时关联性为弱，两个体系指标间的耦合性弱；当 $0.35 < \mu_{ij} \leq 0.65$ 时关联性为中，两个体系指标间为中等的耦合性；当 $0.65 < \mu_{ij} \leq 0.85$ 时是具有较强的关联性，两个指标体系之间具有较强的耦合性；当 $0.85 < \mu_{ij} < 1$ 时，关联性极强，耦合作用非常强[42]。根据上述公式得出城市化水平和资源环境间的关联度矩阵如表 8.5 所示。

从表 8.5 可以看出：①关联度值在 0.480~0.911，按上述分类标准，耦合度大都为中等和较强这两个范围。资源环境指标体系中，烟尘排放总量（$y4$）与城镇人口规模（$x2$）、人均 GDP（$x5$）、工业总产值（$x8$）、建成区面积（$x9$）、人均用电量（$x13$）均表现极强的耦合性（大于 0.85）。②对关联度矩阵各行求平均值，计算得出的是城市化水平各分指标同资源环境的关联度；对关联度矩阵各列求平均值，计算得出的是资源环境各分指标同城市化水平的关联度。从行均值来看，人均绿地面积与资源环境的关联度最大为 0.714。③从列平均值来看，烟尘排放总量与城市化水平的耦合作用最强为 0.779。

表 8.5 关联度矩阵

		资源环境综合指标体系									
		y1	y2	y3	y4	y5	y6	y7	y8	y9	行均值
城市化综合指标体系	x1	0.568	0.610	0.788	0.842	0.769	0.676	0.561	0.767	0.818	0.711
	x2	0.525	0.614	0.787	0.887	0.844	0.684	0.571	0.694	0.743	0.705
	x3	0.685	0.739	0.612	0.539	0.480	0.606	0.809	0.740	0.613	0.647
	x4	0.552	0.629	0.747	0.819	0.737	0.675	0.543	0.697	0.689	0.676
	x5	0.553	0.611	0.793	0.868	0.819	0.639	0.545	0.734	0.781	0.705
	x6	0.547	0.619	0.781	0.716	0.824	0.662	0.544	0.719	0.738	0.700
	x7	0.558	0.612	0.790	0.661	0.808	0.638	0.542	0.740	0.784	0.704
	x8	0.539	0.607	0.784	0.902	0.826	0.662	0.564	0.719	0.771	0.708
	x9	0.551	0.651	0.819	0.911	0.816	0.671	0.567	0.694	0.712	0.710
	x10	0.592	0.650	0.783	0.837	0.790	0.711	0.580	0.679	0.677	0.700
	x11	0.549	0.622	0.813	0.662	0.798	0.667	0.576	0.707	0.737	0.714
	x12	0.538	0.615	0.825	0.573	0.789	0.706	0.572	0.714	0.716	0.705
	x13	0.544	0.614	0.795	0.888	0.814	0.653	0.548	0.725	0.766	0.705
	x14	0.562	0.659	0.738	0.775	0.728	0.625	0.642	0.712	0.731	0.686
	x15	0.563	0.621	0.767	0.834	0.810	0.624	0.528	0.741	0.778	0.696
	x16	0.600	0.679	0.741	0.744	0.794	0.645	0.589	0.740	0.756	0.698
	列均值	0.564	0.634	0.772	0.779	0.778	0.659	0.580	0.720	0.738	

8.2.2.4 武汉市城市化与资源环境耦合协调度分析

目前测度协调度的方法有耦合协调度模型[43]、灰色关联度模型[44]、熵变方程模型[45]。这些方法都存在一定的缺点。例如，耦合协调度模型数据标准化时所取的上下限值，有的参考国家标准值，有的取极大、极小值，有的取规划值。不同的取值导致相同的原始数据得到的结果不同。此外，对于耦合协调等级的划分，缺乏统一标准及客观依据。

在本研究中由城市化与资源环境组成的复杂系统 V，根据贝塔兰菲（L. V. Bertalanffy）的一般系统理论，其系统的演化速度可以看成下列函数[46-47]，通过分析 V_U 和 V_R 的变化来研究城市化与资源环境之间的协调关系，如式（8.11）所示：

$$V = f(V_U, V_R), \tag{8.11}$$

式中，V_U 是城市化的速率，V_R 是资源环境变化的速率。其中 U、R 分别是城市化和资源环境的函数，可以通过对曲线进行非线性拟合。系统 V 满足组合 S 形发展机制，根据 V_U、V_R 取值大小，可以建立二维平面(V_U, V_R)来反映它们的关系。

耦合度 α 可以根据 arctg(V_U/V_R)来得到。α 值可以反映城市化过程与资源环境协调发展的相互耦合关系。①当 $V_U<0$，$V_R>0$，$-90°<\alpha\leq0°$，α=arctg（V_U/V_R），系统处于低级协调共生阶段；②当 $V_U>0$，$V_R>0$，此时 $0°<\alpha\leq90°$，α=arctg（V_U/V_R），系统处于协调发展阶；③当 $V_U>0$，

$V_R<0$,此时 $90°<\alpha\leq180°$,$\alpha=180°+\mathrm{arctg}(V_U/V_R)$,系统处于冲突阶段;④当 $V_U<0$,$V_R<0$,此时$-180°<\alpha\leq-90°$,$\alpha=-180°+\mathrm{arctg}(V_U/V_R)$,系统处于衰退阶段(图 8.2)。

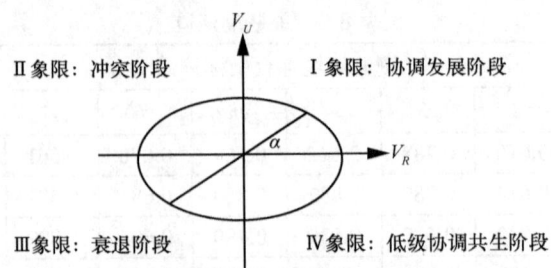

图 8.2 城市化进程与资源环境变化的耦合发展过程

城市化与资源环境与时间关系的曲线,经过非线性拟合,其方程如式(8.12)和式(8.13)所示:

$$U = 4\mathrm{E}\text{-}05x^4-0.0008x^3+0.0058x^2-0.0056x+0.9333,$$
$$U^2=0.984, \tag{8.12}$$

$$R= 6\mathrm{E}\text{-}06x^6+0.0004x^5-0.0128x^4+0.1248x^3-0.5228x^2+0.9271x+0.3014,$$
$$R^2=0.861。\tag{8.13}$$

计算得到的 2004—2013 年的 V_U、V_R,tgα 和 α 如表 8.6 所示。2004—2013 年武汉市城市化与资源环境耦合曲线如图 8.3 所示。

表 8.6 2004—2013 年武汉市城市化与资源环境耦合度

年份	2004年	2005年	2006年	2007年	2008年	2009年	2010年	2011年	2012年	2013年
V_U	0.004	0.009	0.012	0.013	0.012	0.012	0.013	0.016	0.021	0.030
V_R	0.232	−0.123	−0.072	0.041	0.057	−0.053	−0.246	−0.465	−0.694	−1.020
tg(V_U/V_R)	0.015	−0.158	−0.375	0.167	0.076	−0.226	−0.053	−0.034	−0.030	0.015
耦合度	0.9	171.0	159.4	9.5	4.3	167.2	177.0	178.0	178.3	0.9
耦合判断	I	II	II	I	I	II	II	II	II	II

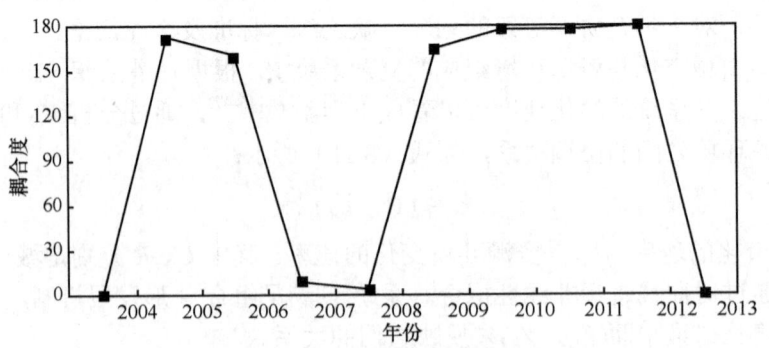

图 8.3 2004—2013 年武汉市城市化与资源环境耦合曲线

从表 8.6 和图 8.3 中可以看出,2004—2013 年武汉市城市化与生态环境耦合可以划分为

4个阶段：2004年为第1阶段即协调发展阶段，此时耦合度在第Ⅰ象限。在这一时期，城市化发展与资源环境向协调方向发展，城市化对生态环境的影响较小，资源环境对城市化约束也较小。2005—2006年为第2阶段即冲突阶段，此时耦合度在第Ⅱ象限。在这一阶段城市化在提高的同时，资源环境质量在下降。表明在快速城市化过程中，对资源的索取及对环境的破坏加大。2007—2008年为第3阶段即协调发展阶段。2009—2013年为第4阶段即冲突阶段。从以上分析可以看出，从2004—2013年武汉市城市化—资源环境耦合总体呈现协调—冲突—协调—冲突的趋势。在此期间只有3年资源环境发展与城市化处于协调状态，其他年份表现为冲突状态，在城市化发展的同时，与资源环境的矛盾也在加剧。

分析2004—2013年武汉市城市化与资源环境的耦合曲线，总体上呈现先上升后下降，再上升下降的M形曲线特征，甘静等在研究松花江流域产业系统与环境耦合时也呈现M形曲线特征[48]。城市化与资源环境耦合的曲线体现了两者之间的"协同制动"关系。耦合系统阈值理论认为资源环境与城市化，在较长的时期来看，其是一个螺旋上升的S形曲线连接的形状，反映了资源环境对系统的负向调节作用及胁迫作用。在本研究中耦合曲线曲线为M形，没有表现为螺旋上升的S形，说明系统互馈中，耦合度没有得到提升，而对于系统的耦合度提升，需要系统施加的调节作用，如环境规制、绿色技术的推广等，显示在这方面武汉市还需进一步加大力度。武汉市2004年协调发展阶段，即城市化对生态环境的影响较小，认为是2003年"非典"疫情对城市化的滞后期影响。2005—2006年项目兴市，2005年武汉市GDP为2238亿元，较上年增长14.7%，2006年GDP为2590.00亿元，比上年增长14.8%，依靠项目及投资拉动的粗放型增长方式对资源环境压力增大；2007—2008年亚洲金融风暴的影响及环境治理及生态城市的建设，城市化与资源环境的冲突有所协调。2009—2013年武汉市城市化率加快，武汉市城市化率2011年、2012年和2013年分别达到78.71%、79.23%和79.28%，这说明在快速城市化过程中，资源环境的承载能力亟待提升，也反映了城市化的发展，也可能出现系统耦合度下降的现象。

8.3 本章小结

快速城市化对生态环境和资源的剥夺及资源环境对城市化的约束是国内外近年来研究的热点问题。测度城市化过程中对资源环境压力及判别两者间的动态耦合类型对指导健康城市化具有积极意义。本研究首先构建了包含16个子指标的城市化综合指标体系和9个子指标的资源环境压力综合指标体系。采用突变级数法模型计算了城市化综合指数；用熵权法计算了资源环境压力指数。采用灰色关联度模型计算了城市化综合指标体系和资源环境压力综合指标体系的关联度。采用一般系统理论，建立了城市化与资源环境耦合模型，对2004—2013年武汉市城市化与生态环境的耦合度及类型进行了分析判别。结果表明：①武汉市的城市化综合指数逐年增高，尤其是2005—2007年城市化水平的增速较快。②关联度值在0.480～0.911，耦合度大部分都在中等和较强这两个范围内。烟尘排放总量与工业总产值、建成区面积、人均用电量、人均GDP、城镇人口规模均表现出极强的耦合性（大于0.85）。在各城市化子指标中，城镇人口比重与资源环境的关联度最大；在资源环境子指标中，烟尘排放量与城市化水平的耦合作用最强。③基于一般系统论（General System Theory）的动态耦合模型反映了城市化—资源环境系统的动态反馈过程。2004—2013 年，武汉市经历了协调—冲突—协调—冲突 4 个阶段。结果显示，武汉市城市化—资源环境系统随着城市化的推进，城市化与资源环境的矛盾进一步显现。

参 考 文 献

[1] 樊杰. 资源环境承载力专题序言[J]. 地理科学进展, 2017, 36(3): 265.

[2] 中共中央办公厅　国务院办公厅印发《关于建立资源环境承载能力监测预警长效机制的若干意见》[EB/OL].（2017-09-20）[2018–02–06].http://www.gov.cn/zhengce/2017-09/20/content_5226466.htm.

[3] 唐志强. 河西走廊城镇化进程中的资源环境压力定量测评研究[J]. 干旱区地理(汉文版), 2017, 40(4): 860-865.

[4] REES W E. Ecological footprints and appropriated carrying capacity: what urban economics leaves out[J]. Focus, 1992, 6(2): 121-130.

[5] 郗希, 乔元波, 武康平, 等. 可持续发展视角下的城镇化与都市化抉择：基于国际生态足迹面板数据实证研究[J]. 中国人口·资源与环境, 2015, 25(2): 47-56.

[6] 李炳意, 师学义. 基于生态足迹的资源型城市可持续发展能力分析：以山西省晋城市为例[J]. 水土保持研究, 2016, 23(2): 255-261.

[7] ODUM H T, BROWN M T, WILLIAMS S B. Handbook of emergy evaluation[J]. Center for environmental policy, 2000.

[8] 隋春花, 蓝盛芳. 城市生态系统能值分析(EMA)的原理与步骤[J]. 重庆环境科学, 1999, 21(2): 13-15.

[9] 刘耕源, 杨志峰, 陈彬, 等. 基于能值分析的城市生态系统健康评价：以包头市为例[J]. 生态学报, 2008, 28(4): 1720-1728.

[10] 刘耕源, 杨志峰, 陈彬. 基于能值分析方法的城市代谢过程研究：理论与方法[J]. 生态学报, 2013, 33(15): 4539-4551.

[11] BARKER T. Representing global climate change, adaptation and mitigation[J]. Global environmental change, 2003, 13(1): 1-6.

[12] OECD. Core set of indicators for environmental performance reviews[R]. Paris: OECD, 1993.

[13] SVARSTAD H, PETERSEN L K, ROTHMAN D, et al. Discursive biases of the environmental research framework DPSIR[J]. Land use policy, 2008, 25(1): 116-125.

[14] 张晓琴, 石培基. 基于PSR模型的兰州城市生态系统健康评价研究[J]. 干旱区资源与环境, 2010, 24(3): 77-82.

[15] 肖贵蓉, 赵衍俊, 郭玲玲. 基于DPSIR-TOPSIS的城市绿色转型评价及实证：以太原市为例[J]. 技术经济, 2016, 35(12): 82-89.

[16] 徐欢欢, 林坚, 李昕, 等. 基于生态压力指数测算的中原经济区生态安全研究[J]. 城市发展研究, 2012, 19(10): 118-124.

[17] 韦艳群. 广西城市化发展对生态环境压力的影响实证研究[J]. 广西社会科学, 2014(4): 18-22.

[18] 白俊燕, 卫海燕, 路春燕, 等. 渭南市城市化水平和生态环境压力关系研究[J]. 干旱区资源与环境, 2012, 26(12): 28-32.

[19] 张雅洁, 张杰, 卞晓峰. 基于 RBF 的安徽省资源环境压力动态预警[J]. 中国农学通报, 2015, 31(1): 174-179.

[20] 史培军, 王静爱, 陈婧, 等. 当代地理学之人地相互作用研究的趋向：全球变化人类行为计划(IHDP)第六届开放会议透视[J]. 地理学报, 2006, 61(2): 115-126.

[21] 段丽瑶, 赵玉洁, 王彦, 等. 气候变化和人类活动对天津海岸带影响综述[J]. 灾害学, 2012, 27(2): 119-123.

[22] PONCE D L B D, MARSHALL J D. Relationship between urbanization and CO_2 emissions depends on income level and policy [J]. Environmental science & technology, 2014, 48(7): 3632-3639.

[23] VERMEIREN K, VANMAERCKE M, BECKERS J, et al. ASSURE: a model for the simulation of urban expansion and intra-urban social segregation[J]. International Journal of geographical information systems, 2016, 30(12):2377-2400.

[24] ZHANG Q, SETO K C. Mapping urbanization dynamics at regional and global scales using multi-temporal DMSP/OLS nighttime light data[J]. Remote sensing of environment, 2011, 115(9): 2320-2329.

[25] FANG, C L, WANG Y, FANG J W. A comprehensive assessment of urban vulnerability and its spatial differentiation in China[J]. Journal of geographical sciences, 2016, 26(2): 153-170.

[26] GROSSMAN G, KRUEGER A. Economic environment and the economic growth[J]. Quarterly journal of economics, 1995, 110(2): 353-377.

[27] RU X, CHEN S, DONG H. An empirical study on relationship between economic growth and carbon emissions based on decoupling theory[J]. Journal of sustainable development, 2012, 5(8): 43.

[28] 方创琳, 鲍超, 乔标. 城市化过程与生态环境效应[M]. 北京：科学出版社, 2008.

[29] 刘耀彬. 城市化与生态环境耦合机制及调控研究[M]. 北京：经济科学出版社, 2007.

[30] TIAN L, CHEN J, YU S X. Coupled dynamics of urban landscape pattern and socioeconomic drivers in Shenzhen, China[J]. Landscape ecology, 2014, 29(4): 715-727.

[31] 陈明星, 陆大道, 张华. 中国城市化水平的综合测度及其动力因子分析[J]. 地理学报, 2009, 64(4): 387-398.

[32] 王洋, 方创琳, 王振波. 中国县域城镇化水平的综合评价及类型区划分[J]. 地理研究, 2012 (7): 1305-1316.

[33] WEI C, YU S, QIN Y, et al. An application of a new method in permafrost environment assessment of Muli mining area in Qinghai-Tibet Plateau, China[J]. Environmental earth sciences, 2011, 63(3): 609-616.

[34] CAO W, ZHOU S, WU S. Land-use regionalization based on landscape pattern indices using rough set theory and catastrophe progression method[J]. Environmental earth sciences, 2015, 73(4): 1611-1620.

[35] 付云鹏, 李燕伟, 徐琛, 等. 城市化与资源环境耦合协调关系研究[J]. 城市, 2016(4): 26-29.

[36] 冯东海, 沈清基. 基于相关性和关联耦合分析的上海市生态环境优化思考[J]. 城市规划学刊, 2015(6): 75-83.

[37] 沈有禄. 教育资源配置公平指标体系建构[C]// 2008 年中国教育经济学年会会议论文集. 2008.

[38] BENEDETTO F, GIUNTA G, MASTROENI L. A maximum entropy method to assess the predictability of financial and commodity prices[J]. Digital signal processing, 2015, 46(C): 19-31.

[39] 康江江, 王发曾, 丁志伟, 等. 基于突变级数理论的太原经济圈城镇化水平研究[J]. 资源开发与市场, 2015, 31(11): 1293-1296.

[40] 范斐. 辽宁沿海经济带城市化水平与资源环境压力的关联分析[J]. 资源开发与市场, 2010, 26(8): 699-702.

[41] 李艳, 陈晓宏, 张鹏飞. 突变级数法在区域生态系统健康评价中的应用[J]. 中国人口·资源与环境, 2007, 17(3): 50-54.

[42] 关伟, 王宁. 沈阳经济区经济与环境耦合关联分析[J]. 地域研究与开发, 2014, 33(3): 43-48.

[43] LI Y, LI Y, ZHOU Y, et al. Investigation of a coupling model of coordination between urbanization and the environment.[J]. Journal of environmental management, 2012, 98(1): 127-133.

[44] CHIU W Y, TZENG G H, LI H L. Developing e-store marketing strategies to satisfy customers' needs using a new hybrid gray relational model[J]. International journal of information technology & decision making, 2014, 13(2): 231-261.

[45] ZHAO Y, WANG S, ZHOU C. Understanding the relation between urbanization and the eco-environment in China's Yangtze River Delta using an improved EKC model and coupling analysis[J]. Science of the total environment, 2016, 571: 862-875.

[46] 乔标, 方创琳. 城市化与生态环境协调发展的动态耦合模型及其在干旱区的应用[J]. 生态学报, 2005(11): 3003-3009.

[47] 徐晔. 我国战略性新兴产业环境技术效率测度研究[M]. 北京：经济管理出版社, 2014.

[48] 甘静, 郭付友, 佟连军, 等. 吉林省松花江流域产业系统与环境系统时空耦合特征[J]. 世界地理研究, 2017, 26(2): 101-109.

第九章

产业结构与环境污染关系计量分析

城市化是城市人口的集中、城市区域的扩展、经济结构的升级、城市生活方式的转变。因此,在考察在城市化和环境污染之间的关系时,产业结构(Industrial Structure)是一个非常关键的中介变量。不同的产业对城市化过程中产生的环境污染程度不同。从城市化的历程来看,伴随城市化的产业结构转变,先是从污染排放少的农业经济,转向污染强度大的工业经济,再转向污染排放较少的第三产业。此外,在技术创新的驱动下,产业内部的结构升级也发挥了作用。例如,第二产业转向资源消耗低、环境污染少的先进制造业。一般文献报道为第二产业对环境污染的强度要高于第一产业和第三产业[1-2]。将产业结构、城市化、环境污染纳入 VAR 模型中进行分析,不少研究者进行了有益的探索[3-6]。本章在 SPSS 软件支持下,对 6 种环境污染指标进行因子分析,在计量软件 EViews 支持下,对综合污染因子和产业结构进行了 VAR 模型分析,以期明确湖北省产业结构和环境污染之间的计量关系。

9.1 产业结构与环境污染关联文献分析

9.1.1 产业及产业结构

产业(Industry)是生产力发展、社会分工的一种产物,也是产业经济学的研究对象。从广义上看,产业指国民经济的各行各业。从生产到流通、服务以至于文化、教育,大到部门、小到行业都可以称为产业。因此,产业外在表现是职业化、规模化,具有一定同类属性生产经营的集合。随着生产力的发展,人们的分工合作更加普遍,人们能够各自专注地完成自己擅长的工作。在此过程中,社会经济趋于部门化、集体化,从而形成了诸如农业、工业、交通运输业等产业。从狭义上看,由于工业在产业发展中占有特殊位置,经济发展和工业化过程密切相关,产业有时指工业部门。产业经济学中研究的产业是广义的产业,泛指国民经济的各行各业。

产业结构的原意是指各产业之间的构成比例及各产业相互之间的联系（分配关系、生产技术联系）。但由于各产业部门间的构成与相互关系、比例不尽相同，对产业经济增长的贡献也不尽一致。因此，学术界把包括各个产业间比例的构成、各个产业间的相互影响关系及其在内的结构特征统称为产业结构。产业结构反映了社会经济发展的程度。

产业结构的外延概念有组织、空间、比例3个部分。产业的组织结构，主要是从规模效益、集聚效益、企业规模与环境污染方面开展研究。产业的空间结构，主要是指三次产业结构的空间分布、轻重工业比例关系的空间分布、多部门产业关系的空间分布、产业内企业关系的空间分布、产业产品结构的空间分布。产业的比例结构关系涉及产业的划分。

可以得出，产业融合(Industry Convergence)是对传统产业划分的一种新的挑战。例如，随着科技水平的提高，在商业模式、服务方式、工艺水平上进行技术创新，往往会出现服务业向第一产业、第二产业渗透延伸，在生产过程前端的设计、咨询；在生产过程中信息在线处理；在生产末端的信息收集反馈往往更多依赖于服务业，如现代观光农业、现代工业旅游等。

在考察产业结构和环境污染关系时，经常涉及产业结构优化（Industrial Structure Upgrading）。我国对产业结构优化探讨较早的是中国社会科学院经济研究所副所长、博士生导师周振华研究员，认为产业结构优化包含产业结构的高度化和合理化两个主要内容[7]。

产业结构的高度化是指产业结构从较低水准向高度水准的发展过程，产业结构升级的一种衡量。关于产业结构高度化或者说升级的主要理论，主要有配第－克拉克定理及库茨涅兹的研究。宋锦剑认为产业结构高度化主要表现在三次产业结构比例的变化、工业结构中霍夫曼比例的降低、技术密集型和智力信息型产业的比重增大、各产业部门技术构成的提高、新兴产业的成长及夕阳产业的衰退、产业结构更新周期的缩短、环保产业的扩大等[8]。韩永辉等采用各产业部门产出占比和劳动生产率的乘积作为产业结构高度化的度量，其主要依据是劳动生产率高的产业产值的比重越高说明产业结构高度化水平越高[9]。干春晖等认为在信息化推动下的经济结构的服务化是产业结构升级的一种重要特征，其用第三产业产值与第二产业产值之比作为产业结构高级化的度量[10]。

产业结构的合理化是指提高产业之间有机联系、生产要素合理配置，从而提高经济效益。即产业之间相互作用所产生的一种不同于各产业能力之和的整体能力。产业结构合理化的度量，一般用产业结构熵数指标法、结构偏离度法。干春晖在泰尔熵的基础上进行了重新定义，其计算如式（9.1）所示[10]：

$$TL = \sum_{i=1}^{n}\left(\frac{Y_i}{Y}\right)\ln\left(\frac{Y_i}{L_i}/\frac{Y}{L}\right), \qquad (9.1)$$

式中，TL 表示产业结构合理指数，Y 表示产值，L 表示就业，i 表示产业，n 表示产业部门数。

9.1.2 城市化—产业结构互动关系

一般认为城市化与产业结构变动存在相互影响、相互加强的关系。

叶裕民在讨论工业化与城市化互馈关系时，提出了两者关系的必要条件是产业结构的演变，由此带来了两次劳动力转移（第一次农业劳动力向非农产业转移，第二次为其他产业劳动力向服务业转移)。内在条件为集聚经济和空间外部性。其两者之间的逻辑框架[11]如图 9.1 所示。

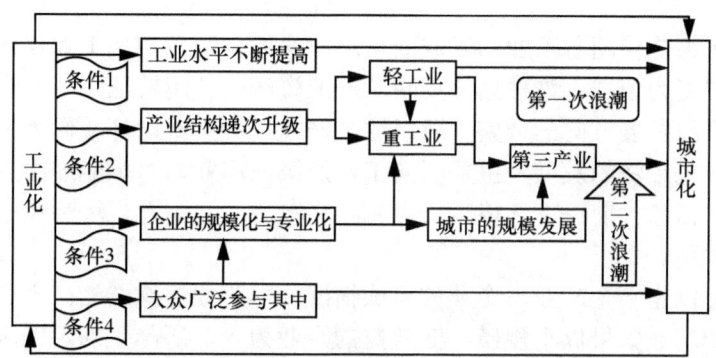

图 9.1　工业化与城市化互馈关系的逻辑框架

叶振宇对城市化与产业发展互动关系进行了理论分析,其从产业结构视角、产业效率视角、产业载体视角、产业集群视角给出了一个理论分析框架[12],其逻辑结构件如图 9.2 所示。

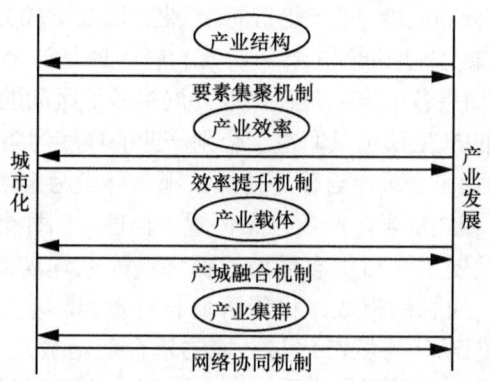

图 9.2　城市化与产业结构作用关系的分析框架

(1) 城市化过程中存在产业演进效应

城市化对第三产业的发展具有重要作用,它推进了一个国家的经济向服务型转变。现代城市往往出现专业化和多元化并存的现象,企业能够从多样化外部性中获得好处并提高劳动生产率(Jacobs 外部性),产业的升级离不开城市化的支持(农业劳动力向非农劳动力转移、消费需求及消费升级)。此外,规模报酬递增的机制,使经济活动出现集聚现象。同一个部门或不同部门的企业在城市区域集聚,节约了产品运输、劳动力流动、知识转播的成本。总之,城市发展会在一定的空间区域内形成专业化的市场,会为服务业的发展和扩张创造条件。总之,城市化进程中的规模经济效应、集聚效应、扩散效应是产业演进升级的逻辑解释[13]。

(2) 产业结构升级促进城市化,产业结构变动是城市化的驱动力

产业在一定区域的聚集发展会促进城市化形成并发展壮大。分析其机制,主要是由于产业具有集聚效应、扩散效应、收入效应和关联效应,由此带来人口的集聚、城市区域的扩展、产业的升级及生活方式的转变[14]。

9.1.3 产业结构—环境污染互动关系

我国的环境污染是伴随着工业的发展而呈现出来的,随着初期工业化的结束,产业的划分变为以资源集约度为依据,这种划分反映了产业资源的使用特征,从而在经济发展过程中可以有效地进行产业发展方向的调整。所以这类产业划分方式对环境污染的影响是间接的,其主要考虑因素还是经济的发展,主要面向工业及第三产业,对可能产生的环境污染存在着忽视的问题,所以在这种前提下环境污染也就随之形成了。因此,境污染的形成与对工业的重视有着密切的联系。

产业结构也可以指一个产业内企业的组成情况,即产业组织结构。产业组织结构直接影响污染水平。一个产业如果以小规模、低效益的企业为主,所产生的污染水平就要高于以大规模企业为主的产业,这是因为小规模的企业在竞争中优势小、获益少,对环境治理投入也就相应地少,甚至根本无力进行环境治理,所以造成的环境污染也就高于大规模的企业。外,产业组织结构与产业内企业的技术水平也有关联,所以产业组织结构不是直接影响环境污染,而是与产业内企业技术水平共同决定了环境污染的程度。

产业结构还存在着地区分布问题,即产业布局。产业布局的形成究其原因还是各个地区资源、人口、地理因素等的差异,加上各地域间的相互分工合作也就是一个产业带的形成,不同产业带的分布也有了产业的布局。如果各个产业带在产业发展中各地区间的合作是合理的、有效的、互利的,那么即便有环境问题的产生那也只取决于个别产业的环境污染水平,是可以得到有效治理的。如果各地区间的合作产业不合理,合作不协调,那么环境污染就会因此产生。在经济学中,这种产业布局的研究属于区域经济学,产业分布位置不合理,同样会造成环境问题。

环境经济学认为经济发展水平与生态环境遵循环境库兹涅茨曲线(EKC)[15];基于脱钩理论(Decoupling Theory)的脱钩指数,将经济增长与资源环境之间分为耦合、相对脱钩、绝对脱钩3种状态[16];方创琳认为城市化与环境的耦合度函数是 EKC 和对数曲线的逻辑复合,由此计算出城市化过程中水资源约束强度[17]。此外,灰色关联分析建立的关联度模型和耦合度模型[18]及结构方程模型(Structural Equation Modeling, SEM)[19]也被用来研究经济发展与资源环境之间的关系。

在解释 EKC 时,其中一种解释的角度是基于 EKC 论证技术的作用。Kronenberg 认为技术分为清洁技术(Cleaner Technologies)和肮脏技术(Dirty Technologies),技术进步是 EKC 拐点的必要条件[20]。此外,从产业结构的转换角度,研究经济增长与环境污染的关系也日益受到重视。目前,产业结构与环境污染的关系研究,主要集中于以下3个方面。

第一,产业结构的外延形式。从产业结构外延来看,有3种结构形式影响环境污染:①产业组织结构。规模小的企业因为达不到规模效益,无力进行污染治理,形成较大的点源与面源污染。研究所采用的方法是分解模型。其效应分解为规模效应(Scale Effects)、结构效应(Composition Effects)和技术效应(Technological Effect)[21]。②产业比例结构与环境污染关系。常见的产业分类方法有:工业产业分类法、资源集约度分类法、霍夫曼的生产结构产业分类法、费歇尔的三次产业分类法、联合国经济和社会事务统计局的标准产业分类法等[22]。我国的《国民经济行业分类与代码》(GB T4754—2002)把中国的国民经济划分为20个门类。所采用的研究方法主要是关联度方法[23]、GMM 方法[24]、向量自回归(VAR)方法[25]。③ 产业空间结构与环境污染关系。其研究方法包括区域重心方法[26]、地理集中指数方法[27]、空间自相关方法[28]。

第二，实证分析。从文献报道量来看，上述的第二个方面即产业比例结构与环境污染关系研究较多。从研究者的结论来看，概括起来有以下几种：①产业结构升级可以改善环境质量。认为产业结构和环境污染之间呈倒 U 形关系。Grossman（1995）和 Oosterhaven（2007）等研究得出，产业结构和环境污染之间存在倒 U 形关系，产业结构升级是提高环境质量的有效途径[15,29]。国内的研究者王青等（2011）将产业结构升级率定义为第三产业产值与第二产业产值之比，结果发现产业结构升级率可降低单位产出的污染[30]。王瑞鹏等（2013）将第二和第三产业产值之和占 GDP 的比重代表产业结构，结果发现产业结构每上升 1 个百分点，环境污染会减少 12.33 个百分点[31]。②产业结构调整对环境质量带来负向影响。韩峰等(2010)发现产业结构对生态环境综合质量却表现为负向影响，而且从长期来看，负向冲击效果增加的幅度和速度存在不断扩大的趋势[32]。占李玲等(2014) 基于福建省 1986—2012 年产业结构与环境污染数据，采用 VAR 模型，表明产业结构调整将导致环境污染的加剧[33]。③产业结构调整对解决环境污染问题"有限作用说"。胡飞（2011）研究表明，目前我国东部和中部地区产业结构升级对减少中东部环境污染的影响有限[34]。李姝（2011）基于 2004—2008 年的省级面板数据，采用 GMM 方法，产业业结构调整与废气污染之间呈负相关，与污水污染之间呈正相关[35]。杨冬梅等（2014）基于山东省 1990—2010 年数据，构建了 VAR 模型，结果表明产业结构的优化升级能够改善环境污染状况，但作用不明显[36]。

第三，从其产业结构和环境污染的内在机制来看，产业结构调整对环境库兹涅茨曲线起着重要的作用，不同产业的污染物排放密度因其对资源的使用程度不同而有所差异，当经济发展到一定高水平时，产业结构升级可缓解环境压力。产业结构不仅决定着资源消耗的种类和水平；而且产业结构变动又使得资源从利用效率低的产业向利用效率高的产业移动，提高了的资源利用效率、减少污染排放量，从而又降低了环境污染，这正是产业结构与生态环境密切相关的原因[37]。

9.2 湖北省产业结构与环境污染关系计量分析

党的十八大报告提出了工业化、信息化、城镇化和农业现代化四化同步；我国"十二五"规划提出到十二五期末，中国城市化率将由 2010 年的 47.5%提高到 2015 年的 51.5%。在推进城镇化进程中，资源环境对经济发展约束更加强化，经济发展与资源环境的矛盾进一步加大。湖北省省委书记李鸿忠在省"两会"上提出，坚持市场决定取舍、绿色决定生死、民生决定目的"三维纲要"。在科学发展、转型发展过程中，产业结构转换被置于非常重要的位置[38]，在此背景下，需要从理论上回答产业结构转换与环境污染的关系[39]。

长期以来，对经济发展与环境污染的关系研究较多，主要是从 EKC、IPAT 方程、环境压力方程等方面展开研究。目前我国进行经济结构调整，产业结构比例在进行深入调整，其对环境污染的效应需要从微观、中观、宏观角度进行深入分析。基于此，本研究采用在 SPSS 支持下的因子分析法对湖北省 1990—2013 年环境污染特征进行分析，在此基础上采用计量经济学的方法分析产业结构比例与环境污染的关系，以期为区域经济社会可持续发展提供对策。

9.2.1 数据来源及方法

9.2.1.1 数据来源

本研究以湖北省为例，分析了湖北省 1990—2013 年的环境污染状况。本研究采用工业废水排放总量(万吨)、工业废气排放总量(亿标立方米)、SO_2 排放总量(万吨)、烟尘排放总量(万吨)、工业粉尘排放总量(万吨) 和工业固体废物排放总量(万吨) 6 个环境污染物排放指标，来构建湖北省环境污染综合指数。各类指标数据均由年度《湖北省统计年鉴》整理得到。分别用 gyfs、gyfq、eyhl、gyyc、gygtfqw、gyfc 代表工业废水、工业废气、SO_2、工业烟尘、工业固体废弃物、工业粉尘。根据湖北省统计年鉴整理得出湖北省 1990—2013 年第一、第二、第三产业发展的数据。

9.2.1.2 数据的离差标准化

通过对原始数据的线性变换，使结果落到[0,1]区间，在某些比较和评价的指标处理中经常会用到。该方法去除数据的单位限制，将其转化为无量纲的纯数值，便于不同单位或量级的指标能够进行比较和加权。计算方法如式（9.2）所示：

$$x = \frac{x - \min}{\max - \min}, \tag{9.2}$$

式中，max 为样本数据的最大值，min 为样本数据的最小值。

9.2.1.3 因子分析方法

因子分析是通过对变量之间关系的研究，找出能综合原始变量的少数几个因子，使得少数因子能够反映原始变量的绝大部分信息。数据经过 KMO 检验，KMO 统计量的取值在 0～1；如果统计量取值越接近 1，变量间的偏相关性越强，因子分析的效果就越好；KMO 统计量在 0.7 以上时，因子分析效果较好；KMO 统计量在 0.5 以下时，因子分析效果很差。在 SPSS 软件支持下经过方差旋转，计算综合污染指数如式（9.3）所示：

$$F = \alpha_1 F_1 + \alpha_2 F_2 + \cdots + \alpha_i F_i, \tag{9.3}$$

其中，$\alpha_i = \dfrac{\lambda_i}{\sum\limits_{k=1}^{p} \lambda_k}$，($i=1, 2, \cdots, m$)。

式中，F_i 为提取的第 i 个因子的得分，λ_i 为提取的第 i 个因子的方差贡献。

9.2.1.4 产业结构比例及计量经济学分析

分别用 YCY、ECY、SCY 代表湖北省第一、第二、第三产业产值占总产值的比值。在本研究中产业结构优化率用第三产业产值占总产值的比例来表示，即其值等于 ECY。

采用向量自回归模型（Vector Auto Regressive，VAR）做静态预测和动态预测；用脉冲响应函数（Impulse Response Function，IRF）分析方法来描述一个内生变量对由误差项所带来的冲击的反应。用方差分解的方法把系统中的任意一个内生变量的预测方差分解为各个变量随机冲击所做的贡献，从而反映出每个变量对模型内生变量的相对重要程度[36]。以上计量分析是在EViews 8.0支持下进行的。

9.2.2 结果及讨论

9.2.2.1 污染特征分析

对前面所述环境污染的6个指标的原始数据进行标准化处理。在SPSS支持下对工业废水（gyfs）、工业废气（gyfq）、SO_2（eyhl）、工业烟尘（gyyc）、工业固体废弃物（gygtfqw）、工业粉尘（gyfc）相关分析，其结果如表9.1所示。

表9.1 环境污染的指标相关分析

指标	gyfs	gyfq	eyhl	gyyc	gygtfqw	gyfc
gyfs	1					
gyfq	0.437*	1				
eyhl	−0.244	0.328	1			
gyyc	−0.235	−0.525**	0.073	1		
gygtfqw	−0.206	−0.440*	−0.364*	0.398*	1	
gyfc	−0.762**	−0.360*	0.253	0.288	0.179	1

gyfc和gyfs、gyyc和gyfq单侧概率小于0.01，表现为极显著的负相关；gyfq和gyfs、gygtfqw和gyfq、gygtfqw和eyhl表现为显著的负相关（$p<0.05$）；gygtfqw和gyyc表现为显著的正相关（$p<0.05$）。

Kaiser-Meyer-Olkin度量（KMO）为0.538，小于0.5的Bartlett检验概率小于0.01，因此，环境污染6个指标可以进行因子分析。提取2个因子，其方差贡献分别为α_1=0.34870，α_2=0.34734。

综合污染指数如式（9.4）所示：

$$ZB=0.3487F_1+0.34734F_2, \tag{9.4}$$

式中，F_1、F_2为不同年份的因子得分。

离差标准化的环境污染指数$ZB1$值在0~1。其不同年份（1990—2013年）的变化如图9.3所示。其最大值在1997年，最小值在1992年。第1阶段为1990—1996年，污染指数在0~0.5波动。第2阶段为1997—2011年，污染指标较高。第3阶段为2012—2013年，综合污染指数波动且有上升趋势。其值虽然较第2阶段稍低，但是明显高于第1阶段。

从6种污染物的具体数据来看，相对于1990年数值，工业烟尘排放总量、工业固体废物排放总量、工业粉尘排放总量下降非常明显，2013年这3个数值只相当于1990年数值的28.1%、0.9%、52.3%，减排效果非常明显。但是工业废气排放量该项指标增加非常明显，2013年该值为19 986亿标立方米，是1990年的5.9倍。其他2个指标工业废水排放总量、工业SO_2排放总量维持在1990年的水平，在工业化、城市化加快的进程下，这2个指标也体现了减排的效果。

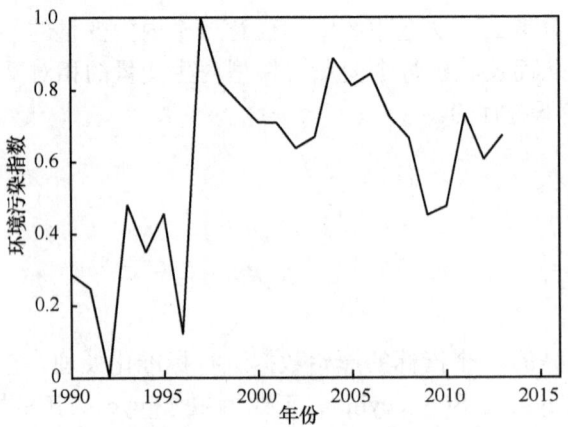

图 9.3 离差标准化的环境污染指数 ZB1

9.2.2.2 产业特征分析

1990—2013 年湖北省第一、第二、第三产业占总产值的比例如图 9.4 所示。

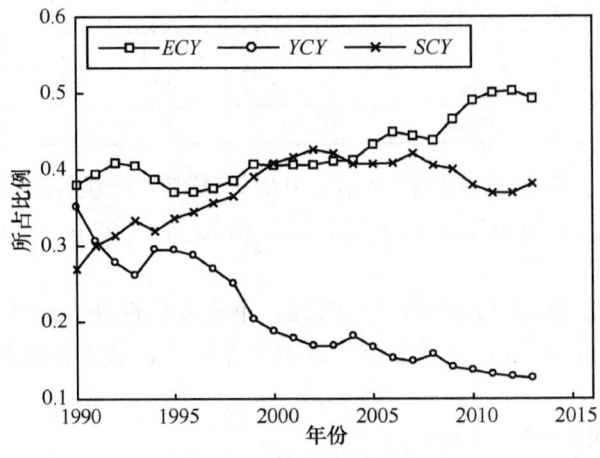

图 9.4 不同产业占总产值的比例

第一产业占总产值的比重总体上呈下降趋势，且下降的速度较快。从 1990 年的 35.1%下降到 2013 年的 12.6%。第二产业波动中稳步上升，从 1996 年的最低值 37.0%升高到 2012 年的 50.3%。第二产业的比重在增加，体现了咸宁市的"工业强市"的发展思路。2000—2004 年，第三产业相对于第二产业有一个加速发展的过程。第三产业总体发展迅速，呈现上升趋势，在 2000 年以后保持在 35%以上。

Pearson 单侧相关分析表明，标准化的污染指数 $ZB1$ 与第三产业（SCY）及第二、第三产业和 $ESCY$ 呈极显著正相关（$p<0.01$），与第一产业（YCY）呈极显著负相关（$p<0.01$）。YCY 与 ECY、SCY、$ESCY$ 呈极显著负相关（$p<0.01$）。ECY 与 SCY 呈显著正相关（$p<0.05$）。标准化的污染指数 $ZB1$ 与产业的相关分析表明，导致 $ZB1$ 增加的主要是第三产业及第二产业和第三产业比重之和。

9.2.2.3 VAR 模型

20 世纪 70 年代格兰杰提出"伪回归"问题，目前 VAR 建模要保证变量是平稳的。其 AR 建模步骤如下：

①变量平稳性检验：本研究中对变量 YC、YEC、YSC、YZB1 进行平稳性研究，采用 UNIT ROOT TEST 对全部的变量进行单位根检验（采用 ADF 方法）。检验结果如表 9.2 所示。

表 9.2 变量稳定性检验

系列	概率	样本数目
ECY	0.8172	24
SCY	0.4010	24
YCY	0.7142	24
*ZB*1	0.0615	24
D(*ECY*)	0.0082	24
D(*SCY*)	0.0137	24
D(*YCY*)	0.0082	24
D(*ZB*1)	0.0000	24

从表 9.2 可知，对序列在水平值（level）进行单位根检验概率值 $p>0.05$，对序列的一阶差分（1st difference）进行单位根检验 $p<0.05$，即 $D(ECY)$、$D(SCY)$、$D(YCY)$、$D(ZB1)$ 一阶单整。

20 世纪 70 年代以前的建模都是以"序列平稳"为隐含假设的，70 年代格兰杰提出"伪回归"问题，从此建模进入了"非平稳"与"协整"的时代。在本研究中，虽然变量 $ZB1$、YSY、ECY、SCY 是非平稳的，但是直接建立 VAR 模型，其 R^2 较高（>0.95），但是对时间序列建模时不进行平稳性和非平稳序列协整性检验是不严格的。

②建立 VAR 模型：本研究以 $D(ECY)$、$D(SCY)$、$D(YCY)$、$D(ZB1)$ 建立 VAR 模型。VAR 模型是一种非结构化的模型，即变量之间的关系并不是以经济理论为基础，把系统中每一个内生变量作为系统中所有内生变量的滞后项的函数来构造模型。

这里以 $D(ECY)$、$D(SCY)$、$D(YCY)$、$D(ZB1)$ 为内生变量（Endogenous Variables），滞后期为 1~2 期，EViews 自动给出参数项 c 为外生变量。其结果如下：

$D(SCY)=-0.617D(YCY(-1))+0.929D(YCY(-2))-0.312D(ECY(-1))+0.739D(ECY(-2))-0.258D(SCY(-1))+1.150D(SCY(-2))+0.006D(ZB1(-1))+0.032D(ZB1(-2))+0.004 R^2=0.87$，

$D(ZB1)=16.734D(YCY(-1))-0.674D(YCY(-2))+21.117D(ECY(-1))-3.669D(ECY(-2))+11.413D(SCY(-1))+8.454D(SCY(-2))-0.374D(ZB1(-1))-0.155D(ZB1(-2))+0.010 R^2=0.82$。

使用 EViews 的静态求解过程（Static Solution），得到 $ZB1$ 和 $ZB1$ 静态对比如图 9.5 所示。为了观察污染指数的长期变化趋势，采用动态模型求解（Dynamic Solution），如图 9.6 所示。

模型对象的动态求解和静态求解的区别在于：前者利用各序列每期预测值而非实际观值进行迭代计算，可以对超出样本期的未来值进行预测；而后者则是利用各序列滞后期的实际观测值计算下一期预测值，但最多只能预测超出样本期一期的未来值。采用动态模型求解，得到 $ZB1$ 预测值，2014 年、2015 年、2016 年预测值分别为 0.689、0.707、0.723；SCY 预测值，2014 年、2015 年、2016 年分别为 0.382、0.385、0.387。

对上述建立的 VAR 模型进行稳定性检验，滞后长度为 2，4 个内生变量，一共有 8 个根，被估计的 VAR 模型所有根的倒数的模小于 1，即位于单位圆内（图 9.7），结果显示 VAR 模型是稳定的。因此，可以进行下面的脉冲响应函数分析和方差分解分析。

图 9.5　污染指数静态模拟结果

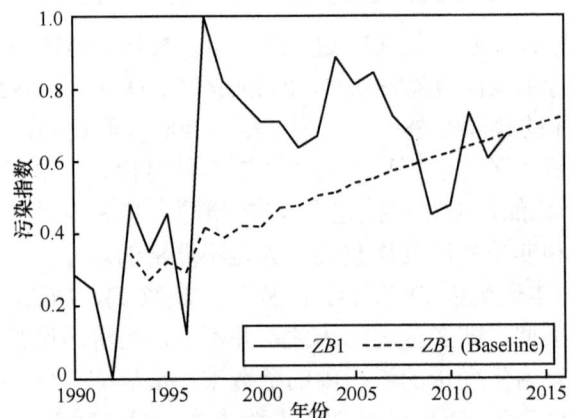

图 9.6　污染指数动态求解结果

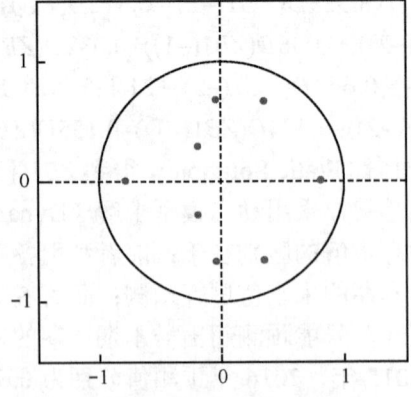

图 9.7　VAR 模型的单位圆和特征根

③脉冲响应函数分析和方差分解分析：脉冲响应函数(Impulse Response Function,IRF)用于衡量来自某个内生变量的随机扰动项的一个标准差冲击(称为"脉冲")对 VAR 模型中所有内生变量当前值和未来取值的影响[40]。

在图 9.8 中，横轴表示时期数（年），纵轴表示 IRF 大小。虚线表示正负两倍的标准差偏离带（±2S.E.）。图 9.8（a）中是表明第三产业扰动情况下，环境污染的响应。当期给产业结构一个正的冲击后，污染指数 $ZB1$ 对第三产业 DSY 扰动并没有立即做出响应，污染指数在第 1 期的响应为 0，到第 2 期达到最大负响应（为 –0.02）。从第 12 期以后，产业结构扰动对环境污染扰动响应已经很小了，稳定的趋近于 0 了。IRF 分析表明，环境污染对产业结构调整的反应有一定的滞后性，湖北省产业结构优化升级短期内能够减轻环境污染程度。整体来看产业结构优化升级对减轻环境污染作用有限。这说明湖北省产业结构优化升级的质量不高。在提高第三产业比例的同时，也应该关注第二产业的结构调整，从技术进步、资源利用效率方面进行工业化的升级换代。

从图 9.8（b）中可以看出，环境污染对来自第二产业的扰动立即做出了响应，环境污染第 1 期的响应为 0.08。在第 3 期的时候达到最大值（0.12）。从第 3 期以后，环境污染对第二产业的扰动的响应缓慢减少且为正向的，直到稳定地趋于 0。IRF 分析表明，第二产业对环境污染有正向的增加作用，这表明湖北省工业需要从传统的物质消耗投入走向更加节能环保的数字化、智能化的新型工业化道路。

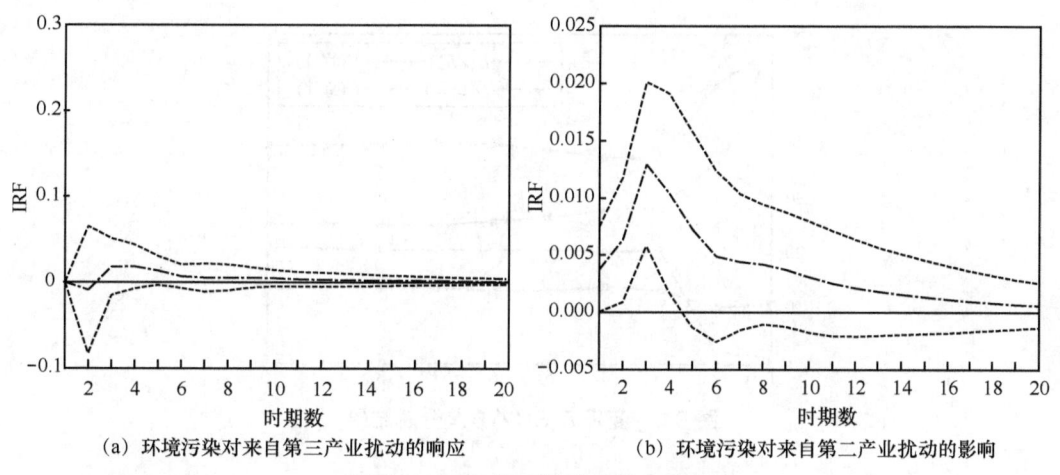

(a) 环境污染对来自第三产业扰动的响应　　(b) 环境污染对来自第二产业扰动的影响

图 9.8　VAR 模型的脉冲响应函数

利用方差分解方法分析 YCY、ECY、SCY 对 $ZB1$ 变化的贡献度。基于 VAR 模型的方差分解（Variance Decomposition）是通过分析每一个随机误差项的冲击对内生变量变化的贡献度，进一步评价不同冲击的贡献度。

表 9.3 中 S.E.表示 $D(ZB1)$ 预测的标准差，在 1 期预测中，污染指数预测方差全部由自身扰动引起的。在第 4 期中，污染指数预测方差有 80.1%由污染指数自身扰动引起的，13.7%由第二产业扰动引起的，3.2%由第三产业扰动引起的，3.0%由第一产业扰动引起的。到第 7 期方差分解结果基本稳定。从结果显示产业变动对环境污染影响有一定的滞后性，其中影响最大的是第二产业，其次为第三产业。

表 9.3 变量 D(ZB1)的方差分解结果

时期	S.E.	D(YCY)	D(ECY)	D(SCY)	D(ZB1)
1	0.012187	0.000000	0.000000	0.000000	100.0000
2	0.016220	0.264348	8.192822	2.433420	89.10941
3	0.018422	2.616206	13.64945	3.158487	80.57586
4	0.018764	3.049732	13.67198	3.195519	80.08277
5	0.019445	2.894423	14.23538	5.505376	77.36482
6	0.019601	2.952110	15.56359	5.470437	76.01386
7	0.019832	3.158770	15.66373	5.426240	75.75126
8	0.019942	3.225414	15.65437	5.420598	75.69961
9	0.019984	3.202159	15.86230	5.573412	75.36212
10	0.019992	3.200453	15.87630	5.569552	75.35370

Cholesky 分解分类：D(ZB1) D(YCY) D(ECY) D(SCY)

图 9.9 以图形的形式给出变量 D(SCY)的方差分解结果。由此可知，第三产业预测方差在第 5 期以后保持稳定。其预测方差主要由第二产业（40%）>第一产业（22%）>综合污染指数（20%）>第三产业（18%）。分析结果表明第二、第一产业对第三产业贡献率最大。第三产业对自身贡献率较低。

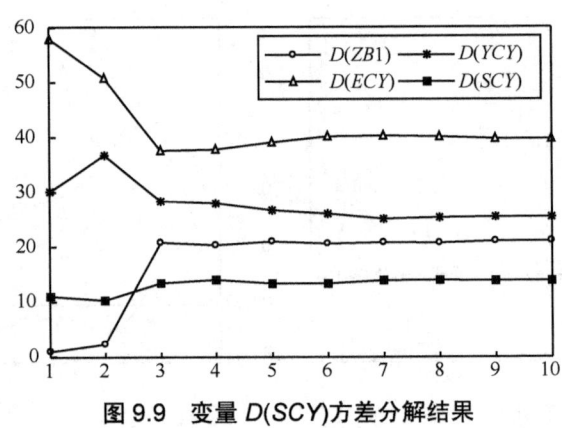

图 9.9 变量 D(SCY)方差分解结果

9.3 本章小结

本研究根据 1990—2013 年湖北省的《湖北统计年鉴》相关数据，在软件 SPSS 支持下，采用因子分析方法构建综合污染指标，在软件 EViews 支持下，基于向量自回归模型 VAR 进行了静态预测和动态预测，基于脉冲响应和方差分解，评估了产业结构变动对环境污染指数的影响，得到了以下结论。

（1）1990—2013 年的污染特征

经过 KMO 检验，对 6 个污染指标进行因子分析，提取了 2 个因子。构建的综合污染指数显示,湖北省在 1990—2013 年污染特征可以分为 3 个阶段。第 1 阶段为 1990—1996 年,污染指数在 0~0.5 波动。第 2 阶段为 1997—2011 年,污染指标较高。第 3 阶段为 2012—2013 年,综合污染指数波动并有上升趋势。其值虽然较第 2 阶段稍低,但是明显高于第 1 阶段。

(2) 1990—2013 年的产业结构特征

第一产业占总产值的比重总体上呈下降趋势。第二产业波动中稳步上升。第三产业总体发展迅速,呈现上升趋势,在 2000 年以后保持在 35%以上。Pearson 单侧相关分析表明,标准化的污染指数 $ZB1$ 与第三产业 SCY 及第二、第三产业和 $ESCY$ 呈极显著正相关($p<0.01$),与第一产业 YCY 呈极显著负相关($p<0.01$)。

(3) VAR 及脉冲响应、方差分解

基于 VAR 模型,采用动态模型求解,得到标准化的综合污染指数 ZB1 预测值,2014 年、2015 年、2016 年预测值分别为 0.689、0.707、0.723;SCY 预测值,2014 年、2015 年、2016 年分别为 0.382、0.385、0.387。环境污染对产业结构调整的反应有一定的滞后性。湖北省产业结构优化升级短期内能够减轻环境污染程度。整体来看产业结构优化升级对减轻环境污染作用有限。第二产业对环境污染有正向的增加作用。

基于以上结论,有下列建议。

①在湖北省的产业升级转移过程中,必须正视人均资源相对不足,资源环境与城市化之间的矛盾日益显著的现实。在产业的升级过程中,以资源过量消耗、生态环境破坏为特征的低端产业应该向新型工业化道路迈进,同时大力提升第三产业的比例。

②在提高第三产业比例的同时,对第二产业的结构转型,要从劳动力密集型的产业向高附加值的技术密集型产业升级。

③单纯以为产业结构优化就能立即改善环境污染是有一定局限的。短期内这种转换可能表现为污染的增加。从产业结构与环境污染的内在机制来看,主要从技术进步、资源利用率等方面进行产业的升级换代。

参 考 文 献

[1] 孙宁华,洪银兴. 可持续发展的产业经济学分析[J]. 南京社会科学,2001(1): 8-14.
[2] 李健,周慧. 中国碳排放强度与产业结构的关联分析[J]. 中国人口·资源与环境,2012, 22(1): 7-14.
[3] 闫丽霞. 河南省产业结构升级与环境污染关系研究[J]. 企业经济,2013(8): 26-29.
[4] 韩楠,于维洋. 中国产业结构对环境污染影响的计量分析[J]. 统计与决策,2015(20): 133-136.
[5] 白烁. 产业结构升级和城镇化对环境污染的影响[D]. 西安:西北大学,2016.
[6] 张春梅. 城镇化、产业结构与环境污染[D]. 南京:东南大学,2015.
[7] 周振华. 产业结构优化论现象探析[M]. 上海:上海人民出版社,1992.
[8] 宋锦剑. 论产业结构优化升级的测度问题[J]. 当代经济科学,2000, 22(3): 92-97.
[9] 韩永辉,黄亮雄,王贤彬. 产业结构优化升级改进生态效率了吗[J]. 数量经济技术经济研究,2016(4): 40-59.
[10] 干春晖,郑若谷,余典范. 中国产业结构变迁对经济增长和波动的影响[C]//经济研究,上海学术报告,2015.

[11] 叶裕民. 中国城市化之路: 经济支持与制度创新[M]. 北京: 商务印书馆, 2001.
[12] 叶振宇. 城镇化与产业发展互动关系的理论探讨[J]. 区域经济评论, 2013(4): 13-17.
[13] 姜辉. 城市化与产业发展的互促机制[J]. 甘肃理论学刊, 2014(4): 11-14.
[14] 张燕. 绿色城镇化战略: 理论与实践[M]. 北京: 社会科学文献出版社, 2015.
[15] GROSSMAN G, KRUEGER A. Economic environment and the economic growth [J]. Quarterly journal of economics, 1995, 110(2): 353-377.
[16] RU X, CHEN S, DONG H. An empirical study on relationship between economic growth and carbon emissions based on decoupling theory[J]. Journal of sustainable development, 2012, 5(8): 43.
[17] 方创琳, 鲍超, 乔标. 城市化过程与生态环境效应[M].北京: 科学出版社, 2008.
[18] 刘耀彬. 城市化与生态环境耦合机制及调控研究[M]. 北京: 经济科学出版社, 2007.
[19] TIAN L, CHEN J, YU S X. Coupled dynamics of urban landscape pattern and socioeconomic drivers in Shenzhen, China[J]. Landscape ecology, 2014, 29(4): 715-727.
[20] KRONENBERG T, FUSS S. A techno-economic explanation for the Environmental Kuznets Curve[C]//ETH conference proceedings, 2005.
[21] 成艾华. 技术进步、结构调整与中国工业减排: 基于环境效应分解模型的分析[J]. 中国人口·资源与环境, 2011, 21(3): 41-47.
[22] 钱枫林, 刘强, 陈帮华. 产业结构与环境污染的关系浅析[J]. 商场现代化, 2008 (4): 345-346.
[23] 闫兰玲. 杭州市产业结构与环境污染间的灰色关联度分析研究[J]. 环境科学与管理, 2013, 10: 112-115.
[24] 万建军, 李扬如. 国际贸易、产业结构对环境污染的影响: 基于面板数据动态 GMM 模型[J]. 北京化工大学学报（社会科学版）, 2014, 3: 41-46.
[25] 张同斌, 李金凯, 程立燕. 经济结构、增长方式与环境污染的内在关联研究: 基于时变参数向量自回归模型的实证分析[J]. 中国环境科学, 2016, 36(7): 2230-2240.
[26] 王怀成, 张连马, 蒋晓威. 泛长三角产业发展与环境污染的空间关联性研究[J]. 中国人口·资源与环境, 2014(s1): 55-59.
[27] 田敏霞. 基于环境问题的产业空间结构与布局研究[J]. 太原科技, 2007, 7: 26-27.
[28] 宋良莉, 孙欣, 王立平. 产业转移与环境污染的空间动态面板分析[J]. 经济问题探索, 2010 (10): 23-27.
[29] JAN OOSTERHAVEN, LOURENS BROERSMA. Sector structure and cluster economies: a decomposition of regional labour productivity[J]. Regional studies the journal of the regional studies association, 2007, 41(5): 639-659.
[30] 王青, 赵景兰, 包艳龙. 产业结构与环境污染关系的实证分析[J]. 吉首大学学报（社会科学版）, 2011, 6: 92-97.
[31] 王瑞鹏, 王朋岗. 城市化、产业结构调整与环境污染的动态关系: 基于 VAR 模型的实证分析[J]. 工业技术经济, 2013, 1: 26-31.
[32] 韩峰, 李浩. 湖南省产业结构对生态环境的影响分析[J]. 地域研究与开发, 2010, 5: 89-93.
[33] 占李玲, 陈洪昭. 产业结构调整与环境污染关系的实证分析: 以福建省为例[J]. 福建师大福清分校学报, 2014, 5: 84-91.
[34] 胡飞. 产业结构升级、对外贸易与环境污染的关系研究: 以我国东部和中部地区为例[J]. 经济问题探索, 2011 (7): 113-118.
[35] 李姝. 城市化、产业结构调整与环境污染[J]. 财经问题研究, 2011, 6: 38-43.

[36] 杨冬梅, 万道侠, 杨晨格. 产业结构、城市化与环境污染：基于山东的实证研究[J]. 经济与管理评论, 2014, 2: 67-74.

[37] 万永坤, 董锁成, 王隽妮, 等. 产业结构调整与环境污染联动效应研究[C]// 发挥资源科技优势 保障西部创新发展——中国自然资源学会2011年学术年会论文集（上册），2011.

[38] 高波, 卢霖, 辛公舜. 浅析产业政策转型与经济发展[J]. 中国商贸, 2013, 18: 160-161.

[39] 王青, 赵景兰, 包艳龙. 产业结构与环境污染关系的实证分析[J]. 吉首大学学报：社会科学版, 2011, 6: 92-97.

[40] TAN F, LU Z. Study on the interaction and relation of society, economy and environment based on PCA-VAR model: as a case study of the Bohai Rim region, China[J]. Ecological indicators, 2015, 48: 31-40.

第十章

湖北省绿色发展指数空间格局及诊断分析

自 20 世纪 60 年代《寂静的春天》发表以来,"环境保护""人与自然和谐相处"逐渐取代了"征服大自然""向自然开战"。1972 年罗马俱乐部发表了《极限的增长》,对西方的工业化道路提出严重的质疑。可持续发展道路受到越来越多人的认可与支持,各国政府面对日益恶化的自然环境,纷纷出台了本国的绿色发展的路线方针政策。2014 年出台的《国家新型城镇化规划(2014—2010 年)》中明确指出,要加快绿色城市建设,构建绿色生产方式、生活方式和消费模式。2016 年 12 月,中共中央办公厅、国务院办公厅印发《生态文明建设目标评价考核办法》。同年我国正式出台了《绿色发展指标体系》《生态文明建设考核目标体系》等规范文件。当下中国绿色城镇化就是走一条可持续发展的健康城市化道路,是五大发展理念在中国城镇化进程中的具体体现。

本章运用层次分析法,从生态城市建设、产业结构、循环经济、科技创新 4 个一级指标对湖北省绿色发展水平状况进行评价,并在 Arcgis 软件支持下进行探索性空间数据分析(Exploratory Spatial Data Analysis,ESDA),采用障碍度模型(Obstacle Degree Model,ODM)进行绿色发展指数诊断分析,为区域绿色城镇化提高理论支撑。

10.1 绿色发展和绿色城镇化

与传统的高消耗、高污染而低附加值、低生产率的黑色发展相反,绿色发展的本质是通过减少对资源过度消耗,加强环境保护和生态治理,追求经济、社会、生态全面协调可持续发展[1]。

绿色发展在我国古代就有了比较深刻的认识,认为在利用开发自然的同时应该敬畏自然、保护自然、顺应自然。例如,中国儒家提出了"天人合一"的观念,认为只有在尊重自然发展的前提下,人类才能与自然共存、共生、共荣;人类只有源于自然、服务自然、反哺自然,才能物尽其用、自然和谐[2]。老子在《道德经》中提到"人法地,地法天,天法道,道法自然"。 意思是道的运行是以自然而然为法则,而我们要做的就是遵从自然的规律,更多的从唯物的角度出发，而不是刻意的唯心主义；更多的从自然界出发，而不是从人类本身出发[3]。北朝贾思勰在《齐民要术》中强调，农业生产遵照天然法则，农作物必需因地种植，不误农时；还要革新生产技术和工具。《齐民要术》充分展现了我国古代劳动人民智慧的结晶，在恪守自然界客观法则的基础之上，发挥人的主观能动性[4]。

绿色发展也有着深厚的马克思主义哲学基础。在《1844 年经济学哲学手稿》中，马克思批判性地揭示了资本主义私有制条件下的人与自然的异化现象[5]。分析绿色发展的马克思主义哲学基础，主要有以下 3 点。

①相对于实践而言，自然世界是本源的、第一性的。绿色发展在马克思自然观中得到了进一步的深入认识。马克思认为人类的生活本质上是实践，人类的实践中最终起决定作用的是物质生产活动。人类为了要生活，就必须和自然界进行物质交换，利用自然界来生产物质资料。在任何条件下，任何时间，人们的物质生产都离不开自然，自然为人类生产提供原材料和场所。离开自然界，人类文明就无从谈起，更不用说社会发展了。

②人与自然的哲学辩证关系。在唯物辩证法看来，人与自然是相互联系、相互依存、相互渗透的：人由自然脱胎而来，其本身就是自然界的一部分。人类的存在和发展，一刻也离不开自然。现在的自然已经不是原来意义上的自然，而是到处都留下了人的意志印记的自然，即人化了的自然。"人化自然"表明人与自然之间的相互联系、相互渗透越来越密切。人与自然之间客观上形成的依存链、关联链和渗透链，必然要求人类在认识自然、改造自然、推动社会发展的过程中，不仅要自觉地接受社会规律的支配，同样要自觉地接受自然规律的支配，促进自然与社会的稳定和同步进化，推动自然与社会的协调发展。

③马克思主义的生态文明观。人类就是在同自然界进行物质交换的时候，过分膨胀，过分相信自身的力量，不懂得与自然和谐相处。马克思指出"人类是属于自然的一部分""人本身是自然的产物"，所以我们要像爱戴自己一样爱护自然。马克思一直强调环境与发展要相互协调，如果人类长期停留在物质享受上面，就会形成恶性发展，不利于环境和人类和谐相处。后来马克思认识到对于科学技术的正确运用可以解决人与自然面临的危机，科学技术正确运用因此也成为马克思主义生态文明观十分重要的一个部分。

党的十八大以来，习近平同志高屋建瓴、洞察时势，形象而富有哲理的提出了"既要金山银山，又要绿水青山""绿水青山就是金山银山""环境就是民生""保护生态环境就是保护生产力，改善生态环境就是发展生产力"。将绿色发展列入"五大发展"理念之一，彰显了中国共产党在新的历史时期对民生问题、生产力问题、发展方式问题的深刻认识和全新探索。

绿色城镇化是对传统的非绿色城镇化反思的基础上，在进行新型城镇化的实践中，相关学者提出的新的命题和概念。董战峰等认为，党的十八大报告提出的"新型"城镇化本质上是绿色城镇化[6]。张燕认为，绿色城镇化的时代背景是社会主义生态文明，绿色城镇化就是改变传统高消耗、高扩张、低效产出的非绿色模式，是在资源节约、低碳减排、环境友好、经济高效内涵基础上的全面协调、健康可持续的城镇化[7]。英国学者 Ebenezer Howard 提出的田园城市（Garden City）[8]、生态城市（Eco-town），美国建立在智慧增长（Smart Growt）基础上的城市、WHO 的健康城市计划（Healthy Cities Project，HCP）等都是绿色城镇化的实践。我国在不同的历史时期，提出的"国家环保模范城市""森林城市""园林城市""低碳城市（Low-carbon City）""国家级生态示范区（National Eco-model Area）"等概念都是对绿色城镇化的有益探索。

10.2 绿色发展指数空间格局及诊断分析

在资源环境对经济发展约束进一步加强、经济发展与资源环境的矛盾进一步凸显的背景下，绿色发展的理念具有深远的意义。分析绿色发展理念的发展过程，可以看到：①20世纪60年代西方发达国家的绿色运动兴起，绿色理念逐渐得到广泛地发展并逐渐完善[9]。20世纪60—70年代，绿色理念掀起了绿色政治运动，进入政治领域，对各国执政党的纲领"绿化"起到了主导作用。②1989年，"绿色经济"被提出，在经济发展的同时要注重保护资源和环境。"绿色经济"这一概念首先由英国经济学家皮尔斯提出，他主张从社会和生态条件出发，建立一种"可承受的经济"，即不会因为自然资源耗尽而使经济无法持续发展，不会因为盲目追求生产增加而造成社会分裂[10]。随后众多学者从不同的角度对绿色经济的内涵进行了论述。③20世纪90年代以来，以可持续发展理论和生态经济价值理论为基础的绿色发展理念被提出，重点从科技领域及人文角度进行全方位的阐述和分析经济和社会的发展是怎样影响环境的。④2008年以来，绿色发展的理念从生态经济学的学科中脱离出来并在发展中日益完善，成为全球资源和环境治理的重要手段。

我国一直进行绿色发展理论的探索，联合国计划开发署在2002年发表了中国选择绿色发展之路的报告，即《2002中国人类发展报告：绿色发展，必选之路》[11]。我国学者分别从绿色发展的理论基础、绿色发展道路、绿色评价及绿色经济等多方面展开研究与探讨。

在绿色发展理论研究上，邓德胜等从绿色产业的角度提出了绿色发展的战略目标[12]。诸大建着重从生态文明的角度研究，即"为什么""是什么""怎么做"3个方面思考生态文明的十大问题[13]。胡鞍钢以全球气候变化为背景，提出要进行绿色发展的必要性[14]。王毅武等认为生态文明是绿色崛起的宗旨与归宿，绿色崛起是生态文明的路径与规范[15]。牛文元强调生态文明是对绿色发展理论的升华和凝练，并提出了阻碍绿色发展的几大方面[16]。赵建军等分析了绿色发展的含义和国外绿色发展的经验，提出在中国实施绿色发展的重要性[17]。

在绿色发展战略研究上，王金南等提出了中国绿色发展战略的发展指标及中长期目标[18]。兰竹虹从8个方面提出了中国实施绿色发展的战略思路[19]。周宏春更深一步得出绿色经济的发展路线图[20]。赵建军等探讨了中国绿色发展的发展路径[21]。

在绿色经济上，崔如波认为绿色经济是建立在生态环境良性循环基础之上的，以生态经济为基础、知识经济为主导的可持续经济发展模式[22]。李康给出了绿色经济与绿色GNP的科学内涵，论述了其演进过程，提出了构建绿色经济体系的主要对策[23]。张叶从可持续发展的角度解释了绿色经济的内涵，并将绿色经济与环境经济、生态经济进行了辨析[24]。曾贤刚等从"经济转型有效性""资源利用绿色度""进步和福祉实现度"3个方面测度绿色经济[25]。王晓云等以劳动、资本、土地、水资源、能源和环境成本作为经济的投入指标，以地区GDP作为产出指标，选用DEA-BCC和DEA-Malmquist模型评价绿色经济效率[26]。

关于绿色发展与可持续发展观，一般认为绿色发展是第二代可持续发展观，二者是紧密相连的。绿色发展比可持续发展观的概念更广泛，绿色发展既是一个目标，也是一个动态过程，具有阶段性。绿色发展理论和战略的提出，标志着可持续发展理论发展到了一个新的阶段。

在各级政府深入实践"绿色发展"理念过程中，客观上存在一个如何测度和评价一个地方的绿色发展水平的问题。基于此，本书的目的在于：①在辨析绿色发展概念的基础上，科学制定绿色发展的评价指标。②利用层次分析法对湖北省绿色发展进行综合评价。③在绿色发展指数的基础上，进行空间自相关分析，并进行绿色发展指数诊断分析。

10.2.1 研究方法和数据来源

10.2.1.1 指标构建

只有在界定了绿色发展内涵的基础上，才能科学制定绿色发展的评价指标。胡鞍钢等认为，绿色发展强调经济系统、社会系统和自然系统间的系统性、整体性和协调性[27]。马洪波认为，绿色发展就是循环经济、绿色经济、可持续发展、低碳经济的综合[28]。赵建军认为，绿色发展的最终目标是要实现可持续发展，发展过程中强调经济、社会、资源和环境的和谐发展[17]。绿色发展的测度主要有两类方法：第一类是指数法。一般是建立多级指标体系。指标权重的确定方法有 AHP 方法、熵权法、专家法。第二类是 DEA 方法。分析目前文献报道的绿色发展评价，常见的评价方法及评价指标如表 10.1 所示。

表 10.1 常见的绿色发展评价方法

评价方法	一级指标	二级指标	评价对象	参考文献
指标值进行相对化处置	①空气质量；②城市环境治理；③水、能高效利用；④废物处理率；⑤城市绿化；⑥环境治理投资	①公众环境质量评价；②全年空气质量二级以上天数；③废物处理率；④高效用水、高效用能情况；⑤城市环境治理；⑥城市绿化率和人均公共绿地；⑦环境治理投资增长率；⑧群众性环境诉求事件发生数量；⑨当地政府对中央各项环保法规政策的落实纳入情况；⑩专家和组委会对整个城市的整体形象评价	全国地级市	第二届中国绿色发展高层论坛组委会[29]
熵权法	①生态城市建设力度；②产业环境友好程度；③循环经济发展水平	包含建成区绿化覆盖率、农药使用强度、能源产出率等 18 个指标	广州市	黄羿等[30]
专家法	①经济增长绿化度；②资源环境承载潜力；③政府政策支持度	①绿色增长效率指标；②第一产业指标；③第二产业指标；④第三产业指标；⑤资源丰裕与生态保护指标；⑥环境压力与气候变化指标；⑦绿色投资指标；⑧基础设施指标；⑨环境治理指标	全国省级市	北京师范大学科学发展观与经济可持续发展研究基地[31]
绿色创新指数方法	①绿色科技创新；②低碳经济；③能源效率；④可再生能源；⑤交通运输	包含清洁技术风险资本投资额、绿色科技专利项目、绿色科技专利份额、人均 GDP 和人均温室气体排放、温室气体排放强度、CO_2 排放强度、温室气体来源分布、能源生产力、能源消费总量等 18 个指标	美国加州绿色创新测度体系	NEXT 10[32]
专家法	①经济转型；②资源效率；③社会进步和人类福祉	包含重点行业投资就业产出、能源强度、水资源消耗强度、单位 GDP 废物产生量、贫困减少指数、人类福祉指数等指标	美国各州	UNEP[33]
专家法	①生产；②自然资产基础；③消费投资；④政策措施	包含回收再利用、污染物、舒适、健康、安全等 14 个二级指标和 23 个三级指标	联合国	OECD[34]

分析上述绿色发展的综合评价相关文献，可以看出有以下不足之处：①将绿色经济、国家生态园林城市、国家森林城市、国家环境保护模范城市等指标体系简单移植到绿色发展上来，

没有明确区分绿色经济、生态城市与绿色发展概念的内涵和外延。②专家法通过主观方法确定权重，其权重大小取决于专家的主观判断，客观性不足。③在评价指标上，割裂绿色与发展，较关注于绿色指标，对发展中的科技创新指标，缺乏相应指标。

绿色发展概念中，绿色是基础，发展既是目标也是手段。在实现绿色发展中，将产业转换、提档升级、科技创新作为绿色发展的路径和着力点。在此背景下，对绿色发展的评价中，应该包含实现绿色发展的能力和潜力的指标。基于此，本研究设置绿色评价指标的原则如下：

①系统性和整体性。一级指标充分反映绿色发展的概念内涵。具体来讲，可以体现绿色发展的4个方面：生态文明指标，体现生态文明发展程度，是绿色发展的终极目标；产业环境友好指标，体现低消耗、高效益、低排放的产业结构，是绿色发展的发力点和着力点；循环经济发展指标，体现循环经济发展水平，是绿色发展的必由之路和现实途径；科技创新指标，体现绿色发展的动力。

②可操作性。评价中涉及的数据具有可获得性和统一口径。对地级市来讲，目前碳排放强度（Carbon Intensity）没有列入此次评价指标中。

③导向性。绿色发展综合指数旨在以评促建。通过时间上、空间上各地的绿色发展综合指数的差异分析，找短板、查不足。

在本研究中，评价指标体系共分为3个部分，即系统层A、因素层B、指标层C，共22个指标，具体框架如表10.2所示。

表10.2 湖北省绿色发展评价指标体系

系统层A	因素层B	权重W	指标层C	权重W
湖北省绿色发展指标评价H	生态城市建设力度B1	0.375	建成区绿化覆盖率C1	0.070
			城市每万人拥有公交车辆C2	0.380
			燃气普及率C3	0.230
			人均用水消耗量C4	0.120
			森林覆盖率C5	0.100
			水环境指数C6	0.050
			环境保护宣传教育普及率C7	0.050
	产业环境友好程度B2	0.375	工业废气排放强度C8	0.435
			工业废水排放强度C9	0.487
			第三产业占GDP比重C10	0.078
	循环经济发展水平B3	0.125	能源产出率C11	0.090
			工业废气处理率C12	0.210
			工业烟尘去除率C13	0.210
			工业废水达标率C14	0.210
			污染治理投入强度C15	0.030
			恩格尔系数C16	0.040
			工业固体废物利用率C17	0.210
	科技创新水平B4	0.125	教育投入强度C18	0.380
			科技投入强度C19	0.280
			人口素质水平C20	0.180
			万人科技人员数C21	0.080
			高新技术产业值C22	0.080

10.2.1.2 研究方法

首先进行数据的标准化。通过对原始数据的线性变换，使结果落到[0,1]区间。该方法去除数据的单位限制，将其转化为无量纲的纯数值，便于不同单位或量级的指标能够进行比较和加权。

正向指标的计算公式为：

$$x' = \frac{x - \min}{\max - \min}。 \tag{10.1}$$

负向指标的计算公式为：

$$x' = \frac{\max - x}{\max - \min}。 \tag{10.2}$$

式中，max 为样本数据的最大值，min 为样本数据的最小值。

权重的确定有主观赋权法和客观赋权法两类。本书采用层次分析法与专家调查法相结合的方法确立权重。层次分析法可避免大量指标同时赋权的混乱与失误，从而提高赋权的简便性和准确性。其主要步骤是：

①专家打分。根据湖北省绿色发展指标体系（表 10.2）建立专家评分表。找若干专家进行打分并对各个不同层次不同指标所打分求平均值。分值分布为 1~9。打分为 1，表示指标 x_i 与 x_j 相比，具有同样的重要性。打分为 9，表示指标 x_i 与 x_j 相比，指标 x_i 比指标 x_j 极端重要。

②最大特征根对应向量。对上述评分，求最大特征根及相对应的向量。在本研究中，用 DPS 软件求上述评分矩阵的最大特征根及对应的向量。

③确定权重。对上一步求出的向量进行归一化，得到权重。

为了分析绿色发展指数的空间联系和关联性，本研究中采用全局空间自相关 Moran 指数 I，I 的取值一般为 -1~1。其计算公式为：

$$I = \frac{n \sum_{i=1}^{n} \sum_{j \neq i}^{n} w_{ij} (x_i - \bar{x})(x_j - \bar{x})}{\sum_{i=1}^{n} \sum_{j \neq i}^{n} w_{ij} \sum_{i=1}^{n} (x_i - \bar{x})}, \tag{10.3}$$

式中，I 为 Moran 指数；w_{ij} 为空间权重，在本研究中采用简单的二进制邻接矩阵。当区域 i 和 j 相邻时权重为 1，不相邻时权重为 0；x_i、x_j 为区域 i 和区域 j 的绿色发展指数；$\bar{x} = \frac{1}{n} \sum_{i=1}^{n} x_i$。对于 I 值，用标准化统计量 Z 来检验 n 个区域是否存在空间自相关。

为观察局部空间聚集，采用局部 Moran 指数 M 表示，其计算公式为：

$$M_i = \frac{(x_i - \bar{x})}{S^2} \sum_{i \neq j}^{n} w_{ij} (x_j - \bar{x}), \tag{10.4}$$

式中，M_i 为区域 i 的局部 Moran 指数；$S^2 = \dfrac{1}{n}\sum_{i=1}^{n}(x_i - \bar{x})^2$。

10.2.1.3 数据来源及软件

研究数据主要来源于 4 个部分：2009—2015 年的《湖北省统计年鉴》、湖北省各市州 2009—2015 年的统计年鉴、湖北省各市州 2009—2015 年国民经济和社会发展统计公报、湖北省各市州 2009—2015 年环境状况公报。在本研究中，采用层次分析法时用 DPS 软件计算最大特征值及其对应向量；用 Arcgis 10.2 进行空间自相关分析。

10.2.2 结果与讨论

10.2.2.1 湖北省整体绿色发展现状评价

在对 2009—2015 年湖北省各负向评价指标进行处理后，根据层次分析法的原理，用 DPS 软件计算出最大特征值，由其对应的特征向量，经过归一化处理后得到权重。由权重与各指标相乘后再相加，得到不同年份不同一级指标及绿色发展指数。

（1）湖北省绿色发展指数综合评价结果

从图 10.1 可以看出，2009—2015 年，湖北省绿色发展指数总体呈现上升趋势，2011 年有一个最低值为 0.325。绿色发展指数从 2009 年的 0.38 发展到 2015 年的 0.73，年均增长率达到 11.5%，表明湖北省绿色发展水平不断提高。党的十八大以来，在"创新、协调、绿色、开放、共享"五大发展理念指导下，湖北省协调人与自然的关系，大力建设生态文明，构建绿色低碳循环产业体系，绿色发展指数在 2013 年以后增加比较明显。

（2）湖北省因素层指标结果

对于生态城市建设力度，从图 10.1 可以看出，湖北省生态城市建设力度从 2009—2011 年呈现升高—降低的趋势。2011—2015 年生态城市建设力度稳步上升，从 2011 年的 0.089 上升到 2015 年的 0.325，体现了湖北省在生态城市建设方面取得的成就。

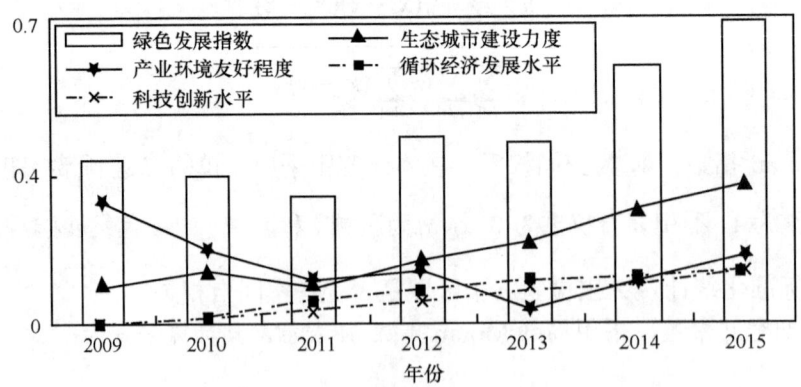

图 10.1　湖北省整体绿色发展情况

对于产业环境友好程度，图 10.1 表明湖北省产业环境友好程度在 2009 年呈现出最高水平，为 0.308，自此之后，产业环境友好程度开始大幅下滑，2013 年出现最低值，为 0.044。2013—2015 年产业环境友好程度逐年上升。

对于循环经济发展水平，图 10.1 表明湖北省循环经济发展水平总体呈递增趋势，由 2009 年的 0.001 上升到 2015 年的 0.125。资源的循环利用促进了循环经济发展水平，这些归功于节能减排相关政策的实施。由此可见，湖北省把工业、农业、城市与社会和资源再生利用与新能源开发 5 个领域作为发展循环经济的重点领域取得了显著成绩。今后，在城市与社会发展领域选择中水回用、垃圾分类综合利用和再生资源综合利用等作为发展循环经济的重点方向，进一步提升循环经济的发展水平。

对于科技创新水平，图 10.1 显示湖北省科技创新水平呈现稳步上升趋势，2009 年为 0.001，到 2015 年已发展到 0.125。由此表明，湖北省科技创新水平得到很大的提升，这与湖北省这些年在推进以企业为主体的自主创新体系和创新型行业建设的体制机制改革有很大的关系。

10.2.2.2 湖北省不同地级市绿色发展指数分析

湖北省有 12 个省辖市、1 个自治州（恩施土家族苗族自治州）、3 个省直管市（仙桃市、潜江市、天门市）、1 个林区（神农架林区）。图 10.2 是各市（州、林区）绿色发展综合评价指数在 2009 年、2015 年的对比情况。

通过图 10.2 可以看出，除襄阳市、咸宁市、仙桃市，各市（州、林区）2015 年的综合指标总体上高于 2009 年的综合指标。在 2009 年绿色发展指数排名前 5 名的是：武汉市、宜昌市、十堰市、襄阳市、神农架林区。在 2015 年绿色发展指数排名前 5 名的是：武汉市、宜昌市、神农架林区、恩施州、十堰市。对比 2009 年和 2015 年，绿色发展指数上升最快的是恩施州，从 2009 年的第 8 位上升到 2015 年的第 4 位。襄阳市和咸宁市排名有所下降，分别从第 4 位和第 6 位下降到第 8 位和第 10 位。2015 年武汉市和宜昌市人均 GDP 在湖北省排名为第 1 位和第 2 位，武汉市和宜昌市较好地处理了经济发展与资源环境保护的关系。神农架林区和恩施州尽管人均 GDP 排名靠后，但是在经济后发区域，立足资源环境优势，走出了一条绿色发展、绿色崛起的道路。

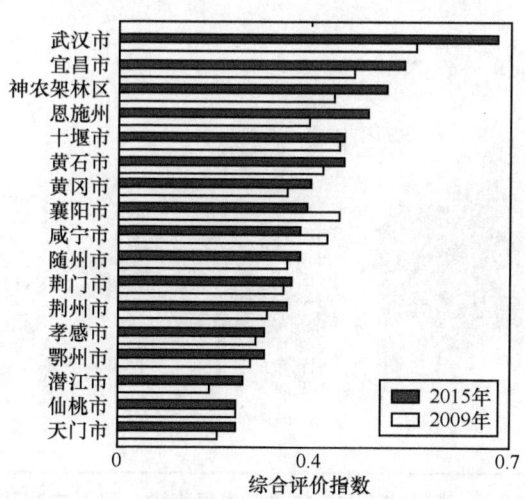

图 10.2　2009 年、2015 年湖北省各市（州、林区）绿色发展综合评价指数对比情况

根据 2015 年湖北省各市（州、林区）绿色发展指数 4 个一级指标的空间分布（图 10.3），可以看出：生态城市建设力度在湖北西部区域较好；在湖北中部区域生态城市建设水平较低（荆州市、潜江市、仙桃市、天门市、孝感市）。武汉市、宜昌市产业环境友好程度相对较高。循环经济发展水平表现为武汉市>仙桃市>随州市>荆门市，其值分别为 0.65、0.55、0.54、0.53。科技创新水平表现为武汉市>襄阳市>孝感市>宜昌市，其值分别为 0.93、0.28、0.18、0.17。武汉市的科技创新水平优势比较明显。

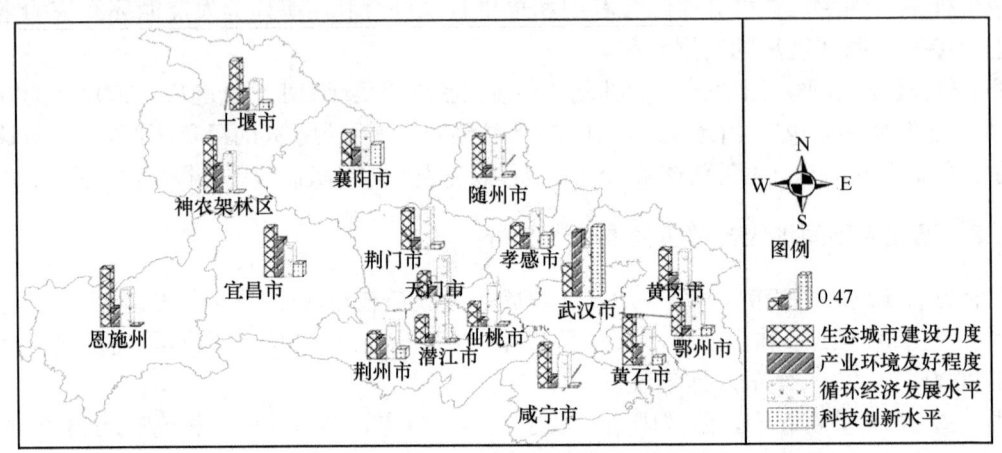

图 10.3　2015 年湖北省各市（州、林区）绿色发展指数一级指标的空间分布

采用标准差分级法[35]，将 2015 年湖北省各市（州、林区）绿色发展指数进行分级，用 I 表示绿色发展指数平均值，S 为标准差，则[0, $I-S$]表示低水平区域；[$I-S$, I]表示中水平区域；[I, $I+S$]表示较高水平区域；[$I+S$, 1]表示高水平区域。Arcgis 10.2 制图结果如图 10.4 所示。从图 10.4 可以看出，2015 年湖北省绿色发展综合水平武汉市最高，较高水平区域恩施州、十堰市、黄石市；低水平发展区域为潜江市、仙桃市、天门市。

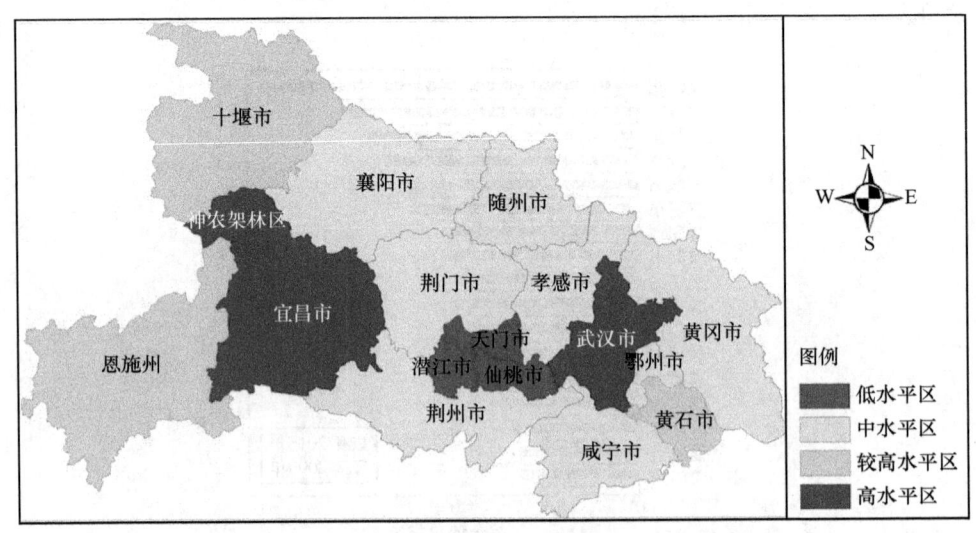

图 10.4　湖北省 2015 年绿色发展指数（见书末彩图）

10.2.2.3 绿色指数空间自相关分析

进行全局自相关分析。打开 arcToolbox，选择 statistic Tool—analying pattern—spatial autocorrelation(Moran's I)，权重选择"POLYGON_CONTIGUITY_(FIRST_ORDER)"，表示两区域相邻，权重为 1，否则为 0。选择欧式距离作为计算距离，对数据进行标准化处理。2009—2015 年湖北省绿色发展指数的全局 Moran's I 及计算的 Z 值、相伴概率 P 如表 10.3 所示。

表 10.3 湖北省绿色发展指数的全局 Moran's I

年份	I	Z	P	结论
2009 年	0.259	2.215	0.020	集聚分布
2010 年	0.217	1.974	0.040	集聚分布
2011 年	0.177	1.758	0.070	随机模式
2012 年	0.200	1.899	0.060	随机模式
2013 年	0.204	1.893	0.060	随机模式
2014 年	0.142	1.484	0.138	随机模式
2015 年	0.127	1.374	0.169	随机模式

全局分布有集聚分布（clustered）、随机分布(random)、分散分布(dispersed)。当 Z 值大于 1.65 且显著时，观测值在空间上表现为集聚分布。当 Z 值小于-1.65 且显著时，观测值在空间上表现为分散分布。

2009 年和 2010 年 I 值大于 0，说明存在正的空间自相关，说明绿色发展指数在全省分布并非完全是随机性分布的，而是表现为绿色发展空间聚集性。

进行局部自相关分析。打开 arcToolbox，选择 statistic Tool—mapping cluster—Cluster and Outlier Analysis (Anselin Local Moran's I)。

输出要素类中包含：Local Moran's I 指数、Z 得分、P 值、聚类/异常值类型(CoType)。这些结果均在 arcgis 要素的属性表中呈现。

如果要素的 Z 得分是一个较高的正值，则表示周围的要素拥有相似值（高值或低值）。输出要素类中的 CoType 字段会将具有统计显著性的高值聚类表示为 H–H；将具有统计显著性的低值聚类表示为 L–L。

如果要素的 Z 得分是一个较低的负值，则表示有一个具有统计显著性的空间数据异常值。输出要素类中的 CoType 字段将指明要素是否是高值要素而四周围绕的是低值要素(H–L)，或者要素是否是低值要素而四周围绕的是高值要素(L–H)。在本研究中，武汉市的 Z 得分为 -3.28，统计显著性的聚类类型表现为 H–L（图 10.5），表示高值要素而四周围绕的是低值要素，说明武汉市绿色发展指数呈现区域性的高值，与周围区域相比优势比较明显。潜江市和天门市 Z 得分为 3.11 和 3.35，统计显著性的聚类类型表现为 L–L，表示低值聚类区域，说明其与周围区域相比绿色发展指数有一定的差距。

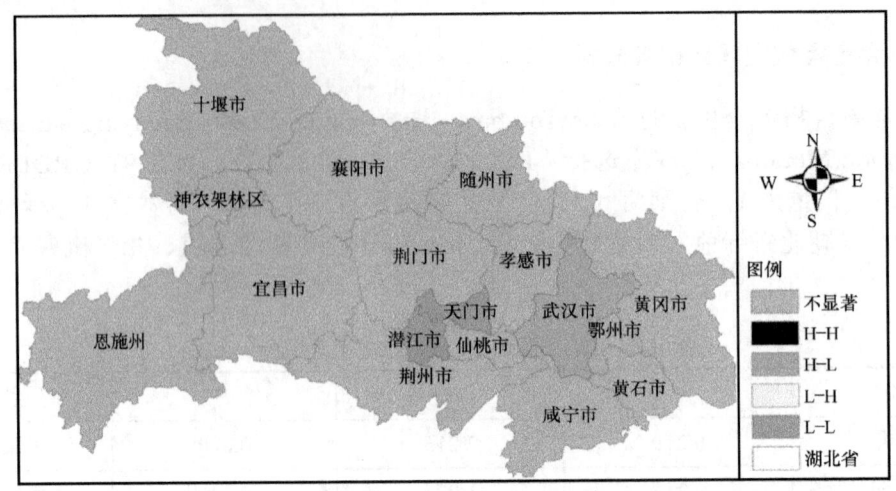

图 10.5　2015 年湖北省绿色发展指数空间局部自相关分析（见书末彩图）

10.2.2.4　绿色发展指数诊断分析

在本研究中绿色发展指数是系统整体的评价，在对区域绿色发展指数进行诊断分析时，有必要找出制约、阻碍系统绿色发展的因素或者指标。表征障碍因素的指标目前有 3 种：因子贡献度、障碍度、指标偏离度。其中障碍度指标在实际应用中较多，其计算公式为[36]：

$$x_{ip} = 1 - X_{ip}; \tag{10.5}$$

$$Z_p = \frac{w_p x_{ip}}{\sum_{i=1}^{n} w_p x_{ip}} \times 100\%。 \tag{10.6}$$

式中，X_{ip} 为第 i 个地级市第 p 个标准化的值；w_p 为指标 x_{ip} 的权重。采用式（10.5）和式（10.6）可以计算出湖北省各市（州、林区）障碍度排名前三的指标层和排名第一的因素层（表 10.4）。

表 10.4　2015 年湖北省指标层和因素层的障碍度

市州	指标层和因素层的障碍度				市州	指标层和因素层的障碍度			
武汉市	C5(0.25)	C9(0.23)	C4(0.14)	B1(0.69)	黄冈市	C6(0.10)	C7(0.09)	C8(0.08)	B2(0.46)
黄石市	C8(0.12)	C7(0.10)	C3(0.09)	B2(0.47)	咸宁市	C8(0.11)	C7(0.10)	C6(0.09)	B2(0.48)
十堰市	C7(0.11)	C6(0.09)	C9(0.09)	B3(0.35)	随州市	C8(0.11)	C6(0.10)	C7)0.09)	B2(0.49)
宜昌市	C8(0.15)	C9(0.10)	C16(0.09)	B2(0.38)	恩施州	C6(0.12)	C7(0.11)	C16(0.10)	B2(0.51)
襄阳市	C8(0.13)	C9(0.10)	C6(0.09)	B2(0.45)	仙桃市	C8(0.11)	C5(0.10)	C7(0.09)	B2(0.44)
鄂州市	C8(0.12)	C6(0.10)	C7(0.09)	B2(0.46)	潜江市	C8(0.11)	C5(0.10)	C7(0.09)	B2(0.45)
荆门市	C8(0.12)	C7(0.10)	C6(0.09)	B2(0.48)	天门市	C5(0.10)	C8(0.09)	C7(0.08)	B2(0.43)
孝感市	C8(0.11)	C5(0.09)	C6(0.08)	B2(0.42)	神农架林区	C7(0.13)	C6(0.12)	C16(0.10)	B1(0.46)
荆州市	C8(0.11)	C6(0.10)	C5(0.09)	B2(0.38)					

从表 10.4 可以看出，除武汉市、十堰市、黄冈市、恩施州、天门市和神农架林区外，制

约区域绿色发展的主要因素是 C8（第三产业占 GDP 比重）。分析障碍度出现的频次，发现 C8（13 次）＞C7（12 次）＞C6（11 次）＞C5（6 次）＞C9（4 次）。武汉市的制约因素分别是生态环境状况指数、万元 GDP 能耗、森林覆盖率。总体来讲，湖北省区域绿色发展主要的障碍度可以归纳为第三产业占 GDP 比重、工业废水排放强度、工业废气排放强度、生态环境状况指数、万元 GDP 能耗等指标。从因素层分析，制约区域绿色发展的因素层是产业环境友好程度（出现了 15 次）。制约武汉市绿色发展的因素层是生态城市建设力度，十堰市则为循环经济发展水平。

10.3　本章小结

　　五大发展理念是破解发展难题、实现第二个百年奋斗目标的必然选择。其中绿色发展是可持续发展的必要条件。科学评价绿色发展，对指导区域可持续发展具有重大意义。本书在科学界定绿色发展概念的基础上，选取 2009—2015 年湖北省相关统计年鉴数据，构建了系统层、因素层、指标层。其中因素层包含生态城市建设力度、产业环境友好程度、循环经济发展水平、科技创新水平 4 个方面；指标层包含建成区绿化覆盖率等 19 个指标。采用层次分析法与专家调查法相结合的方法确立权重，分析湖北省各市（州、林区）绿色发展情况。研究结果表明：湖北省绿色发展指数在 2011 年有一个最低值；2009—2015 年呈现总体上升的趋势，其中 2013—2015 年上升趋势比较明显。在湖北省各市（州、林区）绿色发展指数中，武汉市和宜昌市排名前列。神农架林区和恩施州尽管人均 GDP 较低，但是 2015 年绿色发展指数进入全省前五。全局自相关分析表明，2009 年和 2010 年绿色发展指数在空间上呈现集聚分布，随后几年呈现空间随机分布模式。局部自相关表明，2015 年武汉市绿色发展指数呈现 H–H 极点模式，扩散效应并不明显。潜江市、天门市为统计学上的显著性的 L–L 区域。采用障碍度模型进行绿色发展指数诊断分析，制约湖北省区域绿色发展的指标因素主要是产业结构、工业废水排放强度、工业废气排放强度、生态环境状况指数等。

　　基于以上结论，结合湖北省实际，提出下列建议。

　　①倡导绿色理念，普及绿色发展知识。以绿色发展为核心，倡导消费者进行绿色消费，同时建立规范的公众参与制度和完善的社会监督机制。树立"绿色产业+绿色城镇+绿色生活"的发展理念。

　　②实现产业升级换代。对接"中国制造 2025""互联网+"等国家重大战略，在产业升级中注重互联网融合思维、创新驱动思维、生产和服务融合思维。大力发展电子汽车、节能环保装备为代表的先进制造业；发展通信设备、光电、集成电路为代表的电子信息产业；发展以太阳能、风能为代表的新能源产业；大力发展旅游休闲产业及现代服务业，提升第三产业的比重。

　　③大力发展循环经济。积极开拓"低碳升级+循环改造+绿色替代"的发展路径；抓好企业节能，建立新型的产业化体系；立足独特的区位优势，走一条将绿色优势转化为经济优势的发展道路。

参 考 文 献

[1] 黄建欢, 吕海龙, 王良健. 金融发展影响区域绿色发展的机理: 基于生态效率和空间计量的研究[J]. 地理研究, 2014(3): 532-545.

[2] 郑小伟, 黄学锋. 绿色发展理念的新解读[J]. 党史文苑, 2016(14): 66-68.

[3] 方毅. 中国生态文明的 SST 理论研究[D]. 北京: 中共中央党校, 2010.

[4] 杨同卫, 黄麟雏.《齐民要术》所体现的中国古代农业朴素的可持续发展系统观[J]. 科学技术哲学研究, 1998(5): 12-16.

[5] 刘建涛, 贾凤姿. 人与自然、社会的整体性及其在私有制社会中的异化: 生态视镜下的《1844 年经济学哲学手稿》[J]. 中南大学学报(社会科学版), 2012, 18(3): 54-58.

[6] 董战峰, 杨春玉, 吴琼, 等. 中国新型绿色城镇化战略框架研究[J]. 生态经济(中文版), 2014, 30(2).

[7] 张燕. 绿色城镇化战略: 理论与实践[M]. 北京: 社会科学文献出版社, 2015.

[8] HOWARD E. Garden cities of tomorrow[M]. London: Routledge, 2013.

[9] 杨振山, 张慧, 丁悦, 等. 城市绿色空间研究内容与展望[J]. 地理科学进展, 2015, 34(1): 18-29.

[10] PEARCE D W, MARKANDYA A, BARBIER E. Blueprint for a green economy[M]. London: Earthscan, 1989.

[11] 郭强, 王秋艳. 中国绿色发展报告(1)[M]. 北京: 中国时代经济出版社, 2009.

[12] 邓德胜, 尹少华. 对湖南绿色城市发展战略的探讨[J]. 经济地理, 2004, 24(4): 499-501.

[13] 诸大建. 生态文明: 需要深入勘探的学术疆域: 深化生态文明研究的 10 个思考[J]. 探索与争鸣, 2008(6): 5-11.

[14] 胡鞍钢. 全球气候变化与中国绿色发展[J]. 科学中国人, 2010(3): 5-10.

[15] 王毅武, 高盈盈. 论生态文明与绿色崛起: 以海南国际旅游岛建设为例[J]. 海南大学学报(人文社会科学版), 2012, 30(6): 122-126.

[16] 牛文元. 生态文明与绿色世界[C]// 首届中国生态文化高峰论坛. 2008.

[17] 赵建军. 中国实施绿色发展面临的机遇与挑战[C]// 第八届环境与发展论坛论文集. 2012.

[18] 王金南, 曹东, 陈潇君. 关于国家绿色发展战略规划的初步构想[C]// 首届环境与发展中国论坛论文集. 2005.

[19] 兰竹虹. 中国绿色发展的战略思路[J]. 生态经济, 2008(3): 80-83.

[20] 周宏春. 走中国特色的低碳绿色发展之路[J]. 再生资源与循环经济, 2011, 4(6): 4-9.

[21] 赵建军, 卢艳玲. 中国绿色发展探析[C]// 2011 中国环境科学学会学术年会论文集（第三卷）. 2011.

[22] 崔如波. 绿色经济: 21 世纪持续经济的主导形态[J]. 社会科学研究, 2002(4): 47-50.

[23] 李康. 绿色经济与绿色 GNP[J]. 环境科学研究, 2002, 15(4): 1-3.

[24] 张叶. 绿色经济问题初探[J]. 生态经济, 2002(3): 59-61.

[25] 曾贤刚, 毕瑞亨. 绿色经济发展总体评价与区域差异分析[J]. 环境科学研究, 2014, 27(12): 1564-1570.

[26] 王晓云, 魏琦, 胡贤辉. 我国城市绿色经济效率综合测度及时空分异: 基于 DEA-BCC 和 Malmquist 模型[J]. 生态经济, 2016, 32(3): 40-45.

[27] 胡鞍钢, 周绍杰. 绿色发展: 功能界定、机制分析与发展战略[J]. 中国人口·资源与环境, 2014, 24(1): 14-20.

[28] 马洪波. 绿色发展的基本内涵及重大意义[J]. 攀登, 2011, 30(2): 67-70.
[29] 第二届中国绿色发展高层论坛组委会. 2009中国城市绿色发展报告(节选): 城市绿色发展的研究[J]. 青海科技, 2010(1): 6-9.
[30] 黄羿, 杨蕾, 王小兴, 等. 城市绿色发展评价指标体系研究: 以广州市为例[J]. 科技管理研究, 2012, 32(17): 55-59.
[31] 北京师范大学科学发展观与经济可持续发展研究基地. 2012中国绿色发展指数报告摘编[J]. 经济研究参考, 2012(67): 3-6.
[32] NEXT 10. 2012 California green innovation index [EB/OL]. (2012-04-19)[2018-12-10]. http://www.next10.org/2012-cgii.
[33] UNEP. Measuring progress towards an inclusive green economy [R]. Nairobi: UNEP, 2012.
[34] OECD. Towards green growth: monitoring progress OECD indicator [M]. Paris: OECD publishing, 2011.
[35] 郭永杰, 米文宝, 赵莹. 宁夏县域绿色发展水平空间分异及影响因素[J]. 经济地理, 2015, 35(3): 45-51.
[36] 张锐, 刘友兆. 我国耕地生态安全评价及障碍因子诊断[J]. 长江流域资源与环境, 2013, 22(7): 945-951.

第十一章
省际绿色发展指数空间计量分析

在第十章对湖北省绿色指数进行评价中，省际绿色发展指数都是在一定空间位置基础上的数据。这些数据在空间上应该是有相互联系的。本章根据 Tober（1970）的地理学第一定律"所有事物都与其他事物相关联，但是较近的事物比较远的事物更关联"[1]，考虑省际绿色发展指数空间效应。

鉴于绿色发展与城市化、产业结构、科技创新水平、环保投资强度有紧密的联系，本章新古典经济增长模型基础上，引入环保投资强度、产业结构、科技创新水平和城市化率等解释变量，分析解释变量的溢出效应（Spillover Effect）和虹吸效应（Siphon Effect），从而为区域绿色发展提供理论及实践指导。

11.1 绿色发展评价指标体系综述

经济增长和社会发展方式一直是学者研究的热点，也是人类社会永恒探索的主题。

蒸汽机作为动力机械标志着工业革命的开始。此次技术革命，一个方面机器代替了手工劳动，劳动生产率得到显著提高；另一个方面人类向自然索取的能力和对环境干预的能力也越来越大。比较典型的事例是发生在 20 世纪五六十年代的"八大环境公害"，即比利时马斯河谷事件、美国多诺拉事件、美国洛杉矶光化学烟雾事件、英国伦敦烟雾事件、日本四日市哮喘事件、日本爱知县米糠油事件、日本水俣病事件、日本富山的骨痛病事件。

在此背景下，1962 年蕾切尔·卡逊(Rachel Carson)在《寂静的春天》中指出，人类一方面在创造高度文明，另一方面又在毁灭已有的文明，如果生态环境得不到遏制，人类将生活在幸福的坟墓中。并说"对自然的控制"这个词是来自于傲慢的生物学家和哲学家的一个妄自尊大的想象产物[2]。

1972 年德内拉·梅多斯（Donella H. Meadows）等发表了《增长的极限——罗马俱乐部关于人类困境的报告》。文章指出，如果在世界人口、工业化、污染、粮食生产和资源消耗方面按现在的趋势继续下去，这个行星上增长的极限有朝一日将在今后 100 年中发生。最可能的结果将是人口和工业生产力双方有相当突然的和不可控制的衰退[3]。

从农业文明为核心的黄色文明演进到以工业文明为核心的黑色文明，在诸多环境问题产生及环境与经济社会发展矛盾进一步凸显的背景下，各国政府对经济社会发展模式及途径不断思考和反省[4]。1987 年世界环境与发展委员会（World Commission on Environment and Development，WECD）于东京召开的环境特别会议上，发表了《我们共同的未来》，提出了可持续发展的概念[5]；1992 年联合国环境与发展会议（United Nations Conference on Environment and Development，UNCED）在巴西里约热内卢召开，会议的重要成果是发表了《里约热内卢环境与发展宣言》《二十一世纪议程》等相关文件，倡导以可持续发展的原则处理经济发展和环境之间的关系。如果说可持续发展强调的是人与环境的协调发展，那么起源于 20 世纪 60 年代的绿色运动及 80 年代英国经济学家皮尔斯的"绿色经济"[6]，经过逐步完善的绿色发展概念，则回答了经济增长和社会发展方式的新理念、新路径。

11.1.1 绿色发展的概念

中国儒家提出的"天人合一"的观念，道家的"人法地，地法天，天法道，道法自然"，是绿色发展古代哲学思想的启蒙[7]；马克思主义的生态文明观及人与自然的哲学辩证关系则为绿色发展提供了强有力的哲学支持。

在国际上首次提出 Green growth（绿色发展）这个概念起源于亚洲和太平洋区域。2005 年在首尔举行的第五次亚太环境与发展部长级会议（the Asia Pacific Ministerial Conference on Environment and Development，MCED）上，发表了《关于绿色增长的首尔倡议》（the Seoul Initiative on Environmentally Sustainable Economic Green Growth），首次提出了追求绿色发展的道路[8]。联合国亚太经社会（UNESCAP）在 2012 年将绿色发展视为实现可持续发展和实现千年发展目标的关键战略[9]。

目前绿色发展定义较多。联合国亚太经社会（UNESCAP）强调环境可持续经济发展、促进低碳及社会包容性发展[9]：

绿色增长是一种促进环境可持续、低碳和社会包容性发展的经济发展方式。绿色增长通过投资于经济增长和福祉，同时在粮食生产、运输和流动、建筑和住房、重工业、能源和水等重要领域使用较少的资源，产生较少的排放，从而将资源限制和气候危机转化为经济增长机会。

经合组织（OECD）强调在促进经济发展的同时确保自然资源永续利用[10]：

促进经济增长和发展，同时确保自然资源继续提供我们的福祉所依赖的资源和环境服务。

全球绿色增长研究所(GGGI)认为绿色增长是维持经济增长的新的革命性的发展模式，同时确保气候和环境的可持续性[11]：

绿色增长是在保证气候和环境可持续性的同时保持经济增长的新的革命性发展模式。它着重于解决这些挑战的根本原因，同时确保为贫困人口的资源分配和获得基本商品创造必要的渠道。

应该说，可持续发展思想是绿色发展概念的启蒙和产生的现实背景。但是绿色增长和可持续发展概念的差别还是比较明显的。可持续发展概念在实践上缺乏可操作性。《我们共同的未来》中对可持续发展的经典定义是:"既满足当代人的需要,又不对后代人满足其需要的能力构成危害的发展。"当代人、后代人之间资源如何分配?现实需要一种更加灵活、可操作的处理经济发展—资源环境—人类自身的发展方式。

国内较早论述绿色发展的著作是戴星翼的《走向绿色的发展》[12]、张春霞的《绿色经济发展的研究》[13]。较有代表性的观点,如胡鞍钢等认为,绿色发展观是第二代可持续发展观,强调经济系统、社会系统和自然系统间的系统性、整体性和协调性[14];李晓西等认为,绿色发展是经济增长的资源节约与环境友好,并且强调社会包容性增长[15]。

11.1.2 绿色发展指标测度

绿色发展的测度主要有两类方法:等一类是指数法,一般是建立多级指标体系,指标权重确定方法有 AHP 方法、熵权法、专家法[16]。第二类是 DEA 法[17]。对绿色发展概念的理解及实现路径认识的不同,则多级指标体系有较大的差异。如强调绿色发展经济的绿化度,则从低碳经济、循环经济、绿色经济等方面构建指标;如强调生态环境方面的属性,其指标体系则从生态城市、环保城市等考核指标构建。其中代表性的指标体系由北京师范大学等发布的《中国绿色发展指数报告》[18]。其指标体系从经济增长绿化度、资源环境承载潜力、政府政策支持度 3 个维度构建(表 11.1)。

表 11.1 中国绿色发展指数一级、二级指标

一级指标	二级指标
经济增长绿化度	绿色增长效率指标
	第一产业指标
	第二产业指标
	第三产业指标
资源环境承载潜力	资源生态保护指标
	环境气候变化指标
政府政策支持力度	绿色投资指标
	基础设施和城市管理指标
	环境治理指标

此外,由国家发展改革委等四部门于 2016 年 12 月发布的《绿色发展指标体系》作为生态文明建设评价考核的依据[19]。绿色发展指标体系包含 6 个一级指标①:资源利用、环境治理、环境质量、生态保护、增长质量、绿色生活。55 个二级指标,分为 3 种类型:①《国民经济和社会发展第十三个五年规划纲要》确定的资源环境约束性指标,其每个指标权重为 2.75%;②《国民经济和社会发展第十三个五年规划纲要》和《中共中央、国务院关于加快推进生态文明建设的意见》等提出的主要监测评价指标,其每个指标权重为 1.83%;③其他

---

① 该体系原有 7 个一级指标,公众满意度为主观调查指标,不参与总指数的计算,进行单独评价与分析,其分值纳入生态文明建设考核目标体系。

绿色发展重要监测评价指标,其每个指标权重为 0.92%。可以看出 3 种性质的指标权重之比为 3:2:1。指标体系如表 11.2 所示。

表 11.2 发展改革委等发布的《绿色发展指标体系》

一级指标	序号	二级指标	计量单位	权数/%
一、资源利用 (权数=29.3%)	1	能源消费总量	万吨标准煤	1.83
	2	单位 GDP 能源消耗降低	%	2.75
	3	单位 GDP CO_2 排放降低	%	2.75
	4	非化石能源占一次能源消费比重	%	2.75
	5	用水总量	亿立方米	1.83
	6	万元 GDP 用水量下降	%	2.75
	7	单位工业增加值用水量降低率	%	1.83
	8	农田灌溉水有效利用系数	—	1.83
	9	耕地保有量	亿亩	2.75
	10	新增建设用地规模	万亩	2.75
	11	单位 GDP 建设用地面积降低率	%	1.83
	12	资源产出率	万元/吨	1.83
	13	一般工业固体废物综合利用率	%	0.92
	14	农作物秸秆综合利用率	%	0.92
二、环境治理 (权数=16.5%)	15	化学需氧量排放总量减少	%	2.75
	16	氨氮排放总量减少	%	2.75
	17	SO_2 排放总量减少	%	2.75
	18	氮氧化物排放总量减少	%	2.75
	19	危险废物处置利用率	%	0.92
	20	生活垃圾无害化处理率	%	1.83
	21	污水集中处理率	%	1.83
	22	环境污染治理投资占 GDP 比重	%	0.92
三、环境质量 (权数=19.3%)	23	地级及以上城市空气质量优良天数比率	%	2.75
	24	细颗粒物($PM_{2.5}$)未达标地级及以上城市浓度下降	%	2.75
	25	地表水达到或好于Ⅲ类水体比例	%	2.75
	26	地表水劣 V 类水体比例	%	2.75
	27	重要江河湖泊水功能区水质达标率	%	1.83
	28	地级及以上城市集中式饮用水水源水质达到或优于Ⅲ类比例	%	1.83
	29	近岸海域水质优良(一、二类)比例	%	1.83
	30	受污染耕地安全利用率	%	0.92
	31	单位耕地面积化肥使用量	千克/公顷	0.92
	32	单位耕地面积农药使用量	千克/公顷	0.92

续表

一级指标	序号	二级指标	计量单位	权数/%
四、生态保护 (权数=16.5%)	33	森林覆盖率	%	2.75
	34	森林蓄积量	亿立方米	2.75
	35	草原综合植被覆盖度	%	1.83
	36	自然岸线保有率	%	1.83
	37	湿地保护率	%	1.83
	38	陆域自然保护区面积	万公顷	0.92
	39	海洋保护区面积	万公顷	0.92
	40	新增水土流失治理面积	万公顷	0.92
	41	可治理沙化土地治理率	%	1.83
	42	新增矿山恢复治理面积	公顷	0.92
五、增长质量 (权数=9.2%)	43	人均 GDP 增长率	%	1.83
	44	居民人均可支配收入	元/人	1.83
	45	第三产业增加值占 GDP 比重	%	1.83
	46	战略性新兴产业增加值占 GDP 比重	%	1.83
	47	研究与试验发展经费支出占 GDP 比重	%	1.83
六、绿色生活 (权数=9.2%)	48	公共机构人均能耗降低率	%	0.92
	49	绿色产品市场占有率（高效节能产品市场占有率）	%	0.92
	50	新能源汽车保有量增长率	%	1.83
	51	绿色出行（城镇每万人口公共交通客运量）	万人次/万人	0.92
	52	城镇绿色建筑占新建建筑比重	%	0.92
	53	城市建成区绿地率	%	0.92
	54	农村自来水普及率	%	1.83
	55	农村卫生厕所普及率	%	0.92

相较于上述基于静态的绿色发展指数法，DEA 方法则强调绿色发展的动态过程，是从绿色发展过程中监测发展的效率和增长的质量。DEA 是一种对若干同类型的具有多输入、多输出的决策单元(Decision Making Unit, DMU)进行相对效率比较的方法。常用的软件包括 DEAP 2.1、DEA-SOLVER。DEA 能反映绿色发展的本质特征：以更少的资源投入实现更高的经济产出，同时减少环境污染[20]。

11.2 中国省际绿色发展指数空间计量分析

目前对绿色发展的研究存在以下问题：①对绿色发展评价测度研究较深入，但是其实现路径还需从理论到实证进行探索。②作为评价绿色发展的两种方法,指标法和 DEA 法评价结果的互相比较印证文献报道较少。③指标法中确定指标体系的权重,文献较多的是引用已有文献中的权重,主观确定权重的依据不明确。

绿色发展是第二代可持续发展观,是在遵循经济规律、社会规律、生态规律的基础上,系统、整体、协调处理资源—环境—经济—社会(REES)系统的新理念。本书的目的在于:①以省域为研究尺度,在界定绿色发展内涵的基础上测度绿色指数;②对省际绿色发展指数进行空间数据探索分析(ESDA),并在此基础上基于新古典经济增长模型进行空间计量分析,以期为探索绿色发展路径提供理论支持。

11.2.1 研究方法和数据来源

11.2.1.1 指标体系构建

绿色发展的内涵界定不同,必然导致指标体系有差异。本研究认为,绿色发展作为一种理念,绿色是基础,发展既是目标也是手段,是一种新的发展理念。习近平同志在中共中央政治局第四十一次集体学习时强调绿色发展方式和生活方式是贯彻新发展理念的必然要求,"坚持节约资源和保护环境的基本国策,坚持节约优先、保护优先、自然恢复为主的方针,形成节约资源和保护环境的空间格局、产业结构、生产方式、生活方式,努力实现经济社会发展和生态环境保护协同共进"。

因此,绿色发展涵盖以下内容:①节约资源,保护环境;②产业结构的优化,构建科技含量高、资源消耗低、环境污染少的产业结构;③生产方式的改变,从粗放式资源消耗型的发展转变为依靠创新驱动发展;④生活方式的改变,实现生活理念绿色化、消费行为绿色化。绿色发展其内在逻辑关系如图 11.1 所示。

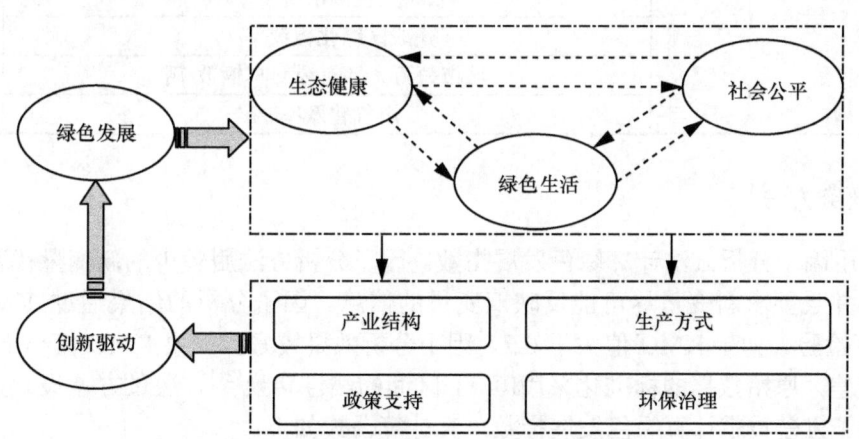

图 11.1 绿色发展内涵及逻辑框架

在实现绿色发展中,将产业转换、提档升级、科技创新作为绿色发展的路径和着力点,在此背景下,对绿色发展的评价中,应该包含实现绿色发展的能力和潜力的指标。基于此,本研究设计了绿色发展指标体系(表 11.3)。

表 11.3 绿色发展评价指标体系

系统层 A	因素层 B	指标层 C	指标性质
绿色指标体系框架	生态建设 B1	森林覆盖率/%	+
		森林蓄积量/万 m³	+
		生态环境状况指数	+
	环境治理 B2	工业废气排放强度/（亿标立方米/万元）	−
		工业废水排放强度/（万吨/万元）	−
		环境污染治理投资占 GDP 比重/%	+
		生活垃圾无害化处理率/%	+
		污水处理率/%	+
		工业固体废物综合利用率/%	+
	经济增长质量 B3	单位 GDP 能耗/（吨标准煤/万元）	−
		人均 GDP 增长率/%	+
		第三产业占 GDP 的比重/%	+
		居民人均可支配收入/元	+
	科技创新水平 B4	高新技术产业工业总产值/万元	+
		高技术产业利润总额/亿元	+
		专利申请累计数/件	+
		专利授权累计数/件	+
		科技活动人员数/人	+
		研究与试验发展（R&D）人员数/人	+
		研究与试验发展（R&D）经费投入强度/%	+
	绿色生活 B5	公共机构人均能耗降低率/%	+
		农村自来水普及率/%	+
		农村卫生厕所普及率/%	+
		建成区绿化覆盖率/%	+
		城市每万人拥有公交车辆数/辆	+
		燃气普及率/%	+

11.2.1.2 研究方法

本研究用因子分析方法计算绿色发展指数。因子分析方法用较少的新变量代替原来较多的旧变量，并且要求新变量尽可能反映旧变量的信息。因子分析的结果通过 KMO 检验和 Bartlett 球度检验。如果 KMO 值大于 0.7，因子分析效果较好；如果 KMO 值小于 0.5，因子分析效果较差。原始数据的标准化采用[0，1]区间的线性转换[21]。通过方差最大正交旋转，由提取的因子方差贡献计算绿色发展指数，其计算公式如下：

$$F = \alpha_1 F_1 + \alpha_2 F_2 + \cdots + \alpha_i F_i 。 \tag{11.1}$$

式中，F_i 为提取的第 i 个因子的得分；α_i 为第 i 个因子的权重，$\alpha_i = \dfrac{\lambda_i}{\sum\limits_{k=1}^{p} \lambda_k}$，($i=1, 2, \cdots, p$)；$\lambda_i$ 为提取的第 i 个因子的方差贡献。

探索性空间数据分析（ESDA）方法用来分析绿色发展指数的空间联系和格局分布。本研究采用全局空间自相关 Moran 指数 I，I 的取值一般为 –1~1。其计算公式为：

$$I = \frac{n \sum_{i=1}^{n} \sum_{j \neq i}^{n} w_{ij}(x_i - \bar{x})(x_j - \bar{x})}{\sum_{i=1}^{n} \sum_{j \neq i}^{n} w_{ij} \sum_{i=1}^{n}(x_i - \bar{x})} 。 \tag{11.2}$$

式中，I 为 Moran 指数；w_{ij} 为空间权重；x_i、x_j 为区域 i 和 j 的绿色发展指数；$\bar{x} = \frac{1}{n}\sum_{i=1}^{n} x_i$。

本研究采用基于邻接关系的一阶 Rook 权重，其为二值分布，相邻为 1，否则为 0。虽然海南省有海岛隔离，但海南省与广东省邻近，视为海南省与广东省邻接。对于 I 值，用标准化统计量 Z 来检验 n 个区域是否存在空间自相关。

为观察局部空间聚集，采用局部 Moran 指数 M，其计算公式如下：

$$M_i = \frac{(x_i - \bar{x})}{S^2} \sum_{i \neq j}^{n} w_{ij}(x_j - \bar{x}) 。 \tag{11.3}$$

式中，M_i 为区域 i 的局部 Moran 指数；$S^2 = \frac{1}{n}\sum_{i=1}^{n}(x_i - \bar{x})^2$。

11.2.1.3　数据来源及软件

本研究收集了我国除西藏、香港、澳门、台湾外的 30 个省、自治区、直辖市 2010—2015 年相关统计数据，数据主要来源于中国经济与社会发展统计数据库、国研网统计数据库中的年度数据。部分数据来源于 2010—2015 年的环境状况公报、各省市发表的国民经济和社会发展统计公报及《中国城市统计年鉴》。部分缺失数据采用 SPSS 支持下的线性插值。ESDA 分析采用 GeoDa 软件；空间计量分析采用 MATLAB R2015a 软件的空间计量工具箱 jplv7。

11.2.2　结果与讨论

11.2.2.1　绿色发展指数年际及空间变化分析

因子分析的结果显示，KMO 值为 0.753。Bartlett 球形检验，其概率 $p<0.000$，表明因子分析效果较好。因子分析按照特征值大于 1 的准则，共提取 4 个因子，方差累积共献 73%。按照式（11.1），根据各因子的权重计算出绿色发展指数 GDI。

根据《中国环境统计年鉴》对东、中、西和东北地区划分方法：东部地区包括北京、天津、河北、上海、江苏、浙江、福建、山东、广东和海南 10 省、市；中部地区包括山西、安徽、江西、河南、湖北和湖南 6 省；西部地区包括内蒙古、广西、重庆、四川、贵州、云南、陕西、甘肃、青海、宁夏和新疆 11 省、区、市（由于数据的因素，本研究不包括西藏）；东北地区包括辽宁、吉林和黑龙江 3 省。其绿色发展指数如图 11.2 所示。

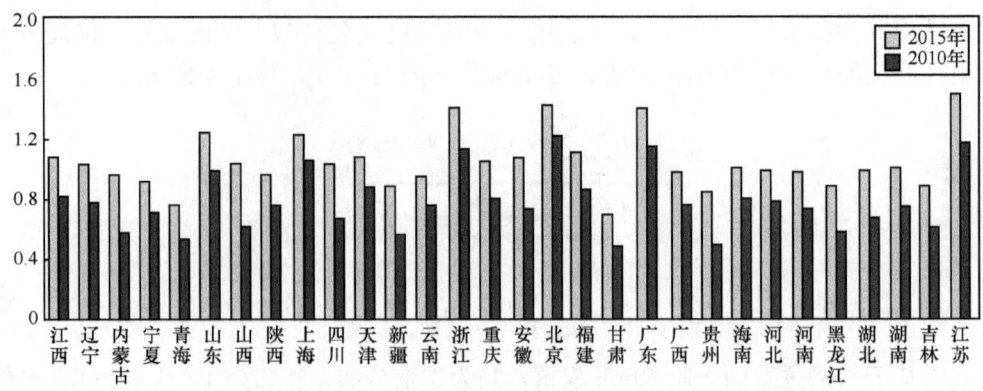

图 11.2 2010 年、2015 年不同省份绿色发展指数

GDI 的年际波动性来看，山西的 GDI 标准差最大（0.15），上海的 GDI 标准差最小（0.06）。从图 11.3 可以看出，绿色发展指数总体上是东部 > 中部 >东北 >西部，西部和东北差别不是很明显。从时间趋势来看，各区域绿色发展指数均呈现增加的趋势。从绿色指数增长率来看，东北（40.9%）> 西部（40.0%）> 中部（39.2%）> 东部（22.8%）。从区域绿色发展指数波动性来看，东部区域内部不同省份的绿色发展指数标准差都较大，显示出东部区域省份间指数的不平衡性；中部区域省份的绿色发展指数标准差较小，说明省际间绿色发展指数差别较小。

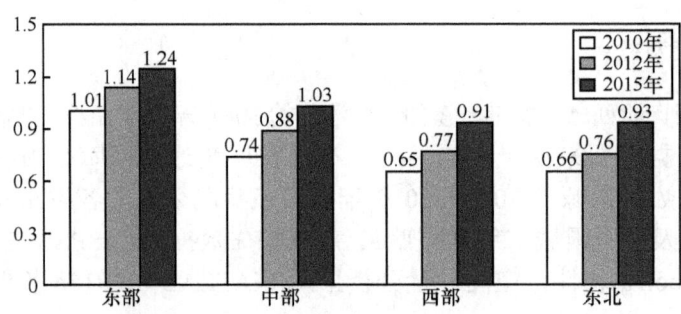

图 11.3 区域绿色发展指数平均值及标准差

11.2.2.2 绿色发展指数 ESDA 分析

ESDA 分析是利用统计学原理和图形图表相结合，对空间信息进行分析鉴别，以便为空间建模提供支持。四分位图是在分位数的基础之上，将数据分成 4 个等级，每个等级代表数据不同的属性大小。四分位图可以比较直观地判断区域属性值大小，宏观分析区域绿色发展指数情况。对 2010 年、2015 年各地区绿色发展指数做四分位图，经处理后得到表 11.4。

表 11.4 2010 年、2015 年全国 30 个省市绿色发展指数四分位表

年份	1	2	3	4
2010	新疆、青海、内蒙古、吉林、黑龙江、贵州、甘肃	四川、陕西、山西、宁夏、湖北、河南、广西、安徽	云南、辽宁、江西、湖南、天津、海南、重庆、河北	浙江、山东、北京、福建、上海、江苏、广东
2015	新疆、青海、宁夏、吉林、黑龙江、贵州、甘肃	云南、陕西、内蒙古、湖南、湖北、河南、广西、河北	四川、山西、辽宁、江西、天津、海南、安徽、重庆	浙江、山东、北京、福建、上海、江苏、广东

全局空间自相关用 Moran's I 来度量，用 GeoDa 软件中 Space/Univariate Moran's I 实现，其有 3 种模式：空间集聚模式、空间发散模式、空间随机模式。当 $p<0.05$ 且 Z 得分高于 1.96 时，空间分布模式为集聚分布；当 $p<0.05$ 且 Z 得分小于 −1.69 时，空间分布模式为发散模式；$p>0.05$ 时，空间分布模式为随机模式。对 2010—2015 年绿色发展指数做全局空间自相关分析得到表 11.5。

表 11.5 2010—2015 年绿色发展指数全局 Moran's I 自相关系数

年份	一阶邻域		
	Moran's I	p	分布模式
2010	0.532	0.001	集聚分布
2011	0.526	0.001	集聚分布
2012	0.504	0.001	集聚分布
2013	0.486	0.001	集聚分布
2014	0.462	0.001	集聚分布
2015	0.447	0.001	集聚分布

表 11.5 显示，2010—2015 年 Moran's I 值均大于 0，表示我国绿色发展指数在空间上存在正相关关系，绿色发展指数存在正的空间自相关过程，表现为空间集聚的特点。此外，随着时间的推移，2010—2015 年这种空间相依性逐渐降低，全局 Moran's I 从 2010 年的 0.532 下降到 2015 年的 0.447，绿色发展指数呈现空间扩散的趋势。

局部空间自相关分析结果通常用莫兰散点图来表示。莫兰散点图有 4 个象限，分别对应 4 种不同的数据类型。第一象限数据代表高观测值被高观测值包围的区域，即通常所说的 H–H 型（高值聚类）；第二象限数据表示低观测值被高观测值包围的区域，即 L–H 型；第三象限表示低观测值被低观测值包围的区域，即 L–L 型（低值聚类）；第四象限表示高观测值被低观测值包围的区域，即 H–L 型。其中，H–H、L–L 代表空间正相关，H–L、L–H 代表空间负相关，莫兰散点图的斜率即 Moran's I 值。2010 年、2015 年绿色发展指数的莫兰散点图如图 11.4 所示。

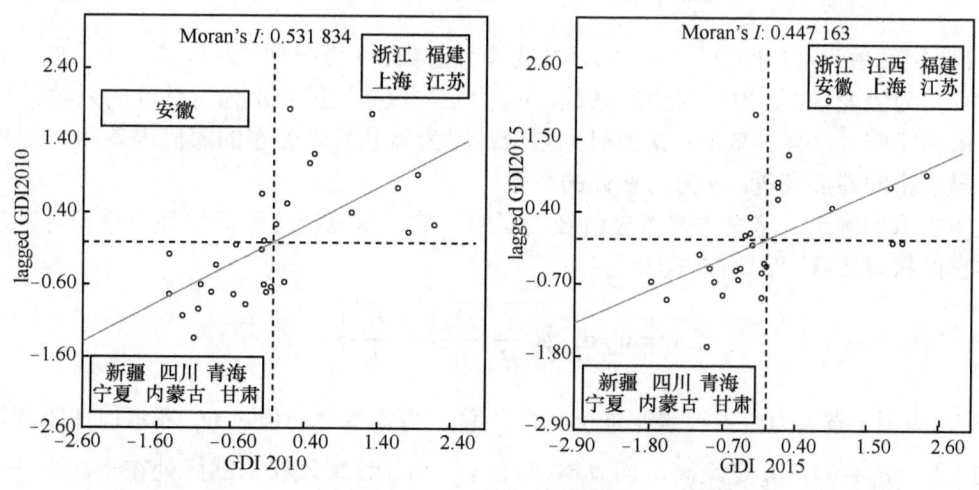

图 11.4 2010 年、2015 年绿色发展指数莫兰散点图（方框中的省市 $p<0.05$）

从图 11.4 可以看出，绿色发展指数显著地于东部省份高值聚类（H–H），显著地于西部省份低值聚类（L–L）。2010 年安徽绿色发展指数处于低观测值被高观测值包围区域（L–H），到了 2015 年安徽、江西进入了 H–H 范围，显示了长江经济带发展的成效。处于低值聚类范围的 6 个省、区变化（新疆、四川、青海、宁夏、内蒙古、甘肃）显示西部省份绿色发展任务任重道远。

11.2.2.3 绿色发展指数空间计量分析

通过空间全局及局部自相关分析，Moran's I 大于 0，且 $p<0.05$，即绿色发展指数在空间上存在正相关性，总体上表现为集聚性（H–H、L–L），因此可以进行空间计量分析。另外，通过绿色发展概念内涵分析知道，绿色发展实际上是一种发展方式的转换，从资源消耗性转换到创新驱动发展。在新古典经济增长模型中，资本和劳动是决定经济增长的两个要素，技术进步作为外生变量会对经济增长产生影响，基于 Romer 的假设，其模型如下[22-23]：

$$GDI = AR^{\alpha} EI^{\beta} H^{\gamma} e^{\mu}。 \tag{11.4}$$

上述模型两边取对数，修改后的模型为：

$$\ln GDI_{it} = \beta_0 + \beta_1 \ln R_{it} + \beta_2 \ln EI_{it} + \beta_3 \ln H_{it} + \beta_4 \ln IS_{it} + \beta_5 \ln TL_{it} + \beta_6 \ln U_{it} + \zeta_{it}。 \tag{11.5}$$

式中，GDI 为区域绿色发展指数；R 为区域科学研究与试验发展经费占 GDP 比重；EI 为区域环保投资占 GDP 比重；H 为区域人力资本存量；IS 为产业结构，在这里指第二产业占 GDP 比重；TL 为区域科技发展水平，这里用专利申请量与地区常住人口的比重表示；U 为城市化率。

区域人力资本存量 H 计算方法采用彭国华的方法[24]，其计算过程为：①计算劳动力平均受教育年数；②根据平均受教育年数采用分段函数计算综合回报率 $\ln h$；③由 $\ln h$ 计算人力资本存量，$H=\exp(\ln h) \cdot L$，其中 L 为就业人数。

在上述公式基础上，采用空间杜宾模型（Spatial Dubin Model，SDM），它不仅考虑了因变量的空间相关性，还考虑了自变量的空间相关性，即因变量不仅受到本地区自变量的影响，还受到其他地区自变量和因变量的影响，其形式如下[25]：

$$y_{it} = r \sum_{j=1}^{N} w_{it} y_{jt} + a X_{it} + q \sum_{j=1}^{N} w_{ij} X_{jt} + w_i + d_t + e_{it}。 \tag{11.6}$$

式中，i 为空间单元（$i=1, 2, \cdots, N$），N 为单元总数；t 为时期（$t=1, 2, \cdots, T$），T 为时期总数；y_{it} 为因变量；r 为空间滞后系数；w_{ij} 为空间权重矩阵；a 为待估计的系数；X_{it} 为自变量；w_i 为空间（个体）效应；d_t 为时间效应；e_{it} 为独立且同分布的随机误差项；$w_{ij}X_{jt}$ 为邻近自变量的空间滞后变量；q 为待估计的系数。

关于权重的构造，这里主要考虑科技创新的影响，参照经济距离空间权重矩阵，建立人力资本空间权重矩阵[26]，用下式表达：

$$w = w_{d_{ij}} \operatorname{diag} \left\{ \frac{\overline{H_1}}{\overline{H}}, \frac{\overline{H_2}}{\overline{H}}, \cdots, \frac{\overline{H_n}}{\overline{H}} \right\}。 \tag{11.7}$$

式中，$\overline{H_i}$ 为第 i 省人力资本存量平均值；$\overline{H}$ 为总人力资本平均值。$w_{d_{ij}}$ 表示地理距离权重，$w_{d_{ij}} = 1/d_{ij}$（$d_{ij} \neq 0$），d_{ij} 是距离，当 $d_{ij}=0$ 时，$w_{d_{ij}}=0$。设置该权重的好处在于，当一个地区

的人力资本存量占总量的比重越大时，其对周边的影响力也越大。

在 MATLAB 空间计量工具箱支持下，其空间计量分析主要步骤为：①运行 demoLMsarsem_panel.m 文件，得到表 11.6 第 2 列和第 3 列。模型的稳健 LM 检验统计量均在 5%水平下显著，说明存在显著的空间自相关，应采用空间计量模型。②为确定空间面板模型的形式，用 Wald 统计量检验空间杜宾模型（SDM）可否弱化为空间滞后模型或空间误差模型。运行 demopanelscompare.m 文件进行 Wald 检验，在表 11.6 中，Wald(spatial lag)、Wald(spatial error)的值在 5%下显著，并且 R^2 从 0.74 增加到 0.98，说明可以用空间杜宾模型进行分析。空间杜宾模型有固定效应和随机效应，在本研究中 Hausman 检验显示应采用固定效应模型。固定效应中有时间固定、空间固定及时间和空间双固定 3 种形式[27]。在本研究中根据 R^2 和 Log likelihood 值大小，选择时间和空间双固定效应模型。③在时间和空间双固定的空间杜宾模型下，整理出直接效应、间接效应和总效应。

表 11.6 中的空间杜宾模型显示，环保投资比例（EI）、产业结构（IS）、科学技术水平（TL）、城市化率（U）等通过了显著性检验（$p<0.01$）并且系数为正，即这些变量对绿色发展指数有正向作用。在不考虑其他因素作用的情况下，EI、IS、TL、U 每增加 1%，绿色发展指数分别增加 0.065%、0.270%、0.027%、0.269%，可以看出产业结构和城市化率的变动对绿色发展指数影响最为显著。区域人力资本存量（H）和科学研究与试验发展经费强度（R&D）两个变量不显著，说明 H 和 R&D 转化为现实的科技创新有一个过程，即要重视 H 和 R&D 的效率问题，促进科技成果更多的产出。

表 11.7 表示基于时间和空间双固定效应下的空间效应。Lesage 和 Pace（2008）提出了直接效应、间接效应和总效应等概念，用来反映自变量对因变量的影响[28]。直接效应表示自变量 x 对本地区因变量 y 造成的平均影响，间接效应表示自变量 x 对其他地区因变量 y 造成的平均影响，总效应表示自变量 x 对所有地区因变量 y 造成的平均影响。从表 11.6 可以看出，对本地绿色发展指数有正向影响且通过检验的是 EI、IS、TL、U。从空间溢出效应（间接效应）来看，产业结构 IS 和城市化率 U 对周边区域具有正向的空间溢出效应，说明一地区的 IS 和 U 的提高，能够带动邻近区域的绿色发展指数增长。值得注意的是，科学技术水平 TL 对周边区域的绿色发展指数具有负向影响，即存在负向空间溢出效应，这说明科学技术水平具有集聚效应和虹吸效应。科技发展水平高的区域会吸收周边区域的科技创新资源，导致周边区域科技创新资源的负向影响。总之，IS 和 U 的扩散效应导致邻近区域的绿色发展受益，目前对区域科技创新的极点效应给予更多的关注。

表 11.6 OLS 和 SDM 模型选择

变量名称	OLS			SDM		
	变量系数	检验	检验值	变量系数	检验	检验值
intercept	−3.91	R^2	0.74		R^2	0.98
ln$R$	−0.03	LM (no spatial lag)	7.53**	−0.003	Wald(spatial lag)	33.44**
lnEI	0.09	R-LM(no spatial lag)	3.31**	0.065*	Wald(spatial error)	33.77**
ln$H$	0.07	LM(no spatial lag)	6.41**	−0.097	Hausman test probability	39.65**
lnIS	0.38	R-LM(no spatial lag)	1.19**	0.270**		

续表

变量名称	OLS			SDM		
	变量系数	检验	检验值	变量系数	检验	检验值
lnTL	0.06			0.027**		
ln$U$	0.30			0.269**		
W×ln$R$				0.322		
w×lnEI				−0.033		
w×ln$H$				−0.099		
w×lnIS				2.624**		
w×lnTL				−0.199**		
w×ln$U$				1.388**		
w*dep.var.				−0.270		

注：**和*分别表示在5%与10%的显著性水平下显著。下同。

表 11.7　SDM 模型的直接效应、间接效应和总效应

变量	直接效应	间接效应	总效应
ln$R$	−0.006	0.265	0.259
lnEI	0.066*	−0.042	0.024
ln$H$	−0.096	−0.063	−0.159
lnIS	0.246**	2.118**	2.364**
lnTL	0.029**	−0.169**	−0.140**
ln$U$	0.256**	1.071**	1.327**

11.3　结论与建议

本章在界定绿色发展内涵的基础上，利用 2010—2015 年中国各省（区、市）统计数据，构建了中国绿色发展指标体系框架，在 GeoDa 软件支持下，进行 ESDA 分析。在新古典经济增长模型的基础上，运用空间杜宾模型，在 MATLAB 空间计量工具箱支持下，从研究与开发投入强度 R、环保治理资金投入强度 EI、人力资本存量 H、产业结构 IS、科技创新水平 TL 及城市化率 U 等方面研究对绿色发展的影响与空间溢出效应。结果显示：①2010—2015 年省际绿色发展指数呈现集聚分布（H-H 型和 L-L 型）。绿色发展指数总体上是东部省份 > 中部省份 >东北省份 >西部省份，西部省份和东北省份差异不明显。②EI、IS、TL、U 对本地区域绿色发展有显著的推动作用。③IS 和 U 的提升对邻近区域的绿色发展有显著的推动作用。④一个区域的 TL 提升，并不利于周边地区绿色发展的提高，这种原因可能与区域 TL 的虹吸效应有关。

基于以上结论，本章给出下列建议。

①从区域发展均衡性来看，要促进我国东部、中部、西部、东北区域协调发展。尽管西部、东北区域绿色发展指数增长速度较快，但是区域差异还是非常巨大。西部、东北区域要

从依赖资源的传统性发展方式，突破资源诅咒，实现发展方式的转变。

②进一步加大环境污染防治、生态环境保护和建设投资占 GDP 的比例。加大环保投入是转变经济发展方式的重要手段和推进生态文明建设的根本措施。环保产业作为战略性新兴产业之一，是环境保护的物质基础和技术保障，是推进节能减排的重要支撑。

③继续推进城市化。健康城市化对本地和邻近区域的绿色发展有促进作用。加快基础设施建设、实现产城融合城乡一体化、加快公共服务均等化等，进一步推进产业升级，做好产业间和产业内部升级。

④转变发展方式，推动创新驱动发展。对区域的科技创新避免更多的虹吸效应，加快创新成果对邻近区域的扩散和对口帮扶。

参 考 文 献

[1] TOBLER W R. A computer movie simulating urban growth in the detroit region[J]. Economic geography, 1970, 46(s1):234-240.

[2] CARSON R. Silent spring[M].US: Houghton Mifflin Harcourt, 2002.

[3] MEADOWS D H, MEADOWS D L, RANDERS J, et al. The limits to growth: a report for the culb of rome's project on the predicament of mankind[M].New York: New American Library, 1972.

[4] 罗丽艳. 建设生态文明，打造生态环渤海[J]. 城市, 2014(5):64-66.

[5] BRUNDTLAND G H. World commission on environment and development (1987): our common future[R]. World commission for environment and Development, 1987.

[6] PEARCE D W, MARKANDYA A, BARBIER E. Blueprint for a green economy[M]. UK: Earthscan, 1989.

[7] 苏荣丽. 基于人与自然辩证关系的绿色发展问题研究[D]. 太原：山西财经大学, 2014.

[8] VAZQUEZ-BRUST D, SMITH A M, SARKIS J. Managing the transition to critical green growth: the Green Growth State[J]. Futures, 2014, 64: 38-50.

[9] ESCAP U N. Low carbon green growth roadmap for Asia and the Pacific[M]. New York: United Nations publication, 2012.

[10] OECD. Towards green growth: monitoring progress OECD indicator[M]. Paris: OECD, 2011.

[11] Platform . Moving towards a common approach on green growth indicators[J]. Green growth knowledge platform, 2013: 46.

[12] 戴星翼. 走向绿色的发展[M]. 上海：复旦大学出版社, 1998.

[13] 张春霞. 绿色经济发展研究[M]. 北京：中国林业出版社, 2002.

[14] 胡鞍钢，周绍杰. 绿色发展:功能界定、机制分析与发展战略[J]. 中国人口•资源与环境, 2014, 24(1):14-20.

[15] 李晓西，刘一萌，宋涛. 人类绿色发展指数的测算[J]. 中国社会科学, 2014(6):69-95.

[16] 郝汉舟，汤进华，翟文侠，等. 湖北省绿色发展指数空间格局及诊断分析[J]. 世界地理研究, 2017, 26(2):91-100.

[17] 吴旭晓. 区域工业绿色发展效率动态评价及提升路径研究：以重化工业区域青海、河南和福建为例[J]. 生态经济(中文版), 2016, 32(2):63-68.

[18] 北京师范大学经济与资源管理研究院. 2015 中国绿色发展指数报告[M]. 北京：北京师范大学出版社, 2015.

[19] 关于印发《绿色发展指标体系》《生态文明建设考核目标体系》的通知[EB/OL].（2016-12-22）[2018-02-27]. http://www.ndrc.gov.cn/gzdt/201612/t20161222_832304.html.

[20] 黄建欢, 吕海龙, 王良健. 金融发展影响区域绿色发展的机理：基于生态效率和空间计量的研究[J]. 地理研究, 2014, 33(3):532-545.

[21] 郝汉舟, 王瑞霞. 湖北省产业结构与环境污染关系计量分析[J]. 资源开发与市场, 2016, 32(10):1178-1183.

[22] 刘思峰, 党耀国, 李炳军, 等. G-C-D 模型与技术进步贡献率测度[J]. 中国管理科学, 1999, 7(2):76-80.

[23] 刘洋, 胡郴, 何文举. 资源消耗对湖南省城市化质量的影响研究：基于 C-D 生产函数和误差修正模型的理论分析与实证检验[J]. 经济地理, 2013, 33(12):61-67.

[24] 彭国华. 中国地区收入差距、全要素生产率及其收敛分析[J]. 经济研究, 2005(9):19-29.

[25] LESAGE J P, PACE R K. Introduction to spatial econometrics[M]// Introduction to spatial econometrics. FL, US: CRC Press, 2009:513-514.

[26] 叶阿忠, 吴继贵, 陈生明. 空间计量经济学[M]. 厦门：厦门大学出版社, 2015.

[27] ELHORST J P, FRÉRET S. Evidence of political yardstick competition in france using a two-regime spatial durbin model with fixed effects[J]. Journal of regional science, 2009, 49(5): 931-951.

[28] LESAGE J P, PACE R K. Spatial econometric modeling of origin-destination flows[J]. Journal of regional science, 2008, 48(5): 941-967.

第十二章

城市化进程中技术创新对环境污染的影响研究——基于动态联立方程模型

系统分析方法常见的有一般系统理论方法、协同理论方法、协调度理论模型方法等。目前将不同的子系统纳入系统分析的方法实践较多的是 Sims（1980）的向量自回归分析（Vector Auto Regression, VAR）模型[1]。常见的协调度模型一般只用于分析两个子系统的耦合情况，一般系统理论的分析模型不能进行情景仿真。本章在分析一般系统理论、协同理论、协调度理论在资源环境领域应用的基础上，克服单一方程不能反映复杂系统中双向反馈的关系，并且可能存在一个方程的解释变量是另一个方程的被解释变量的实际情况，采用动态联立方程（Dynamic Simultaneous Equation, DSE）来反映技术创新—城市化—资源环境之间的复杂关系，并利用动态联立方程的情景模拟功能，分析解释变量的变动情况对被解释变量的影响。

12.1 一般系统理论、协调度理论模型

12.1.1 一般系统理论

一般系统理论（General System Theory）在经济社会复杂系统中得到了广泛应用。一般系统理论思想起源于生物学家研究生物有机体，复杂的生命系统给予了系统学家诸多灵感，因此机体论是一般系统理论的思想起源。作为一般系统理论的标志性人物——美籍奥地利理论生物学家和哲学家贝塔朗菲（Von Bertalanffy），其经典著作《一般系统论——基础、发展和应用》[2]，总结了一般系统论的概念、方法和应用。

下面根据徐晔在研究我国战略性新兴产业环境技术效率测度时的两个子系统共生 Logistic 模型[3]，以及乔标、方创琳在研究城市化与生态环境协调发展的动态耦合模型[4]的一

般系统理论的应用，对模型分析如下。

城市化—资源环境系统有城市化与资源环境两个子系统，这两个子系统均为非线性系统，其对应的演化方程为：

$$\frac{dx(t)}{dt} = f(x_1, x_2, \cdots, x_n) 。 \tag{12.1}$$

将 $f(x_1, x_2, \ldots, x_n)$ 在 $x=0$ 处按照泰勒级数展开，根据李雅普诺夫第一近似定理，列出高次项后的近似式如下：

$$\frac{dx(t)}{dt} = \sum_{i=1}^{n} a_i x_i, i = 1, 2, \cdots, n 。 \tag{12.2}$$

按照上述方法，可以建立两个子系统城市化 U 与资源环境 RE 函数：

$$f(U) = \sum_{i=1}^{n} \alpha_i x_i, i = 1, 2, \cdots, n ; \tag{12.3}$$

$$f(RE) = \sum_{j=1}^{n} \beta_j y_j, j = 1, 2, \cdots, n 。 \tag{12.4}$$

式中，x_i、y_j 分别为两个子系统中的分指标。例如，城市化子系统可以分为人口城市化、空间城市化、经济城市化、社会生活城市化子指标。

根据贝塔朗菲一般系统理论，$f(U)$、$f(RE)$ 为驱动城市化—资源环境系统的主要部分，得到：

$$A = \frac{df(U)}{dt} = \alpha_1 f(U) + \alpha_2 f(RE) ; \tag{12.5}$$

$$B = \frac{df(RE)}{dt} = \beta_1 f(U) + \beta_2 f(RE) 。 \tag{12.6}$$

式中，A、B 分别为城市化子系统和资源环境子系统的演化状态。A、B 是相互影响、相互作用的，任何一个子系统的变化都会影响整个系统变化。子系统 A 和 B 的演化速度分别为 V_A、V_B：

$$V_A = \frac{dA}{dt}; V_B = \frac{dB}{dt} 。 \tag{12.7}$$

当城市化—资源环境系统协调时，各个子系统 $f(U)$、$f(RE)$ 之间也是协调的。记这个系统的演化速率为 V，则 V 是 V_A、V_B 的函数，即 $V=f(V_A, V_B)$，以 V_A、V_B 为控制变量，可以分析城市化和资源环境之间的协调状况。

城市化和资源环境组成的系统，存在约束和支持、互补和合作，因此用生态学中的共生（Symbiosis）来描述两者之间的关系。生物学中的共生演化概念早已在技术创新体系、社会学、经济学中得到广泛应用[5]。用 Logistic 模型描述城市化—资源环境系统的共生关系。Logistic 模型来源于 Malthus 人口模型[6]，比利时数学家 Verhulst 在有限环境容量下，对 Malthus 方程进行改进：

$$\frac{dN}{dt} = rN\left(1 - \frac{N}{K}\right) 。 \tag{12.8}$$

式中，常数 r（$r>0$）称为种群的内部增长率；K（$K>0$）反映了环境容量；N 表示当前的资源状况。城市化与资源环境系统互利共生模型如下[7]：

$$\begin{cases} \dfrac{\mathrm{d}V_A}{\mathrm{d}t} = r_1 V_A \left(1 - \dfrac{V_A}{M_A} + \delta_1 \dfrac{V_B}{M_B}\right) \\ \dfrac{\mathrm{d}V_B}{\mathrm{d}t} = r_2 V_B \left(1 - \dfrac{V_B}{M_B} + \delta_2 \dfrac{V_A}{M_A}\right) \end{cases} \tag{12.9}$$

式中，r_1、r_2为V_A、V_B的固定增长率；M_A、M_B为共生模式下V_A、V_B的最大速率；δ_1、δ_2为共生模式下V_B对V_A的作用水平、V_A对V_B的作用水平。由此可以推导出[7]，互利共生均衡发展需满足3个条件：$\delta_1>0$；$\delta_2>0$；$\delta_1\delta_2<1$。

12.1.2 协调度理论模型

协调度是协同理论（Synergetics）的重要概念，其创立者为著名物理学家哈肯（Hermann Haken），其在吸收系统论、控制论、突变论等基础上，提出了协同理论，并于1976发表了《协同学引论》[8]，系统阐述了协同理论。协同理论的支配原理（慢变量支配快变量，从而决定系统的演化方向）和序参量（描述系统宏观有序度）对研究城市化—资源环境系统具有重要的借鉴意义。

具体到城市化—资源环境系统，一方面，资源环境可以对城市化起到约束作用；另一方面，资源环境城市化进程不可避免地对资源环境产生影响。具体表现如下。

①资源环境容量约束。资源环境的损耗降低了资源环境要素的支撑能力，城市化进程中缺水、用地紧张等就是资源环境对城市化的约束。

水资源对城市化的约束和制动效应：方创琳等认为水资源是城市化过程中的最大约束性因子[9]。水资源是城市的生命线，水结构与人口结构、产业结构、生态环境形成了一个巨大的耦合系统，决定了城市人口城市化、经济城市化、社会城市化的水平。

土地资源对城市化的约束和制动效应：土地资源是城市化的载体。城市化的规划是以一定规模土地资源为前提的。土地资源紧缺，必然导致城市人口密度过大，城市所能承载的人口减少。

生态环境对城市化的约束和制动效应：城市本身作为生态环境的一部分，城市化与生态环境之间存在复杂的非线性相关关系。城市生态环境影响城市的聚集效应，生态环境恶化可能导致城市迁移或者废弃。

②生态环境质量降低可以恶化投资环境的竞争力、减缓高技术企业的发展。大气、水、土壤及生态环境是生活在城市中居民的基本条件，生态环境质量降低，既不是健康城市化也不是绿色城市化。

③生态环境质量降低通过恶化投资环境竞争力、排至高技术企业。生态环境质量通过影响产业升级、影响产业区位选择，从而影响经济发展，使城市化缺少内在动力。此外，恶化的环境要素质量需要通过环境污染治理进行改善，会增加企业负担，增加经济活动成本，减弱企业的竞争力，从而导致城市微观经济主体动力下降。

④灾害性事件影响经济增长，从而影响城市化。例如，洪涝灾害、酸雨沉降破坏城市基础设施，高温热浪及热岛效应使城市居住适宜性降低。

从协同理论出发，城市化—资源环境之间协调表现在：环境呈现良性循环，资源得到高效利用，城市化的进程与资源环境容量相适应，城市化的质量得到提高。

协调度理论模型一般有下列模型：①耦合协调度模型[10]。②灰色关联度模型[11]。③熵变方程方法。④幂指数几何平均法。⑤区间判断方法。由于耦合协调度模型和灰色关联度模型应用较多，这里主要介绍熵变方程方法、幂指数几何平均法、区间判断方法。

（1）熵变方程方法

由城市化子系统和资源环境子系统组成的系统，属于"社会—经济—自然复合生态系统"[12]，同时也是一个典型耗散结构，两个子系统间进行及子系统与外界环境进行物质、能量的交换从而产生熵变（Entropy Change）。当熵变值 d_S<0 时，系统高级化向有序方向发展，其系统曲线为不稳定的上升曲线；d_S>0 时，表示系统有序度降低，系统为不断下滑的曲线；当 d_S=0 时，系统处于平衡状态。

记 d_U 为城市化系统的熵变值，d_{RE} 为资源环境系统熵变值。因为 d_U 和 d_{RE} 取值可以大于零、小于零、等于零，因此城市化—资源环境系统有 9 种情况，其相应情况如表 12.1 表示。

表 12.1　城市化—资源环境系统耦合类型判别

耦合类型	判别标准
协调型	d_U<0；d_{RE}<0
临界协调型	d_U<0；d_{RE}=0
临界协调型	d_U=0；d_{RE}<0
临界衰退型	d_U>0；d_{RE}=0
临界衰退型	d_U=0；d_{RE}>0
临界模式（协调与冲突的门槛）	d_U=0；d_{RE}=0
衰退型	d_U>0；d_{RE}>0
磨合型（磨合拮抗型/拮抗型）	d_U<0；d_{RE}>0
磨合型（磨合拮抗型/拮抗型）	d_U>0；d_{RE}<0

在具体判别时，令 $\Delta U(t)$ 和 $\Delta RE(t)$ 分别为 t 年份的城市化水平和资源环境质量水平的变化值：$\Delta U(t) = U(t) - U(t-1)$；$\Delta RE(t) = RE(t) - RE(t-1)$。

当 $\Delta U(t)$>0 时，d_U<0；当 $\Delta RE(t)$>0 时，d_{RE}<0。$\Delta U(t)$ 和 $\Delta RE(t)$ 在象限中的关系参考李国柱研究的经济—资源环境系统耦合[13]，其判别如图 12.1 所示。

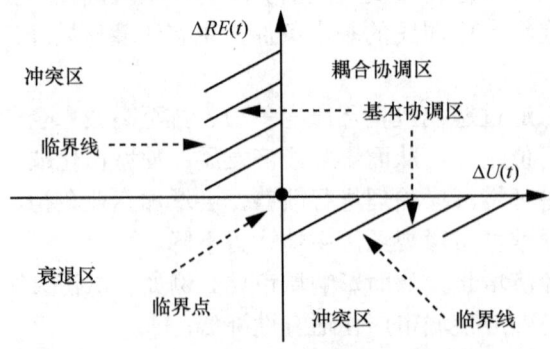

图 12.1　城市化—资源环境协调度象限判别方法

在图 12.1 中，象限 2 和象限 4 根据具体情况设置一个 ε 小量，划定了一个从有序向冲突转变的过渡阶段。孙平军等采用熵变方法，结合 PSE 模型研究城市化与生态环境的耦合关系，发现 2002—2011 年吉林省城市化—生态环境耦合关系呈现协调和拮抗交替现象[14]。

（2）幂指数几何平均法

复杂系统耦合协调涉及系统中各子系统的演化速度。李昍煜等在复杂系统协调度评价模型研究中，对协调度定义为：以系统整体效益最大化为目标，系统内部各组成要素及子系统间通过复杂的、动态的交互作用而实现的和谐共生的发展关系[15]。设复杂系统整体发展水平由各子系统加权而成：

$$S = \sum_{i=1}^{n} \alpha_i E_i \text{。} \tag{12.10}$$

式中，S 为系统整体发展水平；α_i 为子系统 i 的权重，E_i 为子系统 i 的发展水平。子系统 E_i 的协调度定义为[15]：

$$H_i = \begin{cases} \exp\left(\dfrac{dE_i}{dt} - \dfrac{dS}{dt}\right), & \dfrac{dS}{dt} > \dfrac{dE_i}{dt} \\ \exp\left(\dfrac{dS}{dt} - \dfrac{dE_i}{dt}\right), & \dfrac{dS}{dt} < \dfrac{dE_i}{dt} \\ 1, & \dfrac{dS}{dt} = \dfrac{dE_i}{dt} \end{cases} \text{。} \tag{12.11}$$

复杂系统整体协调度 H 通过几个子系统协调度的几何平均求得：

$$H = \sqrt[n]{H_1 \times H_2 \times \cdots \times H_n} \text{。} \tag{12.12}$$

由上式可知，$0 < H \leqslant 1$。

（3）区间判断方法

区间判断方法在王维国研究协调发展的理论与方法中有论述[16]，李国柱在对经济增长与环境协调发展的计量分析时引用了该方法[13]。该方法是建立子系统间的数学模型，结合解释变量、被解释变量的预测区间，判断各子系统是否处于协调状态。

设城市化—资源环境两者协调发展的模型为：

$$U = f(RE) + u \text{。} \tag{12.13}$$

式中，U 为城市化发展水平；RE 为资源环境发展水平；u 为随机扰动项。一般地，U 和 RE 存在复杂的非线性关系。为了后面的说明方便，假定 U 和 RE 之间为线性关系：

$$U = \beta_0 + \beta_1 RE + u \text{。} \tag{12.14}$$

利用最小二乘法（Least Squares，LS）估计 β_0、β_1，得到 U 和 RE 的估计值：

$$\hat{U} = \hat{\beta}_0 + \hat{\beta}_1 RE \text{；} \tag{12.15}$$

$$\hat{RE} = (U - \hat{\beta}_0) / \hat{\beta}_1 \text{。} \tag{12.16}$$

在上述 U 和 RE 的估计值的基础上，可以获得其预测区间，将此预测区间作为城市化—资源环境系统协调发展区间。

在大样本情况下：

$$RE \in (\hat{RE} - 2S_{RE}, \hat{RE} + 2S_{RE});\quad(12.17)$$

$$U \in (\hat{U} - 2S_U, \hat{U} + 2S_U)。\quad(12.18)$$

在小样本情况下：

$$RE \in (\hat{RE} - t_{0.025}(n-1)S_{RE},\ \hat{RE} + t_{0.025}(n-1)S_{RE});\quad(12.19)$$

$$U \in (\hat{U} - t_{0.025}(n-1)S_U,\ \hat{U} + t_{0.025}(n-1)S_U)。\quad(12.20)$$

式中，S_{RE}为样本资源环境发展水平的标准差；S_U为样本城市化发展水平的标准差。如果待分析的样本城市化水平和资源环境发展水平落入上述区间，则说明城市化—资源环境系统区域处于协调状况，否则说明该系统处于不协调状况。

12.2 技术创新—城市化—环境污染系统——基于动态联立方程模型实证研究

城市化是生产力发展到一定阶段带来的生产结构、就业结构、消费模式及居住方式的转变[17]。城市化对促进社会全面进步、加快社会主义现代化建设具有十分重要的意义。目前，城市化依然是中国经济发展的持续动力和强大引擎，对加快产业结构转型升级具有重要意义；城市化是解决农业农村农民问题的重要途径，对推动区域协调发展有重要作用。我国"十三五"规划中，一个城市化的预期指标是到2020年常住人口城镇化率达到60%、户籍人口城镇化率达到45%。但同时要看到城市不仅是经济增长的引擎，也导致环境问题日益加剧。

一般认为，技术创新与经济增长、政府政策影响、产业结构转换3种基本动力属于城市化动力的核心表现[18]。从技术创新发展的历史来看，技术创新并不一定带来环境污染的改善，如第一次工业革命的"黑色文明"带来了环境污染的加剧和生态的破坏。我国正在实施的创新驱动发展战略对降低资源消耗、改善生态环境意义重大。一方面城市化已经带来全面的资源环境压力；另一方面从城市化驱动力来看，未来将从要素驱动、投资驱动转向创新驱动。在上述背景下，技术创新—城市化—环境污染三者之间有怎样的关系，技术创新能否缓解城市化过程中的资源环境约束是国内外学者要面对和解决的问题。

12.2.1 技术创新—城市化—环境污染理论回顾

12.2.1.1 城市化—环境污染关系

城市化与环境污染关系研究主要集中在两者之间的库兹涅茨曲线的验证。

第一，城市化导致环境质量下降。罗丽英等认为城市化对资源环境产生负面效应，城市化对生态环境恶化呈现单调的正向效应，不存在倒 U 形曲线，即城市化水平的提高会对生态环境带来不利的影响[19]。Caviglia-Harris 等用生态足迹（Ecological Footprint，EF）来研究环境库兹涅茨曲线（EKC）的有效性，发现 EF 和经济发展之间不存在 EK 关系，经济发展本身并不能导致可持续发展[20]。Dogan 等研究 1960—2010 年美国 CO_2 排放发现，能源消耗和城镇化加速了环境退化，研究不支持 EKC 假设的有效性，格兰杰因果检验显示 CO_2 和 GDP、CO_2 和能源消耗、CO_2 和城市化之间存在双向的因果关系[21]。

第二，城市化有助于环境质量的改善。这主要表现在 4 个方面：①集聚效应和规模效应，城市化会导致经济效率提高，收入的提升导致生活品质的提高，改善环境的意愿更强。②城市化导致产业结构升级，向污染更少的服务业和高端制造业转换。③城市化导致基础设施的改善，使公共卫生改善、环境治理成为可能。④绿色技术的应用，王瑞鹏等用 VAR 模型研究 1992—2011 年新疆城市化、产业结构与环境污染之间的关系，结果显示，长期内城市化有助于环境状况得到改善[22]。

第三，城市化对环境的影响存在阶段性。Martínez-Zarzoso 等用 EKC 研究 1975—2003 年发展中国家城市化对 CO_2 排放的影响，结果发现，城市化与 CO_2 排放呈倒 U 形曲线关系，经历一个先上升后下降的过程[23]。孙能浩通过 Kaya 模型对环境污染进行因素分解，结果发现，规模效应、结构效应与技术效应的此消彼长最终影响环境污染[24]。

12.2.1.2 技术创新对城市化的影响研究

城市化有利于技术创新，其机制包括创新扩散、人力资源集聚、信息交流，其相关例证是专利活动在大都市区更为突出[25]。技术创新是城市化的内在动力，其作用表现在：需求结构、产业结构、要素结构调整[26]。20 世纪 80 年代中后期的内生城市化理论说明了技术扩散是城市经济递增的源泉[27]。James Trefil 认为科技的发展水平决定城市的外延和边界[28]。技术创新在关键领域促进了城市化：交通技术使 45 分钟定律的空间边界扩大[29]；技术创新使安全、高效、清洁使用新的能源成为可能；信息技术使社会经济活动摆脱了空间限制，导致未来城市最根本性的变化[30]。

12.2.1.3 技术创新对污染的影响

技术创新的初期可能依靠消耗资源提高生产率，从而表现为"生产型技术创新"。技术创新的演变从技术创新的生产函数内生化，到关注末端治理的绿色技术，再到低碳技术的逐步演进。追求利润最大化的企业技术创新不一定就是社会的最优，而且新技术的引入初始阶段环境问题引起的负外部性往往没有暴露，因此技术创新不一定自动导致环境的改善。经济发展的阶段性、环境规制、产业结构等因素影响技术创新对环境污染的作用表现。目前，主要从 4 个角度展开研究：①从 20 世纪 90 年代开始，资源环境的约束被纳入内生城市化理论中，增长阻力（Growth Drag）和资源诅咒（Resource Curse）是其研究的两个方向，基于时序非线性门槛方法（Threshold Vector Error Correction Models，TVECM）论证了自然资源对技术创新的"挤出效应"。②基于 EKC 论证了技术的作用。Kronenberg 等认为技术分为清洁技术（Cleaner Technologies）和肮脏技术（Dirty Technologies），技术进步是 EKC 拐点的必要条件[31]。绿色技术（Green Technology）是对黑色文明的反思，是协调资源—环境—经济（REE）

系统失衡的技术体系。③基于 C-D 生产函数或者 CGE 函数,揭示技术创新对资源环境阻尼系数的影响,涉及的环境要素包括能源、碳排放、水土资源[32]。④基于环境压力方程 IPAT、STIRPAT,揭示技术创新对环境压力的影响[33]。

综上所述,目前研究主要存在以下方面的不足:①研究方法上主要采用单方程或者 VAR 方法。以技术创新作为驱动因子,三者之间的互馈关系系统研究较少。②对技术创新、城市化、资源环境互馈关系在东部、中部、西部的差异性研究不足。基于此,本章的主要目的在于:通过构建包含城市化—技术创新—环境污染变量的动态联立方程模型考察三者之间的动态耦合关系,并对东部、中部、西部在不同情景下进行冲击力分析,以期为健康城市化提供理论支撑。

12.2.2 研究方法和数据来源

12.2.2.1 模型构建

根据图 12.2 中城市化、环境污染、技术创新之间的逻辑关系,变量之间存在双向反馈,单个方程很难描述多个变量之间的关系,故本研究采用动态联立方程模型反映系统的变动过程(图 12.2)。

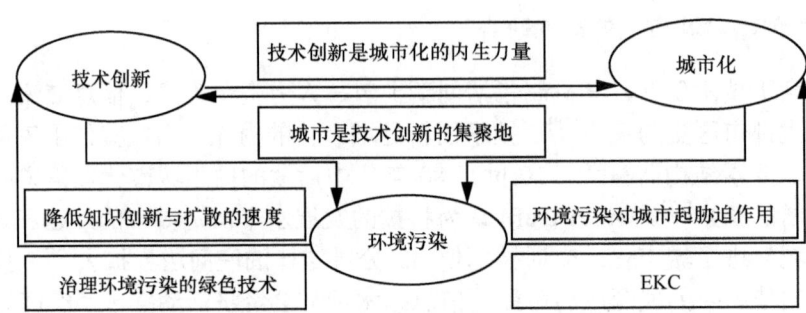

图 12.2 城市化—环境污染—技术创新之间的关系

第一个方程为技术创新产出方程。在 Griliches-Jaffe 知识生产函数的基础上[34],结合城市化—专利产出的 VAR 模型[35],将城市化作为变量加入模型中,有利于研究三者之间的关系。扩展的技术创新产出方程取对数后的形式为:

$$\ln TL = c(1) + c(2) \times \ln RD + c(3) \times \ln H + c(4) \times \ln UR \quad (12.21)$$

式中,TL 为地区科技创新水平,用万人专利申请的受理量来表示;RD 为研究与试验发展经费(R&D)投入强度;H 为人力资本存量;UR 为城市化率。

第二个方程为城市化驱动方程。借鉴相关的城市化动力机制研究成果[18, 36],这里假定科技创新、经济规模和产业结构及固定资产投资是城市化的驱动变量,具体形式为:

$$\ln UR = c(5) + c(6) \times \ln Z + c(7) \times \ln Y + c(8) \times \ln TL + c(9) \times \ln K \quad (12.22)$$

式中,Z 为产业结构比例;Y 为区域 GDP 规模;K 为物质资本存量。

第三个方程为污染产出方程。关于环境污染与城市化率,可能存在倒 U 形的 EKC,以及其他的 U 形、N 形、倒 N 形曲线[37]。考虑到消除方程的异方差问题，采用变量取对数的一般形式[38]：

$$\ln EP = c(10) + c(11) \times \ln UR + c(12) \times (\ln UR)^2 + c(13) \times (\ln UR)^3 \qquad (12.23)$$

式中，EP 为环境污染物排放量。

12.2.2.2 指标及数据

本章采用全国范围内（除港澳台及西藏）的 2005—2015 年的数据。在本研究中，东部地区包括北京、天津、河北、辽宁、上海、江苏、浙江、福建、山东、广东和海南 11 个省（市）；中部地区包括山西、吉林、黑龙江、安徽、江西、河南、湖北、湖南 8 个省；西部地区包括四川、重庆、贵州、云南、陕西、甘肃、青海、宁夏、新疆、广西、内蒙古 11 个省（区、市）。

GDP（Y）：Y 为地区实际 GDP。以 2004 年为基期，消除物价因素的影响，用各省的国内生产总值推算出 2005—2015 年的实际 GDP 值。

污染物排放量指标（EP）：为了更有效地研究污染与城市化的关系，本章选取 6 类污染物排放量指标来表示环境污染指标：工业 SO_2 排放量（万 t）、工业废水排放总量（万 t）、工业烟尘排放量（万 t）、工业废气排放量（亿标立方米）、工业粉尘排放量（t）、工业固体废物排放量（万 t）。将 6 类指标经过因子分析得出综合污染指数 W。鉴于我国城市化与工业化的非匹配，人口城市化与工业化不一定有很强的耦合性，因此在指标上还选取废水排放量 $Wastew$（万 t）、SO_2 排放量 $Suldio$（万 t）、工业废水排放量 Inw（万 t）作为被解释变量进行多指标的检验比较。

城市化指标（UR）：由于城市化有多种定义，本章统一使用人口城市化来分析，即选用城镇人口与总人口之比来表示。

技术创新指标（TL）：专利指标作为测度技术创新产出的变量已经被广泛采用。专利分为专利申请的受理量和专利申请的授权量，一般认为，专利申请的受理量更能反映一个区域的科技综合实力和科技综合创新能力。在本研究中，用万人拥有的专利申请受理量作为技术创新指标。

研发投入强度（RD）：研究与试验发展经费（R&D）占 GDP 比例。

产业结构（Z）：用第三次产业增加值占地区生产总值的比重来表示。

人力资本存量（H）：在平均教育年限基础上结合教育收益率方法计算。首先计算平均教育年限，然后根据平均教育年限采用分段函数计算综合回报率，最后根据就业人数和综合回报率计算人力资本存量。

物质资本存量（K）：以 2000 年为基年，采用永续盘存法（PIM）来计算，其中折旧率为 9.6%，基年的固定资本存量以全部工业企业固定资产原值来代替[39-40]。

12.2.2.3 数据来源及软件

本研究数据主要来源于中国经济与社会发展统计数据库、国研网统计数据库中的 2005—2015 年的年度数据。数据库中缺失的数据，如工业污染物排放量在《中国环境统计年鉴》中整理；个别缺失数据采用 SPSS 软件进行插值处理。用 SPSS 软件的因子分析功能计算综合污染因子 W；用 EViews 8.0 软件求解联立方程系数及情景模拟分析。

12.2.3 结果与讨论

12.2.3.1 变量之间灰色关联度分析

灰色关联度适合于系统中多个时间序列数据的动态分析，并且克服了相关系数对称相等的缺陷，如在相关系数中认为 UR 对 TL 的相关程度等于 TL 对 UR 的相关程度，事实上可能并不如此。因此本研究用灰色关联度分析方法测度影响 3 个内生变量 TL、UR、EP 的主要因素，并且进行关联度排序。

设反映各要素变化特征的数据系列分别为 $\{x_1(t), x_2(t), \cdots, x_m(t)\}$，因素 x_i 对 x_j 在 t 时刻的关联系数 $\xi_{ij}(t)$ 定义为：

$$\xi_{ij}(t) = \frac{\min_i \min_j |x_i(t) - x_j(t)| + \rho \max_i \max_j |x_i(t) - x_j(t)|}{|x_i(t) - x_j(t)| + \rho \max_i \max_j |x_i(t) - x_j(t)|} 。 \tag{12.24}$$

式中，ρ 为 [0, 1] 区间上的分辨系数，在本研究中分辨系数 ρ 为 0.5。关联系数 ξ_{ij} 对样本总数 k 求平均值，计算出来的是关联度矩阵 μ，μ_{ij} 计算公式为：

$$\mu_{ij} = \frac{1}{k} \sum_{i=1}^{k} \xi_{ij}(t) 。 \tag{12.25}$$

从表 12.2 中的关联度及排序可以看出如下结论。

①对于城市化率 UR，基于全国数据的灰色关联度排序为 Z>RD>H，基于东部数据排序为 Z>RD>TL，基于中部数据排序为 RD>Z>H，基于西部数据排序为 Z>RD>H。上述的排序尽管略有差异，但影响城市化率变化的前两个因素是相同的，即产业结构 Z 和研发经费投入强度 RD，差异在于东部科技创新水平 TL 进入前 3 位，中部 RD 的作用超过产业结构 Z 的作用。上述结果说明，对于城市化驱动力来讲，我国主要是基于产业结构的升级转换。中部省份研发投入强度 RD 对加快城市化进程作用显著。

②对于污染物排放量 EP，无论是全国还是东部、中部、西部省份，经济规模 Y、人力资本存量 H 都是主要的影响因素。按照 $0.65 < \mu_{ij} \leq 0.85$ 具有较强的关联性，$\mu_{ij} > 0.85$ 具有极强关联性的标准[41]，总体来说，我国的污染物排放量和经济发展之间存在耦合现象，两个指标之间耦合性属于较强到极强的程度。人力资本 H 成了影响 EP 的主要因素，说明人口规模扩张，人口城市化带来了更多环境压力，带来了更多的负外部性影响。

③对于科技创新水平 TL，全国的排序与中部、西部排序基本一致，进入前 3 位的是物质资本存量 K、经济规模 Y、污染物排放量 EP。上述排序结果说明，对于全国、中部和西部，出现了 TL 和 EP 的耦合现象，值得关注。灰色关联度本质上反映的是子系统曲线的几何相似性，如果子系统变化的态势（方向、大小、速度）基本一致，则两个子系统关联度大。消除这种耦合现象，即两者的脱钩，需要从环境规制、绿色技术发展方面做进一步的努力。东部省份显示了另外一种提升 TL 的模式：城市化 UR＞产业结构 Z＞研发经费投入强度 RD。东部省份的 RD 和 TL 关联度较强。上面分析东部省份的 UR 驱动力时显示 TL 起显著作用，说明东部省份出现了 UR 和 TL 互相促进正向反馈的耦合模式。

表 12.2　影响 TL、UR、EP 的因素的关联度矩阵

	全国			东部			中部			西部		
UR	Z (0.993)	RD (0.991)	H (0.988)	Z (0.997)	RD (0.989)	TL (0.973)	RD (0.981)	Z (0.972)	H (0.961)	Z (0.994)	RD (0.989)	H (0.960)
EP	Y (0.985)	H (0.985)	U (0.978)	H (0.817)	Y (0.804)	K (0.795)	Y (0.950)	RD (0.936)	H (0.934)	Y (0.965)	H (0.965)	K (0.953)
TL	K (0.886)	Y (0.872)	EP (0.869)	UR (0.973)	Z (0.972)	RD (0.970)	K (0.823)	EP (0.783)	Y (0.781)	Y (0.867)	K (0.857)	EP (0.850)

注：括号中数字为关联度，表中只列出了排序前 3 的因素。

12.2.3.2　模型分析结果

TL、UR、EP 为内生变量，其余变量为外生变量，根据联立方程识别法则可知本研究所建立的联立方程是可识别的。选择二阶段最小二乘法（Two-Stage Least Squares，2SLS）估计联立方程。2SLS 是一种既适用于恰好识别的结构方程也适用于过度识别的单方程估计方法[42]。模型的评估指标有 MAE（平均绝对误差）、MPE（平均相对误差）、Theil 不等系数等。通常用均方百分比误差（RMS）对联立方程整体拟合效果检验更具普遍意义。一般认为，在 n 个内生变量中，$RMS<5\%$ 的变量数目占 70%，并且每个变量的 $RMS \leqslant 10\%$，则认为模型系统总体模拟效果较好[43]。

基于全国数据建立的模型系统中，污染物排放量 EP 选择了拟合度较好的工业废水排放量 lnw 作为解释变量（表 12.3）。①对于技术创新产出方程，研发经费投入强度 RD、人力资本存量 H、城市化率 UR 前面的系数在 1% 水平下显著。RD、H、UR 每增加 1 个百分点，TL 增加 0.698 个、0.378 个、2.070 个百分点，显示出研发经费投入强度、人力资本存量、城市化率对科技创新水平有促进作用。②对于城市化驱动方程，经济规模 Y 和物质资本存量 K 没有通过 5% 显著性的检验，产业结构 Z 和技术创新水平 TL 通过了 1% 的显著性检验。显示了我国城市化的主要动力是产业结构转换和技术创新水平。城市是生产力发展工业化的产物，目前我国第三产业的快速发展提供了城市化的新的动力之源。技术创新对城市化的驱动力表现在对经济规模的扩大，农业生产力的提高促使人口向城市集聚。对于 UR，本研究中经济规模 Y 没有通过显著性检验，分析原因可能是 GDP 规模与 GDP 强度的差别，如 2005 年福建人口城市化率为 0.47，北京为 0.84，但是福建的 GDP 规模大于北京的经济规模。③在污染物产出方程中，$\ln U$ 和 $(\ln U)^2$ 前面的系数均为负值，显示 EKC 为倒 U 形。一般地，假定污染物排放量 EP 与城市化率 U 之间存在下列关系：

$$\ln(EP) = \beta_0 + \beta_1 \ln U + \beta_2 (\ln U)^2 + \beta_3 (\ln U)^3 + \ln X, \quad (12.26)$$

式中，X 为控制变量。当 $\beta_2>0$ 时为正 U 型曲线；当 $\beta_2<0$ 时为倒 U 形 EKC；当 $\beta_2<0$ 且 $\beta_3>0$ 时为 N 形关系；当 $\beta_2>0$ 且 $\beta_3<0$ 时为倒 N 形关系。在倒 U 形曲线中，污染物产出方程对 $\ln U$ 的二阶导数小于零，这是倒 U 形曲线的特征。令其一阶导数为零，得到：

$$\frac{\partial(\ln EP)}{\partial(\ln U)} = \beta_1 + 2\beta_2 \ln U = 0。 \quad (12.27)$$

由上式得到 EKC 的转折点为 $U=\exp(-\beta_1/2\beta_2)$。2015 年我国城市化率水平为 56.10%，显示出对于工业废水而言，我国环境污染与城市化率之间的 EKC 的右半部分，即随着城市化

率的提高，工业废水污染会减轻。

从分区域的联立方程求解结果来看：①技术创新产出方程中，东部的 *RD*、*H*、*UR* 均通过了1%的显著性检验，说明研发经费投入强度、人力资源存量和城市化率都能促进技术创新产出。对于西部省份来讲，只有 *RD*、*H* 通过了检验，说明技术创新与城市化率非匹配。对于西部省份，城市化率并不一定导致技术创新的产出提高，分析其原因可能是技术创新与城市化率的不同步性或者说是增长速度差异过大。2014年西部11个省城镇化平均值为49%，技术创新水平（万人拥有专利申请量 *TL*）为3.24，2015年西部城市化率为51%，*TL* 值4.98。*TL* 增长的速度是 *UR* 增长速度的13.2倍，西部城市化发展速度较慢，没有跟上技术创新产出增长的速度。②城市化驱动方程中，对于东部、中部、西部省份来讲，产业结构 *Z* 和技术创新产出 *TL* 均通过了显著性检验（$p<0.01$），东部省份 *K* 没有通过显著性检验，而中部、西部省份 *K* 具有正向作用，说明在经济不发达区域，通过政府政策导向，增加固定资产投资是城市化的驱动力。③污染物产出方程中，在本研究选取的4类污染物指标（*W*、*Inw*、*Wastew*、*Suldio*）中，东部、中部工业废水排放量 *Inw* 与城市化率 *UR* 之间，西部废水排放量 *Wastew* 与城市化率 *UR* 之间存在倒U形关系。其他形式污染物与城市化之间在研究的时间段内不存在 EKC 关系。这说明对特定区域的污染物而言，EKC 不一定成为必然。随着城市化率提高，环境污染物排放量先增长后降低对特定污染物而言不一定存在。依据式（12.27）计算的 EKC 转折点（城市化率 *UR*），东部（56.3%）>全国（53.0%）> 西部（46.4%）> 中部（44.2%）。转折点高低与区域的经济发展水平并无必然联系，分析认为这体现了环境规制和国家生态建设力度，污染物排放量先增长后下降，下降的原因主要来源于我国节能减排政策的落实。例如，青海省工业废水排放量在2013年达到高峰8395万t，贵州省在2012年达到高峰23 400万t。国务院《节能减排"十二五"规划》中规定，2015年工业化学需氧量、工业 SO_2 排放量、工业氨氮排放量较2010年减少10%~15%。

表12.3 城市化、环境污染、技术创新联立方程估计结果

系数		全国（*Inw*）	东部（*Inw*）	中部（*Inw*）	西部（*Wastew*）
技术创新产出方程	截距	−1.431**	−2.411**	−2.336**	−2.193*
	ln*RD*	0.698**	0.370*	1.4976**	0.760**
	ln*H*	0.378**	0.531**	0.4466**	0.368**
	ln*UR*	2.070**	2.769**	2.0816**	0.928
	Ad-R^2	0.82**	0.80	0.82	0.88
	D.W	1.93**	1.76	1.75	1.85
城市化驱动方程	截距	−1.995**	−1.489**	0.073	−0.735
	ln*Z*	0.401**	0.375**	0.316**	0.218**
	ln*Y*	−0.057	−0.004	−0.274**	−0.278**
	ln*TL*	0.140**	0.139**	0.192**	0.125**
	ln*K*	0.026	−0.068	0.049*	0.276**
	Ad-R^2	0.88	0.82	0.81	0.78
	D.W	2.16	2.10	2.28	1.94

续表

系数		全国（lnw）	东部（lnw）	中部（lnw）	西部（Wastew）
污染物产出方程	截距	9.802*	8.997**	9.420**	5.896*
	lnU	−5.183*	−10.320**	−5.372*	−15.155*
	(lnU)²	−4.087*	−8.972**	−3.289*	−9.859*
	Ad-R^2	0.83	0.77	0.80	0.82
	D.W	2.07	2.23	1.82	1.72
RMS		5.36%	4.87%	6.23%	4.93%

注：**和*分别表示在5%和10%的显著性水平下显著。

12.2.3.3 情景分析

在联立方程外生变量不同的假设下，利用 EViews 软件中 Scenarios 功能进行情景分析是政策模拟的主要手段。在本研究中假定的情景是：R&D 投入强度增加 1%，通过比较基本解和情景解，得到联立方程组中 3 个内生变量污染物排放量（EP）、技术创新（TL）、城市化率（UR）对冲击的变动情况。

表 12.4 列出了在 R&D 投入强度（RD）增加 1%情景下的模拟结果。可以发现：①全国及西部 EP 分别增加 0.407%和 0.137%，东部和中部分别减少 0.150%与 0.183%。一般认为，技术创新对经济增长和产业升级换代有促进作用，但要看到技术创新与污染物排放量之间的复杂关系。分析其原因有：a.环境规制的原因；b.其对环境污染的制动路径差异产生的影响。中部、东部在技术创新水平提高的情况下，产业结构更加优化，但是对于西部而言，技术创新水平的提高，并不一定有产业结构优化的必然结果。②在研发经费投入强度增加 1%情景下，全国、东部、中部、西部省份技术创新产出分别增加 0.547%、0.600%、2.509%、0.859%。结果说明，中部的 TL 产出效率最高，其顺序为 中部＞西部＞东部＞全国。对东部 R&D 投入强度较高的省份，可能存在一个阈值效应，在一定的水平上再增加研发经费投入强度，可能存在产出弹性系数下降。③在研发经费投入强度增加 1%情景下，全国、东部、中部、西部省份城市化率分别增加 0.090%、0.083%、0.476%、0.107%。R&D 投入强度增加对中部省份城市化率增加最明显，对东部省份城市化率影响最小，但都具有正向影响作用。

表 12.4 R&D 投入强度增加 1%情景下内生变量的分析结果

	全国	东部	中部	西部
EP	0.407%	−0.150%	−0.183%	0.137%
TL	0.547%	0.600%	2.509%	0.859%
UR	0.090%	0.083%	0.476%	0.107%

注：表中数据为 100×（模拟结果−拟合结果）/拟合结果×100%。

12.3 本章小结

本章基于城市化—环境污染—技术创新之间的双向互馈关系，采用 2005—2015 年我国

30个省份的面板数据,通过灰色关联度分析、联立方程及情景模拟等研究方法实证研究城市化、技术创新、环境污染的双向作用机制。通过构建一个包含技术创新产出方程、城市化驱动方程、污染物产出方程的联立方程组,实证分析区域城市化、环境污染、技术创新之间的耦合关系,得出如下结论。

①关联度分析表明,全国及东部、中部、西部省份城市化的驱动力主要是产业结构和研发经费投入强度,其污染物排放量与区域GDP及人力资本存量存在较强的耦合性。就技术创新水平而言,全国及中部、西部物质资本存量和经济规模存在较强耦合性,东部模式相异表现为技术创新与城市化、产业结构、研发经费投入强度耦合较强。

②联立方程表明,城市化与科技创新有双向反馈作用,技术创新提高1个百分点,城市化提高2.07%,城市化提高1个百分点,技术创新提高0.14%。西部省份城市化与技术创新出现非匹配,城市化对技术创新助推作用不明显。经济不发达区域物质资本存量对城市化的助推作用比经济发达区域作用更明显。对特定区域的污染物而言,EKC不一定成为必然。城市化率提高,污染物排放量先增长后降低对特定污染物而言不一定存在。

对东部、中部省份而言,研发经费投入强度、人力资本存量、城市化对技术创新水平有促进作用,西部省份出现了技术创新与城市化的非匹配现象;对城市化驱动力来讲,产业结构比例和技术创新水平是主要驱动力。相比东部区域,中部、西部省份物质资本存量对城市化的作用更加明显。从EKC转折点来看,东部>全国>西部>中部,转折点高低与区域的经济发展水平并无必然联系。

③情景分析的冲击模拟表明,提高研发经费投入强度对东部、中部污染物减排成效显著,对中部技术创新产出提升作用显著,对中部的城市化促进作用最明显。当前我国在技术创新同时更加关注绿色技术。针对区域发展实际,有针对性地实施差别化的城市化驱动路径。

基于上述研究结果,对我国城市化—技术创新—环境污染系统有下列建议:第一,充分认识到技术创新与环境污染物排放之间的复杂关系。在技术创新同时更加关注绿色技术。在我国资源环境对经济发展胁迫持续增大的背景下,更要关注减少污染、降低资源消耗技术体系;既要重视环境污染物末端治理的技术,也要重视减少污染物产生的前端防御技术。针对EKC拐点平移,从产业、技术创新、规模、环境规制等方面综合施策。第二,针对区域发展实际,针对性地实施差别化的城市化驱动路径。现阶段既要认识到产业结构调整、技术创新水平是我国目前城市化的主要驱动力量,又要摒弃不分差别地实施固定资产投资对城市化的拉动策略。对经济落后区域增加固定资产投资对城市化的弹性系数较大,对经济发达区域可能存在阈值效应。人均GDP比经济总量对城市化的驱动力可能更加明显,提示经济发展要更加注重质量成效。第三,从研发经费投入强度、人力资本投入等方面落实创新驱动战略。西部省份的城市化和技术创新的非匹配需要从支撑技术创新的内外部环境进一步优化。

参 考 文 献

[1] SIMS C A. Macroeconomics and reality[J]. Econometrica, 1980, 48(1): 1-48.

[2] 冯·贝塔朗菲. 一般系统论:基础、发展和应用[M]. 林康义,译. 北京:清华大学出版社,1987.

[3] 徐晔. 我国战略性新兴产业环境技术效率测度研究 [M]. 北京:经济管理出版社,2014.

[4] 乔标, 方创琳. 城市化与生态环境协调发展的动态耦合模型及其在干旱区的应用[J]. 生态学报, 2005, 25(11): 3003-3009.

[5] 耿华. 基于 Logistic 改进模型的产业集群共生演化研究[D]. 扬州：扬州大学, 2012.

[6] 托马斯·马尔萨斯. 人口原理：珍藏本[M]. 陈小白, 译. 北京：华夏出版社, 2012.

[7] 张怀志, 武友德. 生态学视角下的城市关系及其稳态分析[J]. 资源开发与市场, 2016, 32(10): 1161-1165.

[8] H 哈肯. 协同学引论[M]. 徐锡申, 等译. 北京：原子能出版社, 1984.

[9] 方创琳, 鲍超, 乔标, 等. 城市化过程与生态环境效应[M]. 北京：科学出版社，2008.

[10] 刘耀彬, 李仁东, 宋学锋. 中国城市化与生态环境耦合度分析[J]. 自然资源学报, 2005, 20(1): 105-112.

[11] 严姗, 孜比布拉·司马义. 北疆地区城市化发展与生态环境的灰色关联性分析[J]. 天津师范大学学报(自然科学版), 2014, 34(1): 47-51.

[12] 马世骏, 王如松. 社会—经济—自然复合生态系统[J]. 生态学报, 1984, 4(1): 3-11.

[13] 李国柱. 经济增长与环境协调发展的计量分析[M]. 北京：中国经济出版社, 2007.

[14] 孙平军, 修春亮, 张天娇. 熵变视角的吉林省城市化与生态环境的耦合关系判别[J]. 应用生态学报, 2014, 25(3): 875-882.

[15] 李昍煜, 赵涛. 复杂系统协调度评价模型研究[J]. 中国农机化学报, 2008(6): 44-46.

[16] 王维国. 协调发展的理论与方法研究[M]. 北京：中国财政经济出版社, 2000.

[17] BRENNER N. Theses on urbanization[J]. Public culture, 2013, 25(1 69): 85-114.

[18] TUROK I, MCGRANAHAN G. Urbanization and economic growth: the arguments and evidence for Africa and Asia[J]. Environment and urbanization, 2013, 25(2): 465-482.

[19] 罗丽英, 魏真兰. 城镇化对生态环境的影响路径及其效应分析[J]. 工业技术经济, 2015(6): 59-66.

[20] CAVIGLIA-HARRIS J L, CHAMBERS D, KAHN J R. Taking the "U" out of Kuznets: a comprehensive analysis of the EKC and environmental degradation[J]. Ecological economics, 2009, 68(4): 1149-1159.

[21] DOGAN E, TURKEKUL B. CO_2 emissions, real output, energy consumption, trade, urbanization and financial development: testing the EKC hypothesis for the USA [J]. Environmental science and pollution research international, 2016, 23(2): 1203.

[22] 王瑞鹏, 王朋岗. 城市化、产业结构调整与环境污染的动态关系：基于 VAR 模型的实证分析[J]. 工业技术经济, 2013(1): 26-31.

[23] MARTÍNEZ-ZARZOSO I, MARUOTTI A. The impact of urbanization on CO_2 emissions: evidence from developing countries [J]. Ecological economics, 2011, 70(7): 1344-1353.

[24] 孙能浩. 城市化对环境污染的影响机制分析[D]. 天津：南开大学, 2015.

[25] AUDRETSCH D B, Feldman M P. R&D spillovers and the geography of innovation and production[J]. The American economic review, 1996: 630-640.

[26] 程开明. 城市化、技术创新与经济增长：基于创新中介效应的实证研究[J]. 统计研究, 2009, 26(5): 40-46.

[27] 张艳辉. "知识与城市经济增长"文献综述[J]. 城市问题, 2008 (1): 73-76.

[28] TREFIL J S. A scientist in the city[M]. New York: Doubleday, 1994.

[29] 仇保兴. 中国城市交通发展展望[J]. 城市交通, 2007, 5(5): 6-12.

[30] 王婧, 方创琳. 中国城市群发育的新型驱动力研究[J]. 地理研究, 2011, 30(2): 335-347.

[31] KRONENBERG T, FUSS S. A techno-economic explanation for the Environmental Kuznets Curve[C]//ETH conference proceedings, 2005.

[32] 董林. 城市可持续发展与水资源约束研究 [D]. 南京：河海大学, 2006.

[33] YORK R, ROSA E A, DIETZ T. STIRPAT, IPAT and ImPACT: analytic tools for unpacking the driving forces of environmental impacts[J]. Ecological economics, 2003, 46(3): 351-365.

[34] HÜLSBECK M, Pickavé E N. Regional knowledge production as determinant of high-technology entrepreneurship: empirical evidence for Germany [J]. International entrepreneurship and management journal, 2014, 10(1): 121-138.

[35] 程开明. 城市化促进技术创新的机制及证据[J]. 科研管理, 2010, 31(2): 26-34.

[36] 郭力, 陈浩. 我国城市化动力机制的阶段差异[J]. 城市问题, 2013(1): 16-19.

[37] 丁焕峰, 李佩仪. 中国区域污染与经济增长实证：基于面板数据联立方程[J]. 中国人口·资源与环境, 2012, 137(1): 49-56.

[38] 穆怀中, 范洪敏. 城市化对环境质量的影响：基于 27 个国家面板数据的分析[J]. 城市问题, 2016(9): 73-79.

[39] 聂飞, 刘海云. FDI、环境污染与经济增长的相关性研究：基于动态联立方程模型的实证检验[J]. 国际贸易问题, 2015(2): 72-83.

[40] 郝寿义, 范晓莉. 城市化水平、技术创新与城市经济增长：基于我国 25 个城市面板数据的实证研究[J]. 现代管理科学, 2012(1): 74-76.

[41] 关伟, 王宁. 沈阳经济区经济与环境耦合关联分析[J]. 地域研究与开发, 2014, 33(3): 43-48.

[42] 马慧慧. EViews 统计分析与应用[M]. 北京：电子工业出版社, 2016.

[43] 李子奈, 叶阿忠. 高级应用计量经济学[M]. 北京：清华大学出版社, 2012.

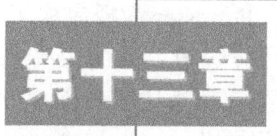

第十三章

技术创新—城市化—环境污染系统动态仿真

技术创新—城市化—环境污染系统,是由经济系统、社会系统、资源环境系统组成的复杂社会系统。一般来讲,复杂社会系统遵循因果规律、由因果链条链接、具有正反馈和负反馈组成的多重反馈回路系统。社会系统具有以非线性为特点的关联复杂性、高阶次、多个子系统组成的层次性和整体性特点,故社会系统是现实世界中最复杂的系统之一[1]。

在前几章中,主要是基于静态的关系考察了技术创新—城市化—环境污染之间的关系,但是对于系统中的某一控制变量,只能在系统的波动涨落中考察控制变量对系统的影响。一般的定量分析方法很难全面、系统地反应这种涨落。系统动力学(System Dynamics)模型是解决人口、资源、环境、发展(PRED)问题的首选方法之一[2]。基于此,本章采用因果关系图(Causal Loop Diagram)、流图(Flow Diagram)来建立系统的整体框架,借助 Vensim 软件,在计算机系统的支持下,充分发挥系统动力学政策实验室的作用,以期对技术创新—城市化—环境污染之间的关系有定性和定量的深刻认识。

13.1 系统动力学思想

系统动力学是由美国麻省理工学院(Massachusetts Institute of Technology,MIT)的福瑞斯特(Jay W. Forrester)教授为代表的研究小组在 1956 年创造并日益发展的一门学科[3]。1961 年出版的《工业动力学》是应用系统动力学解决实际问题的奠基之作,因此在发展初期,系统动力学被称为工业动力学[4]。后来由于其应用范围逐步扩大,深入到民用、军用及科研等各个领域,已经明显超过工业范畴,因此后来改名为"系统动力学"。系统动力学在其发展过程中曾遇到过两次严峻的挑战,分别发生在 20 世纪 70 年代初和 1972 年。第一次挑战,罗马俱乐部(The Club of Rome)成员对 Forrester 的世界模型的雏形(WORDL Ⅱ)深感兴趣,促使了 Forrester 教授及他指导的小组(主要包含他的学生梅多斯 Deenis Meadows)以

WORLD II 为基础,建立了 WORLD III 模型,并发表了经典之作:*The Limits to Growth*[5]、*Toward Global Equilibrium*[6]等,其主要观点是:全球经济增长趋势不可能一直延续下去,必然会受到某些因素影响最后达到平衡状态,此观点已被全球大多数经济学家所接受。第二次挑战,Forrester 教授完成了一个包括 4000 个方程的巨型美国系统动力学模型,并借助此模型解决了一些在经济方面专家们一直无法解决的美国与西方国家的经济长波的内在机制,通过此模型成功阐述了美国 20 世纪 70 年代以来的通货膨胀问题及失业率和实际利率同时增长的经济问题[7]。

系统动力学是系统科学中的一个分支,同时它又是一门跨越自然科学和社会科学的综合性学科。其研究内容包括分析和解决系统问题,研究信息反馈系统。系统动力学从系统内部结构着手,将系统科学理论与计算机仿真技术紧密联系在一起,通过计算机的仿真模拟技术来探讨系统内部的微观结构与其动态行为之间的关系;系统动力学方法论中介绍了系统动力学的方法是结构方法、功能方法和历史方法的统一;从原理来说,系统动力学吸收了系统论、控制论、信息论的精髓。

系统动力学模型中的因果关系及水平变量、速率变量的反馈结构建模方法,能够清楚地分析出该系统的影响因素及其变化趋势。可以通过预测的结果,对系统的影响因素进行调整,使系统朝着我们预测的结果发展,达到一个良好的状态[1]。因此,系统动力学也被誉为"战略与决策的实验室",尤其是在研究解决社会、经济和生态等一类复杂的非线性系统方程方面具有无可比拟的优势。

系统动力学模型分析步骤通常为:①问题的识别:在模型建立前,应该确定所要研究的社会经济现象的类别和研究的最终目的。②明确系统边界,即系统分析涉及的对象和范围。确定系统边界的原则包括两个方面的内容:一方面是采用系统的思考方法,根据建模的目的去选择边界。首先形成定性分析意见,在这基础上来确定系统的边界。另一方面是减少一些变量。对于问题的研究无关紧要的变量,尽可能缩小系统的边界,减少工作量。③建立流图与因果关系图。④列出系统动力学方程。明确相关变量,写出这些变量的相关方程,并结合其他统计模型如回归模型实证分析这些变量方程。⑤进行仿真试验和计算等(Stella、Vensim 等软件),寻找最优的系统行为。比较评价,政策分析,可以得出许多种仿真结果,将各种结果进行对比分析,最终得到最优的实用方案。

系统动力学是一种仿真技术,其包括五大特点:一是系统动力学通常研究能容纳繁多变量的经济社会大系统,这种经济社会大系统具有高阶次、多变量和多时变的复杂特征。二是系统动力学研究开放的系统,研究对象具备联系、发展和运动的观点,通常认为系统的运行模式主要用于研究系统本身内部的动态结构与反馈机制。三是系统动力学需要建立完整的模型,系统动力模型描述了系统各要素之间的因果关系,并帮助认识和把握系统的结构。系统动力学还通过专门形式的数学模型来进行仿真试验和计算,以掌握系统的未来动态行为。四是系统动力学能够建立规范的模型,这一特征使它类似于社会经济系统的实验室。五是通过系统动力学的建模过程,人们能够充分了解社会系统的分析推理、评价等能力的优势,还有利于学习其他学科的精髓,选择出最优的决策方案,这个过程主要是利用计算机高速技术和迅速跟踪等功能,将建模人员、决策者和系统专业人员三者相结合而实现的。

13.2 系统动力学在技术创新—城市化—环境污染仿真进展

13.2.1 系统动力学在城市化—资源环境耦合应用

宋学锋等采用 SD 方法和解释结构模型（Interpretative Structural Modeling，ISM）方法，研究江苏省城市化与生态环境耦合发展情景[8]。在该研究中，城市化—生态环境系统划分为人口、经济、生态环境和城市化 4 个大的子系统。结合 ISM 方法，又将其进一步划分为 14 个子模块。该研究假定经济城市化发展型、人口城市化型、空间城市化型和社会城市化发展型 4 种情景，分析其生态压力。

李灵敏在研究呼和浩特市城市化与生态环境耦合协调发展时，将总系统划分为人口子系统、经济子系统、生态环境子系统、城市化子系统 4 个子系统[9]。在多情景仿真模拟中以环境污染治理投资占 GDP 比例、科技经费支出占 GDP 比例等 11 项指标作为控制变量，分析了 4 种情景：自然发展型、城市化快速发展型、生态环境保护型、城市化与生态环境协调发展型。

陈书忠等在对城市环境影响模拟的系统动力学研究中，以武汉市为例，用系统动力学方法对城市环境影响进行了模拟，构筑了城市环境与社会、经济之间的系统动力学模型，通过调整系统中的环保投入、科技投入、经济增长速率、单位能耗等系统变量对影响武汉市环境的因素做出了分析，找到了影响武汉市环境的因素并给出了解决方案[10]。

袁绪英等在对㴬水河流域经济环境协调发展系统动力学模拟中提到过用系统动力学的方法对区域的经济环境进行调整。该模型的主要参数包括：GDP、人口、水环境容量、水资源可利用量、产业结构、城市化水平等，考虑人口、资源、环境与经济之间的相互制约和互动关系，进行了子系统的划分，确定了以工业废水率、人口平均增长率、服务业废水率及水土流失率为敏感性因素，并以此为核心建立了 3 种不同情景，得出了经济环境协调发展的最佳方案。提出要在合理保持第二产业比例的基础上，大力发展第三产业，采取必要措施控制人口增长，促进经济与环境协调发展[11]。

韩楠基于可持续发展理论研究了产业结构和环境污染的关系。首先用熵值法计算了环境污染综合指数；其次用协整关系检验、格兰杰因果检验、脉冲响应函数和方差分解分析方法考察了产业结构和环境污染之间的关系。从产业结构和环境污染两大系统出发，找出影响两大系统的若干子系统（影响产业结构系统的因素主要包括：资本投入、劳动力投入、科技水平；影响环境污染系统的因素主要包括：经济发展、人口规模、能源消耗、科技水平），并以两大系统和其子系统之间的相互联系构建了产业结构和环境污染相互作用机制的系统动力学模型。通过建立了 4 条因果关系反馈回路，说明了各个子系统之间的相互影响和相互制约的关系。通过以往的数据对模型进行了有效性检验，在有效性检验的基础上进行了现有系统行为的仿真模拟预测，并用系统动力学方法研究分析调整产业结构、科技投入强度和能源消费强度等控制变量对环境污染的影响[12]。

13.2.2 系统动力学在可持续发展中的应用

在可持续发展系统中包含人口、资源、环境、社会和经济5个要素。其中人口是驱动系统发展变化的动力，资源、环境是系统存在的基础支撑，经济是为满足人口直接需要创造条件的各种活动，而社会是人口、资源、环境与经济活动的综合集成。上述5个子系统互相联系组成有机的PRESE系统（图13.1）[2]。

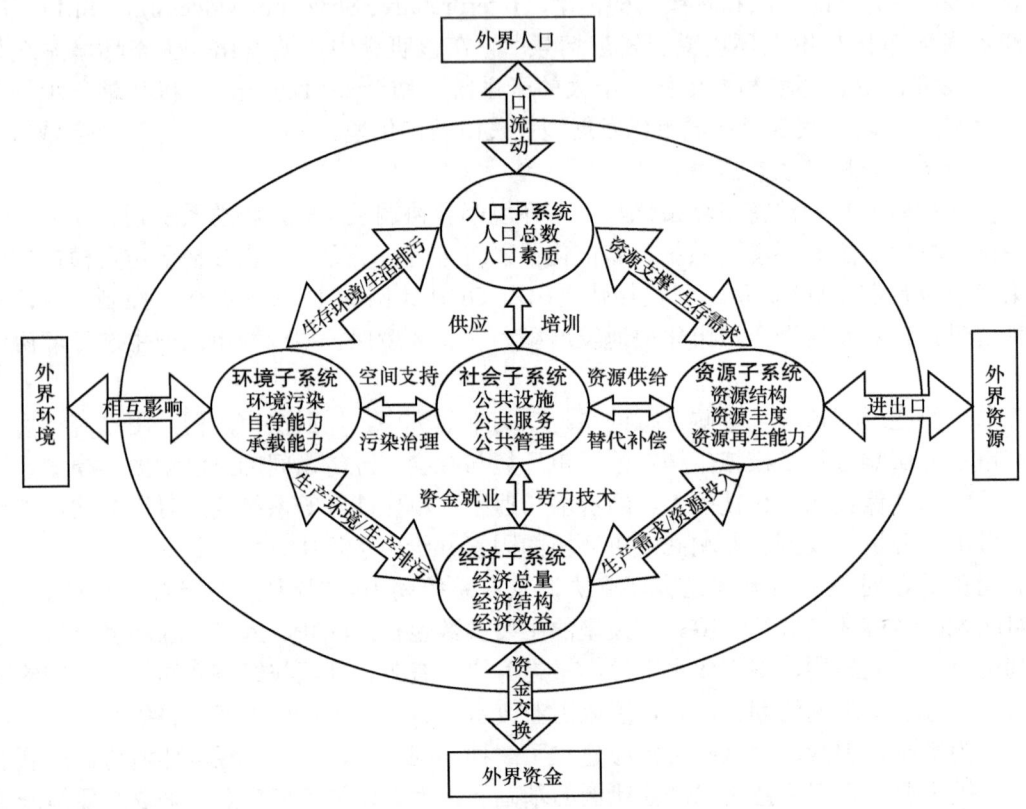

图 13.1 PRESE 系统框架

何有世在研究江苏省区域 Ec-Re-En（经济—资源—环境）协调发展中，认为系统动力学适合于长期、动态、战略性的研究，是研究复杂的资源—环境—经济协调发展的一种重要的定量分析工具。其在研究中将模型分为3个子模型：工业子模型、资源子模型、环境子模型[13]。

尚海洋在研究城市可持续发展与生态城市战略时，采用 SD 方法研究张掖市可持续发展[14]。设计模型时将其分为发展水平、发展协调度、发展潜力3个支撑子系统，分别建立仿真模型，最后再将这3个子系统连成总系统。模型的预测数据获取主要依靠 Vensim PLE 中提供的仿真平滑函数 RAMP。

刘红梅等用 STELLA 模型来研究污染控制对生态经济系统的影响，应用到了以系统动力学为基础的 STELLA 模型，用以研究污染控制与经济增长和资源消耗之间的反馈关系，并证明经济的发展是以环境质量为前提的，污染流通过对自然资源再生能力的影响，间接影响自然资源的存量，政府可通过控制污染的花费来对污染进行控制[15]。

蔡林将可持续发展系统分成 5 个子系统,分别是:人口、资源、环境、社会和经济,称为 PRESE 系统。用系统动力学思想方法在各个子系统中应用,特别是在资源与环境中,强调了我国现在资源利用不合理,环境污染严重的现状,并用系统动力学方法提出了一些调整方案[2]。

13.2.3 系统动力学方法的改进与拓展

尽管系统动力学方法被誉为"政策实验室",对复杂系统中的"因果关系、多重反馈、强非线性、反直观性"善于从结构出发,利用因果关系图(Causal Loop Diagram)帮助研究者以简单方式认识系统,借助计算机仿真平台进行关键变量调整控制,但是也应看到系统动力学在应用中尚存在下列问题:①系统动力学仿真结果是时间的一维结果,缺乏二维和三维的仿真结果。②系统动力学模型边界界定困难,参数用量大,界定困难,参数选择随意性较大。③虽然进行了多情景模拟,但是决策方案并非最优,模型不具有自动进化功能。

未来系统动力学需要在下列方向开展深入研究。

①仿真结果的动态多维展示。将 SD 与 3S 技术(Remote Sensing,Geography Information Systems,Global Positioning Systems)相结合,形成动态的、可视的、多维的仿真展示结果。汪盾基于 3S 及 SD 方法对攀枝花市生态安全评价进行研究,研究中依据 ANP-PSR-SENCE 框架体系、运用网络分析法、"压力—状态—响应"模型建立了 5 个子系统模型[16]。王行风等基于 SD-CA-GIS 方法,模拟经济、社会、工程和环境等因子的交互作用及对区域复合生态系统的时间累积、空间累积效应[17]。

②决策方案的优化。将系统动力学与多目标规划模型(Multi-Objective Programming,MOP)结合起来,形成 SD-MOP 系统模型。洪鸿加等用 SD-MOP 整合模型研究长沙市耕地资源优化配置[18]。此外,将 SD 与不确定性模糊多目标规划模型(Inexact Fuzzy Multi-Objective Programming,IFMOP)结合,形成 SD-IFMOP 整合模型。在 Vensim 高级版本 Vensim-DSS 中,新增加了 optimization 功能。在该功能中分为模型校准(Model Calibration)和政策优化(Policy Optimization)两种情况,通过定义收益元素(Payoff Element)来进行比较分析(图 13.2)。

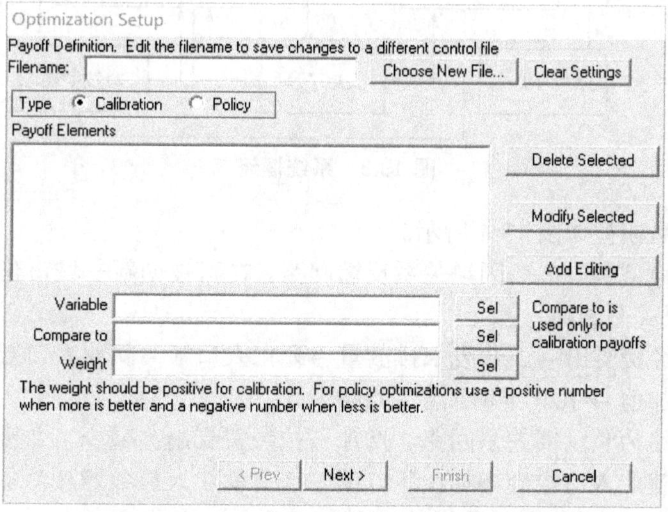

图 13.2　Vensim-DSS 软件中的优化分析界面

③模型的进化。系统动力学模型是基于非线性动力学理论的。作为系统动力学的理论基础,非线性动力学的数学基础还需要进一步加以研究。在自动确定变量空间、自动进行灵敏度分析、自动进行极端条件测试、自动的交互的变量估计、自动识别主导回路与反馈结构等还需加以研究[3]。

此外,目前对系统动力学模型的结构是机械的。以一种固定不变的结构去反映复杂多变的社会系统,本身就存在理论不足,因而结果也是粗糙的。目前的系统动力学没有把自己的低级结构自组织成高级的形式,因此研究系统动力学具有自组织、自进化能力是下一步研究的重点[2]。胡玉奎等对系统动力学模型的进化进行了论述。作者从生物的染色体得到启示,认为科学地设计某个系统模型的染色体,就可以让模型具有自组织化、自进化等生命所具有的功能[19]。

13.3 湖北省技术创新—城市化—环境污染模拟仿真

13.3.1 系统边界确定和模型构建

本研究以湖北省为研究对象,以 2005—2015 年作为相关指标作为历史数据。在模型设立时,引入 GDP、总人口作为状态变量。以工业废气排放量、工业废水排放量、工业固体废物产生量作为环境污染指标。在模型中,引入了产业结构、科技经费支出、环保经费支出等辅助变量。

将整体系统分为经济子系统和人口子系统,其框架如图 13.3 所示。

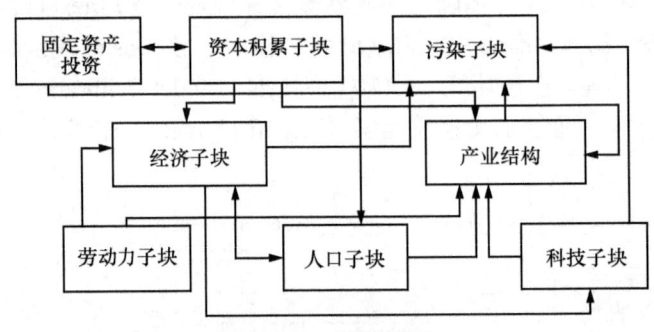

图 13.3 系统框架

系统的因果关系模型如图 13.4 所示。

一个因果关系模型包含多个因果关系反馈回路。在科技创新—城市化—环境污染系统中存在以下 12 个因果关系回路。

回路 1:科技经费支出→工业废水排放量→死亡人口数→就业人口数→第二产业就业人员数→第二产业增加值→GDP 年增加量→GDP。

该反馈关系回路为负反馈关系回路。增加科技经费支出会减少工业废水排放量,从而使死亡人口数减少,就业人口数会增加,所以第二产业就业人员数增加,从而增加了第二产业增加值,达到了增加 GDP 年增加量的目的。

第十三章　技术创新—城市化—环境污染系统动态仿真

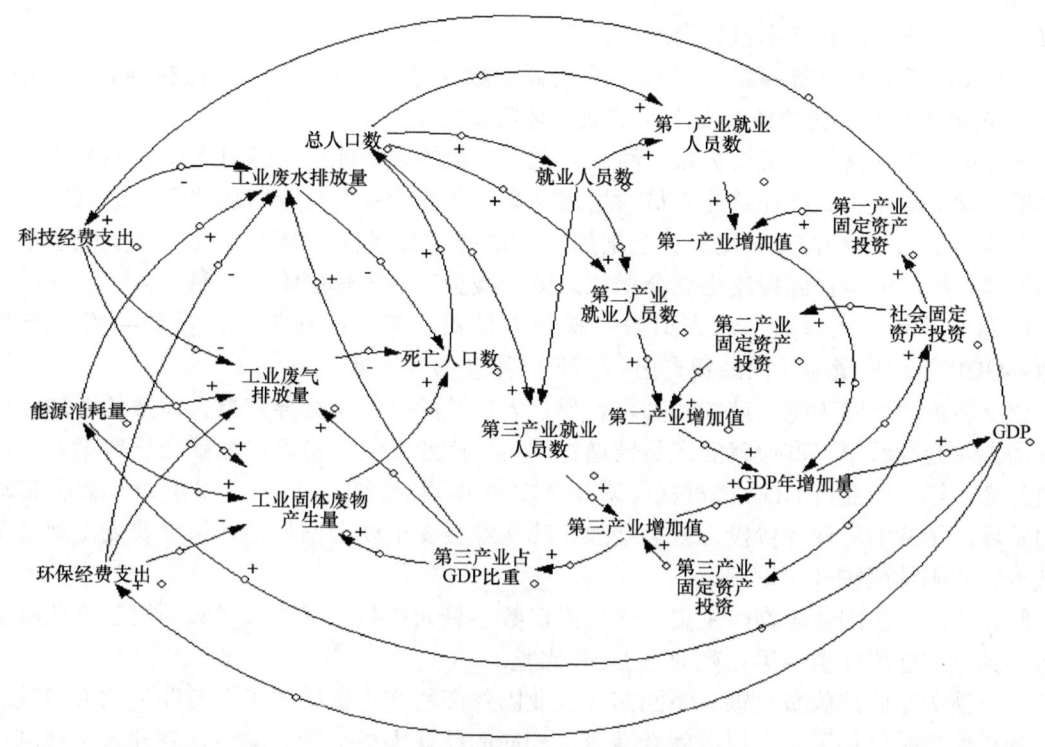

图 13.4　系统的因果关系模型

回路 2：能源消耗量→工业废水排放量→死亡人口数→总人口数→第二产业就业人员数→第二产业增加值→GDP 年增加量。

该反馈关系回路为正反馈关系回路。能源消耗量增加会使工业废水排放量增加，那么死亡人口数就会增加，相反地总人口数就会减少，从而使第二产业就业人员数减少，第二产业增加值随之减少，所以 GDP 年增加量就会减少。

回路 3：环保经费支出→工业废水排放量→死亡人口数→总人口数→就业人口数→第三产业就业人员数→第三产业增加值→GDP 年增加量。

该反馈关系回路为正反馈关系回路。环保经费支出增加会减少工业废水排放量，死亡人口数就会减少，相应地总人口数会增加，从而使第三产业就业人员数增加，第三产业增加值就会增加，所以 GDP 年增加量就会增加。

回路 4：死亡人口数→总人口数→第三产业就业人员数→第三产业增加值→第三产业占 GDP 比重→工业废气排放量。

该反馈关系回路为正反馈关系回路。死亡人口数的增加就会导致总人口数的减少，总人口数减少就会导致第三产业就业人员数减少，第三产业就业人员数减少就会导致第三产业增减值降低，第三产业占 GDP 比重就会减少，第三产业带来的工业废气排放量就会减少。

回路 5：死亡人口数→总人口数→就业人员数→第二产业就业人员数→第二产业增加值→GDP 年增加量→能源消耗量→工业固体废物产生量。

该反馈关系回路为正反馈关系回路。死亡人口数的增加就会导致总人口数的减少，总人口数减少就会导致第二产业就业人员数减少，第二产业就业人员数减少就会导致第二产业增减值降低，第二产业占 GDP 比重就会减少，GDP 年增加量就会降低，相应的能源消耗量就会减少，工业固体废物产生量也会减少。

回路 6：死亡人口数→总人口数→就业人员数→第二产业就业人员数→第二产业增加值→GDP 年增加量→科技经费支出→工业固体废物产生量。

该反馈关系回路为正反馈关系回路。死亡人口数的减少就会导致总人口数的增加，总人口数增加就会导致第二产业就业人员数增加，第二产业就业人员数增加就会导致第二产业增加值升高，第二产业占 GDP 比重就会增加，GDP 年增加量也会增加，GDP 增加就会带动科技的发展，相应的科技经费支出就会增加，就会减少工业固体废物产生量。

回路 7：死亡人口数→总人口数→就业人员数→第二产业就业人员数→第二产业增加值→GDP 年增加量→环保经费支出→工业固体废物产生量。

该反馈关系回路为正反馈关系回路。死亡人口数的减少就会导致总人口数的增加，总人口数增加就会导致第二产业就业人员数增加，第二产业就业人员数增加就会导致第二产业增加值升高，第二产业占 GDP 比重就会增加，GDP 年增加量也会增加，GDP 增加就会带动环保的发展，相应的环保经费投入就会增加，环保经费支出就会增加，环保经费支出增加了就会减少工业固体废物产生量。

回路 8：工业固体废物产生量→死亡人口数→总人口数→就业人员数→第三产业就业人员数→第三产业增加值→第三产业占 GDP 比重。

该反馈关系回路为负反馈关系回路。工业固体废物产生量增加了会带动死亡人口数的增加，死亡人口数增加了总人口数就会减少，相应的就业人员数就会减少，就业人员数减少了第三产业就业人员数也会减少，第三产业就业人员数减少了，就会使第三产业增加值降低，相应的第三产业占 GDP 比重就会减少。

回路 9：工业固体废物产生量→死亡人口数→总人口数→就业人员数→第二产业就业人员数→第二产业增加值→GDP 年增加量→能源消耗量。

该反馈关系回路为负反馈关系回路。工业固体废物产生量增加会导致死亡人口数增加，死亡人口数增加了就会导致总人口减少，总人口数减少了就会相应的使就业人口数减少，就业人口数减少了第二产业就业人员数也会相应地减少，相应的第二产业增加值就会降低，第二产业增加值降低了就会导致 GDP 年增加量降低，GDP 年增加量降低了就会导致能源消耗减少，相应的能源消耗量也会降低。

回路 10：工业固体废物产生量→死亡人口数→总人口数→就业人员数→第二产业就业人员数→第二产业增加值→GDP 年增加量→环保经费支出。

该反馈关系回路为正反馈关系回路。工业固体废物产生量的增加会相应地导致死亡人口数增加，死亡人口数增加了就会导致总人口数减少，总人口数减少了就会导致就业人员数减少，就业人员数减少了相应的第二产业就业人员数也会减少，第二产业就业人员数减少就会导致第二产业增加值降低，第二产业增加值降低了就会导致 GDP 年增加量降低，GDP 年增加量降低了相应的环保经费支出就会减少。

回路 11：第三产业占 GDP 比重→工业废气排放量→死亡人口数→总人口数→就业人员数→第三产业就业人员数→第三产业增加值。

该回路关系为负反馈关系回路。第三产业占 GDP 比重增加了就会导致工业废气排放量减少，工业废气排放量减少了，相应的死亡人口数也会减少，死亡人口数减少就会使总人口数增加，总人口数增加了就会带动就业人员数增加，就业人口数增加相应的第三产业就业人员数也会增加,第三产业就业人员数增加就会导致第三产业增加值升高。

回路12:环保经费支出→工业废水排放量→死亡人口数→总人口数→就业人员数→第二产业就业人员数→第二产业增加值→GDP年增加量。

该回路关系为负反馈关系回路。环保经费支出的增加会减少工业废水排放量的减少,工业废水排放量减少了会使死亡人口数减少,相应的总人口数就会增加,总人口数增加了就会带动就业人口数增加,就业人口数增加了第二产业就业人员数也会增加,第二产业就业人员数增加了就会带动第二产业增加值升高,第二产业增加值升高就会带动GDP年增加量升高。

人口子系统和经济子系统分别如图13.5和图13.6所示。在本研究中通过Shadow Variable(影子变量)进行系统间的链接。

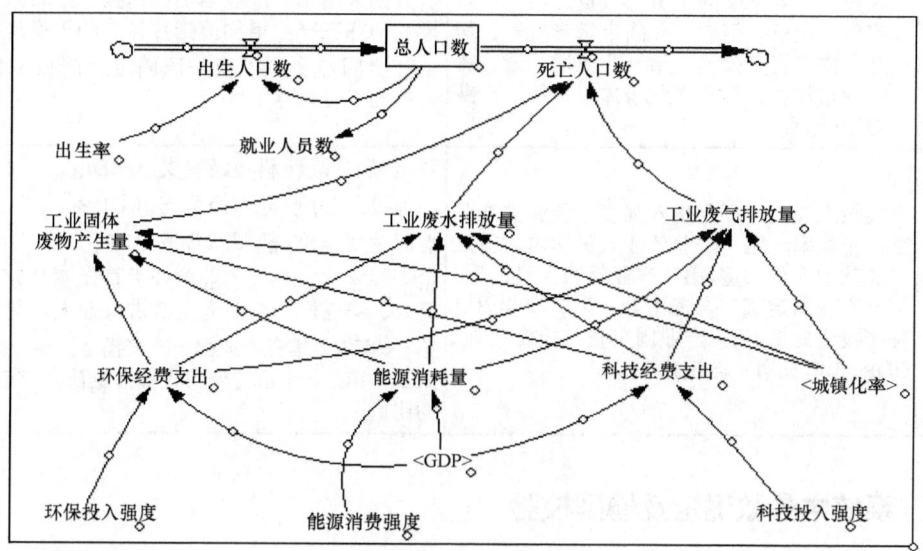

图 13.5 人口子系统

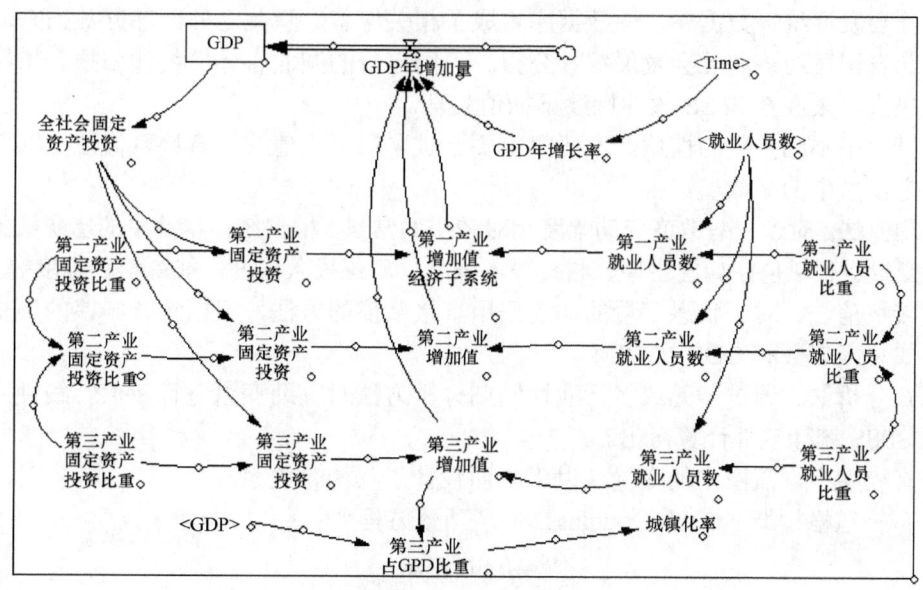

图 13.6 经济子系统

系统中的相关变量如表 13.1 所示。

表 13.1 系统中的相关变量

变量类型	变量名称	变量指标说明
状态变量	GDP、总人口数	GDP 采用以 2005 年为基期的实际 GDP
速率变量	GDP 年增加量、出生人口数、死亡人口数	
辅助变量	科技经费支出、环保经费支出、能源消耗量、工业废气排放量、工业废水排放量、工业固体废物产生量、就业人员数、第一产业就业人员数、第二产业就业人员数、第三产业就业人员数、全社会固定资产投资、第一产业固定资产投资、第二产业固定资产投资、第三产业固定资产投资、第一产业增加值、第二产业增加值、第三产业增加值、第三产业占 GDP 比重	科技经费支出、环保经费支出采用 GDP 平减指数计算的不变价格；第一产业增加值、第二产业增加值和第三产业增加值分别采用第一产业增加值指数、第二产业增加值指数和第三产业增加值指数计算的不变价格；全社会固定资产投资按照固定资产投资价格指数计算的不变价格
常量	科技投入强度、环保投入强度、能源消费强度、出生率、第一产业就业人员比重、第二产业就业人员比重、第三产业就业人员比重、第一产业固定资产投资比重、第二产业固定资产投资比重、第三产业固定资产投资比重、GDP 年增长率、城镇化率	科技投入强度=科技经费支出/GDP；环保投入强度=环保经费支出/GDP；能源消费强度=能源消费量/GDP；第一、第二、第三产业就业人员比重分别为第一、第二、第三产业就业人员数占就业人员数的比重；第一、第二、第三产业固定资产投资比重分别为第一、第二、第三产业固定资产投资占全社会固定资产投资的比重

13.3.2 系统中参数确定及模型校验

本研究以 2005—2015 年的历史数据作为确定模型参数的基础数据。数据主要来源于中国经济与社会发展统计数据库，该数据库集成了相关年鉴。除此之外，部分数据来源于不同年份的湖北省国民经济和社会发展统计公报、不同年份的湖北省环境统计公报。指标中个别年份数据缺失，采取在 SPSS 软件持续下插值处理。

针对模型中不同参数的性质，本研究主要通过采用平均值法、直接赋值法、回归分析法等方法确定模型中的参数值。

①平均值法。对于一些数值变动幅度相对较小的常量，根据统计年鉴中的历史数据采用平均值法对变量进行赋值，如出生率、科技投入强度、环保投入强度、能源消费强度等变量。

②直接赋值法。对于状态变量的初值采用直接赋值的方法，根据统计年鉴的历史数据直接确定，如总人口数和 GDP 的初值。

③回归分析法。通过一元或多元线性回归分析方法对辅助变量进行赋值。线性回归分析结果采用 SPSS 统计软件计算得出。

在仿真模型中，流图中的变量从以下方面设计了其函数关系。

①柯布—道格拉斯（Cobb-Douglas）生产函数方程[20]：

$$Y=A(t)L^{\alpha}K^{\beta}\mu, \tag{13.1}$$

式中，Y 是不同产业的增加值，L 是不同产业的就业人数，K 是不同产业的固定资产投资，α 是劳动力产出的弹性系数，β是资本产出的弹性系数，μ表示随机干扰的影响，$A(t)$表示技术进步。

②污染物与城镇化率、科技经费支出、能源消耗量、环保经费支出的函数关系。

考虑到污染物与城镇化率可能存在的 EKC 等形式，参考穆怀中等文章中的模型[21]，采用下列函数关系：

$$\ln PE = \alpha + a\ln URB + b(\ln URB)^2 + c\ln EI + d\ln R\&D + e\ln EC \quad (13.2)$$

式中，PE（Pollutant Emissions）为污染物排放量，URB（Urbanization Rate）为城镇化率，EI（Environmental Investment）为环保投入强度，$R\&D$（Research and Development）为科技投入强度，EC（Energy Consumption）为能源消耗量。

图 13.5 和图 13.6 中所涉及的各变量之间数量关系的方程式、变量初值及参数取值，共计有 35 个方程：

①GDP= INTEG (年增加量，6590.19)；

②GDP 年增长率= WITH LOOKUP (Time, ([(2005,0)–(2015,0.3)],(2005,0.121),(2006,0.132),(2007,0.146),(2008,0.134),(2009,0.135),(2010,0.148),(2011,0.138),(2012,0.113),(2013,0.101),(2014,0.097),(2015,0.089),(2016,0.081),(2017,0.08),(2018,0.074),(2019,0.076),(2020,0.074),(2021,0.072),(2022,0.07),(2023,0.068),(2024,0.066),(2025,0.064)))；

③全社会固定资产投资=−5923.2+1.096×GDP；

④出生人口数=总人口×出生率；

⑤出生率=0.0137642；

⑥城镇化率=0.1189+0.956×第三产业占 GDP 比重；

⑦就业人员数=−5255.2+1.55×总人口数；

⑧工业固体废物产生量=EXP(4.33)×(科技经费支出^0.488)×(第三产业占 GDP 比重^−1.902)×(环保经费支出^0)×(能源消耗量^0)；

⑨工业废气排放量=EXP(6.15)×(科技经费支出^0.66)×(第三产业占 GDP 比重^0.125)×(环保经费支出^0)×(能源消耗量^0)；

⑩工业废水排放量=EXP(11.19)×(科技经费支出^−0.043)×(第三产业占 GDP 比重^−0.049)×(环保经费支出^0)×(能源消耗量^0)；

⑪GDP 年增加量=(第一产业增加值+第三产业增加值+第二产业增加值)×GDP 年增长率；

⑫总人口数= INTEG (出生人口数–死亡人口数，5710)；

⑬死亡人口数=53.39–0.00018×工业废水排放量+0.000142×工业废气排放量–0.00042×工业固体废物产生量；

⑭环保投入强度=0.01；

⑮环保经费支出=GDP×环保投入强度；

⑯科技投入强度=0.03；

⑰科技经费支出=GDP×科技投入强度；

⑱第一产业固定资产投资=全社会固定资产投资×第一产业固定资产投资比重；

⑲第一产业固定资产投资比重=0.012；

⑳第一产业增加值=EXP(–15.83)×(第一产业固定资产投资^0.77)×(第一产业就业人员数^2.56)；

㉑第一产业就业人员数=就业人员数×第一产业就业人员比重；

㉒第一产业就业人员比重=0.42；

㉓第三产业占 GDP 比重=第三产业增加值/GDP；

㉔第三产业固定资产投资=全社会固定资产投资×第三产业固定资产投资比重；

㉕第三产业固定资产投资比重=0.557；

㉖第三产业增加值=EXP(-4.84)×(第三产业固定资产投资^0.43)×(第三产业就业人员数^1.39)；

㉗第三产业就业人员数=就业人员数×第三产业就业人员比重；

㉘第三产业就业人员比重=0.402；

㉙第二产业固定资产投资=全社会固定资产投资×第二产业固定资产投资比重；

㉚第二产业固定资产投资比重=1–第一产业固定资产投资比重–第三产业固定资产投资比重；

㉛第二产业增加值=EXP(5.22)×(第二产业固定资产投资^0.49)×(第二产业就业人员数^–0.04)；

㉜第二产业就业人员数=就业人员数×第二产业就业人员比重；

㉝第二产业就业人员比重=0.178；

㉞能源消耗量=GDP×能源消费强度；

㉟能源消费强度=1.288。

为了检验模型的有效性，本研究选择总人口数、GDP、污染排放等指标，计算模型仿真值与实际值的差异。在模拟中，初始时间（initial time）为 2005 年，终止时间（final time）为 2025 年，时间步长（time step）为 1 年。

在基本指标前提下，总人口数、GDP、工业固体废物产生量、工业废水排放量、工业废气排放量、城镇化率的仿真结果如图 13.7 至图 13.12 所示。

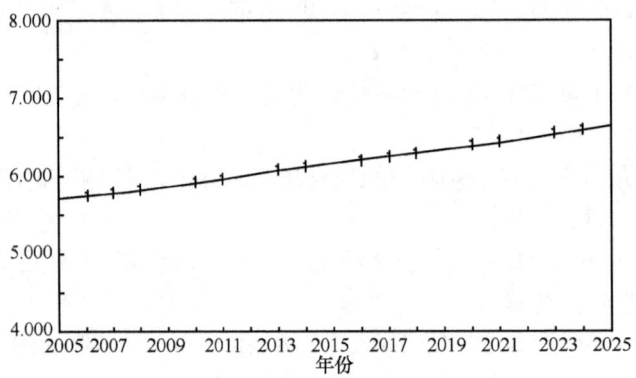

图 13.7　总人口数仿真基本模拟结果

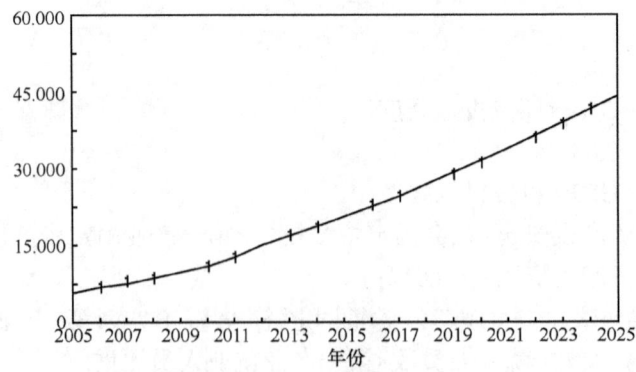

图 13.8　GDP 仿真基本模拟结果

第十三章 技术创新—城市化—环境污染系统动态仿真

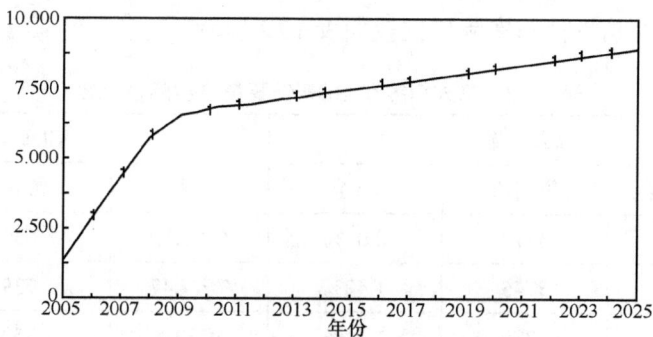

图 13.9　工业固体废弃物产生量仿真基本模拟结果

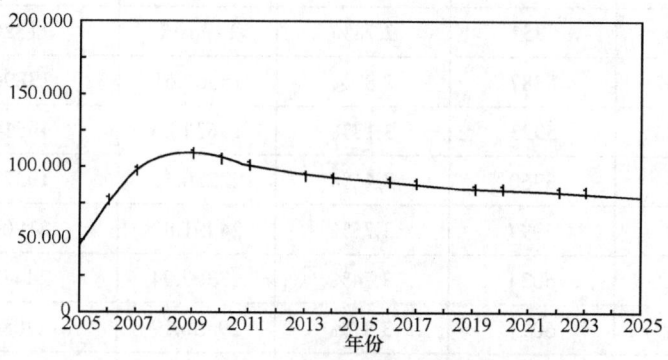

图 13.10　工业废水排放量仿真基本模拟结果

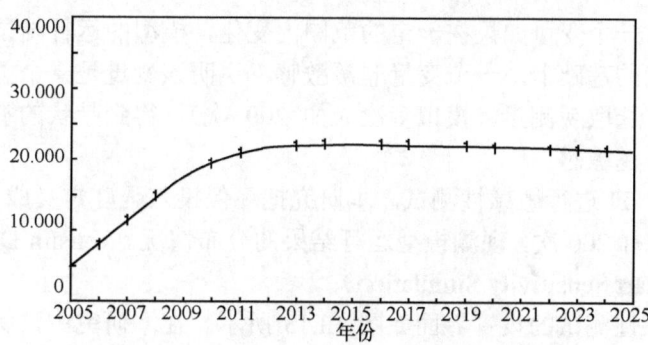

图 13.11　工业废气排放量仿真基本模拟结果

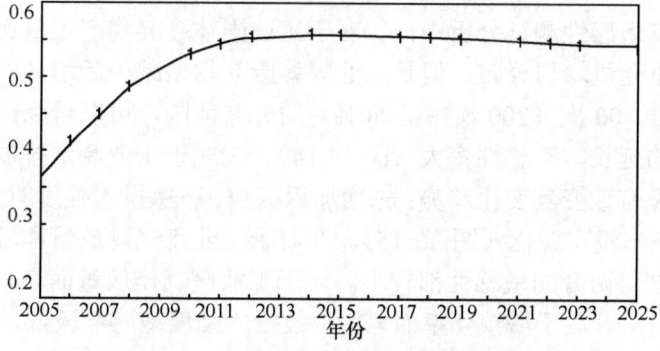

图 13.12　城镇化率仿真基本模拟结果

总人口数和 GDP 仿真值与实际值比较如表 13.2 所示。

表 13.2　总人口数和 GDP 仿真值与实际值比较

年份	总人口数/人			GDP/亿元		
	实际值	仿真值	误差	实际值	仿真值	误差
2005	5710	5710	0.00%	6590.19	6590	0.00%
2006	5693	5745	1.42%	7617.47	7393	−2.95%
2007	5699	5780	1.84%	9333.4	8521	−8.70%
2008	5711	5816	2.29%	11328.92	10078	−11.04%
2009	5720	5851	2.78%	12961.1	11826	−8.76%
2010	5728	5887	2.87%	15967.61	13896	−12.97%
2011	5758	5923	3.13%	19632.26	16514	−15.88%
2012	5779	5960	3.41%	22250.45	19320	−13.17%
2013	5799	5997	3.75%	24791.83	21906	−11.64%
2014	5816	6034	3.74%	27367.04	24443	−10.68%
2015	5852	6071	3.81%	29550.19	27082	−8.35%
2016	5885	6109	1.42%	32297.91	29689	−8.08%

敏感性测试是看一个变量如果在一定的范围内变化，模型的运行结果将会发生多大的变化。如果在模型正确的基础上，一个变量非常敏感，说明该变量是一个关键变量。方法是设置控制量取值范围，选取观测量，模拟多次（如 200 次），得到带状的敏感性分析图。如果带宽越大，控制变量越敏感。

对环保投入强度 TI 进行敏感性测试。本研究把环保投入强度定义成 0.01~0.08 里的随机均匀分布，让模型运行 200 次，观测模型运行结果的分布情况。Vensim-DSS 高级版本自带了敏感性测试功能（Start Sensitivity Simulation）。

对模型进行敏感性测试的设置界面如图 13.13 所示。在本研究中，综合考虑模型中的方程结构，主要是做环保投入强度和科技投入强度敏感性测试，即控制变量分别为环保投入强度和科技投入强度。

在环保投入强度敏感性测试分析中，①对于工业固体废弃物产生量而言，尽管环保投入强度在 0.01~0.08 里随机均匀分布，但是工业固体废弃物先减少后增加的趋势没有改变。黄色区域代表实验次数 100 次（200 次中的 50%）的分布范围。可以看到，对于工业固体废弃物而言，随着时间的延长，敏感性变大（图 13.14）。②对于工业废水排放量而言，环保投入强度敏感性测试并没有改变其变化趋势：先增加后减少。环保投入强度对工业废水的敏感性，在 2005—2025 年基本没有变化（图 13.15）。③对于工业废气排放量和城镇化率敏感性测试而言，环保投入强度对两者的敏感性都较小。对于工业废气排放量而言，随着时间的延长，敏感性增强（图 13.16）。对于城镇化率而言，科技投入强度敏感性较低，仅在后期（2020 年之后），城镇化率有所波动（图 13.17）。

在科技投入强度敏感性测试分析中，发现科技投入强度敏感性较弱，即让科技投入强度在一定范围内产生随机均匀分布，其对3种污染物的影响均不明显。

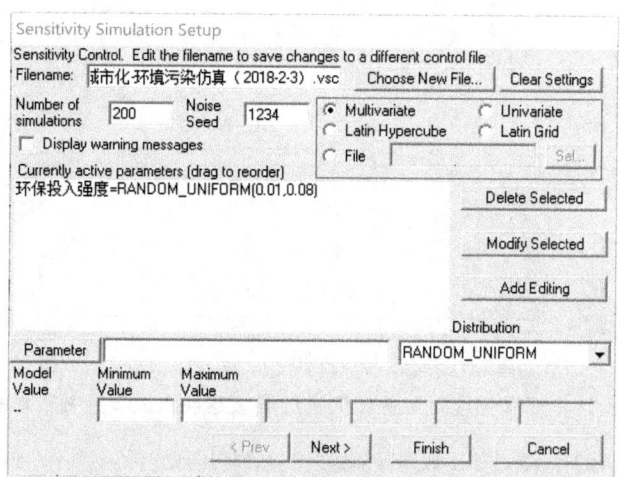

图 13.13　对模型进行敏感性测试的设置界面

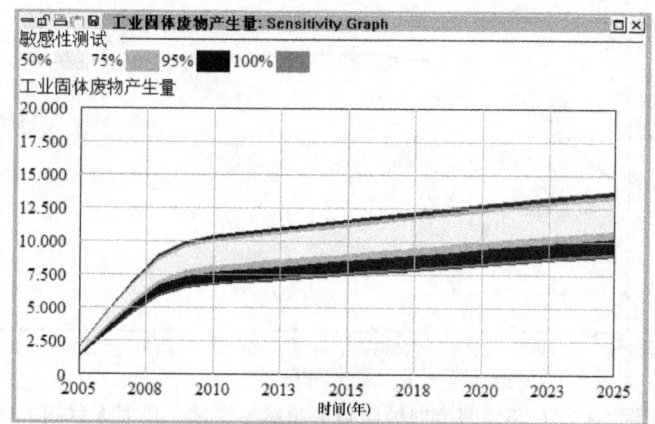

图 13.14　环保投入强度对工业固体废物产生量敏感性测试（见书末彩图）

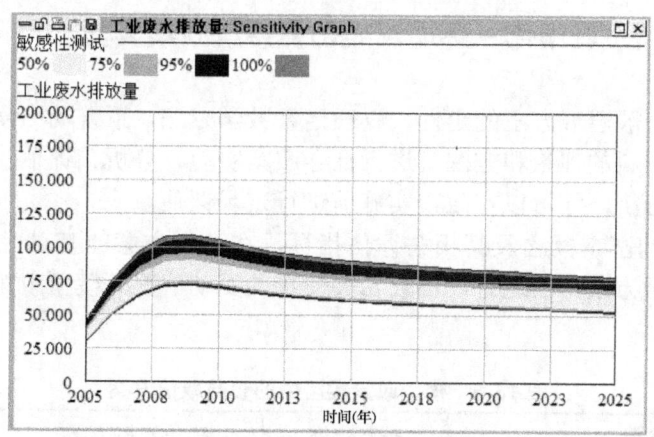

图 13.15　环保强度对工业废水排放量敏感性测试（见书末彩图）

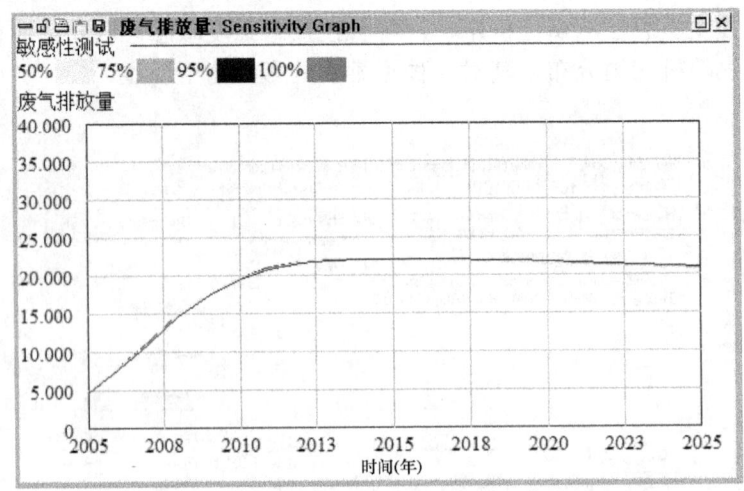

图 13.16　环保强度对工业废气排放量敏感性测试（见书末彩图）

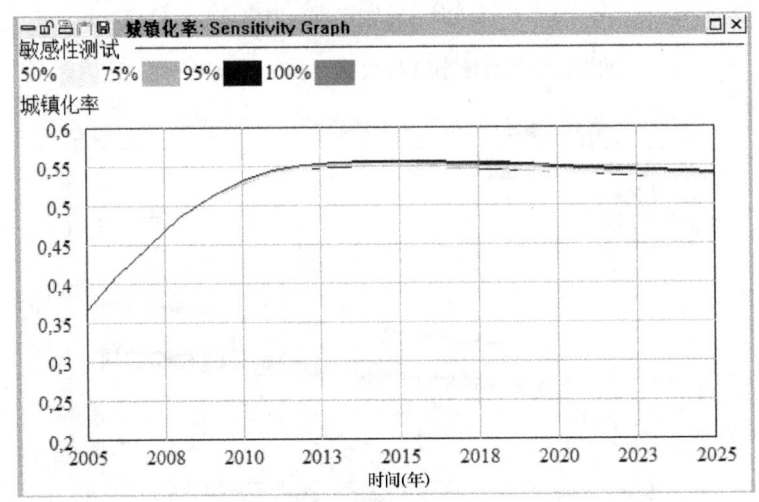

图 13.17　环保强度对城镇化率敏感性测试（见书末彩图）

13.3.3　科技创新—城市化—环境污染仿真系统政策实验

不同于传统的一般研究方法的定性、一般定量数学方法，系统动力学可以将定性、定量结合起来，结合多学科的理论和方法，进行社会政策实验、分析、评估。这种政策实验的好处不仅仅在于理论分析，还可以在政策实施前进行定量评估。

根据绿色发展的基本概念及其相关评估指标，在基本方案的基础上形成了绿色发展方案。通过系统在两种方案上的运行，比较相关变量的变动情况。模型政策实验中的参数取值方案如表 13.3 所示。

表 13.3　模型政策实验中的参数取值方案

模型参数	基本方案	绿色发展方案	新方案变动率
第一产业固定资产投资比重	0.034	0.034	—

续表

模型参数	基本方案	绿色发展方案	新方案变动率
第二产业固定资产投资比重	0.436	0.392	−10%
第三产业固定资产投资比重	0.530	0.583	+10%
第一产业就业人员比重	0.450	0.405	−10%
第二产业就业人员比重	0.210	0.189	−10%
第三产业就业人员比重	0.340	0.374	+10%
科技投入强度	0.030	0.033	+10%
环保投入强度	0.010	0.011	+10%
能源消费强度	1.288	1.030	−20%

在多个因子（不同产业投资比重、不同产业就业比重、科技投入强度、环保投入强度、能源消费强度）协同的绿色发展方案情况下，绿色发展方案相较于基本方案，工业固体废弃物产生量、工业废水排放量在模拟的前期（2005—2009年）污染物减排效果较弱（甚至绿色发展方案比基本方案还高），倒是后期绿色发展方案减排效果比较明显。对于绿色发展方案而言，城镇化率水平提升，GDP在模拟的后期，相对于基本模拟有所提高（图13.18至图13.21）。

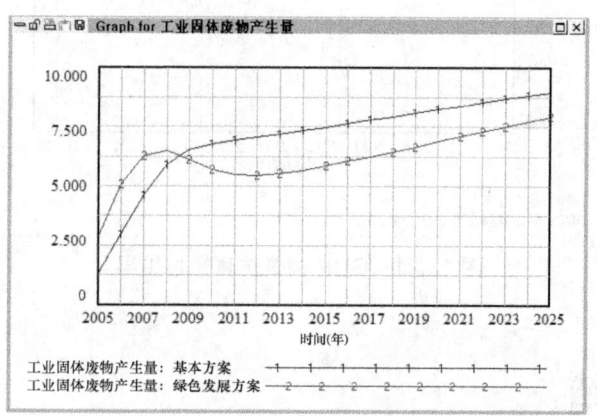

图 13.18 工业固体废弃物产生量情景仿真模拟结果

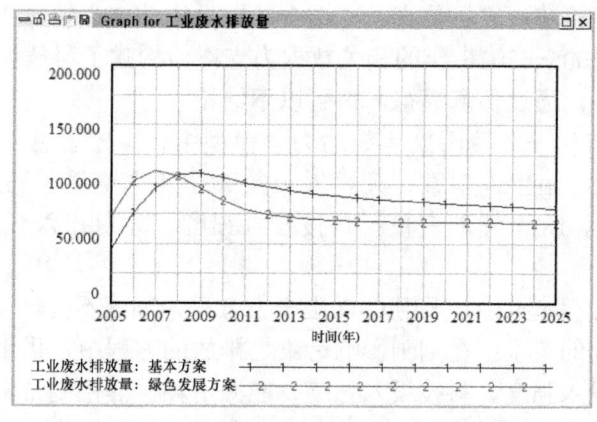

图 13.19 工业废水排放量情景仿真模拟结果

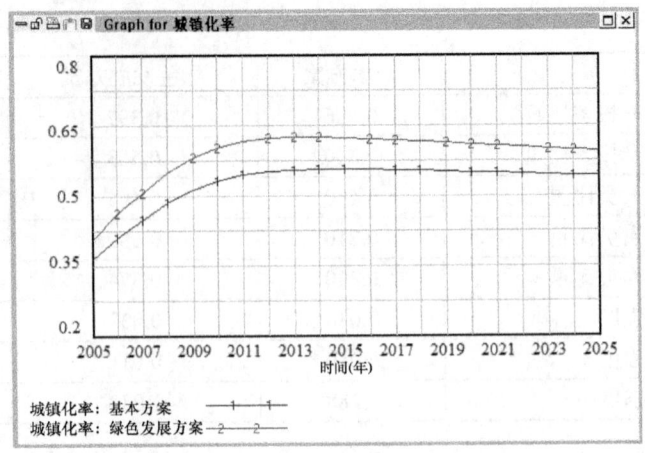

图 13.20　城镇化率情景仿真模拟结果

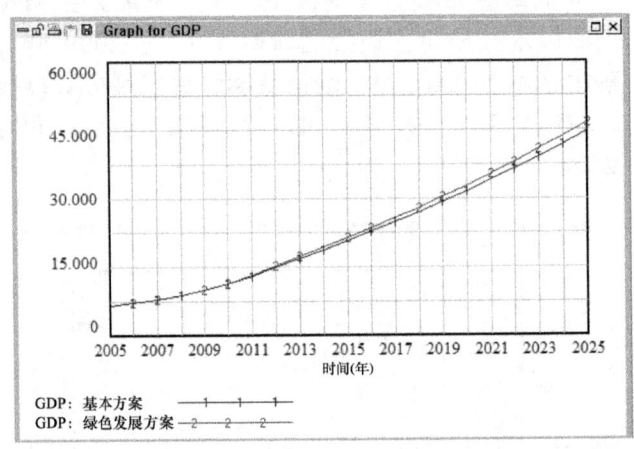

图 13.21　GDP 情景仿真模拟结果

13.4　本章小结

本章将系统科学理论和计算机仿真紧密结合,在系统动力学软件 Vensim-DSS 高级版本的支持下,以湖北省 2005—2016 年的相关数据为支撑,构建了科技创新—城市化—环境污染系统系统动力学模型,通过仿真模拟,得到以下结论。

①技术创新—城市化—环境污染系统动力学模型中,构建了总人口数、GDP 2 个状态变量,GDP 年增加量、出生人口数、死亡人口数 3 个速率变量,科技经费支出、环保经费支出、能源消耗量等 18 个辅助变量;科技投入强度、环保投入强度、能源消费强度等 12 个常量。

②在系统动力学方程模拟中,采用 C-D 生产力方程来刻画不同产业的固定资产、劳动力投入与产业增加值之间的关系;在刻画影响污染物排放的方程中,采用对数方程的形式,引入了城镇化率、环保投入强度、科技投入强度、能源消耗量等控制常量。

③在基本情景仿真模拟中,总人口数、GDP 3 种污染物仿真误差在±10%以内。以环保投

入强度、科技投入强度作为控制变量进行敏感性测试，结果发现，环保投入强度敏感性测试并不能改变3种污染物及城镇化率的变化趋势。环保投入强度对工业固体废弃物产生量、工业废水排放量敏感性较强，对工业废气排放量和城镇化率敏感性较弱，并且这种敏感性在仿真时段（2005—2025年）是有变化的。对于工业固体废弃物产生量而言，随着时间的延长敏感性变大；对于工业废水排放量而言，环保投入强度敏感性随时间变化不大；对于工业废气排放量和城镇化率而言，仅在仿真的后期，敏感性有较小的增强。

④基于绿色发展的概念，设计了绿色发展方案，并进行了仿真模拟。在绿色发展方案中，通过改变不同产业的投资比、不同产业的就业人员比例、科技投入强度、环保投入强度、能源消费强度等变量，获得了绿色发展方案的模拟结果。结果显示，在绿色发展方案下，在前期（2009年前）工业固体废弃物产生量、工业废水产生量绿色发展方案可能大于基本方案，但是后期污染物均小于基本方案。对于绿色发展方案而言，城镇化率的结果要高于基本方案；对于GDP而言，在2013年前两种方案的GDP差别不明显，但2013年以后绿色发展方案的GDP明显高于基本方案的GDP。

但是本研究也存在若干缺点：①本研究是基于一些前提的假说下建模，比如死亡人口数与污染物排放量之间的函数、基于EKC的污染物排放量与城镇化率之间的函数关系，基于获得的数据关系，有些函数的解释性较弱，导致模拟的精度不是很高。②正如张波在《系统思考和系统动力学的理论与实践》所说，再多的变量，对于一个系统动力学建模者来讲可能也不够。对于一个系统动力学建模者来讲，完全清晰界定模型的边界只能是无限逼近的过程。毕竟，模型是对现实的抽象和接近。在本研究中，局限于研究者的问题简化及建模的经验，可能遗漏对系统起关键作用的变量。

对于用系统动力学方法研究科技创新—城市化—环境污染系统，未来有下列思考：虽然系统动力学在研究系统的非线性关系方面有着天然的优势，但是要看到随着研究的深入，各种研究系统非线性动力学的方法有了长足的进步。社会复杂系统往往由大量的具有个体行为规则的主体组成，系统是在大量的微观个体的规则中，形成系统演化及宏观反应。作为未来的进一步研究，尚需将微观和宏观相结合，在基于主体建模（Agent-Based Modeling，ABM）、心智模型（Mental Model）等方面加以探讨。此外，系统动力学毕竟是基于时间的一维仿真模拟，对于技术创新—城市化—环境污染的系统，是多主体在三维空间的多回路、多反馈的自然—社会交互的结果，因此将GIS与SD相结合，可以更全面、更真实地反映这种结果。

参 考 文 献

[1] 刘超, 张伟. 我国货币政策目标间因果反馈及仿真：基于系统动力学视角[J]. 吉首大学学报(社会科学版), 2012, 33(2): 87-96.

[2] 蔡林. 系统动力学在可持续发展研究中的应用[M]. 北京：中国环境科学出版社, 2008.

[3] 钟永光, 贾晓菁, 钱颖. 系统动力学[M]. 北京：科学出版社, 2013.

[4] FORRESTER JAY W. Industrial dynamics[M]. MA,US: MIT Press, 1961.

[5] MEADOWS D H, MEADOWS D L, RANDERS J, et al. The limits to growth: a report for the culb of rome's project on the predicament of mankind [M]. New York: New American Library, 1972.

[6] FORRESTER J W, MEADOWS D, RANDERS J, et al. Toward global equilibrium [J].Cambridge：Wright-Allen Press, 1973.

[7] 王其藩. 系统动力学：修订版[M]. 上海：上海财经大学出版社, 2009.

[8] 宋学锋, 刘耀彬. 基于 SD 的江苏省城市化与生态环境耦合发展情景分析[J]. 系统工程理论与实践, 2006, 26(3): 124-130.

[9] 李灵敏. 呼和浩特市城市化与生态环境耦合协调发展研究[D]. 呼和浩特：内蒙古师范大学, 2015.

[10] 陈书忠, 周敬宣, 李湘梅, 等. 城市环境影响模拟的系统动力学研究[J]. 生态环境学报, 2010, 19(8): 1822-1827.

[11] 袁绪英, 曾菊新, 吴宜进. 漠水河流域经济环境协调发展系统动力学模拟[J]. 地域研究与开发, 2011, 30(6): 84-88.

[12] 韩楠. 中国环境污染与产业结构相互作用机理及模拟调控研究[D]. 秦皇岛：燕山大学, 2015.

[13] 何有世. 区域社会经济系统发展动态仿真与政策调控[M]. 合肥：中国科学技术大学出版社, 2008.

[14] 尚海洋. 城市可持续发展与生态城市战略研究[M]. 兰州：甘肃文化出版社, 2014.

[15] 刘红梅, 陆健健, 董双林. 用一 STELLA 模型来研究污染控制对生态－经济系统的影响[EB/OL].[2005-11-09].http://www.paper.edu.cn/releasepaper/content/200511-144.

[16] 汪盾. 基于"3S"及 SD 的攀枝花市生态安全评价研究[D]. 成都：成都理工大学, 2016.

[17] 王行风, 汪云甲, 李永峰. 基于 SD-CA-GIS 的环境累积效应时空分析模型及应用[J]. 环境科学学报, 2013, 33(7): 2078-2086.

[18] 洪鸿加, 彭晓春, 陈志良, 等. SD-MOP 整合模型在长沙市耕地资源优化配置中的应用[J]. 长江流域资源与环境, 2010(s1): 34-39.

[19] 胡玉奎, 韩天羹. 系统动力学模型的进化[J]. 系统工程理论与实践, 1997(10): 132-136.

[20] 周国富, 宋保庆. 社会融资规模、结构与经济增长关系研究：基于扩展的 Cobb-Douglas 生产函数分析[J]. 华北金融, 2016(9): 4-9.

[21] 穆怀中, 范洪敏. 城市化对环境质量的影响：基于 27 个国家面板数据的分析[J]. 城市问题, 2016(9): 73-79.

第十四章

技术创新的传导机制及内生城镇化理论实证分析——以湖北省为例

城市经济增长,不管是内生的还是外生的,总体来说可以分为由技术创新推动的和资本与劳动力等要素推动的。技术创新的内生化,即创新的速度及其对产出的影响是由经济体系内在力量决定的。本章在分析内生城市化的理论及技术创新传导机制的基础上,主要从下列角度进行分析:①本章利用湖北省2005—2016年数据,利用EViews对数据进行平稳性检验,建立向量自回归模型及检验格兰杰因果关系,分析技术创新与产业结构、城镇化的关系。通过脉冲响应函数分析当模型中变量的误差项受到冲击时对经济结构转型的动态影响。通过实证检验了技术创新与产业结构、城镇化之间的相互作用,以为三者的协调发展提供政策建议。②以城市内生城镇化理论为基础,基于扩展的C-D生产函数建立模型来测算湖北省经济发展的影响因素。确定各个因素对湖北省经济发展影响程度的大小,从而有针对性的对各个因素提出解决方案,以促进湖北省经济高效发展。

14.1 理论回顾

14.1.1 内生城市化

改革开放以来,中国经济的发展取得了显著的效果,中国人们正在实现从站起来、富起来到强起来的历史性跨越。在这40年中,随着中国经济的腾飞,中国的城镇化进程也不断加快。与此同时,也暴露出来许许多多的问题,例如,生态环境的破坏,城乡二元化现象突出,贫富差距逐渐加大,以及社会问题层出不穷。为此,越来越多的专家意识到,不能再一味地追求GDP和城镇化的效率与速度,更应当把城镇化的质量问题摆在我国经济社会发展的突出位置。

中国的城镇化是由政府所主导的,这是中国城镇化的一大特色,这实际上是一种外生型城镇化。越来越多的专家意识到市场的高效率资源配置功能在城镇化推进过程中的决定性作用，政府主导的城镇化遇到的许多难以解决的问题。内生城镇化就是企业和人口基于利益的关系，自发、自愿的聚集在具有优势空间的城镇化过程，关键在于"内生"两字，其主要推动力在于城市自身社会经济水平的发展。

城市发展的基本规律，其中有一条是城市化必须是内生型的，由市场主导的充分发挥集聚效应的过程。但是，目前我国城市化中的诸多特征均违背了"内生型城市化"发展规律。具体表现在：①城市化的驱动力主要来自于政府对土地财政的冲动。政府垄断土地供应，卖地造城成为官员的政绩工程。②现行户口制度和土地制度使要素在城乡之间无法自由流动和组合，需要依靠权力，甚至需要用暴力才能完成资源的强制性配置。③低收入居民被挤到越来越远的城郊，无法共享城市的繁荣与基础设施。④新城区和新工业园区不断建起，不少新区人口密度极低。而且，由于投资没有后续效应，政府往往债台高筑。⑤住房问题，在城市化进程中，一边是相对人均收入而言房价完全离谱的楼盘大量空置，一边是政府提供的廉价房长期严重短缺，导致严重的政府失灵。⑥城市化并未导致现代农业的全面崛起。城乡收入差长期居于世界高位。⑦伪城市化（Pseudo-Urbanization，即城市常住人口远远超过城市的户籍人口，表现在没有城市文化的地域扩散、无法享受公共服务）愈演愈烈。

内生城市化理论起源于内生增长理论。内生增长理论是20世纪80年代西方经济学的重要理论，其以罗默为标志性人物的新增长理论为代表。他认为知识和技术是经济增长的源泉，在传统经济增长的两个要素（资本和劳动力）基础上，引入知识这个生产要素作为经济增长的内生变量，并认为内生的知识和技术是经济增长的决定性因素[1]。内生经济变量是指纯粹由经济因素影响而发生变化的变量，它不被政策因素左右（如价格、汇率等），它的变化会影响整个系统的变化，反过来系统的变化也会引起它的变化。知识和人力资本有溢出效应，一个国家或者地区不断投资知识生产，实现知识和资本的良性循环，从而促进经济平稳增长。内生增长理论所描述的经济增长的原因可以概括为：获取"新知识"—刺激新知识应用于生产—提供运用新知识的资源（人力、资本等）[2]。

而外生经济增长理论则是认为经济的增长是由不能预见的外生的技术进步所推动的。所谓外生经济变量是指经济增长主要受外部因素（主要是政策因素）影响，而不是受经济体系内部因素确定的变量的影响。外生变量能够影响系统发生改变，但是系统的变化不会使它发生改变。外生经济增长理论认为经济增长取决于投资的规模和资本产出的大小，资本又来源于储蓄，因此一个国家或地区经济的增长最终是由储蓄率和投资产出率来决定的。索洛等人区别经济增长的两种不同来源，一是由于要素投入的增加而产生的规模效应；二是由于技术水平提高而达到的经济增长的目的，但这种影响不是决定性的。

对于内生城镇化的研究，早在20世纪80年代罗默（Romer）和卢卡斯（Lucas）等就在传统经济理论的基础上，突破新古典城市经济增长的两个理论假设，即技术是外生的和生产的规模收益不变，创立新的城市经济增长理论，即城市内生经济增长理论[3]。

城市内生型经济增长理论的一个显著特征，就是技术的内生化。此后诸多研究者开始运用内生增长理论来探讨经济增长的动力机制并进行了一系列的内生增长模型的构建和实证研究。他们认为经济可以不依靠外力而实现持续性增长，这个增长的动力就是技术的创新进步[4]。技术内生化是内生城市化理论的核心，是资本存量增加时边际生产率不减少为零，是生产函数规模递增，是城市经济持续增长成为可能。技术内生化的路径如表14.1所示。

表 14.1 技术内生化路径[5]

研究者	路径
Romer（1986）[6]	基于技术知识累积性的 Arrow 边干边学模型
Lucas（1988）[7]	基于技术知识累积性的人力资本模型
Romer（1990）[8]	基于技术知识累积性的产品水平 R&D 模型
Grossman，Helpman（1991）[9]	基于技术知识替代性的产品垂直 R&D 模型

内生型城镇化解释了可持续城镇化的规律。但是目前学术界关于该概念的研究还不是很统一。丛茂昆、张明斗等（2016）认为内生型城镇化体现在以市场为主导的城镇化的过程。市场是城镇化发展的核心驱动力，政府政策只是一种辅助性作用[10]。内生型城镇化指以生产要素基于市场的自由流动为基础，以家庭和企业追求要素相对高收益为动力，以城市的集聚效应提高生产率为吸引的城镇化过程，也就是"要素的自由流动—产业发展—人口聚集—城镇繁荣—集聚效应—生产效率提升—进一步吸引要素"的过程[11]。

在众多经济要素中，技术创新对于内生城镇化发展的作用十分突出。无论是医疗、化工、电子、软件、航空航天等，还是社会生活的各个方面的发展都离不开技术创新。它能够节省大量资源、人力，对整个地区的经济发展具有很强的驱动作用。因为高新技术产业自身的高风险、高回报、文化素质要求高等特征，容易使相关企业在地域空间上发生聚集，形成增长极。集群产生后会吸收大量外部要素、资源和信息，从而通过市场对地区进行资源调配、产业结构升级。最终对周边地区产生极强的扩散效应，促进区域经济的发展，引起就业结构发生变化，这种规律也会引发城镇化的驱动力、地域形态及模式方面的变化[12]。

以政府为主导的城镇化实质上是一种外生型城镇化，这种城镇化忽视了市场主体的自主性，造成城镇化效率低下。在我国现代化的背景下，这种发展模式缺乏可持续性。在社会发展过程中人们发现，在一定的空间内，要素的集聚会产生规模效应从而带来更大的利润，产生集聚效应。这是内生城镇化的本质，也是内生城镇化道路崛起的根本原因。未来新型城镇化的发展中应选择以市场经济为主导、以技术创新为驱动力的内生型城镇化模式[13]。内生型城镇化与外生型城镇化的区别如表 14.2 所示。

表 14.2 内生型城镇化与外生型城镇化的区别

项目	外生型城镇化	内生型城镇化
主要动力	政府政策驱动	市场驱动
经济的稳定性	易发生大规模的资本流动，经济的稳定性不强	受外部因素影响小，经济稳定性强
产业结构状况	以廉价劳动力和低土地成本为主的产业	以知识、技术、资源等要素为主的产业
人口城镇化程度	大量进城务工人员因房价、政策等原因无法安居乐业，人口流动性大	居民实现当地城镇化，"离土不离乡"

在实证方面，王艳丽等（2017）基于 C-D 生产函数研究了资本、劳动和科技 3 个变量影响下安徽省的经济发展情况，得出安徽经济呈现资本驱动的特征，资本的贡献率最大[14]。

汪泽波等（2017）基于内生经济增长理论研究如何实现绿色城镇化发展，在该研究中引用内生经济增长框架，将能源消费和环境污染引入生产函数，把环境质量引入消费函数。将这个经济系统分为能源部门、环境部门、最终产品部门。其最终产品部门的投入和产出为[15]：

$$Y = A^{\tau} K^{\alpha} (u_2 H)^{\beta} (h_1 HE)^{\gamma} P^{-\eta} \text{。} \tag{14.1}$$

式中，Y 为产出，A、K、H、E、P 分别表示生产中使用的技术、物质资本、人力资本、能源要素投入、环境污染排放量（环境污染恶化程度）。τ、α、β、γ、η 分别为对应变量的产出弹性。

在联系城市化率与经济增长关系后，推导出居民的环境保护意识、居民的主观时间偏好、能源消费、污染物排放、地方政府环境治理措施、人力资本对城镇化发展的影响。最后综合产出模型和城市化模型，建立面板模型进行实证分析，论文认为采用新能源、增加环境污染方面的人力资本及 R&D 投入、加快技术创新及绿色化的生产方式，对实现绿色城镇化具有重要意义。

汪泽波（2016）采用绿色内生经济增长模型来研究城市化过程中能源消费、环境治理与绿色税收之间的关系。该研究是基于一个城乡二元结构，包含绿色税收、环境污染、能源消费、城镇化等模块的模型，并且假设最终产品的产出方程为 C-D 型生产函数形式[16]：

$$Y = A^{\tau} K^{\alpha} (u_1 H)^{\beta} E^{\gamma} U^{\eta} \text{。} \tag{14.2}$$

式中，Y 为经济产出，A、K、H、E、U 分别为产出过程中使用的技术、物质资本、人力资本、能源要素投入、城市化率。τ、α、β、γ、η 分别为不同要素的产出弹性。

在实证部分建立了包含 $\ln Y$、$\ln E$、$\ln P$、$\ln U$ 的联立方程：

$$\begin{cases} \ln Y_{it} = c_{1it} + \alpha_1 \ln K_{it} + \beta_1 \ln H_{it} + \gamma_1 \ln E_{it} + \eta_1 \ln U_{it} \\ \ln E_{it} = c_{2it} + \alpha_2 \ln H_{it} + \beta_2 \ln Y_{it} + \gamma_2 \ln U_{it} + \eta_2 \ln IND_{it} \\ \ln P_{it} = c_{3it} + \alpha_3 \ln Y_{it} + \beta_3 \ln E_{it} + \gamma_3 \ln U_{it} \\ \ln U_{it} = c_{4it} + \alpha_4 \ln \xi_{it} + \beta_4 \ln G_{it} \end{cases} \text{。} \tag{14.3}$$

式中，第一个方程为经济增长方程，Y 为经济总量（用 GDP 表示），K 为物质资本存量，H 为人力资本存量，E 为能源消费量，U 为人口城市化率；第二个方程为能源消费方程，其中 IND 为第二产业占 GDP 的比重；第三个方程为环境污染方程；第四个方程为城市化方程，其中 ξ 为城镇家庭居民人均可支配收入与农村家庭居民人均纯收入的比值，G 表示城镇固定资产投资。

14.1.2 技术创新传导机制

14.1.2.1 国外研究进展

技术创新与城市经济发展是相互伴生的。城市经济发展的历史，就是技术创新发展的历史。技术创新在城市经济增长中发挥了乘数效应、规模效应、集聚效应。技术创新促进经济增长，从微观层面来讲，就是通过规模效应（企业因科技创新，在较高的科技水平上扩大生产规模，从而使单位产品成本减少）促进企业的生产效率提高；从中观层面来讲，企业提高技术溢出向产业和行业转移，从而形成行业聚集效应；在宏观层面来讲，科技创新在产业上通过经济性连接形成乘数效应。

技术创新传导机制通常可划分为 3 个不同的阶段：①创造新产品和新工艺的发明；②把发明转化为商业应用的创新；③把创新扩散到整个经济社会[17]。从技术创新促进城市经济增长的角度来看，一般来讲技术创新的传导机制（Transmission Mechanism）主要是通过两个方面来实现：优化产业结构和促进城镇化的发展。毫无疑问，一个国家或地区的技术进步和其产业结构之间存在着非常密切的联系。熊彼特认为创新不仅仅是技术领域，并且对经济领域产生重大影响，会影响经济产业结构的由低级向高级不断演化[18]。而经济的集聚也会影响技术创新的发展方向和速度，马歇尔认为同一行业企业的集聚会引起员工之间的相互交流和学习，促进知识的外溢和技术的创新[19]。

技术进步对于产业结构的优化升级主要表现在促进新兴产业的发展，传统产业的改造及落后产业的淘汰上。这体现在供给和需求两个方面。①在供给方面，不同产业的技术进步会影响其产品的生产过程，从而使得各产业的投入和产出发生变化。技术的进步会提高产品的工艺水平和工艺质量、劳动者的知识水平和素质，进一步提高产品的生产效率和质量。这必然会引起整个产业结构发生演化。②在需求方面，技术的进步会刺激有关产业的投入，开拓出新的生产部门。同时，技术进步会提高企业产品的质量，从而刺激人们对于新技术产品的需求。这些需求反过来会促进整个产业的投入及产业结构发生变化[20]。

城镇化会促进技术创新的发展，同样，技术创新也会对城镇化起到反作用。这主要体现在两个方面：城镇有利于技术创新的发生和扩散。城市人口的不断聚集，信息的传播速度也会加快；城镇生活的多样性使得一个经济部门易于采用另一个部门的技术；城市将教育活动集中，为技术创新提供了环境，从而使得技术创新的成本变低而效率更高。技术创新在扩散源出现后会通过各种途径向周边扩散，技术创新的空间扩散效应主要包括近邻效应、等级效应、轴向效应和集聚效应4种。此外，技术创新及其扩散还会通过一些间接效应来加快城镇化的进程。例如，技术创新促进经济增长加快城镇化进程；技术创新推动产业结构的优化从而推进城镇化的发展[21]。

对于技术创新与城镇化关系的研究，美国经济学家米歇尔·波特（Michael Porter）认为一个国家或者地区想要得到竞争优势就要发展高级别生产要素，如知识、信息、技术等[22]。

Aragona（2006）在研究技术创新与城市化进展时，基于欧洲专利局的数据和来自 REGIO 数据库的 Eurostat 数据，分析了欧洲创新和经济的地理集中现象。用专利数代表创新活动，用制造业增加值作为经济活动代表变量。结果显示，那些专利空间集中度较高的地区往往也是经济增加值较高的区域，从而认为技术创新推动地区转型、改造和城市更新服务[23]。1996 年普雷德首次对技术创新与城镇化之间的关系进行分析研究，他对美国 35 个大城市人口与专利申请量进行估算，得出发明专利集中于大城市[24]。Acs 等（2002）在研究区域知识创造成果时，讨论了专利数的作用。作者认为尽管创新过程是经济增长的一个关键方面，但衡量创新的问题尚未完全解决。论文应用了两种数据集，一个是原始创新数据集（The Original Innovation Database），一个是来自于美国专利和商标局（PTO）的专利数据。采用 KPF（The Knowledge Production Function）模型进行了 OLS 及空间计量分析，结果发现地方大学研究溢出效应的较小，研究结果支持用专利数来反映技术的变革[25]。

对于技术创新与产业结构的研究，Pavitt（1984）通过实证发现不同产业间的技术创新能力呈现明显差别，一些产业环境会制约技术创新的发展[26]。Antonelli（2003）认为科技创新影响产业发生变动，产业结构的发展会反作用于科技的研究方向和速度[27]。

对于内生城镇化的研究，早在 20 世纪 80 年代罗默和卢卡斯等人就在传统经济理论的基础上开始运用内生增长理论来探讨经济增长的动力机制并进行了一系列的内生增长模型的构建和实证研究。他们认为经济可以不依靠外力而实现持续性增长，这个增长的动力就是技术的创新进步[4]。

14.1.2.2　国内研究进展

国内关于技术创新与产业结构、城市化之间的研究，主要集中于用格兰杰因果检验的方法来分析它们之间的关系。国内学者有许多关于它们之间关系的实证研究。

在技术创新与产业结构方面，龚轶（2013）从技术创新的角度来研究产业结构优化的动力和过程，分析了 1991—2007 年中国 31 个省（区、市）的面板数据，发现技术创新使劳动生产力得到提高并且节约了企业的物质成本，由此推动了中国产业结构的优化。其中，物质资本节约型创新对产业进化起着关键的作用[28]。赵惠芳等（2008）构建了技术创新对于产业结构优化升级的传导机制，提出不同技术层次的技术创新投入对于产业结构升级的影响程度不同[29]。唐德祥等（2008）运用了面板数据模型实证分析了以研发投入为基础的技术创新与产业结构之间的关系。研究表明，企业的研发支出对产业结构的升级具有十分明显的促进作用[30]。赵新华等（2009）构建了衡量我国科技进步和产业结构水平的指标体系，通过协整分析、脉冲响应分析及格兰杰因果检验，分析了 1987—2007 年我国科技进步和产业结构优化之间的关系。结果显示，产业结构不是技术进步的格兰杰原因，技术创新的进步对产业结构的优化有显著的促进作用，但目前我国的产业结构水平对科技水平并没有明显的促进作用[31]。而陈皓等（2013）却得出不同的结论，他们基于 VAR 模型，运用了协整检验等方法，定量分析了政府科技投入与产业结构之间的动态关系，并得出结果：政府的科技投入与产业结构的优化之间存在着长期稳定的协整关系，产业结构的调整是政府科技投入增加的格兰杰原因，而政府科技投入不是产业结构的格兰杰原因。造成这种现象的原因包括多个方面[32]。安静（2016）选取我国 1978—2013 年的数据，在协整分析的基础上建立向量自回归模型 VAR，运用格兰杰因果检验、脉冲响应函数、方差分解等方法，对能源消耗、技术创新及产业结构的优化升级对于经济增长的效应进行了实证分析研究。他认为从长期来看，它们之间存在长期的协整关系。技术进步及产业结构的调整对于经济发展有正向作用，而能源消耗则起负向作用[33]。

在技术创新与城镇化方面，程开明（2009）根据时序和截面数据进行分析，得出我国城镇化水平和科技创新之间呈现高度正相关性，通过投入产出模型证得城镇化有利于技术创新[34]。李健（2018）等以珠三角 9 个地级市为研究对象，对城镇化与技术创新之间的关系耦合度进行了实证研究，结果表明城镇化和技术创新之间的发展存在一定的滞后性，技术创新的发展远远滞后于城镇化的发展。此外，珠三角各城市间技术创新能力存在显著差距，主要是依托广州、深圳两个创新能力强的城市的带动作用来带动整体的发展[35]。

同样，刘雷（2016）以山东省 17 个地级市为对象得到各个地级市城镇化水平与技术创新之间的发展存在滞后性，但是山东省整体的城镇化与技术创新之间的耦合度较高[36]。

综上所述，从国内外学者的研究现状来看，首先，目前研究的重点主要在技术创新和城镇化或技术创新和产业结构两者之间的关系研究上，对于它们三者之间相互关系的研究还比较少，并且鲜有中部地区省份尤其是湖北省的相关研究。其次，我国关于城市化内生理论分析的研究还十分匮乏，尤其是具体到省级层面。基于此，本书首先对湖北省技术创新与城镇化、产业结构之间的关系进行分析。然后以内生城镇化理论作为基本理论支撑，以扩展的 C-D 生产函数为模型来估算湖北省发展过程中各个经济要素对于经济增长的影响程度，以期望能为其发展提供理论和政策上的指导。

14.2 技术创新与城镇化、产业结构之间的关系

14.2.1 指标及数据

14.2.1.1 技术创新

本书选取了 2005—2016 年湖北省的数据对湖北省的技术创新能力进行分析，具体数据来源于湖北省统计局和中国知网数据库。具体指标为：①专利授权量（项）；②专利申请量（项）；③高新技术产业总产值（亿元）；④科技活动人员数量（人）。

高新技术产业一般来说是指以高科技为基础的，从事高技术及其产品的研究、开发、生产和技术服务等的企业的集合，这种产业拥有的核心技术一般来说开发难度比较大，但是这种活动一旦研发成功，就会带来巨大的经济效益和社会效益[37]。因此，采取以上 4 个指标来表示湖北省的技术创新能力，以上指标均为正指标，即指标越大表示技术创新能力越强。通过收集，获得如表 14.3 所示数据。

表 14.3　2005—2016 年湖北省技术创新能力情况

年份	专利授权量/项	专利申请量/项	高新技术产业总产值/亿元	科技活动人员数量/人
2005 年	3860	11534.00	1617.90	191276
2006 年	4734	14576.00	2093.00	195984
2007 年	6616	17376.00	2598.20	197301
2008 年	8374	21147.00	3351.77	211000
2009 年	11357	27206.00	4062.38	274963
2010 年	17362	31311.00	5374.90	282604
2011 年	19035	42510.00	7527.90	310240
2012 年	24475	51316.00	9734.00	339786
2013 年	28760	50816.00	11858.32	365502
2014 年	28290	59050.00	14161.12	388430
2015 年	38781	74240.00	16736.01	378828
2016 年	41822	95157.00	18837.32	393134

为了避免主观因素，本书运用熵权法对湖北省 2005—2016 年有关技术创新的相关指标数据进行处理，计算出各个变量的权重，得出湖北省 2005—2016 年技术创新的综合指标。

在物理学中，"熵"代表了热量转化为功的程度，是指系统无序状态下的一种量度；在信息论中，熵是对不确定性的一种量度。熵权法是一种确定权重的方法，它的特点在于客观性，是一种客观赋权法。其主要步骤包括：

①对数据进行标准化处理，标准值越大对系统发展越有利时采用正项指标；标准值越小对系统发展越有利时采用负向指标。计算公式如下：

正向指标计算公式：

$$X_i = \frac{x_i - \min x_j}{\max x_j - \min x_j};\tag{14.4}$$

负向指标计算公式：

$$X_i = \frac{\max x_j - x_i}{\max x_j - \min x_j}.\tag{14.5}$$

式中，X_i 是数据标准化第 i 年的值，x_i 是第 i 年的实际值，$\min x_j$ 是所有数据中最小的值，$\max x_j$ 是所有数据中最大的值。当 X_i 为最小值时，x_i 为 0；当 X_i 为最大值时，x_i 为 1，其他数值均在 0 和 1 之间。

由于科技活动人员数量、专利申请量、专利授权量、高新技术产业总产值 4 个指标的标准化值越大对城镇化越有利，所以采用正项指标计算标准化值。

②第 i 年第 j 项指标值的比重计算：

$$Y_{ij} = \frac{X_{ij}}{\sum_{i=1}^{n} X_{ij}}.\tag{14.6}$$

③指标信息熵计算：

$$E_j = -\frac{1}{\ln n} \times \sum_{i=1}^{n} Y_{ij} \times \ln Y_{ij},\tag{14.7}$$

式中，$0 \leq E_j \leq 1$；若 $Y_{ij}=0$，则定义 $\lim_{Y_{ij} \to 0} = \sum_{i=1}^{n} Y_{ij} \times \ln Y_{ij} = 0$；$n$ 为评价年数，即 $n=12$。各个指标的信息熵如表 14.4 所示。

表 14.4　各个指标的信息熵

	专利授权量	专利申请量	高新技术产业总产值	科技活动人员数量	总和
信息熵	0.85045	0.85054	0.82938	0.85356	3.38393

④信息熵冗余度计算：

$$D_j = 1 - E_j.\tag{14.8}$$

各个指标的信息熵冗余度如表 14.5 所示。

表 14.5　各个指标的信息熵冗余度

	专利授权量	专利申请量	高新技术产业总产值	科技活动人员数量
信息熵冗余度	0.14955	0.14946	0.17062	0.14644

⑤权重计算：

$$w_i = \frac{D_j}{M - \sum_{j=1}^{m} D_j},\tag{14.9}$$

式中，w_i 表示权重，M 和 m 为评价指标的个数，本书中应为 4。各个指标的权重如表 14.6 所示。

表 14.6 各个指标的权重

	专利授权量	专利申请量	高新技术产业总产值	科技活动人员数量	总和
权重	0.24274	0.24260	0.27695	0.23771	1

⑥湖北省各年份技术创新能力计算：

$$K_i = a_i \times w_1 + b_i \times w_2 + c_i \times w_3 + d_i \times w_4 \text{。} \tag{14.10}$$

式中，w 为指标对应的权重，i 表示年份，a、b、c、d 分别代表 4 种指标，K_i 表示第 i 年的最终得分。2005—2016 年技术创新能力如表 14.7 所示。

表 14.7 各年份技术创新能力

年份	2005	2006	2007	2008	2009	2010	2011	2012	2013	2014	2015	2016
创新能力	0.01	0.03	0.06	0.11	0.23	0.31	0.42	0.55	0.64	0.73	0.87	0.99

从以上结果来看，湖北省的技术创新能力整体上呈现上升趋势。为了后续计算的需要，我们将 2005 年的创新能力定为 0.01，2016 年的创新能力定为 0.99。

14.2.1.2 产业结构

产业结构又称国民经济的部门结构，是指国民经济各个产业之间及各个产业部门内部的构成。根据社会生产活动的历史发展顺序，可以将其分为第一产业、第二产业和第三产业。其中，第一产业主要指来自自然界的初级产品，主要指农业；第二产业则是指对初级产品进一步加工的部门，主要指工业、建筑业等；第三产业是指除第一、第二产业之外的部门，主要指服务业等，涉及社会生活的各个领域。一般来说，随着一个城市或地区经济的发展，其第一产业在整个 GDP 中的占比会逐渐降低，第二、第三产业在 GDP 中的比重上升，产业结构就趋向于合理。

本书中采用第三产业在 GDP 中的占比来反映一个地区产业结构的质量。2005—2016 年湖北省的数据如表 14.8 和图 14.1 所示，数据来源于湖北省统计局。

表 14.8 2005—2016 年湖北省的产业结构

年份	第三产业占 GDP 比重
2005 年	40.70%
2006 年	40.80%
2007 年	42.10%
2008 年	40.50%
2009 年	40.00%
2010 年	37.91%
2011 年	36.90%
2012 年	36.90%
2013 年	38.10%
2014 年	41.50%
2015 年	43.10%
2016 年	44.20%

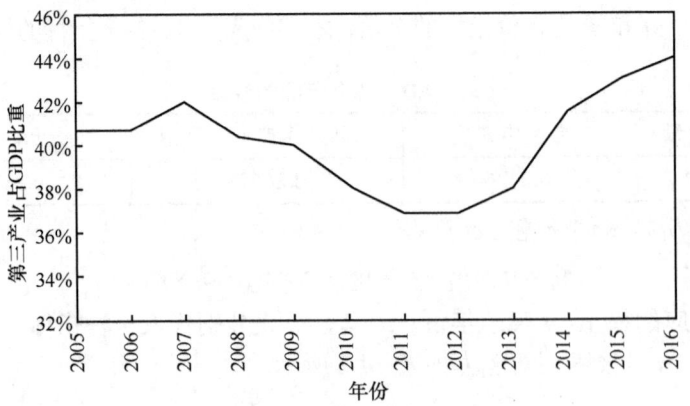

图 14.1 2005—2016 年湖北省的产业结构

从收集到的数据中可以得出，湖北省的第三产业占 GDP 比重在 2007—2011 年出现了一个较大的回落，但是之后呈现稳步上升的趋势。

14.2.1.3 城市化率

城镇化是一个以农业为主的乡村社会向以工业和服务业为主的现代城市社会逐渐转变的过程。主要包含了 4 个方面的转变过程，即人口向城市的聚集，产业结构、土地空间及地域空间的转变。城镇化包含多个方面，但以人口城镇化率作为城镇化水平已被学术界所广泛认可。本书采用湖北省人口城镇化率来代表湖北省的城镇化水平。数据来源于湖北省统计局和中国知网数据库。2005—2016 年湖北省城市化率如表 14.9 和图 14.2 所示。

表 14.9 2005—2016 年湖北省城市化率

年份	城市化率
2005 年	43.20%
2006 年	43.81%
2007 年	44.31%
2008 年	45.19%
2009 年	46.00%
2010 年	49.70%
2011 年	51.82%
2012 年	53.50%
2013 年	54.51%
2014 年	55.67%
2015 年	56.85%
2016 年	58.10%

从图 14.2 可以看出，湖北省的城镇化率呈现稳步上升的趋势，其中 2010 年较 2009 年有较大的上升。

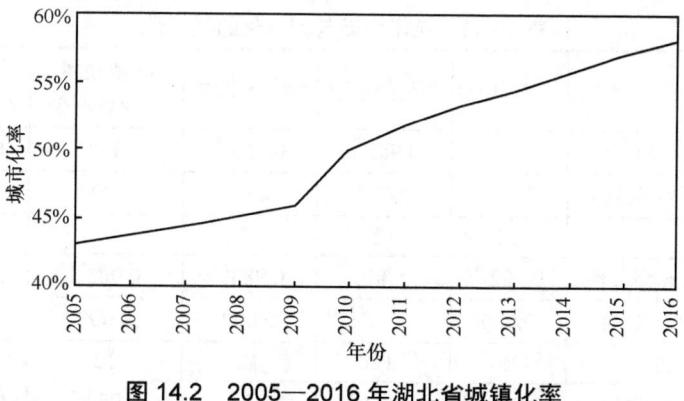

图 14.2 2005—2016 年湖北省城镇化率

14.2.2 湖北省技术创新与城镇化、产业结构的相关分析

要研究产业结构、城镇化水平与技术创新之间的关系,就需要对它们进行相关性分析。相关性分析是研究变量关系的常用方法之一。运用 SPSS 软件对上文所述技术创新能力、城镇化率及第三产业占 GDP 比重收集到的数据进行相关性分析。计算结果如表 14.10 和表 14.11 所示。

表 14.10 技术创新与产业结构的相关性

项目		时间	专利授权量	专利申请量	高新技术产业总产值	科技活动人员数量	第三产业占 GDP 比重
时间	Pearson 相关性	1	0.982**	0.965**	0.972**	0.977*	0.174
	显著性(双侧)		0.000	0.000	0.000	0.000	0.589
	N	12	12	12	12	12	12
专利授权量	Pearson 相关性	0.982**	1	0.983**	0.988**	0.953**	0.247
	显著性(双侧)	0.000		0.000	0.000	0.000	0.439
	N	12	12	12	12	12	12
专利申请量	Pearson 相关性	0.965**	0.983**	1	0.984**	0.923**	0.326
	显著性(双侧)	0.000	0.000		0.000	0.000	0.301
	N	12	12	12	12	12	12
高新技术产业总产值	Pearson 相关性	0.972**	0.988**	0.984**	1	0.943**	0.336
	显著性(双侧)	0.000	0.000	0.000		0.000	0.285
	N	12	12	12	12	12	12
科技活动人员数量	Pearson 相关性	0.977**	0.953**	0.923**	0.943**	1	0.058
	显著性(双侧)	0.000	0.000	0.000	0.000		0.857
	N	12	12	12	12	12	12
第三产业占 GDP 比重	Pearson 相关性	0.174	0.247	0.326	0.336	0.058	1
	显著性(双侧)	0.589	0.439	0.301	0.285	0.857	
	N	12	12	12	12	12	12

注:**表示在 0.01 水平(双侧)上显著相关。

表 14.11 技术创新与城镇化的相关性

项目		时间	专利授权量	专利申请量	高新技术产业总产值	科技活动人员数量	湖北省城镇化率
时间	Pearson 相关性	1	0.982**	0.965**	0.972**	0.977*	0.985**
	显著性（双侧）		0.000	0.000	0.000	0.000	0.000
	N	12	12	12	12	12	12
专利授权量	Pearson 相关性	0.982**	1	0.983**	0.988**	0.953**	0.980*
	显著性（双侧）	0.000		0.000	0.000	0.000	0.000
	N	12	12	12	12	12	12
专利申请量	Pearson 相关性	0.965**	0.983**	1	0.984**	0.923**	0.955**
	显著性（双侧）	0.000	0.000		0.000	0.000	0.301
	N	12	12	12	12	12	12
高新技术产业总产值	Pearson 相关性	0.972**	0.988**	0.984**	1	0.943**	0.968**
	显著性（双侧）	0.000	0.000	0.000		0.000	0.000
	N	12	12	12	12	12	12
科技活动人员数量	Pearson 相关性	0.977**	0.953**	0.923**	0.943**	1	0.980**
	显著性（双侧）	0.000	0.000	0.000	0.000		0.000
	N	12	12	12	12	12	12
湖北省城镇化率	Pearson 相关性	0.985**	0.980**	0.955**	0.968**	0.980**	1
	显著性（双侧）	0.000	0.000	0.000	0.000	0.000	
	N	12	12	12	12	12	12

注：**表示在 0.01 水平（双侧）上显著相关。

相关系数越大表示相关性就越强。通常情况下，相关系数 0.8~1.0 为极强相关；0.6~0.8 为强相关；0.4~0.6 为中等相关；0.2~0.4 为弱相关；0.0~0.2 为极弱相关或无关。

①从表 14.10 中可以看出，专利授权量、专利申请量、高新技术产业总产值、科技活动人员数量与产业结构之间的相关性系数分别为 0.247、0.326、0.336、0.058，并且在 0.01 显著性水平上不显著。这表明技术创新与产业结构之间的相关性较低。

②技术创新与城镇化之间存在着显著的相关性，相关性系数均在 0.9 以上，专利授权量、专利申请量、高新技术产业总产值、科技活动人员数量与城镇化的相关系数分别为 0.980、0.955、0.968、0.980，并且在 0.01 显著性水平上显著。这表明技术创新与城镇化之间的相关性极强。

③技术创新各要素之间的相关性也极强。专利授权量、专利申请量、高新技术产业总产值、科技活动人员数量两两之间的相关系数也均在 0.9 以上，在 0.01 显著性水平上显著，这也与我们的常识相符合。

14.3 技术创新与城镇化、产业结构的 VAR 分析

VAR 方法是确定多种变量间相互依赖的定量关系的一种统计分析方法，其运用十分广

泛。主要步骤有平稳性检验、协整分析、格兰杰因果检验、建立方程、脉冲响应分析、方差分解6个步骤。将收集到的数据取对数的目的在于：能够将间距较大的数据转换为间距较小的数据，这样不仅有利于异方差的消除，也便于对数据进行差分。

14.3.1 数据的平稳性检验

只有平稳的数据才能进行回归分析和统计检验，否则可能出现伪回归，使分析失效。平稳性是检验某一时间序列数据是否会随着时间产生剧烈的变化，剧烈的变化也可以把它理解为这个数据这个时间段内的不平稳。

采用平稳的时间序列建立经典计量经济学模型，能够减少"伪回归"现象（是指两个变量之间具有相同的变化趋势却不存在着因果关系）。常用的平稳性检验方法有 ADF 法、PP 法等。

本书采用 ADF 法分别对 3 个变量数据进行单位根检验，滞后阶数以 AIC 自动选择作为标准。在截距项和趋势项的选择上以 AIC、SC 的最小值作为参考标准。通过 EViews 软件对城镇化率 $\ln T$、技术创新能力 $\ln U$、产业结构 $\ln S$ 进行分析，得出如表 14.12 所示数据。

表 14.12 序列 $\ln T$、$\ln U$、$\ln S$ 的 ADF 检验结果

变量	ADF 统计量	5%临界值	P 值	结论
$\ln T$	−10.20758	−3.175352	0.0000	稳定
$\ln U$	−10.88606	−3.403313	0.0001	稳定
$\ln S$	−5.050562	−4.246503	0.0217	稳定

通过表 14.12 不难发现，$\ln T$、$\ln U$、$\ln S$ 都通过了 5%显著水平下的检验，且检验结果 P 值都小于 0.05。综上，对 3 个时间序列变量进行单位根检验得出，3 个时间序列均为平稳序列。

14.3.2 VAR 模型

向量自回归模型（VAR）是多个经济指标分析和预测的一种十分常用的计量模型。它将系统中的每个内生变量作为系统内所有内生变量滞后项的函数来构造模型，优点在于可以把单变量的自回归模型扩展为多变量组成的向量自回归模型。它的一般形式是：

$$Y_t = A_1 Y_{t-1} + A_2 Y_{t-2} + \cdots + A_p Y_{t-p} + B_0 X_t + \cdots + B_r X_{t-r} + \varepsilon_t (t=1,2,3,4,\cdots,n) \tag{14.11}$$

式中，Y_t 为 K 维内生变量，Y_{t-p} 为滞后内生变量；X_{t-r} 是 d 维外生变量向量或滞后外生变量向量，p、r 分别是内生变量和外生变量的滞后阶数；A_p 是 $K\times K$ 维系数矩阵，B_r 是 $K\times d$ 维系数矩阵，这些矩阵都是待估计的参数矩阵；ε_t 是由 K 维随机误差构成的向量。

在上文中我们已经对数据进行 ADF 检验，结果发现 3 个时间序列均为平稳性序列。因此，可以对其进行进一步的数据分析。将上文中已经通过单位根检验被证明为平稳的序列代入 EViews 软件中进行构建，得出如图 14.3 所示结果。

如果 VAR 模型所有的根都在圆外就表示该模型不稳定，反过来则表示该模型稳定。在图 14.3 中，可以看到 VAR 模型所有的根都在单位圆中，所以该模型是稳定的。最佳滞后阶

数根据 AIC 来确定为 2。

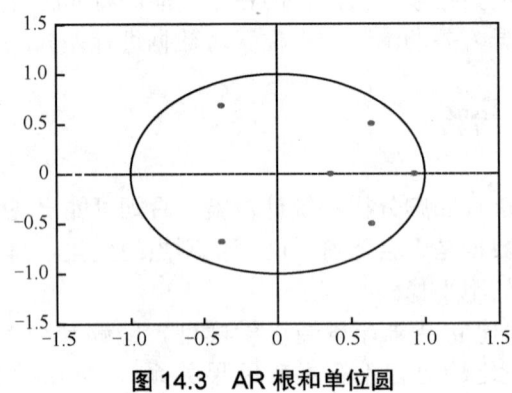

图 14.3 AR 根和单位圆

14.3.3 格兰杰因果检验

经济变量中有一些变量之间存在着显著的相关性，但是它们并不都是有意义的。例如，路边小树的年增长率与国民收入之间存在很强的正相关性，但是从现实意义来看，这是毫无根据的。判断一个变量能否会引起另一个变量发生变化，是经济计量学中的常见问题。格兰杰因果检验是一个判断因果关系的检验，作为一种计量方法已经被学者们普遍接受和广泛使用。在时间序列的基础下，两个经济变量 M、N 之间的格兰杰因果关系可以定义为：对于两个经济变量 M、N，若变量 M 有助于解释变量 N 的变化，那么就认为变量 M 是引起变量 N 的格兰杰原因。但是这种"因果关系"不是现实意义上的因与果的关系，而是从统计学上的"M"的前期变化能否有效地解释"N"的变化。序列的平稳性是进行格兰杰因果检验的前提。将数据代入 EViews 软件中进行分析，得出如表 14.13 所示结果。

表 14.13 格兰杰因果检验结果

变量	原假设	P 值	结论
$\ln U$	$\ln U$ 不是 $\ln T$ 的格兰杰原因	0.0000	拒绝原假设
	$\ln U$ 不是 $\ln S$ 的格兰杰原因	0.0085	拒绝原假设
$\ln T$	$\ln T$ 不是 $\ln U$ 的格兰杰原因	0.0011	拒绝原假设
	$\ln T$ 不是 $\ln S$ 的格兰杰原因	0.0001	拒绝原假设
$\ln S$	$\ln S$ 不是 $\ln U$ 的格兰杰原因	0.0440	拒绝原假设
	$\ln S$ 不是 $\ln T$ 的格兰杰原因	0.0554	接受原假设

①原假设（城镇化不是技术创新和产业结构的格兰杰原因）对应的 P 值分别为 0.0000 和 0.0085。在 5%的显著性水平下拒绝原假设，因此城镇化是技术创新和产业结构的格兰杰原因。

②原假设（技术创新不是城镇化和产业结构的格兰杰原因）对应的 P 值分别为 0.0011 和 0.0001。同样拒绝原假设，即技术创新是城镇化和产业结构的格兰杰原因。

③原假设（产业结构不是城镇化和技术创新的格兰杰原因）对应的 P 值分别为 0.0440

和 0.0554。即产业结构是城镇化的格兰杰原因，但是产业结构不是技术创新的格兰杰原因。

从以上结果可以得出结论：①技术创新和产业结构之间存在单向的格兰杰原因，即技术创新是城镇化和产业结构的格兰杰原因，产业结构不是技术创新的格兰杰原因。②产业结构与城镇化之间存在双向的格兰杰原因。③城镇化与技术创新之间互为格兰杰原因。

14.3.4 脉冲响应函数

VAR 模型是一种非理论性的模型，不需要对变量进行任何先验性的约束，所以在分析 VAR 模型时，一般不分析一个变量对于另一个变量的影响怎样，而是分析模型受到某种冲击时对系统的动态影响，该方法就叫作脉冲响应函数。它用来衡量某个内生变量随机扰动项的一个标准差的冲击对于 VAR 模型中的所有内生变量当前值和未来取值的影响。使用 EViews 软件进行计算，得出如图 14.4 所示结果。

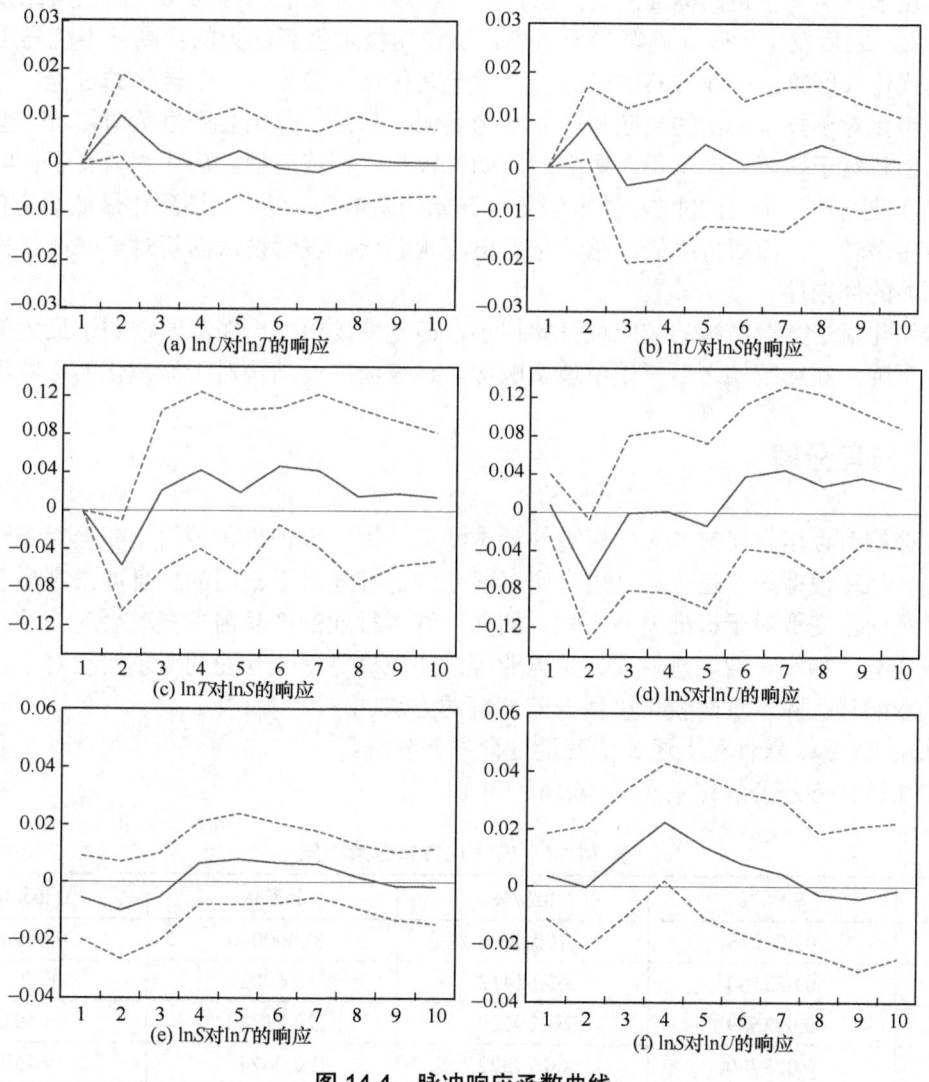

图 14.4　脉冲响应函数曲线

以 VAR 模型为基础，分别给 $\ln T$、$\ln U$、$\ln S$ 一个正向的冲击，得出图 14.4 的脉冲响应函数曲线，其中横轴代表了时期数，纵轴代表了脉冲响应函数的大小。图中的虚线代表 2 倍正负的标准差偏离带。

①在当期给城镇化一个正的冲击，技术创新一开始的响应为 0，但是之后逐渐有正的响应，并在第二期到达最大值 0.01；随后出现下降，在第四期到达 0；之后围绕 0 上下波动。这是因为城镇化的发展会产生大量的附带效应，也会刺激技术创新能力的提高。随着城镇化的不断发展，只有无法满足当前的社会需求时，才会出现新的技术，这时技术创新对于城镇化的响应就会有所下降。新技术的产生需要一定的周期，所以技术创新对城镇化的响应会出现一定的波动。

②给城镇化一个正的冲击，产业结构开始的响应为 0，但是负面影响慢慢减小，开始有正的响应，在第二期达到最大值 0.01，但之后急剧下降并在第三期到达最低值-0.004，之后出现上升并从第五期开始均产生正的响应，逐渐趋于平稳。这说明城镇化对于产业结构的影响在经历一个不稳定期之后逐渐趋于稳定产生一个正向作用。

③给技术创新一个正的标准差的冲击，产业结构一开始的响应为 0，但在第二期到达最低值-0.058，之后发生上升，逐渐趋于平稳。这说明技术创新能力的提高并不能马上带来产业结构的优化（即第三产业占 GDP 比重），对于其优化调整需要一个转化的过程。

④城镇化对于技术创新的响应与产业结构类似，都是一开始会产生负向影响，但是不同的是技术创新对于城镇化产生正向影响的周期比较晚，在第五期之后才逐渐有了正响应。

⑤给产业结构一个正的冲击，技术创新一开始为负响应，在第二期到达最低响应值-0.01，之后响应慢慢转正，而后再降低，总体呈现出波状起伏。表明技术创新对于产业结构的响应呈现出明显的周期性。

⑥城镇化对于产业结构的响应最开始很小，但是变动很大，在第四期到达最大值 0.022，之后不断下降，在第七期之后开始出现负响应。这表明产业结构对于城镇化的影响不稳定。

14.3.5 方差分解

方差分解可以用来研究 VAR 模型的动态特征，进一步评价各种内生变量对于预测方差的贡献度。VAR 模型的方差分解是用来研究残差的标准差对于不同的新息冲击产生影响的比例，也就是内生变量对于标准差的贡献。例如，许多行业的产品需求变动会对钢铁行业产品需求造成影响，如汽车业、建材业、家电业等，如何确定哪个行业的需求变动对于钢铁行业需求变动影响最大呢？这时就可以用方差分解的方法。

下面用 EViews 软件对上述 3 个变量进行方差分解。

（1）城镇化方差分解结果（表 14.14、图 14.5）

表 14.14 城镇化方差分解结果

时期	S.E./%	$\ln U$/%	$\ln T$/%	$\ln S$/%
1	0.008075	100.0000	0.000000	0.000000
2	0.023100	63.51412	19.69027	16.79561
3	0.023589	61.29129	20.21730	18.49140
4	0.023700	60.77322	20.06741	19.15937

续表

时期	S.E./%	lnU/%	lnT/%	lnS/%
5	0.024768	58.58035	19.71819	21.70145
6	0.024882	58.77863	19.61666	21.60471
7	0.025000	58.24154	19.81073	21.94772
8	0.025903	57.15192	18.68822	24.15987
9	0.026068	56.99053	18.50368	24.50579
10	0.026237	57.17753	18.30607	24.51640

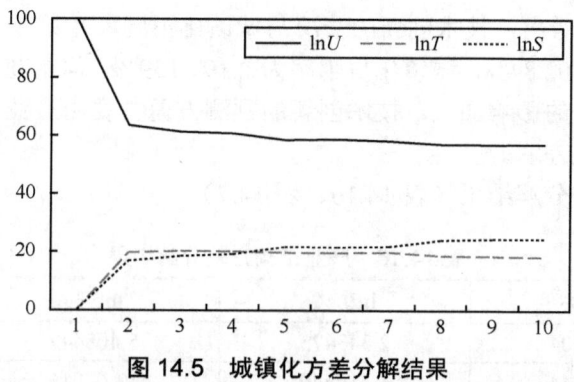

图 14.5 城镇化方差分解结果

表 14.14 中，S.E.代表了预测的标准差。从中可以看出，城镇化始终是影响自身的主要因素。第 1 期预测中，城镇化的预测方差全由城镇化本身引起，在第 2 至第 10 期预测中，城镇化的预测方差由自身引起的比重逐渐下降，技术创新和产业结构引起的比重上升，产业结构引起的比重从 16.795 61%稳步上升到 24.516 40%。

（2）技术创新方差分解结果（表 14.15、图 14.6）

表 14.15 技术创新方差分解结果

时期	S.E./%	lnU/%	lnT/%	lnS/%
1	0.051621	2.197159	97.80284	0.000000
2	0.105235	44.70965	25.23263	30.05772
3	0.107317	42.99650	24.30610	32.69740
4	0.115369	37.21363	21.04958	41.73679
5	0.119862	35.82623	22.94412	41.22965
6	0.134044	36.58048	18.35472	45.06479
7	0.148262	39.07745	16.04436	44.87819
8	0.151923	40.59754	15.66598	43.73647
9	0.158129	42.76075	15.55711	41.68214
10	0.161894	43.39275	16.04807	40.55918

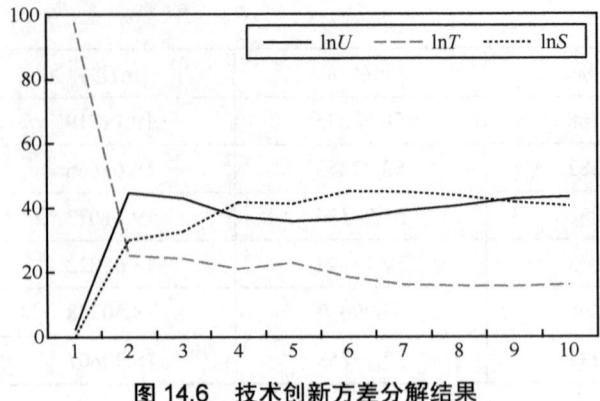

图 14.6　技术创新方差分解结果

从表 14.15 中可以看出，技术创新的情况与城镇化不同，在第 1 期预测中，技术创新对于自身的贡献率为 97.802 84%，城镇化贡献率为 2.197 159%。但是在第 2 期以后，城镇化和产业结构对于技术创新的影响加大，技术创新的预测方差主要由产业结构和城镇化引起，自身的贡献率下降到 16% 左右。

（3）产业结构方差分解结果（表 14.16、图 14.7）

表 14.16　产业结构方差分解结果

时期	S.E./%	$\ln U$/%	$\ln T$/%	$\ln S$/%
1	0.023604	2.343475	5.408447	92.24808
2	0.030544	1.419640	13.62916	84.95120
3	0.035917	11.30783	12.00207	76.69010
4	0.045103	31.94578	9.686726	58.36750
5	0.047903	36.71343	11.34937	51.93720
6	0.049112	37.52534	12.58104	49.89362
7	0.049735	37.38005	13.81146	48.80849
8	0.049952	37.39910	13.82536	48.77554
9	0.050164	37.79703	13.79506	48.40791
10	0.050290	37.69050	13.81594	48.49356

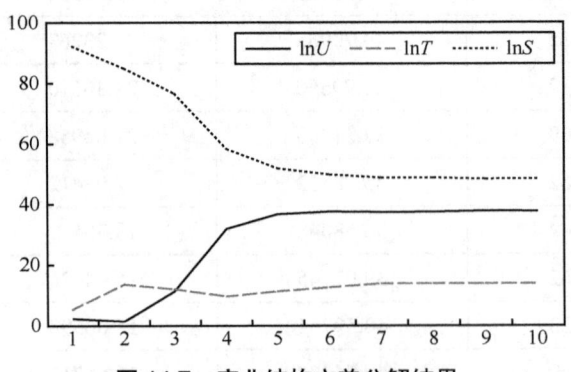

图 14.7　产业结构方差分解结果

从表 14.16 中可以得出，产业结构对于自身的贡献率整体呈现下降趋势，从第 1 期的 92.248 08%下降到第 10 期的 48.493 56%。城镇化和技术创新的贡献率不断上升，分别从第 1 期的 2.343 475%和 5.408 447%上升到 37.690 50%和 13.815 94%。但是产业结构自身始终是最大的影响因素。

通过以上方差分解分析发现，从长期来看：①对于城镇化的贡献率最高的是城镇化自身，这说明城镇化具有很强的自我发展、扩张的能力。②技术创新能力贡献率方面，城镇化和产业结构占了很大部分，均在 40%以上，这说明城镇化的发展和产业结构的优化会对技术创新能力的提高产生巨大的正向效应。因此，想要提升技术创新能力可以从城镇化和产业结构方面着手，而反过来技术创新能力的提升也会促进城镇化的发展。③产业结构贡献率最大的始终是其自身，但是城镇化的贡献也不小，有 37%左右。因此，优化产业结构不仅可以依靠其自身的发展，还可以依靠城镇化的发展来带动。

14.4 内生城镇化理论实证

14.4.1 内生城镇化模型的建立

早在 20 世纪 20 年代，罗默和卢卡斯等就在传统经济理论的基础上开始运用内生增长理论来探讨经济增长的动力机制，并进行了一系列的模型构建和实证分析研究。罗默认为，知识投入和科技创新是经济增长的核心要素，并在 1986 年提出了罗默经济增长模型。20 世纪 30 年代，美国数学家柯布和经济学家道格拉斯所建立的生产函数被认为是一种运用最为广泛的生产函数，主要是为研究投入和产出之间的关系而建立起来的。Henderson 在 2003 年总结了城市化与经济发展的理论进展，其研究显示，城市化是城市经济增长的内生因素之一[38]。

为此，本章从内生城镇化理论出发，以罗默的假设为基础，对 C-D 生产函数进行扩展得到模型如下：

$$Y = A^a H^h U^u W^w T^t 。 \tag{14.12}$$

式中，Y 为地区的国内生产总值(GDP)；A 为技术创新能力；H 为地区人力资本存量；U 为城镇化水平；W 为水资源数量；T 为耕地资源数量；a 为技术创新能力指数；h 为人力资本存量的产出弹性；u 为城镇化影响指数；w 为水资源的产出弹性；t 为耕地资源的产出弹性。

何宣仪（2014）以湖北省相关数据为研究对象，采用生产函数等方法定量研究了各类生产要素对于湖北省各市经济发展的影响，得出湖北省资本存量、建设用地和劳动力数量对于 GDP 的弹性系数分别为 0.6、0.07 和 0.22，表明建设用地对于湖北省 GDP 的贡献最大[39]。郝寿义等（2012）基于我国 25 个城市的面板数据对各个影响经济的变量与经济发展之间的关系进行分析，得出物质资本存量、城镇化水平及技术创新对于 GDP 增长的弹性分别为 0.05、0.6 和 0.007，表明城镇化水平对于地区国内生产总值影响最大，技术创新的潜力和优势还未完全发挥[40]。吴海民（2006）基于扩展的 C-D 生产函数研究了科技、劳动力、资本和制度等要素对于广东省经济发展的影响,结果显示,这些要素对于广东省 GDP 的产出弹性分别为 0.16、0.43、0.41、0.029,表明对于广东省经济增长贡献率最大的是劳动力,经济增长的粗放特征显著,技术进步带来的经济增长影响不明显[41]。

14.4.2 指标的选取

内生城镇化是评价一个地区城镇化发展情况的一个综合评价。因此,其指标的选取应当具有一定的全面性,包括经济、科技、人口、环境、教育等方面。为此,本章选取了以下 6 个指标数据,以下数据来源于湖北省统计局及统计年鉴。

①湖北省的国内生产总值(GDP)(亿元)。
②湖北省的技术创新能力,关于该指标的描述已经在上文中给出,主要包括高新技术产业总产值(亿元)、专利的申请量(件)、专利的授权量(件)及科技活动人员的数量(人)。
③湖北省人力资本存量(人)。
④湖北省城镇化水平(城镇人口占总人口比重)。
⑤湖北省水资源数量(亿 m^3)。
⑥湖北省耕地资源数量(公顷)。

14.4.3 结果分析

本章采用非线性回归分析模型对湖北省城镇化情况进行分析。为了计算方便,首先需要对模型 $Y = A^a H^h U^u W^w T^t$ 进行处理,对等式两边分别取对数,等式仍然成立,所以模型就变为:

$$\ln Y = a\ln A + h\ln H + u\ln U + w\ln W + t\ln T \quad (14.13)$$

运用 Excel 软件对数据进行取对数,得出结果如表 14.17 所示。

表 14.17 2005—2016 年原始数据取对数

年份	$\ln Y$	$\ln A$	$\ln H$	$\ln U$	$\ln W$	$\ln T$
2005 年	8.7933	−4.6052	9.7356	−0.8392	6.8395	14.9665
2006 年	8.9382	−3.5900	9.7732	−0.8253	6.4610	14.9792
2007 年	9.1414	−2.8571	9.7910	−0.8140	6.9227	14.9869
2008 年	9.3351	−2.2269	9.8145	−0.7942	6.9411	15.0062
2009 年	9.4697	−1.4642	9.8382	−0.7766	6.7157	15.0120
2010 年	9.6783	−1.1658	9.8876	−0.6991	7.1457	15.0167
2011 年	9.8849	−0.8626	9.9968	−0.6573	6.6301	15.0280
2012 年	10.0101	−0.5930	9.9949	−0.6254	6.7018	15.0364
2013 年	10.1183	−0.4415	10.0106	−0.6068	6.6722	15.0422
2014 年	10.2175	−0.3175	10.0255	−0.5857	6.8182	15.0453
2015 年	10.2938	−0.1401	10.0402	−0.5647	6.9232	15.0499
2016 年	10.3828	−0.0101	10.0543	−0.5430	7.3119	15.0548

将上述数据和方程在 EViews 软件中进行平稳性检验发现,这些数据在一阶差分之后均为平稳序列,进行协整分析之后得出,它们与 GDP 之间均存在协整关系。因此,对它们进行非线性回归分析,得到结果如下:

$$\ln Y=0.059\,575\ln A+0.586\,968\ln H+1.580\,340\ln U+0.061\,419\ln W+7.403\,841\ln T-106.5584$$

标准差
估计值　　(0.028 453)　　(0.539 164)　　(0.547 599)　　(0.039 087)　　(2.043 900)

t 值　　{2.093 842}　　{1.088 663}　　{2.885 946}　　{1.571 327}　　{3.622 408}

R^2=0.999 229,修正后的 R^2=0.998 587,F=1555.590。

通过对数据的分析,本模型中的两个解释变量人力资本存量和水资源数量未通过显著性检验,这说明人力资本存量和水资源数量不能够明显促进湖北省 GDP 增长,未能发挥出它们的很大的外部性效应。其余变量的系数均为正数而且通过了 5%显著性水平下的显著性检验,这说明技术创新、城镇化及耕地资源数量对于湖北省经济发展均起到了正相关作用,但是影响的程度却又有差别。

(1) 经济意义检验

①技术创新的弹性系数为 0.059 575,即在假定其他变量不发生变化的情况下,湖北省技术创新能力每增加 1%,湖北省的 GDP 将会增加 0.059 575%。这表明在该阶段内技术创新能力对于湖北省经济的增长有一定作用,但是作用并不突出。科学技术是第一生产力,国家越来越重视科学技术在经济发展中的地位,未来湖北省的经济需要技术创新来拉动,湖北省技术创新对于经济发展的促进作用还有很大的潜力和提升空间。

②湖北省的城镇化水平的弹性系数为 1.580 340,即该时间段内,在假定其他变量不发生变化的情况下,湖北省的城镇化水平每增加 1%,湖北省的 GDP 将会增加 1.580 340%。这表明在测定的时间段内,湖北省城镇化水平的提升对于湖北省经济发展具有显著的促进作用。

③湖北省的耕地资源弹性系数为 7.403 841,即在假定其他变量不发生变化的情况下,湖北省的耕地资源每增加 1%,湖北省的 GDP 将会增加 7.403 841%。这表示湖北省的耕地资源对于经济发展有着十分重要的影响,也从侧面反映出湖北省的经济增长更多的是以牺牲耕地资源数量作为代价,以牺牲农业用地作为建设用地来保障经济的稳定增长,而不是更多地依赖科技进步和产业结构优化产生的效应。土地是最基本的自然资源,而耕地是土地的精华,其担负着保障国家粮食安全和生态环境安全及社会稳定的重要作用[42]。粮食安全是城镇化的前提,只有粮食安全问题解决了,才会出现剩余人口,才会出现城市。因此,湖北省在以后的发展过程中应当注重对于耕地资源的保护,严格遵守耕地红线,加大耕地资源的利用效率。

④人力资本存量的弹性系数为 0.586 968,即在假定其他变量不发生变化的情况下,湖北省的人力资本存量每增加 1%,湖北省的 GDP 将会增加 0.586 968%。这表明现阶段,人力资本存量的增加也可以理解为居民受教育程度及人口总量的增加,会对湖北省的经济发展产生正向影响。所以,应当把教育和提高居民的素质摆在地区经济发展的重要位置。同时,还可以通过政策来吸引大量人才来为湖北省的经济建设贡献力量。

⑤湖北省的水资源弹性系数为 0.061 419,即在假定其他变量不发生变化的情况下,湖北省水资源数量每增加 1%,湖北省的 GDP 将会增加 0.061 419%。这表明水资源对于湖北省的经济增长影响并不突出,影响较小。这是因为长江流经湖北省大部分地区,再加上气候等因素,湖北省水资源本身比较丰富,因此水资源的增加并不能对经济发展产生很显著的影响。

但是，为了经济的可持续健康发展，不能只追求 GDP 这个经济层面的需求，还应注重人民多方面的需求。因此，对于水资源还是应当加强保护，加强生态环境建设。

（2）统计检验

①拟合度：R^2=0.999 229，对自由度进行修正后的 R^2=0.998 587。由于有多个变量，应当以调整后的 R^2 值为准。该数值代表了模型对于样本的拟合度的高低，R^2 越接近于 1，代表该模型的拟合度越高。本模型的 R^2 非常接近于 1，表明模型对于因变量湖北省的 GDP 有着很强的解释能力，模型的拟合度非常高。

②F 检验：从结果的 F 检验值来看，F 统计量的值为 1555.590，并且对应的 P 值为 0.000 00，小于 0.05，表明该模型在整体上高度显著，即湖北省的技术创新能力、人力资本存量、城镇化水平、水资源数量、耕地资源数量联合起来对于湖北省 GDP 具有十分显著性的影响。

③T 检验：从变量的 T 检验值来看，主要有以下几点。

a. 人力资本存量的 T 统计量为 1.088 663，对应的 P 值为 0.3181；水资源数量的 T 统计量为 1.571 327，对应的 P 值为 0.1672。以上两种变量的 P 值均小于 0.05，可以判断湖北省水资源数量、人力资本存量对于 GDP 并没有很显著的影响。

b. 技术创新能力的 T 统计量为 2.093 842，对应的 P 值为 0.0812。在 10%的显著性水平下才能通过检验，并且弹性系数也较小，说明湖北省技术创新能力的提升对于湖北省经济发展具有一定的正相关作用，但是作用十分有限。在湖北省的经济发展过程中，技术创新还没有完全发挥出它的拉动作用。在未来的发展中要加强技术创新对于经济的传导作用，发挥出技术创新的潜力和优势。

c. 城镇化水平的 T 统计量为 2.885 946，对应的 P 值为 0.0278；耕地资源数量的 T 统计量为 3.622 408，对应的 P 值为 0.0111。P 值均明显小于 0.05，可以判断城镇化水平、耕地资源数量对于湖北省的经济发展有着非常显著性的影响。

14.5　结论与政策建议

14.5.1　结论

技术创新对于我国经济发展有着十分重要的影响，它不仅能够促进产业结构优化升级，而且还是城镇化的内生因素。本书通过一系列的数据分析得出以下结果。

①湖北省的技术创新能力与城镇化率、产业结构之间有很高的相关性，城镇化的发展和产业结构的优化会加快技术创新的扩散和利用，进一步提高技术创新能力。反过来，技术创新能促进城镇化的发展。但是，技术创新对于湖北产业结构优化的作用不明显。

②湖北省的技术创新能力、人力资本存量、城镇化水平、水资源数量和耕地资源数量联合起来对湖北省的经济发展有着十分重要的影响。但是影响程度各有不同，其中城镇化和耕地资源对湖北省的经济发展水平影响最为显著，弹性系数分别达到了 1.580 340 和 7.403 841。水资源和技术创新的影响较小，弹性系数为 0.061 419 和 0.059 575。技术创新对于经济发展具有重要的作用，但是湖北省的技术创新能力不足从而对国民经济增长的驱动效果不明显。

因此，在这方面还有很大的潜力可以挖掘。湖北省是一个教育大省，只要给与一定重视和政策上的支持，相信在未来能够改善这种局面。

14.5.2 政策建议

（1）提高湖北省的人力资本存量

人力资本是指人作为生产者和消费者的能力，具体指体现在人身上的技能、知识健康等因素。人力资本主要是通过对人自身的有计划投资而形成的，主要方式有学校的教育、技能的培训、医疗保健等。人力资本存量是指经资本投资形成的，凝结于劳动者身上的知识、技能和健康等。在一个较为完善的劳动力市场中，人力资本存量可以用人力价格或人力成本来间接衡量。

简单来说就是要提高劳动者的素质。湖北省是一个教育大省，教育资源在全国都十分靠前。省会武汉市更是世界上最多大学生在读的城市，据2017年统计已经达到了118万位。但是与此同时，由于武汉市强大的人才吸引能力也造成了湖北省省域范围内教育资源的严重失衡，湖北省其他城市的高等院校数量十分有限。同样，虽然武汉市教育资源十分丰富，但是由于地理区位的原因并不能留住优质人才来为湖北省的经济发展做出贡献，更多的大学生毕业之后投向了北上广深等东部沿海地区进行工作。这两方面的原因造成了如今湖北省的人才不足或者说留不住人才的状况。基于此，首先，可以对武汉市的教育资源进行扩散，加强与武汉市周边城市的合作与联系，将一些校区或者基地进行搬迁，增强武汉市对于周边地区的辐射扩散能力。这样一来可以缓解武汉市的城市交通、住房、上学等社会问题，还可以增加周边地区的教育资源，加强城市之间的联系，促进整个区域的协调发展。其次，对于一些已经就业的企业员工进行继续教育或者深造，并且组织活动对一些失业人员或者教育程度低的劳动者进行技能培训。通过网络、电视等媒体平台进行宣传来鼓励劳动者积极参与，提高劳动者的知识与技能，从而提高人力资本存量，最终促进经济的发展。最后，还可以通过政策优势来吸引人才流入和避免流出。

（2）提高城镇化的质量和水平

城镇化包含着社会的各个方面，城镇化与经济发展之间关系十分密切。城镇化促进农村人口向城市集中，加强城市建设，享受城市的基础设施，提高劳动收入，从而增加消费促进生产。因此，促进城镇化质量和效率的提高也是一种十分有效的促进经济发展的方法。首先，要着重解决城镇化过程中遇到的一些问题，促进湖北省城镇化水平整体质量的提高。例如，城乡二元化现象；地区与地区之间发展的不平衡，湖北省仅有武汉市一个特大城市；城市规模上断层现象严重，据湖北省统计局统计，仅武汉一个城市对整个湖北省的GDP贡献率就超过了1/3。其次，要贯彻落实中央精神，不仅重视经济方面的发展，还要强调资源环境、技术创新、教育等多方面的发展。全方面提高人民生活质量，满足人民多种多样的需求，不仅满足物质层面的需求，更应满足人民精神层面的需求。

（3）保护耕地资源，增加耕地资源的利用率

随着城镇化的不断推进，越来越多的农村人口涌向城市，致使农村地区大量农田、土地闲置。一方面要加强对耕地资源的保护，促进经济平稳发展；另一方面要加强对资源的利用和管理，提高耕地资源的利用效率，减少资源浪费现象。在政策上鼓励土地经

营权的承包和出租，做到物尽其用。此外，还应对未开发利用土地进行开发，增加耕地资源的总量。

（4）加强技术创新对经济发展的正向作用

科学技术是第一生产力，但是目前的情况是湖北省技术创新对于地区经济发展的作用还未完全发挥，其原因很有可能是地区创新体系还不够成熟，科技体系的市场化程度还不强并且缺乏有效的转化机制，缺乏创新型人才。为此，首先，应当加强政府在技术创新市场的引导和监管作用，要深入搭建创新合作平台，高效促进科技成果的转化[43]。积极探讨产学研相结合的模式，积极倡导企业和高等院校及研究院所之间加强联系，鼓励技术引进和自主创新相结合。湖北省作为一个教育资源大省，人才十分丰富，要想方设法留住高端人才以为湖北省的发展做出贡献；同时还可以通过政策优势吸引周边地区人才的流入。其次，要加强对于知识产权的保护及对于创新的政策鼓励。要让大家都积极参与到创新中来。同时给与必要的资金支持，如贷款服务、减免税收等。最后，要积极与广播电视、网络媒体加强合作，加强宣传，提高全社会的科技创新意识，努力营造鼓励创新、服务创新的文化环境和舆论氛围。

参 考 文 献

[1] 舒元. 现代经济增长模型[M]. 上海：复旦大学出版社, 1998.

[2] 徐江. 浅论知识型内生经济的增长模型[J]. 科技创新导报, 2007(8): 133-134.

[3] 刘耀彬. 资源环境约束下的适宜城市化进程测度理论与实证研究[M]. 北京：社会科学文献出版社, 2011.

[4] 张筱峰, 刘剑. 内生增长理论：综合分析与简要评价[J]. 审计与经济研究, 2005, 19(2): 59-63.

[5] 贺俊. 基于内生增长理论的可持续发展研究[D]. 合肥：中国科学技术大学, 2007.

[6] ROMER P M. Increasing returns and long-run growth[J]. Journal of political economy, 1986, 94(5): 1002-1037.

[7] LUCAS J R. On the mechanics of economic development [J]. Journal of monetary economics, 1988, 22(1): 3-42.

[8] ROMER P M. Endogenous technological change[J]. Nber working papers, 1990, 98(98): 71-102.

[9] GROSSMAN G M, HELPMAN E. Innovation and growth in the global economy[M]// Innovation and growth in the global economy.MA, US: MIT press, 1991: 323-324.

[10] 丛茂昆, 张明斗. 内生型城镇化：新型城镇化的模式选择[J]. 南京农业大学学报（社会科学版）, 2016(3): 30-36.

[11] 邹小勤. 西部地区内生型城镇化的理论与实证研究[D]. 重庆：重庆大学, 2016.

[12] 毛广雄. 高新技术产业集聚的城市化响应与反馈机制研究[J]. 世界地理研究, 2006, 15(1): 9-15.

[13] 阎炎. 政府主导的城市化反思——访国务院发展研究中心研究员刘守英[J]. 中国土地, 2010(2): 20-22.

[14] 王艳丽, 朱家明. 基于 C-D 生产函数的安徽省经济增长实证研究[J]. 景德镇高专学报, 2017, 32(3): 122-124.

[15] 汪泽波, 陆军, 王鸿雁. 如何实现绿色城镇化发展：基于内生经济增长理论分析[J]. 北京理工大学学报(社会科学版), 2017, 19(3): 43-56.

[16] 汪泽波. 城镇化过程中能源消费、环境治理与绿色税收：一个绿色内生经济增长模型[J].云南财经大学学

报, 2016 (2): 49-61.

[17] 约翰·伊特韦尔. 新帕尔格雷夫经济学大词典第四卷: Q-Z[M]. 北京: 经济科学出版社, 1996.

[18] 约瑟夫·熊彼特. 财富增长论: 经济发展理论[M].李默, 译. 西安: 陕西师范大学出版社, 2007.

[19] WAGNER A. Marshall's principles of economics[J]. Quarterly journal of economics, 2004, 5(3): 319-338.

[20] 杜春亭. 技术进步与产业结构演进机理研究[J]. 陕西青年职业学院学报, 2000(4): 32-33.

[21] 周笑非. 内蒙古城市化与技术创新关联性分析[J]. 科学管理研究, 2011, 29(3): 21-25.

[22] 吴有必. 米歇尔·波特的"国家竞争优势论"评价[J]. 经济学动态, 1994(10): 72-75,67.

[23] ARAGONA S. Technological innovation and urban processes[C]// ERSA conference papers. European regional science association, 2006.

[24] CARLINO G A. Knowledge spillovers: Cities' role in the new economy[J]. Business review, 2002, 7(Q4): 17-26.

[25] ACS Z J, ANSELIN L, VARGA A. Patents and innovation counts as measures of regional production of new knowledge[J]. Research policy, 2002, 31(7): 1069-1085.

[26] PAVITT K. Sectoral patterns of technical change: Towards a taxonomy and a theory[J]. Research policy, 1984, 13(6): 343-373.

[27] Antonelli C. The economics of innovation, new technologies and structural change[M]. London: Routledge, 2003.

[28] 龚轶, 顾高翔, 刘昌新, 等. 技术创新推动下的中国产业结构进化[J]. 科学学研究, 2013, 31(8): 1253-1259.

[29] 赵惠芳, 牛姗姗, 徐晟, 等. 基于技术创新的我国制造业产业结构升级[J]. 合肥工业大学学报(自然科学版), 2008, 31(9): 1485-1488.

[30] 唐德祥, 孟卫东. R&D 与产业结构优化升级: 基于我国面板数据模型的经验研究[J]. 科技管理研究, 2008, 28(5): 85-89.

[31] 赵新华, 李晓欢. 科技进步与产业结构优化升级互动关系的实证研究[J]. 科技与经济, 2009, 22(4): 12-16.

[32] 陈皓, 郑垂勇. 论政府科技投入与区域产业结构的协整性[J]. 求索, 2013(2): 217-220.

[33] 安静. 新常态下能源消耗、技术进步和产业结构对我国经济增长影响的动态效应: 基于 VAR 模型下脉冲响应函数和方差分解分析[J]. 改革与战略, 2016(1): 29-33.

[34] 程开明. 城市化、技术创新与经济增长: 基于创新中介效应的实证研究[J]. 统计研究, 2009, 26(5): 40-46.

[35] 李健, 刘胜华. 珠三角地区创新与城市化耦合协调度及其空间分析[J].特区经济, 2018（3）: 54-59.

[36] 刘雷, 喻忠磊, 徐晓红, 等. 城市创新能力与城市化水平的耦合协调分析: 以山东省为例[J]. 经济地理, 2016, 36(6): 59-66.

[37] 张胜杰. 陕西省科技进步水平评价指标体系构建及分析[D]. 西安: 西安科技大学, 2011.

[38] HENDERSON J V. Urbanization, Economic geography, and growth[J]. Handbook of economic geography, 2003.

[39] 何宣仪. 生产要素对湖北省经济增长贡献率的研究[J]. 长江大学学报(自然科学版), 2014(17): 66-69.

[40] 郝寿义, 范晓莉. 城市化水平、技术创新与城市经济增长: 基于我国 25 个城市面板数据的实证研究[J]. 现代管理科学, 2012(1): 74-76.

[41] 吴海民. 基于新 C-D 生产函数的广东省经济增长实证研究[J]. 南方经济, 2006(7): 75-86.

[42] 许广月. 耕地资源与经济的增长关系: 基于中国省级面板数据的实证分析[J]. 中国农村经济, 2009(10): 21-30.

[43] 黄宗远. 技术经济创新工程推动经济发展方式转变的作用机理[J]. 河北学刊, 2015(5): 107-114.

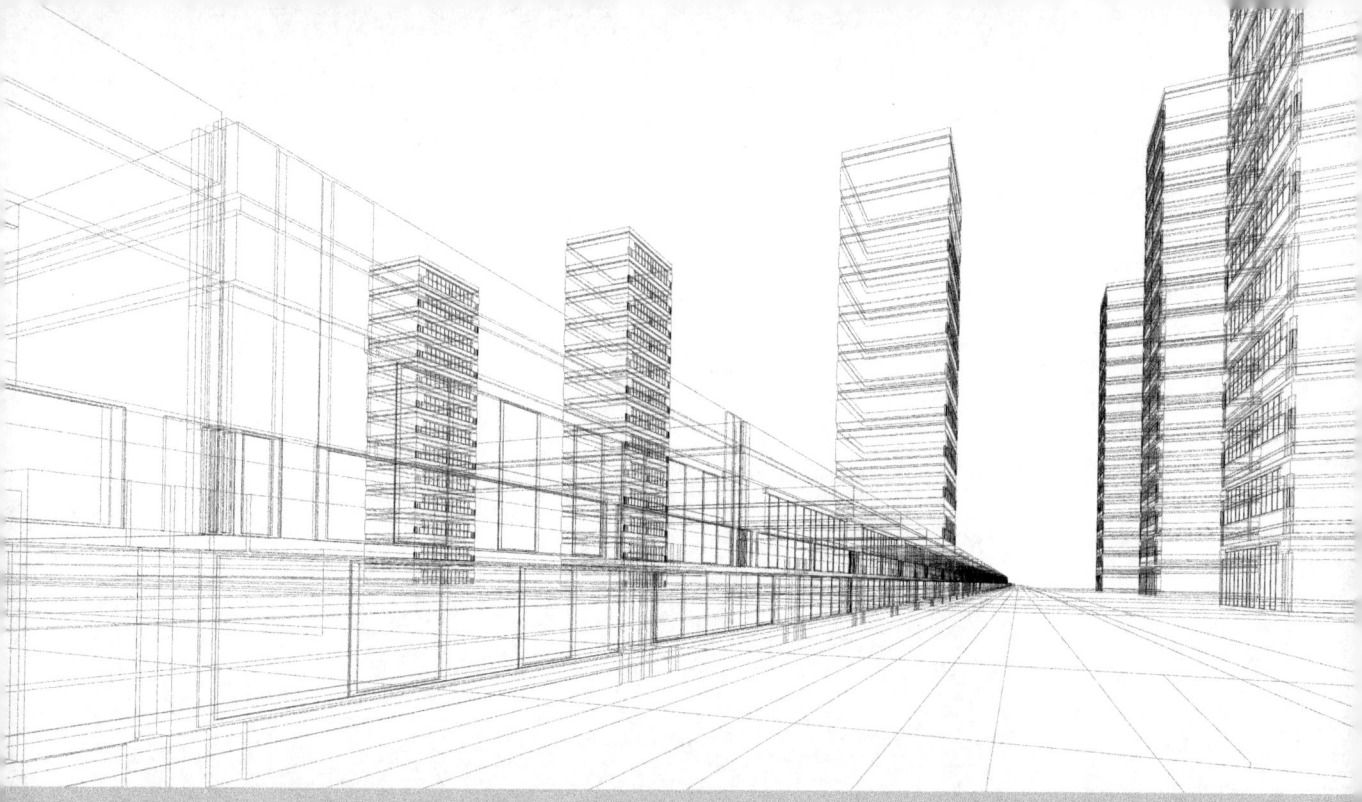

第四篇
结论、对策及展望

第十五章

主要结论、对策及展望

中国作为发展中国家,走一条什么样的城市化道路对广大发展中国家及市场新兴国家具有重要的启迪和借鉴意义。我国处在社会主义初级阶段,习近平同志在党的十九大报告中强调,中国特色社会主义进入新时代,我国社会主要矛盾已经转化为人民日益增长的美好生活需要和不平衡不充分的发展之间的矛盾。

城市作为生产力和生产关系共同进化的人工自然系统,作为人类文明的物化结晶,是人类进入"人类世"(Anthropocene Era)的显著标志。在现代社会城市依然是政治、经济、文化和科技的中心;从世界城市化一般规律来看,城市化依然是经济社会发展的必然趋势和必由之路;从我国现实矛盾和发展目标来看,城市化依然是破解发展难题、增加内部需求、协调城乡发展、提供发展引擎的客观要求。但要看到,我国的城市化已经出现若干弊端,主要表现在城市化滞后于工业化的非匹配、城市化偏重城市发展的数量和规模而表现出粗放式生产的非集约。在西方国家100多年来分阶段渐次出现的各种环境问题,随着我国30多年的快速城市化,在我国呈现出短期内高强度集中爆发的特点。城市,成为人地矛盾的交互面和集中域,突出表现在对各种资源的剥夺、环境污染的转嫁等,资源对城市化约束进一步加大,资源对城市化的支撑力和承载力不足。

本研究是研究技术创新背景下城市化的资源环境效应,从其大背景看,实质上是人地关系的协调和优化。就此点来说,国际地圈生物圈计划(International Geosphere-Biosphere Programme,IGBP)、人与生物圈计划(Man and Biosphere Programme,MAB)、国际全球环境变化人文因素计划(International Human Dimensions Programme on Global Environmental Change, IHDP)等与本研究紧密相关。

值得注意的是,作为IHDP的核心,城市化与全球环境变化(Urbanization and Global Environmental Change,UGEC)重点是研究全球环境变化与城市化进程的交互关系,以及全球环境变化给城市功能、稳定性和可持续带来的挑战;影响到全球变化的城市化过程、全球环境变化作用于城市系统的途径;城市系统的交互作用及其反馈;城市系统内部相互作用对全球环境变化的反馈。上述诸点既是国际合作的热点,也是学科热点。本项目研究的是城市化进程中,资源快速消耗、环境污染、生态破坏的制动机制,亦是UGEC计划的重要核心内容之一。

15.1 主要结论

本研究在梳理技术创新—城市化—环境污染文献的基础上，分析三者之间的作用机理。采用 AHP 建立指标体系权重；采用动态计量经济学方法（格兰杰因果检验、脉冲响应函数）研究技术创新与城市化关系；采用系统分析方法，建立技术创新与城市化资源环境约束关系、城市化与资源环境耦合关系。主要得到以下结论。

①城市化的本质之一是技术创新，技术创新是城市化的内生动力。从城市化的历史和逻辑来看，城市化的本质之一是技术创新。技术创新渗透扩展到产业和生活，促使形成城市化的内涵——产业结构的升级从而使经济城市化；生产力的提升使农村富余劳动力进城，促使人口城市化；技术创新体系扩展导致城市化进程的分阶段递进。从另外一个角度来讲，区域的技术创新的层次性和不平衡性，也推动城市化的层次性，促使城市化的层次性推进。技术创新引起产业结构的转换和区域就业结构的转换。总之，技术创新是城市化的内在动力，其作用表现在需求结构、产业结构、要素结构调整上。

②城市化有利于推动技术创新发展、扩散、传播。一方面，由于要素的需求关联的循环累积因果效应机制和成本关联的循环累积因果效应机制，城市化导致创新资源在城市区域集聚。城市是集聚经济的产物，在此过程中产业集聚、人口和经济活动的地理集中，创新要素的区域沉淀，将有利于技术创新。Jacobs 城市中的竞争性市场结构、克鲁格曼的新经济地理学的外部性理论——技术溢出有利于技术创新。另一方面，从技术创新的空间域、技术创新体系的关联度、技术创新的体系及技术创新的层次来看，城市化或者绿色城市化（生态城市化）对上述诸方面均有提升推动作用。

③技术创新与环境污染之间存在双向互馈的复杂关系。技术创新是企业经营主体的自发竞争行为。技术供给和技术需求决定技术创新在经济社会应用的基本面。以利润最大化为目标的技术创新更多地考虑自身的利润状况而没有完整、全面考虑技术创新带给社会的负面效应。在此种模式下技术创新虽然能够显著提高劳动生产率，但是在技术应用的初期，技术创新的负外部性（特别是环境的负外部性）没有充分显现，技术创新的负外部性没有得到充分评估，在技术创新的应用过程中，导致系列的公害事件和环境污染，因此此种技术创新不是社会的最优选择。从另外一角度看，环境质量的优劣，决定了技术创新的层次和体系。在污染的环境下，技术创新往往关注末端治理、低碳技术、清洁技术。在优美的生态环境下，区域往往选择高技术为核心的第三产业作为发展首选，更多的关注信息、金融、人工智能等高技术产业。

④城市化与资源环境之间存在复杂的约束机制。一方面，城市化可以对资源环境造成负面效应。这种负面效应体现在物理效应、环境要素的污染效应、生物效应、资源的消耗效应等。对环境要素的污染具有累积性、对资源占用和消耗的不可再生性，说明城市化的这种负面效应具有极大的危害性。这种危险性既可以降低资源环境对城市化的支撑能力，也可以降低城市化的舒适性、宜居性、可持续性，从而导致逆城市化等。另一方面，城市化可以对资源环境产生正面影响。这种正面影响的机制是资源的集中利用和污染的集中处理。集聚效应和规模效应发挥资源高效配置的作用和污染的集中治理作用。城市化与资源环境之间的非线

性复杂耦合关系，可以从一般系统理论来描述。

⑤在产业化和环境污染实证中，选择 6 项环境指标，在 SPSS 软件支持下构建了综合污染指数。在分析综合污染指数及产业比例变动特征的基础上，通过建立 VAR 模型，实证分析湖北省产业结构和环境污染的动态关系。结果显示，环境污染对产业结构调整的反应有一定的滞后性。湖北省产业结构优化升级短期内能够减轻环境污染程度，整体来看，产业结构优化升级对减轻环境污染作用有限。第二产业对解释综合污染指数预测方差分解起着重要作用，其次为第三产业。

⑥基于我国提出的快绿色城市建设，构建绿色生产方式、生活方式和消费模式的要求，实证分析了湖北省绿色发展指数空间格局及诊断分析。在科学界定绿色发展概念的基础上构建了系统层、因素层、指标层。其中因素层包含生态城市建设力度、产业环境友好程度、循环经济发展水平、科技创新水平 4 个方面。结果显示，湖北省绿色发展水平指数在 2011 年有一个最低值；2009—2015 年呈现总体增加的趋势。全局自相关分析表明，2009 年和 2010 年绿色发展指数在空间上呈现集聚分布，随后几年呈现空间随机分布模式。局部自相关分析表明，2015 年武汉市绿色发展指数呈现 H-H 极点模式。采用障碍度模型进行绿色发展指数诊断分析，表明制约湖北省区域绿色发展的指标因素主要是产业结构、工业废水排放强度、工业废气排放强度、生态环境状况指数等。

⑦从环保投资强度 EI、产业结构 IS、科技创新水平 TL 和城市化率 U 等角度考察了省际绿色发展指数空间分布关系。在新古典经济增长模型基础上，空间杜宾模型（SDM）分析实证结果显示，省际绿色发展指数空间格局呈现 H-H 和 L-L 的集聚模式。区域上表现为东部 > 中部 > 西部和东部。空间杜宾模型分析表明，对本地绿色发展指数有正向影响且通过检验的是环保投资强度 EI、产业结构 IS、科技创新水平 TL 和城市化率 U。空间溢出效应分析表明，产业结构 IS 和城市化率对临近区域绿色发展有助催作用，科技创新水平 TL 对临近区域绿色发展具有负向溢出效应，显示出 TL 呈现虹吸效应。

⑧采用动态联立方程模型方法，对城市化进程中技术创新对环境污染的影响进行实证分析。a.灰色关联度分析显示，我国城市化与产业结构比例和研发经费投入强度存在较强的耦合性；环境污染物排放与 GDP、人力资本存量存在较强的关联；对于科技创新水平，中部、西部与物质资本存量及 GDP 存在较强关联度，东部与城市化率、产业结构有较强的关联。b.联立方程表明，城市化与科技创新有双向反馈作用，科技创新提高 1 个百分点，城市化提高 2.07%，城市化提高 1 个百分点，科技创新水平提高 0.14%。西部地区城市化与科技创新出现非匹配，城市化对科技创新助推作用不明显。经济不发达区域物质资本存量对城市化的助推作用比经济发达区域作用更明显。对特定区域的污染物而言，EKC 不一定成为必然。城市化率提高，环境污染物先增长后降低对特定污染物而言不一定存在，转折点高低与区域的经济发展水平并无必然联系。c.情景分析的冲击模拟表明，提高研发投入强度对东部、中部污染物减排成效显著，对中部科技创新产出提升作用显著，对中部的城市化促进作用最明显。当前，我国在技术创新的同时更加关注绿色技术。针对区域发展实际，有针对性地实施差别化的城市化驱动路径。

⑨在系统动力学软件 Vensim-DSS 的支持下，以湖北省 2005—2016 年的相关数据为支撑，构建了科技创新—城市化—环境污染系统系统动力学模型。在系统动力学模型中，采用 C-D 生产力方程来刻画不同产业的固定资产、劳动力投入与产业增加值之间的关系；采用对数方

程的形式,引入了城市化率、环保投入、研发投入(R&D)、能源消耗量等控制变量来表达不同污染物的排放量。系统动力学仿真分析表明,技术创新投入强度对环境污染敏感性较低;环保投入强度对工业固体废弃物产生量、工业废水排放量敏感性较强,对工业废气排放量和城镇化率敏感性较弱。基于绿色发展的概念内涵,通过改变不同产业的投资比、不同产业的就业人员比例、科技投入强度、环保投入强度、能源消费强度等变量,模拟了绿色发展的情况,结果表明绿色发展是较高城镇化率、较高 GDP、较低污染物排放的一种经济社会发展方式。

⑩用熵权法构建了湖北省科技创新指数。就城市化率、产业结构、科技创新建立了 VAR 模型,格兰杰因果检验显示城市化和产业结构、技术创新和城镇化之间互为因果,产业结构对技术创新则存在单向格兰杰因果关系。基于内生城镇化理论,以扩展的 C-D 方程为基础,利用湖北省的 GDP、技术创新能力、人力资本存量、城镇化水平、水资源数量和耕地资源数量进行实证分析,得出湖北省的内生城镇化理论模型有很高的拟合度,R^2 达到了 0.998,分析了各因素的产出弹性。

15.2 主要对策

技术创新—城市化—环境污染之间存在双向反馈的复杂非线性关系。改革开放 30 多年来,我国经济快速发展主要源于发挥了劳动力和资源环境的低成本优势。进入新的发展阶段,必须统筹考虑技术创新—城市化—环境污染之间的关系。从技术创新的视角来看,目前我国已经明确实施创新驱动发展战略,实施创新驱动发展战略是党和国家的基本国策。从城市化的视角来看,城市化是我国实现现代化的必由之路,是保持经济持续活力的动力引擎。目前,我国已经进入城市化转型发展的关键节点,粗放型的城市化弊端明显,资源环境对城市化的约束日趋加大,走什么样的城市化之路事关我国发展大局。从资源环境来看,资源压力加大,环境污染引起了公众广泛关注。基于此,根据本项目的结论提出如下对策。

(1) 走多途径城市化之路

欧美国家现代化进程中以工业化驱动城市化,对于今天的中国不能模仿和简单的照搬。工业化需要依靠消耗大量的能源、占用大量的土地、降低环境要素质量、平衡失调系统。走西方工业化驱动城市化的道路,在中国现有资源禀赋和环境容量及目前的资源利用效率下,城市化和经济发展难以为继。

首先,在新的"四化"概念中,工业化—信息化—城镇化—农业现代化四位一体,紧密联系,需要协调发展。工业化此处是指中国特色新型工业化,工业化和信息化深度融合是我国产业升级、结构优化的方向和动力。城市化提供最大的内需潜力,是现代化建设的载体。农业现代化是经济社会发展的重要支撑和根本基础。基于此,我国的城镇化需要在"新型工业化—信息化—农村现代化"大背景下推动发展。

其次,高度重视科技创新驱动城市化。城市是创新要素天然的聚集地,城市化的本质就是技术创新。创新驱动城市化可以从以下 3 个角度发挥作用。

①技术创新驱动产业结构升级,从而形成绿色经济,驱动城市化。目前,我国面临新的一轮科技革命和产业革命。从历史来看,自 16 世纪以来世界科技经历了 5 次革命(近代物

理学诞生、蒸汽机和机械革命、电力和运输革命、相对论和量子论革命、电子和信息革命等）和 3 次产业革命（机械化、电气化、自动化和信息化革命等）。我国已经错失前 4 次科技革命的机遇。尽管对 6 次技术革命和第四次产业革命理解有不同的观点，但是一般的理解是 6 次技术革命包括：深刻影响人类的生活方式和思维方式；不断涌现出一批重大的理论突破；要有重大的经济效益，应该涵盖 50%的人群。第四次产业革命包括：以 3D 打印、互联网产业化、工业智能化、工业一体化为代表，以人工智能、清洁能源、无人控制技术、量子信息技术、虚拟现实以及生物技术为主的全新技术革命。

②在高速城市化背景下，资源环境对城市化的硬约束制约了城市化。科技创新可以提高资源利用效率，减弱资源环境对城市化的制约和胁迫。在城市区域采用资源高效利用技术及废物循环利用技术（主要是水资源、煤炭、矿产资源、油气、清洁能源技术等）及生态环保技术（水、大气、土壤污染防治技术，清洁生产技术，环保产业技术等），为新型城镇化提供绿色生活方式和绿色发展方式的支撑。

③科技创新为健康宜居的城市化生活提供技术保障。城市化的生活方式，是城市化的应有之义。技术创新为城市功能、城市基础设施提供技术支撑。例如，城市信息化和智慧城市关键技术，现代智能交通运输技术，现代通信技术，城市空间结构对通勤流、交通流、商务流、信息流等"流"调控关键技术等。上述科技创新，可以减弱或消除"城市病"，改变人们对城市空间概念的认识和生活方式。

最后，针对各地实际，走有区别的城市化道路。针对旅游资源禀赋高的区域，在资本和旅游资源共同驱动下，走旅游产业驱动城市化道路；针对交通有较好的区位优势、物流产业体系发达、物流和现代工业技术深度结合的区域，可以从物流驱动城市化道路。此外，文化创意驱动城市化、商业城市化在现代工业化、科技革命、生产力发展情况下，物质产品相对过剩，文化创意城市、商业城市、休闲城市可能具有更大的意义。

（2）走生态城市和绿色城镇化之路

在我国走生态城市之路，就是树立和贯彻五大发展理念，践行生态文明实践的具体举措。生态城市（Eco-City）是人类重新审视人与自然的关系，按照生态学的基本规律和基本原理处理社会、经济、自然协调发展而形成的新的城市发展理念。我国设立"国家生态市"的目的是为了经济和生态环境协调发展，实现生态效益、经济效益、社会效益统筹，从而实现绿色发展，提升人民群众的获得感。生态城市具有人与自然共生共荣、人与人和谐的协调性特征；生态城市也具有资源高效利用、循环利用的经济性特征。当前走生态城市之路，重点要做好城市资源环境承载能力评估。对陆域评价中，关注土地资源、水资源、环境、生态 4 项评价；在专项评价中关注城市化地区水气环境黑灰指数（Black-Gray Index）评价。真正实现城市化是在一定资源环境承载能力前提下的城市化，引导和约束各地政府是在按照资源环境承载能力谋划发展和推进城市化。

绿色城镇化是健康城镇化的具体表现，也是绿色发展这一全新价值观、发展观、民生观在城市化中的重要体现。绿色城镇化是对过去传统的"高消耗、高排放、高扩张、低效益"的非绿色城镇化的否定，是走"资源利用集约低碳、经济发展绿色高效、生态环境质量优良、绿色文化日益繁荣"的城市化之路。为此，需要科学确定城市开发强度、优化城市空间布局、提高城市土地利用效率、划定城镇开发边界。加强城乡规划"三区四线"（禁建区、限建区和适建区，绿线、蓝线、紫线和黄线）管理，维护城乡规划的权威性、严肃性，杜绝大拆大建。科学合理设置政绩考核指标，把体现绿色城市化的资源消耗、环境损害、生态效益纳入城市化发展评价体系。

（3）典型示范推进创新型城市工作

城市是区域经济社会发展的中心，城市的发展对国家的发展大局举足轻重。在我国实现创新驱动发展战略中，城市对推进自主创新、加快经济发展转型升级起着重要的核心推动作用。同时也要看到，城市在汇集创新资源，在技术创新的跟踪、并跑、超越等方面，发挥着重要的作用。当前推动创新型城市建设，具有下列意义：创新型城市是实现创新驱动发展战略，建立创新型国家的重要实践形式；创新型城市是城市化途径的有益探索，也是对城市发展模式的规律性认识；做好创新型城市可以在经济发展方式转换中起到示范、支撑、引领作用。

所谓创新型城市，是指自主创新能力强、科技支撑引领作用突出、经济社会可持续发展水平高、区域辐射带动作用显著的城市。创新型城市，当前需要重点做好创新驱动信息化，形成智慧城市、人文城市、创新型城市统筹发展。在城市区域覆盖物联网。物联网和互联网融合，从而信息通畅；建设基于信息收集和数据挖掘所带来的信息知识集，并且形成与知识相关的产业占比较大，从而知识立市、智慧立市、创新立市；将创新发展作为城市发展的灵魂和主线，贯穿于城市经济、科技、教育及社会发展的各个方面；激发企业自主创新能力，优化城市创新环境。

（4）综合运用绿色金融和环境保护税，为城市化增加绿色保障

在城市化过程中，要破解城市化的资源环境负面效应，就要发挥绿色金融的作用。绿色金融在促进经济、社会、环境可持续发展方面起着重要的作用。绿色金融作为环境金融、可持续金融，是实现环境保护和可持续发展的金融创新；是实现生态文明、绿色发展的体制机制创新。绿色金融通过金融工具和金融产品，在解决城市化过程中出现的环境污染、资源损耗、生态破坏等问题方面已发挥了重要的作用。当前，要深化自然资源及其产品的价格改革，避免"公地悲剧"（Tragedy of the Commons）所造成的资源枯竭。对节能环保、新能源、生态建设给予税收优惠和财政补贴。推广绿色信贷，真正把环境检测、污染治理、生态保护的效果作为信贷的前置门槛，让企业实现污染成本内部化和从环境污染的末端治理向事前治理转变。继续推进排污权市场交易和排污权抵押制度，真正实现市场对企业主体的环保行为的经济补偿。

环境保护税是保护和改善环境、减少污染物排放、推进生态文明方面一项重要的经济政策安排。向环境中排放大气污染物、水污染物、固体废物和噪声等污染物的，应当按照要求缴纳环境保护税。此外，应将高耗能、高污染产品纳入消费税征收范围。

（5）统筹技术创新和低碳技术、环保技术、绿色技术，突破技术锁定

我国技术创新还不能完全满足绿色发展需要，因而需要加大政策支持力度，努力实现关键技术突破，促进绿色节能低碳技术大规模应用，淘汰低端落后产能，提高高端先进产能的比例。定期更新国家重点节能低碳技术推广目录，在能源、工业、建筑、交通、农业、林业、海洋等重点领域大力推广经济适用的低碳节能技术，是实现"十三五"节能减排目标、推进绿色发展的重要途径。以绿色引领技术创新，还应坚持绿色、低碳、节能和高效技术并举，节能、控煤、提高能效和使用清洁能源多管齐下，绿色能源发展、能源清洁化利用并进，进一步推进经济能源绿色化。同时，充分调动社会各界的积极性、主动性、创造性，形成推进

绿色技术创新和应用的合力。比如，中国能源环境高峰论坛在设立 10 周年之际，启动"新百千万万"活动：在未来 5 年选择百位中外专家，推出百项绿色技术、优秀建言和经典案例，发布千位优秀专家成果，努力使活动受益者达到万万人。

以绿色推动国际合作。应对气候变化、实现绿色发展是人类共同面对的课题。近年来，中国积极承担国际责任，推进联合国 2030 年可持续发展议程、气候变化《巴黎协定》生效落实，在国际社会树立了良好形象。今后，可进一步将国内绿色发展与国际经贸合作结合起来，积极引导应对气候变化国际合作，努力成为全球生态文明建设的重要参与者、贡献者、引领者，在为世界可持续发展做贡献的同时，提高中国的国际影响力、感召力、塑造力。调整能源结构，推动传统能源安全绿色开发和清洁低碳利用，发展清洁能源、可再生能源，不断提高非化石能源在能源消费结构中的比重。其中，一个重要抓手是积极推进绿色"一带一路"建设。"一带一路"参与国每年生产和消耗大量煤炭、天然气和石油，如何将这些化石能源转化为清洁能源，需要各国政产学研协同努力。

（6）做好产业升级大文章，使产业和城市互动融合发展

推动战略性新兴产业和先进制造业健康发展。战略性新兴产业代表新一轮科技革命和产业变革的方向，是培育发展新动能、获取未来竞争新优势的关键领域。在我国城市化过程中，将战略性新型产业置于核心位置，体现了把握未来科技发展态势的战略高度，体现了产业兴市，从而使城市化建立在坚实的物质基础之上，使城市化得到先进产业的支撑。各地需要根据自己城市的发展历史、产业现状、比较优势，从网络经济、高端制造、生物经济、绿色低碳和数字创意五大方面，向新经济跨越。采用先进适用节能低碳环保技术改造提升传统产业，发展壮大服务业，合理布局建设基础设施和基础产业。

先进制造业是在传统制造业基础上，吸收信息网络、先进材料和工艺及现代管理等最新成果，广泛应用于产品研发设计、生产制造、营销管理、售后服务全过程的新型现代产业。在城市化过程中，传统的工业化已经呈现弊端，必须坚持有中国特色的工业化道路。先进制造业是走中国工业化转型升级的客观要求，也是制造业向价值链中高端迈进的客观要求。目前，世界上一些主要国家已经制定了自己的制造业发展计划。例如，美国 2012 年已经制定了《先进制造业国家战略计划》（*National Strategic Plan for Advanced Manufacturing*），明确在新一代信息技术、快速成型制造、智能制造、生物制造等方面的目标；德国 2013 年推出《"工业 4.0"战略》（*Industry 4.0*），提出了在工业的关键技术上打造世界领先地位；巴西公布了"工业强国计划"；印度颁布了"国家制造业政策"。将城市化和高端产业结合，充分发挥城市科技创新中心和创新要素集聚的优势，真正实现产城融合，对城市的可持续发展意义重大。在推进城市化过程中，注重内涵建设，重点要推进信息化和工业化深度融合，深化信息技术集成应用和融合创新，提高企业全产业链的信息化水平，推动智能制造生产模式的集成应用，发展网络制造等新型生产方式，推进数字化、网络化、智能化、服务化制造。

15.3 研究展望

作为一个地理科学者，描述记录地理现象仅仅只是研究工作的一部分。城市作为地球表层与人类最直接有关系的人造环境，也是一个开放的复杂巨系统，对城市的研究，透射的是

地理科学者的"人文关怀""地理哲学"的深层思考。西方的人类地理学（Anthropogeography）是从人类本身的角度研究与地理环境有关的人类社会。钱学森认为，地理科学是连接自然科学和社会科学的桥梁，而城市，恰恰满足于地理科学者此类研究目的的一个现实标本和富有挑战性的观察窗口。

本研究基于上述思考，借助于多个学科的基础理论支撑，综合运用规范研究与实证研究、定性和分析与定量研究相结合，以实证和定量分析为主。在方法上采用了以灰色关联分析、因子分析等为主的统计分析方法；以局部 Moran 指数和全局 Moran 指数为特征的探索性空间数据分析（Exploratory Spatial Data Analysis，ESDA）；以动态联立方程、协整模型及检验、格兰杰因果检验、脉冲分析和方差分解为特征的动态计量分析方法；基于系统动力学方法的仿真模拟方法。建立了技术创新—城市化—环境污染分析框架，并根据该分析框架，分析了在技术创新背景下城市化的资源环境效应，在此基础上提出了我国城市化过程中依靠技术创新破解资源环境制约的对策建议。在未来拟从下列角度开展进一步的深入思考。

（1）基于主体建模仿真模拟研究技术创新—城市化—环境污染

在本研究中主要采用了系统动力学仿真城市化过程中技术创新与环境污染等相互关系。应该看到，系统动力学尽管被誉为"政策实验室"，对复杂的城市系统进行抽象处理，抓住主要因素，演示不同要素的反馈关系。但是要看到复杂系统在微观上多是由没有组织者和协调者的分散系统组成，但是在宏观上系统却呈现有组织、协调的系统外在特征。本研究中关注宏观上的系统整体特点，但是对分散的大量的微观主体抽象处理，缺乏大量异质性主体对整体效应的考虑。

基于主体的建模（Agent-Based Modelling，ABM）在城市化过程中越来越受到研究者的青睐。ABM 方法通过设置异质性主体的行为规则及在模型中的相互作用来有效模拟经济系统的运行过程，它在政策效应分析方面已经展现出巨大的生命力，世界上已有多个大型复杂人工经济系统在政策制定和模拟分析方面应用这一方法，如美国的 ASPEN 系统，欧洲的 EURACE 系统、Crisis 系统。在下一步的研究中，应关注大量的微观个体间的差异及个体间的行为相互影响，考虑城市这一复杂系统中大量微观个体自适应、自组织的特点对整体宏观特性的影响。目前，在城市化方面的基于主体建模往往较简单，如薛领等考虑单中心[1]，龚轶等仅仅是要素之间的简单的基于主体建模[2]，缺乏面对城市的多因素作用的复杂模型。

（2）城市化过程的环境负外部性测度及负外部性内部化处理的政策设计

环境负外部性（Negative Environmental Externalities）及其相似的表达环境空间溢出（Environmental Space Spillover）、污染跨境转移（Pollution Transboundary Transfer，Transfer of Pollution）在城市化过程中已经引起了从政府管理部门到学者的广泛关注。我国政府已经把城市群作为我国未来城市化的主要空间支撑形式，我国已经批准了9个国家级城市群（截至2018年3月），其中长江三角洲城市群已跻身于六大世界级城市群。外部性和城市化之间，研究者往往从集聚的正外部性方面加以考虑：教育与研发的溢出和扩散效应、市场规模效应、基础设施效应。上述的城市集聚的正外部性在马歇尔外部性、雅各布斯外部性均有论述。但是相较于目前研究较多的城市化过程中的正外部性，对城市化过程中的负外部性研究较少，也是未来需要深入探索的研究方向之一。

城市的负外部性，是指在行政边界在连续区域中分割、资源配置能力扭曲、产业准入标准和发展成本差异及环境规制等导致的一个城市对接邻区域的空间剥夺、污染跨境转移及经济社会发展关联程度耦合下降的现象。城市的集聚与扩散、集中与多极发展是一对矛盾体。集聚力（集聚的经济性）：劳动力蓄水池；中间投入品的共享；知识溢出[Marshall（1890）对城市形成的解释]。扩散力（集聚的不经济性）：城市拥挤和环境污染。集聚—扩散效应推动着城市群的形成和发展，同时也衍生出城市的负外部性。

关于城市负外部性的根源，一般认为：①集聚与扩散机制扮演着重要的角色。区域空间结构理论认为，集聚与扩散是区域空间结构由均衡→非均衡→更高层次均衡的重要动力机制。区域的不平衡性形成大城市的极化效应、虹吸效应及接邻区的阴影效应。②行政边界对自然功能单元的分割和嵌套引发了区域的空间冲突，而空间冲突的一个直接结果就是形成了区域的外部作用。③区域环境规制的差异导致区域边缘的环境负影响。

城市的负外部效应表现主要包括：①污染扩散（污染跨境转移，本质是环境风险转移，涉及环境规制等）。近20年来，长三角、珠三角、京津冀等成熟型城市群污染密集型产业逐步由核心城市中心城区→核心城市郊区→外围城市→城市群腹地渐进式或跳跃式转移扩散。②大城市空间扩展导致对外部的空间剥夺。"空间正义与空间秩序"受到破坏，生态价值受到降低。背离了"3E"（经济、环境、公平）和"3C"（合作、协调、发展）原则。③城市间经济社会发展关联程度变化的区域负外部性。主要是虹吸效应、阴影效应、极化效应。④大城市病。大城市经济重构和空间调整引发的空间效应衰减、环境压力增大。人口集聚超过一定极限后，城市空间的效用或者说城市人居环境的舒适度会下降，城市空间边际效用呈现衰减趋势，这就往往表现为"城市病"。⑤集聚的不经济性。城市人口、产业的集聚会产生一个先集聚经济再到集聚不经济过程。

但是需要看到，城市化过程中的外部性，涉及空间范围概念（如污染物从一个区域转移到另一个区域），同时也涉及不同的学科。因此，对这种城市化过程中环境负外部性进行测度，需要创新研究方法和手段。

（3）城市资源环境承载力评估体系及预警研究

目前在城市化导致的资源环境效应中，城市脆弱性已经受到学者的广泛关注。如何评价城市的脆弱性及其与之相关的城市资源环境承载力评估体系及预警研究，也已经成为研究热点。

城市脆弱性（Urban Vulnerability）研究，是建立在脆弱性概念基础之上的。不同的学者从不同的角度对脆弱性加以定义，如从系统的不稳定性、敏感性、恢复力等角度。有的学者从经济、自然灾害、生态系统、气候等角度定义城市脆弱性。王岩等认为城市脆弱性是对城市发展水平的一种综合度量，是指在自然因素和人为因素的共同作用下，城市发展过程中的人口增长、经济发展、资源利用、环境污染、生态破坏等，超过了现有社会经济和科学技术水平所能维持城市长期发展的能力[3]。有的学者提出从资源保障脆弱性、生态环境脆弱性、经济发展脆弱性、社会发展脆弱性4个维度来评价城市内部的脆弱性。但是未来研究还需要在以下方面加以深入。

①城市脆弱性分析框架及完整的评价指标体系尚缺乏。基于城市脆弱性分析结果的风险预警在理论和实践中尚不完善。

②城市生态系统健康研究。一般认为，生态系统健康有以下3个特点：第一，系统性。生态健康不是局部的健康，而是作为一个整体，部分的不健康在一定条件下并不影响其整体的健康；生态系统健康受尺度限制。即健康状态有一定的范围，但这个尺度没有统一的认识。第二，可恢复性和弹性。即生态系统功能受到破坏受到干扰时具有自我修复能力。第三，稳

定性和可持续性。基于生态系统医学的生态系统健康诊断研究，参照人体健康观点，构建与人体八大系统（消化系统、神经系统、呼吸系统、循环系统、防御系统、内分泌系统、排泄系统和生殖系统）相似的分析框架，是未来评价、诊断城市生态系统健康的一个发展方向。

③城市资源环境承载力研究及预警。城市是资源环境问题高度集中的区域，资源环境对城市化的约束和胁迫，体现的是城市资源环境承载力问题。党的十八届三中全会通过的《中共中央关于全面深化改革若干重大问题的决定》明确指出："建立资源环境承载能力监测预警机制，对水土资源、环境容量和海洋资源超载区域实行限制性措施。"科学预测城市资源环境承载力，在此基础上进行预警是做好城市规划、城市可持续发展的一个重要工作。做好城市资源环境承载力评估时，要注意两个问题：一是由于科技创新对城市化资源环境约束的突破，从而否定城市存在资源限制和环境容量要求，认为城市资源环境承载力是一个伪科学命题。二是城市资源承载力是人类主体和客观主体相互作用下的动态评估。因此，边界的划分、阈值的选择、系统物质资源的流动信息等对评价的准确性非常重要。在未来的研究中，科学计算环境容量显得尤为必要。目前的一些研究中缺失基于单个环境要素的环境容量的考虑。根据我国城市化过程中现状，大气污染日益严重，考虑大气环境容量显得很有必要。

（4）城市化进程中的绿色技术测度和环境效率关系研究及绿色技术偏向度问题

区域中的技术绿色度和区域环境效率有必然关系吗？在城市集聚过程中，是出现浅绿色技术还是深绿色技术，如何评价一个企业的技术绿色度？

在本研究中通过仿真模拟 SD 方法，发现科技创新对污染物排放的敏感性较低，由此延伸出另外一个问题，技术的绿色度问题。目前，研究较多的是讨论环境规制（Environmental Regulation）与绿色技术创新或者说绿色技术进步的关系。在评价绿色技术进步时，常用 GML（Global Malmquist-Luenberger）指数。评估绿色技术方法较单一，往往以区域绿色技术进步来代替微观的技术进步，缺乏微观的绿色技术评估案例分析，以工艺、产品、全生命周期角度分析绿色技术文献的报道较少。在 SBM（Slack Based Measure）模型分析绿色效率时，缺乏与绿色技术的关联分析，这些都是未来需要加强进一步研究的地方。

从传统的文献来看，Hick(1932)最早提出技术进步偏向性概念[4]。技术的偏向度（Technology Bias）分为偏向资本型（节用资本型）、偏向劳动力型（节用劳动型）。如果技术进步的同时保持资本与劳动在总收入中的分配份额，那技术就是中性。不同于发达国家诱致性技术创新（Induced Innovation）路径，我国技术选择表现明显的"强制性技术变迁"特征。市场力量及环境政策在技术的绿色偏向性中发挥何种作用需要从理论及实证方面进行进一步研究。

应该看到，技术创新不仅是一种创造性破坏（Creative Destruction），也是一种空间现象，无论是专利在城市产生，还是知识的溢出，均涉及地理空间问题，因此科技创新也应该是地理学家研究的一个重要方面。自创新地理学家弗里德曼(Feldman M P)提出了创新地理学（Geography of Innovation）以来[5]，国内外诸多学者从创新要素的空间分布探索性分析、创新要素与创新绩效的空间关联、基于专利的国别间或者区域的技术知识流测度、基于空间概念的知识流模型等进行了深入分析和研究，但要看到目前对创新要素集聚的技术溢出开展研究较多（仅仅是 FDI 下的技术溢出，国内地区间技术溢出研究较薄弱），目前对城市创新要素集聚关注的主要是正外部性表现，但是对技术溢出的挤出效应，即引进—落后—再引进的负面循环研究不足；对创新要素集聚下的人才虹吸效应（Siphoning Effect）多是现象描述。大城市的创新要素集聚，是否导致围绕它的小城市创新不足，从而出现集聚阴影（Agglomeration Shadow）呢？上述问题缺乏基于内在机理范式分析下的定量测度。这也是本研究在创新地理学的视阈下进一步延伸的研究方向。

参 考 文 献

[1] 薛领, 翁谨, 杨开忠, 等. 基于自主体(agent)的单中心城市化动态模拟[J]. 地理研究, 2009, 28(4): 947-956.

[2] 龚轶, 王铮, 顾高翔. 技术创新与产业结构优化：一个基于自主体的模拟[J]. 科研管理, 2015, 36(8): 44-51.

[3] 王岩, 方创琳, 张菁. 城市脆弱性研究评述与展望[J]. 地理科学进展, 2013, 32(5): 755-768.

[4] HICKS J R S. The theory of wages[M]. London: Macmillan, 1932.

[5] FELDMAN M P. The geography of innovation[M]. Netherlands: Springer, 1994.

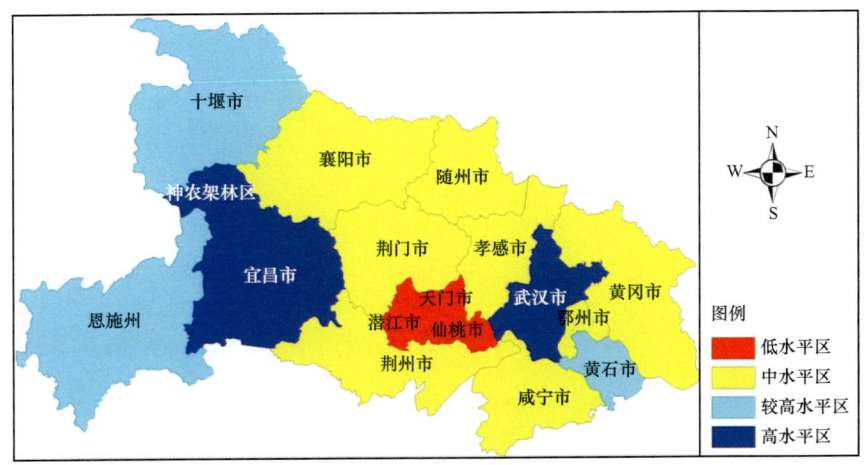

图10.4　湖北省2015年绿色发展指数

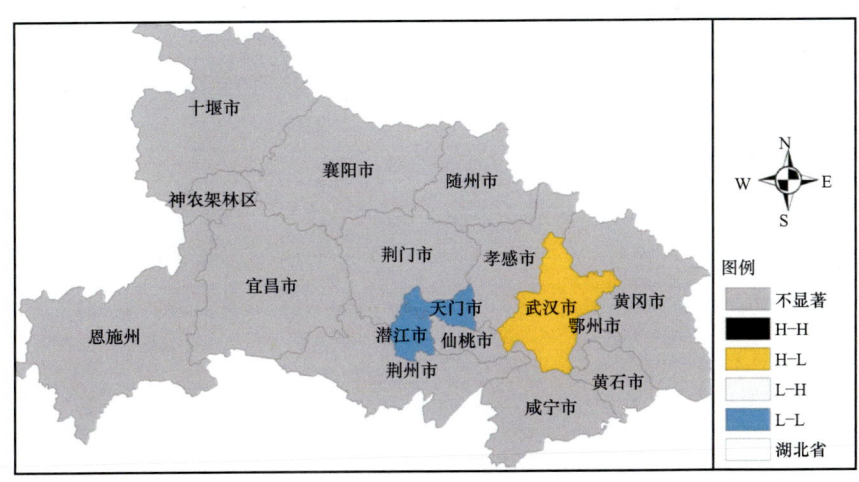

图10.5　2015年湖北省绿色发展指数空间局部自相关分析

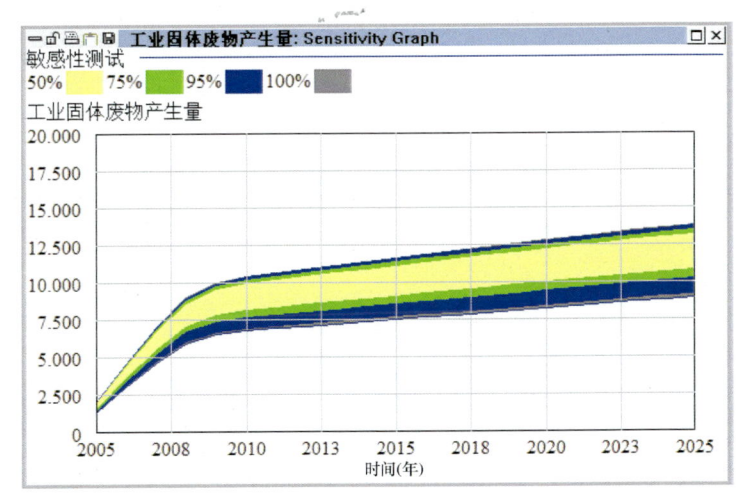

图13.14　环保投入强度对工业固体废物产生量敏感性测试

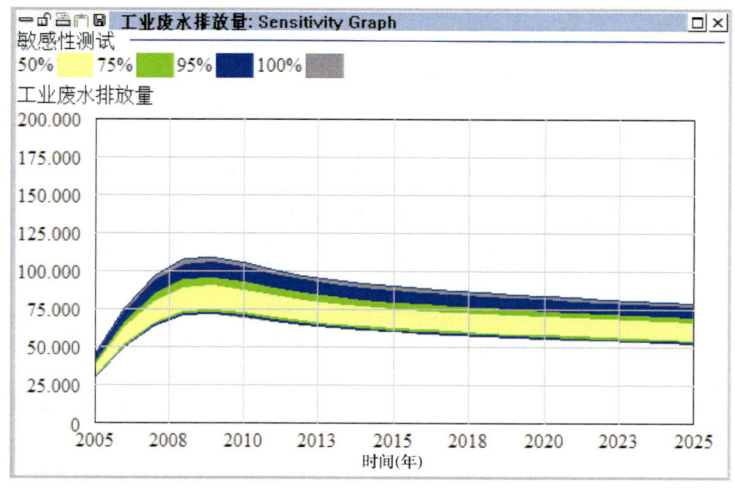

图13.15　环保强度对工业废水排放量敏感性测试

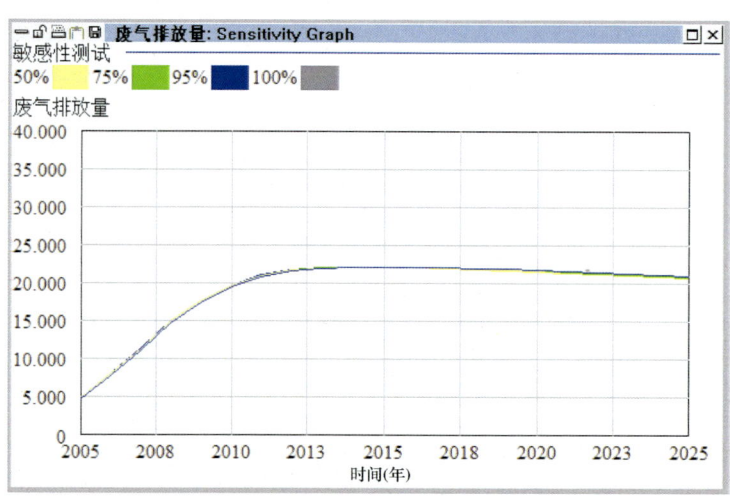

图13.16　环保强度对工业废气排放量敏感性测试

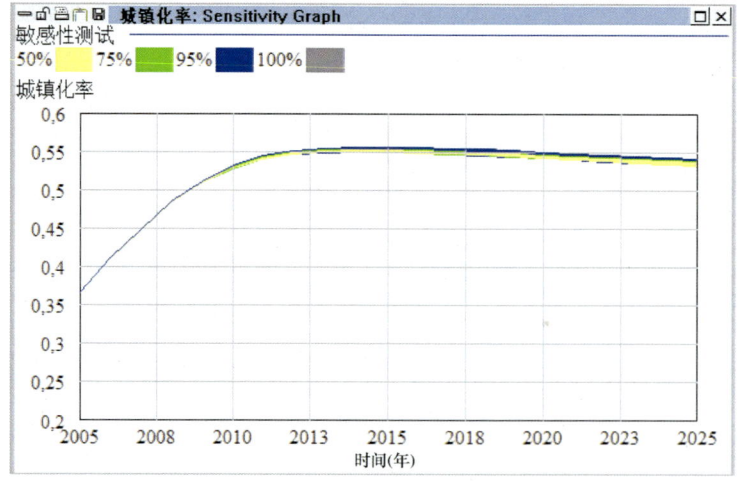

图13.17　环保强度对城镇化率敏感性测试